TIYUYUANXIAOTONGYONGJIAOCAI

YUNDONGXUNLIANXUE

普通高等教育“九五”国家级重点教材

体育院校通用教材

运动训练学

全国体育院校教材委员会 审定

人民体育出版社

编写组成员

主　　编：田麦久　北京体育大学　教授、体育科学博士、博士生导师

编写人员（按姓氏笔画为序）：

刘建和　成都体育学院　教授

延　烽　首都体育学院　教授

胡亦海　武汉体育学院　教授

徐本力　上海体育学院　教授、博士生导师

董国珍　沈阳体育学院　教授

前 言

《运动训练学》是根据“九五”期间全国体育院校教材建设的总体目标，即逐步建立适应培养社会主义现代化建设者和接班人，面向21世纪的、能反映当代体育科学技术水平，具有中国特色的体育教育教材体系的精神组织编写的。

运动训练学是研究运动训练规律的科学，是我国高等体育院校的必修课程。现代竞技体育的发展日新月异，运动训练实践不断总结出新的经验，同时又不断提出新的问题和要求。运动训练学理论正是在与运动训练实践的紧密结合与相互促进中得到发展和完善的。信息科学、人体生命科学、材料科学及人文社会科学等领域科学技术的飞跃进步，更为运动训练学提供了丰沃的营养和宽厚的基础。

与原体育院校《运动训练学》通用教材相比较，新版《运动训练学》通用教材力求更好地从一般理论层次总结和归纳运动训练实践的新经验，力求更加充分和准确地吸收和反映国内外运动训练理论及相关学科新的研究成果。在理论体系上，首次将我国学者创立的项群训练理论正式纳入教材；在章节内容中，建立了相对均衡的时空构架；在训练过程的运行机制中，强调了训练与参赛目标的导向与控制作用；在有关竞技能力的论述中，丰富了技术能力与战术能力的教材内容；对运动训练方法进行了新的多层次的归纳。新教材中对若干基本概念的定义作了必要的修正，并且列举了我国在体操、乒乓球、羽毛球、跳水、游泳和速滑等项目中的一些世界水平运动员的训练范例，以求使理论阐述更为生动和更有活力，便于学生更好地学习和掌握有关理论知识。

本教材被国家教育部立项为“九五”国家级重点教材，并作为全国体育院校通用教材使用。

本教材由北京体育大学主持编写。参加编写的人员有(按姓氏笔画为序)田麦久、刘建和、延烽、胡亦海、徐本力、董国珍。全书由田麦久统一串编。

本教材在编写过程中得到了北京体育大学的大力支持和帮助,在此表示衷心的感谢。

全国体育院校教材委员会
《运动训练学》教材小组
2000年5月

目　录

Contents

第一章 竞技体育与运动训练

徐本力、田麦久

第一节 竞技体育概述

一、竞技体育的形成与发展

(一)竞技体育的源起

竞技体育是体育的重要组成部分，是以体育竞赛为主要特征,以创造优异运动成绩、夺取比赛优胜为主要目标的社会体育活动。

体育运动是在人类发展过程中逐步开展起来的，竞技体育同样如此。狩猎是原始人类重要的食物来源,原始人在其长期生活的实践中逐渐认识到，能否获取赖以生存的猎物取决于他们同被追击的猎物之间在速度、耐力、力量等各种身体素质和搏斗技巧的实力比较。因而开始了有意识地对自己身体素质的培养,采取了各种跑、跳、投以及舞蹈等多种形式的身体活动,这些活动就是人们通常称做的身体练习活动。随着社会的发展,各种身体活动形式被人类不断地加以分类、提炼和总结，并相互比较,渐渐演化出了区分胜负的竞技活动。史学资料表明,人类在旧石器时代晚期已经有了初步的区分胜负的比赛意识和一定的体育竞赛形式。在原始公社末期,由于部落间的武装冲突十分频繁,为增强社会成员的作战能力,加强内部团结,常常进行不同目的的宗教活动,在世界的一些地区出现了以竞技运动为主要内容的祭礼竞赛中心,如奥林匹克赛会。

随着人类社会文明的发展,人们的价值取向逐渐由单纯的生存需要转而为包括娱乐、愉悦在内的多元需要,人们出于强身健体的目的而参加竞技活动的现象越来越普遍,竞技运动的审美观念也逐渐形成,竞技运动逐渐与宗教、军事和生产活动的联系明显地减弱,成为一种更具相对独立性的社会现象。

竞技体育形成的基本动因,可以归结为以下三个方面:一是生物学因素,人们为了更好地提高自身活动能力而逐步形成竞技体育;二是个性心理因素,人的"取胜和对抗的本能"及"追求胜过对手"的动机推进了竞技运动的形成;三是社会学因素,人们逐渐认识到竞技体育在培养、教育及审美等方面的功能,因此推进了竞技体育的发展。

(二)现代竞技体育发展的百年回顾

作为体育这一具有重大影响的社会活动的基本组成部分,竞技体育始终与人类社会同步地发展与完善。从竞技体育在世界范围的广泛开展,建立相对完整的管理体制,体育竞赛活动的日益活跃,现代奥运会的百年盛事,运动训练科学化水平的不断提高以及竞技体育的职业化与商业化趋势等几个方面可以清晰地描绘出20世纪现代竞技体育的发展历程。

1. 竞技体育在世界范围广泛开展

19世纪后半期,现代竞技体育首先在欧美工业发达国家开展起来。而随着经济、文化、科学技术的全球性发展,亚、非、拉众多国家加快了现代化的进程,竞技体育得到了广泛的开展。世界各地的无数青少年积极参与运动训练和竞技比赛,对各种地域、各种肤色及各个阶层的人们来说，观赏竞技体育都已成为人们生活中不可缺少的重要组成部分。

发展中国家的竞技运动水平也得到迅速的提高。亚洲的乒乓球、羽毛球、体操和柔道，非洲的中长跑，拉丁美洲的足球、排球与短跑等项目的竞技水平都位居世界前列，成为欧美国家在世界赛场上的有力对手。

2. 建立相对完整的管理体制

竞技体育在其发展的同时，也建立了相对完整的管理体制。现代世界竞技体育活动是以国际奥委会及各单项联合会为核心组织进行的。另外，还有不同人群的国际体育组织(如国际大学生体育联合会、国际军人体育联合会、国际残疾人体育联合会等)分别组织自己领域内的竞技体育活动；在各大洲、各个国家及地区，也都相应地建立了奥委会和单项联合会(或协会)，肩负着同样的使命。这些体育组织确定规则、组织比赛、筹集资金、进行培训，构成了全球性的管理网络。

3. 运动竞赛活动日益活跃

运动竞赛是竞技体育领域最有代表性、最有活力的组成部分。运动选手们在竞赛中显示本领，较量实力，决战胜负；观众在竞赛中欣赏技艺，观战搏击，并会亲聚友，进行社会交流；竞赛的组织举办者则开展广泛的文化及商业活动，树立并宣传举办国或城市的发展形象，亦谋求可观的经济效益。百年来，各种类型、各种规模的运动竞赛在世界各地日益活跃地开展了起来。

奥运会、单项锦标赛、世界杯赛及系列大奖赛是最有代表性的世界性比赛，已经形成了完整的赛事体系。与其相对应的各洲、各国、各地区、各省市、各协会组织的比赛，以及不同职业、不同年龄等不同人群的比赛为现代社会生活增添了绚丽的色彩。

电视、录像等现代传播手段的发展极大地提高了运动竞赛的社会效益。全世界可以有几十亿人在电视机前同时观看奥运会、世界杯足球赛等重大赛事的同一场比赛。在比赛现场或电视屏幕前通过转播观看比赛已成为无数体育爱好者生活中的一大趣事。

4. 现代奥运会百年盛事

产生于希腊的古代奥林匹克运动会自公元前776年至公元393年，共举办了293届。1888年，法国人皮埃尔·顾拜旦(1863～1937)首先倡议恢复奥运会。第1届现代夏季奥林匹克运动会于1896年在希腊雅典举行。至1996年，百年中举行了23届夏季奥运会及18届冬季奥运会。今日的奥运会已成为世界性的盛大节日，是规模最大的世界性民众聚会，是高水平竞技体育的世界赛事。

5. 运动竞技水平及运动训练科学化水平不断提高

随着现代竞技体育的发展，各国优秀选手们的运动竞技水平明显提高。如男子田径中的撑竿跳高、铅球和铁饼的世界纪录提

表1　男子田径运动水平的百年发展选例

项　目	第一个世界纪录		现在世界纪录		提高(%)
	年度	成绩	年度	成绩	
100米	1912	10.6	1999	9.79	8.27
400米	1900	47.8	1999	43.81	10.70
1500米	1912	3:55.8	1998	3:26.0	14.47
10000米	1904	31:02.4	1998	26:22.75	17.67
跳高	1912	2.00米	1993	2.45米	22.50
撑竿跳高	1912	4.02米	1994	6.14米	52.27
跳远	1901	7.61米	1991	8.95米	17.61
铅球	1909	15.54米	1990	23.12米	48.78
铁饼	1912	47.58米	1986	74.08米	55.70

高幅度达48.78%~55.70%(表1);网球运动员发球的时速已高达230公里;体操选手在空中同时沿着身体的纵轴和横轴做出了令人眼花缭乱的旋转;举重运动员把3倍于体重的杠铃举过了头顶;篮球选手飞身空中,由上而下将球扣入篮筐;花样滑冰选手则可在冰上跳起不停地旋转1440°。

社会的发展,营养的改善,有效的组织,系统的训练,各种主客观条件促发着优秀选手们不断提高其竞技运动水平。其中特别需要强调的是,运动训练科学化水平的提高对竞技运动水平的提高具有巨大的推动作用。

一百年来,竞技选手们的训练活动,无论从内容、方法,还是组织形式、安排技巧都发生了巨大的变化。从断续的训练发展到系统的训练;从闲暇娱乐式的训练发展到职业强化的训练;从着力提高个别因素竞技能力的训练发展到综合提高全面竞技能力的训练;从仅由少数教练员和运动员构成的封闭性训练发展到有社会多种角色积极介入的开放性训练;从仅仅围绕训练场所组织实施的单一性训练发展到众多科学学科提供有力支持的全方位科学训练,现代运动训练已经与科学技术的发展不可分割地紧密联系在了一起。

运动训练科学化水平的提高永远不会终止,未来运动训练的科学化程度必将会不断地提高到新的水平。

6. 竞技体育发展的职业化与商业化趋势

竞技体育综合的社会功能赋予了它巨大的商业价值;竞技水平的不断提高又要求运动员们全力以赴地进行训练,因此,现代竞技体育的职业化程度越来越高,商业化特征也越来越鲜明。优秀的教练员、运动员通过比赛场上优异的成绩获得高额的酬金和奖金;竞技体育的管理机构和管理人员、中介机构和经纪人也都广泛地运用商业操作来组织竞技体育活动,竞技体育产业既为它的从业者带来了丰厚的收入，也为社会经济的发展作出了巨大的贡献。

竞技体育在20世纪获得迅速发展的同时，也给社会带来了一些阴影和困难。如政治斗争的破坏性介入，经济利益的强制性干扰，违禁药物的泛滥使用，竞技选手健康的人为损害，以及虚假竞赛和不公正裁决对公平竞争原则的亵渎等等。与竞技体育领域中这些不良的现象及丑恶行为的斗争在21世纪仍将是竞技体育界的重要任务。

二、竞技体育的构成

从不同实践过程来看，竞技体育包含着运动员选材、运动训练、运动竞赛和竞技体育管理四个有机组成部分。

（一）运动员选材

运动员选材是竞技体育的开始，是挑选具有良好运动天赋及竞技潜力的儿童少年或后备力量参加运动训练的起始性工作。选材时，应注意考虑各个运动项目的特点，力求使用科学的测试和预测方法，努力提高选材的成功率。

（二）运动训练

运动训练是为提高运动员的竞技能力和运动成绩，在教练员的指导下，专门组织的有计划的体育活动。运动训练既是竞技体育的组成部分，也是实现竞技运动目标的最重要途径。

（三）运动竞赛

运动竞赛是在裁判员主持下，按统一的规则要求，组织与实施的运动员个体或运动队之间的竞技较量，是竞技体育与社会发生关联，并作用于社会的媒介。运动员通过训练不断提高的竞技能力，只有通过运动竞赛的形式表现出来，才能得到社会的承认，满足社会成员的需要。

（四）竞技体育管理

无论是运动员选材、运动训练，还是运动竞赛，都必须在专门的管理体制组织管理下才能得以实施并得到理想的效果。因而，竞技体育管理也是竞技体育的一个重要组成部分。

三、竞技体育的基本特点

竞技体育作为人类的一种社会活动，具有自身的特点。

（一）竞争性

竞技体育中的“竞”是指比赛和竞争，“技”是指运动技艺。运动员参加比赛的能力，即竞技能力。竞技体育由此而可以简单理解为是比较竞技水平高低的体育活动。激烈的竞争性就成为竞技运动区别于其他体育运动的最本质的特点之一。竞技运动的参加者总是力求最大限度地发挥自己的潜能去战胜对手。竞争性是竞技体育不断发展的杠杆，它既增加了比赛胜负的不确定性，也使得竞技运动更具魅力。

（二）规范性

现代竞技运动的发展要求运动员必须具有高度完美的技艺，否则就难以取得比赛的胜利。高度的技艺性是竞技体育赖以存在的基础，但高度的技艺又是以对技术、战术和各种训练的规范性要求为基础建立起来的。竞技体育的规范性还表现在各个竞技体育项目竞赛规则、竞赛规程等制约机制的规范性和竞技体育管理的规范性等方面。

(三)公平性

竞技运动中的竞争应该在高度公平的条件下进行。也就是说,竞技运动比赛应该合情合理,不偏袒任何参赛者。没有公平竞争,竞技运动便无法正常进行。为保证公正、公平地进行竞争,竞技运动的组织者对比赛项目、时间、地点、场地器材及运动员的参赛资格作出了明确的规定;对运动员的参赛行为及比赛组织和裁判工作制定了严格的行为规范。比赛规程和规则就是其中最主要的要求参加者共同遵守的行为规范。不仅比赛必须严格根据规程和规则的要求来进行,平时训练也必须针对规则的要求有针对性地进行。

(四)集群性

竞技体育是由若干运动员组成的群体行为。必须有一定数量的运动员同时参与,才有可能组织竞赛活动。在集体运动项目中,这种集群性的特点表现得更为突出。每一个个体在群体中都起到一定的作用,完成一定的功能;它们之间又有着紧密的联系,从而构成完整的竞技活动。竞技体育的集群性还表现在运动员或运动队与其他个人或集体的关系之中,如与教练员、科研人员、管理人员的关系,与裁判员、球迷和观众等各方面人员之间的关系。所以说,竞技体育是由很大的群落系统参与的社会行为。

(五)公开性

现代通讯系统的发展,使重大的体育比赛活动能够成为吸引全球数亿人关注的社会活动。而且,竞技体育具有比一般社会活动更为明显的公开性和外相性特点。在运动训练方面，新的运动技术和训练方法，经由运动员的比赛，很快成为大家共享的财富，同时也会成为被对手利用而成为战胜自己的武器。因此，竞技体育的公开性也在很大程度上促进了竞技体育的不断创新和发展。

（六）观赏性

竞技体育是从以娱乐为主要目的的游戏发展而来的，现代竞技体育日益加强的竞争性，更大大加强了其可观赏性。不仅参加者可以通过表现自我并战胜对手获得胜利的喜悦，而且观众也可通过观赏竞技体育比赛，从日常紧张的工作和生活中解脱出来，获得一种特有的轻松感和美的享受。因而，观赏比赛成为广大群众善度时间最好的方式之一。竞技体育以其独特的观赏性赢得广大群众的认可和支持，奠定了其自身发展的坚实基础。

四、竞技运动的现代社会价值

随着人类社会的发展，竞技运动已成为人类社会生活的重要内容而发挥着越来越大的作用。主要表现在以下几个方面：

（一）激励人类的自我奋斗精神

人类在自身的发展过程中，不断地适应自然和改造自然，不断地追求新的成就及新的突破。竞技选手们永无止境的追求，每0.01秒的提高，每一个新技术动作的出现，每一场精彩的表演，都是这种奋斗精神的集中表现和生动写照。竞技选手们在运动训练中所培养并在运动竞赛中所展现出来的竞争性，也正是人类生存与发展的重要素质。

(二)满足社会生活的观赏需要

随着现代社会的发展、人类主体意识的觉醒,自身的需求也发生了巨大变化。现代人追求的不仅仅是物质生活的满足,同时也高度重视精神生活的丰富。观赏高水平的竞技运动比赛已经成了人们余暇生活的重要内容。人们从观看高水平的体育比赛中不仅可以感受到生命的力量,而且也可以得到美的享受。竞技运动水平的不断提高,满足着人们不断提高的体育观赏的需要,是竞技体育的一项重要功能。

(三)促进社会大众的体育参与

优秀运动员在竞技赛场上表现出力与美的结合、勇与智的对抗、高超的技艺以及顽强的意志,都会作为光辉的榜样和成功的范例而吸引更多的青少年参加体育活动。围绕奥运会和一些世界级的重大竞技体育比赛,以及全运会的召开,都会出现群众体育活动的高潮。我国自推行《全民健身计划》和《奥运争光计划》以来,竞技体育与群众体育的发展正逐步形成良性的协调机制,竞技体育的发展推动了群众体育活动的开展,反过来群众体育的发展也为竞技体育的发展创造了良好的社会环境。这种体育内部的交融现象大大促进了现代体育的发展。

(四)显示国家和社会团体的综合实力

现代竞技体育已成为一个国家和民族的政治、经济、文化及科技等综合实力的“橱窗”。竞技体育比赛的胜负已不仅涉及运动员个人的荣誉,更关系到一个国家和社会团体的荣誉,许多国家和社会团体都对竞技体育给予极大的关注和巨大的投入。国际体育竞技实质上已经成为国家地区之间经济、科技、教育、文化等因素多维组合的竞争与较量。

(五)促进社会和经济的迅速发展

竞技体育的发展必然改变人类的消费结构，促进与运动训练、体育比赛有关的物质资料的生产和流通。举办大型运动竞赛不仅可以直接获得经济效益，而且也可以促进相关产业的发展。竞技体育已成为体育产业中的重要组成部分。20世纪80年代中期美国体育产业的总产值达到了630多亿美元，成为美国国民经济中的第22位支柱性产业，而竞技体育产业所产生的产值占其中的绝大部分。竞技体育的发展已对各国的经济和社会发展起到了越来越大的作用。巴塞罗那奥运会后的一项社会调查表明，由于巴塞罗那奥运会的召开，使巴塞罗那市城市发展整整推进了10~25年。

(六)排解社会成员的不良心绪

参与运动训练和体育比赛或观赏体育比赛，不仅有助于人们的身体健康，而且有助于许多不良思绪和心理状态的排解，引导良好的社会行为规范和精神风貌。

第二节 运动训练与运动训练学

一、运动训练在竞技体育中的地位

(一)运动训练释义

运动训练是竞技体育活动的重要组成部分，是为提高运动员的竞技能力和运动成绩，在教练员的指导下，专门组织的有计划的体育活动。

提高运动员的竞技能力和运动成绩是运动训练活动的目的。其中,运动训练的直接目的是提高运动员的竞技能力,继而通过参加运动竞赛,将其已获得的竞技能力转化为运动成绩。

教练员和运动员是运动训练活动的主体，教练员是运动训练计划的制定者及运动训练活动的组织者与指导者。运动员既要在教练员的指导下从事训练实践,也应积极配合教练员,与教练员一起设计、组织自己的训练活动,并参与对这一训练过程的有效控制。同时,训练管理工作者、科学家、医生等也都是运动训练活动的积极参与者。

运动员的竞技能力和运动成绩的提高有着客观的规律，只有遵循训练规律,科学地制定并认真地执行运动训练计划,才能取得运动训练活动的成功。

(二)运动训练是竞技体育中的主体构件

无论从活动的时间、活动的容量,还是从人们投入的力度来看,在竞技体育的多种构件中,运动训练都是最主要的。理想的运动员选材是为运动员训练提供优质的素材，运动竞赛则是对训练成效的检验。运动员的竞技能力来自于遗传效应、生活效应及训练效应多元的途径,其中,训练效应是运动员获得竞技能力最重要、最有效的途径。只有通过长期、系统和科学的训练,运动员的竞技能力才能达到较高的水平，才能在复杂多变的比赛中表现出优异的运动成绩。

(三)运动训练与运动员选材的关系

运动员的竞技能力包括由先天遗传性竞技能力和后天训练获得性竞技能力两个部分。科学的选材选出了具有优越的先天性遗传能力的可造之材，还必须在此基础上通过科学的训练才能有效地发展运动员的竞技能力并使得运动员先天遗传性的竞技能力得到充分的展现。选材为成功的训练准备了重要的前提条件，但如果没有科学的训练，再好的素材也不可能成为优秀的选手。

(四)运动训练与运动竞赛的关系

成功地参加竞赛是运动员训练的最终目的。运动训练的内容和安排应力求符合各个运动项目的特点和竞赛规则的要求，最终求得在比赛中充分地表现出已经具备的竞技能力。同时，运动竞赛的特定条件和气氛，为创造高水平运动成绩提供了平时训练中难以具备的良好条件，而运动成绩也只有在专门组织的比赛中表现出来，才能得到社会的承认。运动员的比赛成绩正是对其训练效果的最好检验。

二、现代运动训练的基本特点

(一)训练目标的专一性与实现途径的多元性

每名运动员都从事着特定专项的训练，其训练的目标就是在特定的专项上夺取比赛的胜利和创造优异的运动成绩，具有鲜明的专一性。各运动项目对运动员竞技能力的要求不同，而每名运动员竞技能力的构成特点也各不相同。虽然运动员有可能在几个性质相近的项目上取得较好的运动成绩，但却很难甚至不可能在几个性质不同的项目上取得同样优异的运动成绩。因而从选材开始就必须注意训练目标的专一性，并依专项训练的需要去安排好训练的内容。

运动训练项目和内容的专一性，并不排斥有利于专项竞技能力提高的其他项目的训练内容和手段，而是要认真分析各种内容和手段对提高专项运动能力的作用，包括直接作用和间接作用，长期作用和短期作用，以便更为有效地选用多种方法和手段服务于专项竞技水平的提高。

（二）竞技能力结构的整体性与各子能力之间的互补性

尽管不同项目运动员竞技能力的构成各有自己的特点与侧重，但不论是哪一个项目，运动员的竞技能力都是由体能、技能、战术能力、心理能力以及运动智能构成的。各项目运动员的主导竞技能力及次要的竞技能力，各以适当的发展水平、相应的结构协调地组合在一起，构成了运动员表现于专项竞技之中的综合竞技能力。同时，各子能力之间相互促进、相互制约、良好发展的优势子能力还可在一定程度内对发展滞后的劣势子能力产生补偿作用。如耐力好而速度差的中长跑选手力求在前大半跑程中拖垮速度好、冲刺能力强的对手；发球变化多、攻球速度快的亚洲直拍乒乓球选手在与相持能力强的欧洲横拍选手比赛时，力求在前三板中得分。

（三）运动训练过程的连续性与组织实施的阶段性

一个完整的训练过程，不论其包含的时间跨度有多大，不论是多年的训练过程还是周的训练过程，运动员在每一个特定时刻的状态，都是其前一时刻状态的延续，又都是后一时刻状态的先形。一次、一周或更长时间的大负荷训练，会对运动员其后的状态产生深刻的影响，而一段时间训练的间断也同样会引起其竞技能力状况的相应变化。训练过程这种延续进行和前后制约的特性，即称做连续性。

同时，每一个连续的运动训练过程又都必然地分为若干阶段。每个阶段的训练任务、内容、方法、手段以及负荷,都各有自己的特点。这些特点使它们明显地区别于其他阶段,得以独立存在。尽管这些阶段看来是人为划分的,但这种划分必须符合运动训练过程本身发展的规律,才能取得良好的效果。

这种连续性与阶段性的特征,存在于各种水平运动员的训练过程之中,存在于从一项训练内容,一次训练课,直至年度、多年的各种时间跨度的训练过程之中。

(四)不同训练负荷影响下机体的适应性及劣变性

人类对于环境有着很强的适应能力。外部加于人体的负荷,能引起人体功能的改变,使之更好地承受外加的负荷,这就是机体对训练负荷的生物适应现象。在负荷保持在一定范围的条件下,机体的应激以及随之产生的一系列变化,也都会保持在一个适度的范围内。这时,负荷的量度越大,对机体的刺激越深,所引起的应激也越强烈,机体产生的相应变化也就越明显,人体竞技能力提高得也就越快。

负荷的适度增加能够导致运动竞技水平的显著提高,但当负荷超出了运动员的最大承受能力时,运动员的机体便会产生劣变现象。这种劣变现象会对运动员竞技能力的提高产生消极的作用,甚至会迫使一名优秀运动员过早结束运动寿命。

(五)训练调控的必要性及应变性

运动训练过程是一个有组织的社会性行为,因此,需要对其进行有效的管理。其中,对运动训练的全过程实施科学的调控,制定科学的训练计划,是实施科学训练、取得理想训练效果的重要工作环节。而在竞技比赛和运动训练过程中,由于经常会因受各种因素的影响而使训练和比赛过程产生意想不到的变化,原已确定的训练计划和对训练和比赛过程的设计都需要给予相应的调节，实施必要的变更，以力求原定训练目标的实现。而在内外条件产生巨大变化、原定目标已不可能实现时，则亦应调整训练目标及各相应环节训练工作的要求。

（六）现代科技支持的全面性及导向性

竞技体育与运动训练有着广泛的多学科联系。决策科学、人文社会科学、医学、力学、化学、数学与计算机科学的广泛知识都对运动训练有着巨大的影响，各种不同的科学学科、科技理论、科技思想、科技方法与仪器器材都能在竞技体育领域发挥着各自的影响和作用。作为运动训练活动的直接任务，即运动员各种竞技能力（包括身体能力、技术能力、战术能力、心理能力和运动智能）的提高，都在很大程度上借力于现代科技的帮助与支持。

在运动训练全过程的每一个环节，即运动员状态诊断、训练目标的建立、训练计划的制定、训练活动的组织实施、训练效果的检查评定、训练状况的反馈调控、直至训练目标的最终实现，无一不广泛地应用着现代科技的成果。不仅对于运动训练的重要影响因素——运动负荷的组织实施与监控，而且对于负荷后的恢复过程；不仅对于训练课上的各种训练方法和训练手段，而且对于训练课外的多种合法的强力手段；不仅对于运动训练的过程自身，而且对于竞技体育活动的其他重要环节，即运动员选材、运动竞赛和竞技体育管理，现代科技也都已广泛地参与其中，取得了巨大的成效，有力地支持和引导着竞技体育的更快发展。

三、运动训练学的任务及内容

（一）运动训练学的任务

依理论研究所涵盖的领域，可把运动训练理论分为一般训练理论、项群训练理论和专项训练理论三个层次。从理论学习的角度，人们在谈及运动训练学时，通常指超出专项范围，阐明运动训练基础理论和训练过程中带有共性及普遍性问题的理论体系，即一般训练理论。运动训练学与专项训练理论之间有着紧密的联系，一般运动训练学源于专项训练理论，是以专项训练理论为基础，从各专项训练理论中总结出带有广泛适用性的共性规律，并使其上升为对不同项目的运动训练活动具有普遍指导意义的理论。

运动训练学研究的主要目的在于：揭示运动训练活动的普遍规律，指导各专项运动训练实践，使各专项的训练活动建立在科学的训练理论基础之上，努力提高训练的科学化水平。

据此，运动训练学的主要任务为：

1. 从众多专项的训练实践中总结出带有普遍意义的共性规律；

2. 深入探索尚未被人们所认识和认识还不十分清楚的运动训练规律；

3. 进一步健全运动训练学理论和内容体系；

4. 广泛吸取现代科技成果和多学科的理论与方法，应用于运动训练学的理论研究与实践应用之中；

5. 运用一般运动训练学的基本理论指导各专项训练实践。

(二)运动训练学的基本内容和理论框架

运动训练学以运动训练的规律为自己的研究对象,因此,运动训练所涉及的有关问题便是运动训练学的研究内容。国内外运动训练学教材、专著的内容体系虽各有区别,但其基本内容都是非常相近的,大多包括以下几方面的内容:竞技体育的地位和作用;运动训练的目的、任务和特点;运动训练原理和原则;运动训练方法与手段;身体训练;技、战术训练;心理、智能训练;训练过程的计划和控制;运动员选材;负荷与恢复等。

近年来,运动训练实践有了飞速发展,现代训练理论也有了许多重大的突破,运动训练学理论体系也在不断地发展和完善,许多新的训练理论与方法陆续充实到运动训练学的理论体系之中。如项群训练理论、训练控制理论等。

第二章　项群训练理论

田麦久

第一节　项群训练理论总论

一、项群训练理论的建立及其科学意义

(一)项群训练理论的构思与命名

运动训练的理论源于运动训练的实践。在专项运动训练实践的过程中发展起来了各个专项的训练理论,继而以其为基础,又发展和建立了一般训练理论。通常认为,自1964年前民主德国哈雷博士等人的《训练学》(Trainingslehre)一书作为莱比锡体育学院函授教材问世以来,运动训练的理论体系即由一般训练学和专项训练学两个层次所构成。

一般和专项这两个层次的训练理论各有着自己的研究领域和适用范畴。一般训练理论研究普遍适用于众多运动项目的共同规律,是在高层次上指导运动训练实践活动的理论体系;专项训练理论密切结合专项训练实践,研究适用于专项训练活动需要的指导性的理论问题以及具体的可应用的训练方法。但随着运动训练实践的发展,这一体系已日益表现出其明显的不足,即一般训练学在力求概括适宜于所有项目的共同规律时遇到巨大的困难;同时专项训练学受到视野的局限而难脱狭窄并难以深

化和提高;以及这两个层次中间所出现的明显断裂。

人们在探讨研究众多竞技运动项目共同规律的过程中强烈地感受到,在许多方面常常难以、甚至不可能将不同项目所具有的多种风格和特点简单地作出单一的概括和归纳。而如果将某几个项目放在一起进行比较，它们之间的许多共同的特点便会立即清晰地显现出来。例如足球、水球、曲棍球的进攻和防守战术;马拉松跑、长距离游泳和公路自行车运动员对心血管系统的功能和肌肉耐力的高度要求;艺术体操、技巧和花样游泳的动作创新与编排技巧;乒乓球、羽毛球和网球的发球和接发球技术等等。

这些简单的举例提示我们,根据各个运动项目固有的特点,将它们分别划归不同的类属,分别进行专门的研究,有着重要的理论意义和实际意义。

由不同项目的本质属性所引起的项目之间的异同点是我们划分项目类属的基本依据。在认真探求如同上述举例所示的项目间的共同点的同时，还需要对不同项目间的差异进行准确的解析。例如:

——长距离竞速项目期望运动员肌肉组织中含有高比例的红肌纤维；而短距离竞速项目优秀运动员的肌肉组织中通常含有大量的白肌纤维。

——对田径、游泳、举重运动员来说,只需熟练掌握一个或几个动作,并在完成这一个或几个动作时,力求表现出最大的体能;而体操、花样游泳等项目运动员则必须不断发展新的技术动作，在比赛中又要求努力按照稳定的动力学和运动学特征去完成这些动作。

——跳水、艺术体操等项目选手比赛时力求把训练中千百次重复的练习完整地“复制”出来；而各种对抗性项目运动员比赛时则必须按比赛场上双方对抗情势的变化，把平时训练中掌握、积累的多种技、战术“元件”有机地构成新的组合，予以应用，据以制敌取胜。

不同竞技项目的异同源于竞技运动发展的历史、比赛的规则等方面。这些异同点的存在表明，按照不同项目的类属特点进行深入的探讨，既可比一般训练理论更加准确而深入地揭示同类项目的规律，又可在专项训练理论的基础上有所升华和提高；并能有机地加强这两个层次理论之间的联系。这无疑地将会大大地充实运动训练的理论体系，进而推动运动训练实践的迅速发展。

田麦久和他的同事将运动项目的类属聚合命名为“项群”，揭示项群训练基本规律的理论命名为“项群训练理论”(1983)。

(二)项群训练理论的基本内容

运动训练理论的研究主要针对“为何练、练什么、练多少、怎样练”，即训练目标、训练内容、负荷量度及训练的组织这样四个问题而进行。不同层次的训练理论都担负着在各自层次上回答上述问题的任务。除此之外，各项群的形成与发展也应作为项群训练理论研究的内容。因此，可以把项群训练理论的基本内容概括为以下四个方面：

——各项群的形成与发展；

——各项群竞技能力决定因素的系统分析；

——各项群运动成绩决定因素的系统分析；

——各项群训练的基本特点(负荷内容与量度，训练的组织与控制)。

1. 各个项群的形成与发展

各个项群内部所包含的许多竞技项目都有着密切的亲缘关

系。在一些古老的基础运动项目的发展及演变中不断地衍生出一批新的运动项目。例如,1880 年英国的体育用品制造商,为适应贵族生活的需要，把网球搬到室内桌子上打，便出现了乒乓球。1860 年的夏天，一批英国足球迷在足球赛后带着足球下水游泳嬉戏,这就是水球的起源。从古老的德国古典体操中衍生出了现代竞技体操、艺术体操、技巧、蹦床等运动项目。现代铁人三项则把长距离游泳、长距离自行车骑行和马拉松跑这三个看来似乎截然不同的耐力性运动项目连在一起进行竞赛，展示出这些体能主导类周期性耐力项目的同群性特点。

当然,属于同一个项群的运动项目,也并非一定都由同群其他项目衍生而来。但在竞技体育发展的历史中,它们都由于具有共同的特点而殊途同归,最后被“组合”在同一个项群之中了。

随着运动实践的不断发展，某些地区性的竞技项目得到推广,并获得国际体育组织的承认;新的竞技运动项目也不断地产生和推广,引起人们的兴趣,直至进入世界大赛的竞技舞台。因此,各个项群的家族都在不断扩大,同时,在这一发展过程中,也必然地孕育着新的项群的诞生。

2. 各项群竞技能力决定因素的系统分析

任何一个运动项目运动员竞技能力的高低，都是由运动员的心、技、体、战、智五个方面的能力所决定的。其中,体能又包含形态、机能及素质三个方面的状况。

但是，上述各个因素对运动员竞技能力总体所起作用的大小又依项群特点的不同而有着明显的区别(表 2－1)。例如，高度发展的动力性耐力素质和心血管系统的工作能力对体能主导类耐力性项群选手来说,是其竞技能力高低的决定性因素;而对体操运动员来说,耐力素质的重要程度则大大地降低了。技能主导类对抗性项群运动员训练的重要任务之一是培养在激烈的对抗性活动中强烈的战术意识，以及努力提高其及时对对手的活动作出适宜的反应，进而克“敌”制胜的战术能力；而在射击训练中，则需着力培养运动员不受对手与环境的干扰，高度集中注意力于自我的心理自控能力。艺术体操和花样滑冰选手一举手、一投足都要注意姿态的优美，表现出优雅的气质或奔放的热情；而对投掷、摔跤选手来说，则根本不必顾忌自己的姿态是否给人以好感，当然也不必去有意识地塑造形态的美感，他们高度发展的竞技能力充分地表现于把器械掷得更远或把对手摔倒在地。

表 2－1　不同项群运动员竞技能力各决定因素作用的等级判别*

因素 ＼ 作用等级 ＼ 项群	体能类			技能类				
	力量性	速度性	耐力性	表现性		对抗性		
				难美	准确	隔网	同场	格斗
形　态	△△	△△	△△	△△	△	△△	△△	△△
机　能	△△△	△△△	△△△	△△	△△	△△	△△	△△
素　质	△△△	△△△	△△△	△△	△△	△△△	△△△	△△△
技　术	△△	△△	△△	△△△	△△△	△△△	△△△	△△△
战　术	△	△	△△	△	△	△△△	△△△	△△△
心　理	△△	△△	△△	△△	△△△	△△	△△	△△
智　能	△	△	△	△	△	△△	△△	△△

*　△△△决定性作用；△△重要作用；△基础性作用

（引自田麦久等《项群训练理论》，1998）

同一种竞技能力对运动员整体竞技能力的作用也依项群的不同而有明显区别。例如，运动技术的好坏对每一个项目运动员发展高度的竞技能力都有着不可忽视的重要意义。但对于不同的项群，其作用程度的不同仍然表现出明显的差异。如表 2－

2 所示，技能对体操、跳水等难美性项目和乒、羽等隔网对抗性项目起着决定性的作用；对其他技能主导类项目起着主导的作用；而对体能主导类项目则次于运动员的体能因素（素质、机能），而只起着相应的重要作用。

表 2-2　运动技术在不同项群中的作用

项群		作用	特征
体能主导类	快速力量性	重要作用	集中快速发挥力量
	速度性	重要作用	短时间内有效地发挥体能
	耐力性	重要作用	经济省力时效，推迟疲劳出现
技能主导类	表现难美性	决定性作用	充分显示运动员的技艺与美感
	表现准确性	主导作用	正确稳定的瞄准与击发（撤放）
	隔网对抗性	决定性作用	战术的基础，突破防守而得分
	同场对抗性	主导作用	战术的基础，突破防守而命中得分
	格斗对抗性	主导作用	战术的基础，突破防守而制胜或得分

（引自田麦久等《项群训练理论》，1998）

如果我们进行更为具体的分析则可发现，同一种竞技能力内部进一步细微划分的子能力，诸如素质中的快速爆发力，战术中的集体配合能力，机能中机体内环境的调节能力，以及在重大比赛中自我激励的心理能力等各种子能力在不同项群中的作用、表现及训练的特点更具有明显的区别。这里，我们只选择不同项群运动员在比赛和训练中专项能力的不同表现及各个项群发展专项耐力训练的不同负荷特点为例，作一个简单的比较（表2-3）。

表2-3 不同项群专项耐力的表现及训练特点

项　群	专项耐力的表现	训练内容与手段	负荷强度	负荷量
体能主导类快速力量性	以最大强度重复完成完整比赛动作的能力	多次重复完成比赛动作或接近比赛要求的专门练习	极限或极限下强度	中/大量
体能主导类周期竞速性（速度性、耐力性）	以尽可能高的平均速度通过全程的能力	重复法：主项或接近主项距离 间歇法：1/2～1/4专项距离	大强度	短：3～10倍 中：3～6倍 长：1～3倍 超：3/4～1倍
技能主导类表现性	以最佳技术重复完成完整比赛动作的能力	完整练习、成套练习或半套以上练习（多次重复）	大强度	中量
技能主导类对抗性	长时间表现最佳技能及体能的能力	长时间的专项对抗或专项练习	最大与次最大强度交替	中/大量

（引自田麦久《论运动训练过程》，1988）

3. 各项群运动成绩决定因素的系统分析

不同项群对于运动成绩有着不同的理解和表述。在速度滑冰、田径、举重等可测量类的运动项目中，人们习惯于把运动成绩理解为可以定量表达的时间、距离、重量、环数等指标的具体数值；而各对抗性项目则直接理解为比赛的胜负。考虑到不同运动项目的特点，应该给予运动成绩这一概念更为广义的解释。

简要地说，运动成绩就是运动竞赛的结果。任何一场运动竞赛的结果都必然包括两个方面，即比赛的名次和运动员在比赛中所表现出来的竞技水平。影响比赛结果的基本因素是运动员所具有的竞技能力及其在比赛中的发挥、竞赛对手所具有的竞技能力及其在比赛中的发挥以及运动竞赛结果的评定这样三个方面。其中，运动员自身所具有的竞技能力及在比赛中的发挥状况毫无疑问对运动成绩有着最重要的直接影响。

必须看到，一切运动竞赛都是在对抗中进行的。但是，在不同项群的比赛中，对抗的特点及表现形式却有着明显的不同。足球、冰球比赛中，双方运动员在同一块场地上争夺，在高速运动中身体频频接触的条件下进攻和防守，运动员技术水平的发挥直接受着对手表现的影响和制约；乒、网、羽、排等球类比赛则由于一道球网将双方隔开，使得运动员可在不受对手身体直接干扰的情况下去发挥自己的运动才能；而在花样游泳、推铅球的比赛中，运动员依次参赛，各个选手竞技水平的发挥则较少受到对手场上表现的直接影响。

不同项目不同的评定方法对运动竞赛的结果所产生的影响也是各不相同的。随着电动计时、电子测距系统的发展，跑、走、游、骑、滑、划、驶等各种竞速运动项目和跳远、三级跳远以及投掷等竞距运动项目比赛结果的评定已可保证具有很高的精确度，但对竞技体操、花样滑冰等评分类项目以及各种对抗性的得分项目来说，裁判员的职业道德以及业务水平则对比赛的结果会产生重要的影响。

竞赛规则的变化对竞赛的结果同样有着重要的影响。由于不同项群的评定方法及比赛方式不同，所以各自竞赛规则的变化也都服务于不同的具体目标，表现着不同的发展趋向。可测量类项目主要在于提高评定的精确度；评分类项目主要在于提高评分的客观性和随运动水平的提高而修订评分标准的及时性与合理性；得分类项目则着重于从宏观上保持攻防的平衡，以利于提高对抗的激烈程度(表2-4)。

表2-4 不同项群竞赛规则发展的主要趋向

项群		规则发展的主要趋向
按评定方法	按主导因素	
可测量类	体能主导类 技能主导类表现准确性	提高评定的精确度 利于运动员更好地发挥 便于比赛的组织进行
评分类	技能主导类表现难美性	加强评定的客观性 提高评定标准 便于比赛的组织进行
得分类 命中类 制胜类	技能主导类对抗性	保持宏观的攻防平衡 提高观赏价值 便于比赛的组织进行

(引自田麦久等《项群训练理论》,1998)

上述简要的分析告诉我们，运动成绩的决定因素同样具有鲜明的项群特点。把握这些特点，将会有助于我们对不同项群的训练实施更为有效的宏观管理。一方面对运动员的训练活动提出更为明确的要求，更为有的放矢地组织好训练实践；同时，还可据此对运动竞赛组织、体育信息等方面的工作给予准确的宏观指导。

4. 各项群训练的基本特点

运动训练的基本任务在于发展运动员的竞技能力，并通过运动竞赛，将已获得的竞技能力充分地表现出来，创造出理想的运动成绩。这就是竞技体育活动的两个主要的构成部分。如前所述，不同项群运动员竞技能力和运动成绩的决定因素都有着不同的特点，从而，也就导致不同项群的训练活动各自表现出不同的特点。这里，既包括训练的内容、方法和手段，也包括负荷的量度及恢复的措施。

竞技需要原则(亦称从实战出发原则)是指导训练活动的基本原则之一。发展竞技能力的需要，以及在比赛中充分地发挥竞技能力的需要，决定着运动训练的具体任务和训练的内容。而训练的方法和手段则是根据训练的任务和内容而予以选择的。体能主导类项目运动员大量的时间用于发展运动员的速度、耐力或力量等各种素质，主要采用持续法、间歇法及重复法等发展体能的训练方法。一般来说，教练员对训练活动实施有效控制的核心问题在于对负荷量度和运动员体能的变化的掌握。而技能主导类项目运动员大量的时间则用于发展运动员的技、战术，主要采用分解——完整法、直观——语言法，对抗性项群还常采用模拟法和实战法进行训练。教练员对训练活动实施有效控制的核心问题在于把握运动员技能发展的程度及其稳定性，集体项目则要着重把握集团整体对抗性竞技能力的提高和发挥。

在运动训练的理论与方法不断发展的动态进程中，人们必须及时地对优秀选手竞技能力结构的新特点加以研究。当代优秀选手竞技能力的新特点可以用“全面加特长”这样五个字予以简要的概括。但这一基本特点在不同项群中却又具有明显不同的表现形式(表 2－5)。

表 2－5　不同项群优秀选手竞技能力结构的特点

项群		竞技能力结构的新特点
体能主导类	耐力性	在保持高度发展的耐力水平的同时,明显地提高速度水平;在保持高度发展的专项竞技能力的同时,注意提高全面训练水平
	速度性	明显提高运动员的力量素质以及快速反应和快速动员能力
	快速力量性	在最大力量的基础上重视发展快速力量,突出力量与速度、技术的结合,单一技术进一步精雕细刻
技能主导类	表现难美性	继续突出动作难度的价值(增加翻转的周数和度数、减少高难动作前的预备动作、发展新动作类型等),同时强调动作质量,提高艺术修养
	表现准确性	心理训练的重要性更加突出,场地、器械进一步改进
	同场对抗性	全攻全守继续发展,良好的形态条件与娴熟的技巧相结合
	隔网对抗性	战术变化更加多样,战术决策对比赛结果影响更为突出,体能的作用加大
	格斗对抗性	鼓励主动进攻,绝对胜利的比例减少,相持能力(技术与体力)的作用加大,重视全面发展和突出绝招

(引自田麦久等《当代运动训练的发展趋势》,1991)

对各项群训练内容、方法与手段的研究在项群训练理论中占有重要的地位。关于项群形成的研究以及关于各项群竞技能力和运动成绩决定因素的研究,都必须通过对训练内容、方法和手段的研究才能与运动训练实践有机地结合起来，进而有效地促进各项群中众多竞技项目训练理论和实践的迅速发展，并充实和完善运动训练学的理论体系。

(三)项群训练理论的科学意义

1. 鲜明地概括了同一项群不同项目的共同规律

以项群为基本单位去认识和概括同类属竞技项目的共同特点，既能够获得远远大于一个单项运动实践的视野，在一个较高的层次上去把握几个或几十个运动单项共同的训练规律，又不会因受到其他类属项目不同特点的约束，而使得一个项群的共有规律无法显现出来。

在各个项群的专题研究及综合的理论研究中，都在不同项群的构成、竞赛及训练等多个方面揭示了单个项群独有的许多基本特点。例如，集体组队并排成特定阵形参赛是同场对抗性项群的共同特点。对六个同场对抗性项目常用参赛阵形的比较，可以给人们以有益的启发(表 2－6)。

表 2－6　同场对抗性项群常用比赛阵形的比较

项　目	足球	手球	曲棍球	冰球	水球	篮球
每队参赛人数	11	7	11	6	7	5
常用比赛阵形	○○ ○○○○ ○○○○ ○ 1－4－4－2	○○○ ○○○ ○ 1－3－3	○○○○○ ○○○ ○○ ○ 1－2－3－5	○○○ ○○ ○ 1－2－3	○○○ ○○○ ○ 1－3－3	○○○ ○○ 2－3

(依麻雪田，1987)

2. 加强了运动训练理论与实践的联系

运动训练学理论具有鲜明的应用性，它的任务之一就是把众多基础理论学科的科学知识综合起来指导运动训练的实践。而一般训练学理论由于需要反映所有运动项目的共同规律，必须高度地抽象和概括，同时也就衍生地加大了其与单个运动项目训练实践之间的距离。项群训练理论的提出与建立，在一定程度上有助于这一距离的缩短。理论概括覆盖面的收缩和覆盖项目的相似，必然使得抽象出来的理论更能准确地反映同项群项目训练实践的内在规律，并且更便于对训练实践实施有效的指导。

例如，不断创造并发展新的技术动作是技能主导类表现难美性项群注目的焦点之一。黄新河(1987)的研究中，把难美性项群动作创新的途径概括为以下四点：

——增加绕横轴和前后轴翻转的周数、绕纵轴转体的度数以及绕复合轴翻转的周数和度数；

——减少高难动作前的预备动作（如缩短助跑、减少预跳、减少回环的周数等），发展高难动作的直接连接；

——改变动作的身体姿态(如团身、屈体、直体等)以及动作的编排和连接；

——创造或由同群它项中移植其他新的动作类型。

又如，对几乎所有的周期性耐力项目运动员来说，都有多个比赛项目和更多的练习距离，从而构成了运动员的多种竞速能力。田麦久(1982)研究了运动员的主项和翼项，即多种竞速能力之间的关系，运用二次抛物线公式计算获得了世界优秀运动员多种竞速能力结构的数学模型，并成功地应用于运动员现实状态的诊断、翼项最高训练强度的确定及运动成绩的预测等诸多方面。

3. 实现了训练学理论原有两个层次之间的有机过渡

在几十个独立的竞技运动项目的专项训练理论与以研究所

有运动项目共同规律为内容的一般训练理论之间有着一段明显的距离。翻开国内外现有的一般训练学经典著作，在许多地方都可以强烈地感受到这一点。例如，在有关训练方法的论述中占有重要地位的持续训练法和间歇训练法，虽为竞速运动项目所经常采用，而对以发展技能为首要任务的体操、技巧等项目来说则是较为陌生、很少采用的。又如，关于集体对抗性项目训练中队友的战术配合训练，对田径、游泳、举重的个人项目选手也几乎是毫不相干的。

项群训练理论的提出和建立，在一般训练理论和专项训练理论之间架起了沟通的桥梁(图 2－1)。它既是一般训练理论的延伸，又是专项训练理论的拓展。通过项群训练理论这一新的层次，把运动训练理论体系中原有的两个理论层次紧密地联接了起来。

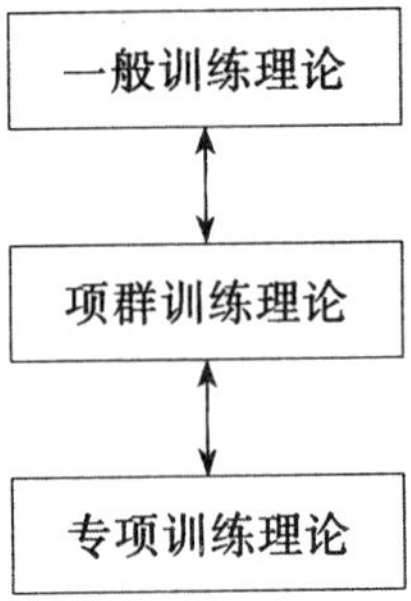

图 2－1　运动训练理论体系的三个层次
(引自田麦久等《我国运动训练学理论的发展与展望》，1987)

例如，关于战术训练问题，按照三个不同的层次分别根据各自理论与实践发展的需要，提出各自不同的战术内容（表 2－7)、战术训练的要求和方法，并且保持相互间的有机衔接，既丰富了战术训练理论的内容，又加强了对战术训练实践的指导。

表 2-7 三个理论层次战术研究内容的比较

理论层次		战术研究内容
一般训练理论		战术,战术思想,战术意识,战术能力,战术行为,战术训练的定义、原则、方法
项群训练理论	体能主导类耐力性项群	同道竞速中的领先与跟随,体力分配,队友配合,站位选择
	体能主导类快速力量性项群	试跳、试掷、试举的力量分配,高度、重量的选择
	体能主导类速度性项群	不同赛次的体力分配,注意力导向
	技能主导类表现难美性项群	成套动作的布局及编排,出场顺序的排定、临赛前试器械动作的选定与练习
	技能主导类表现准确性项群	比赛时间的分配,不同环境的心理导向
	技能主导类隔网对抗性项群	制胜对策的确定,临场指挥及战术变化,阵容的确定或出阵的排序
	技能主导类同场对抗性项群	制胜对策的确定,阵容的排定,临场指挥及战术变化
	技能主导类格斗对抗性项群	制胜对策的确定,临场指挥及战术变化
专项训练理论		专项比赛需要的具体战术

(引自田麦久等《项群训练理论》,1998)

综上所述,运动训练理论体系中这一新层次的建立,使得运动训练理论的内容更加丰富,体系更加完整,并且将会有力地推动运动训练实践的发展。

二、竞技运动项目的分类及项群体系的构成

对众多的竞技运动项目予以科学的分类,是构筑项群体系、

进行项群训练理论研究的重要先决条件。

(一)竞技运动项目分类标准的择定

任何分类都必须遵守相应相称（子项之和等于母项）、同一标准以及按一定层次逐级进行这样一些基本规则(《自然辩证法讲义》,298页,人民教育出版社,1979)。这是我们进行竞技运动项目分类所必须遵守的准则。

竞技运动项目的多方面属性为人们提供了多个可供选择的分类标准。如：

——按运动项目的主导素质；

——按运动项目的动作结构；

——按动作技术的确定性特点；

——按人与器械的关系；

——按比赛场地的不同特点；

——按参赛人数的多少；

——按比赛成绩的评定方法等等。

按不同分类标准建立的分类体系,各有其自己的适用范围,各有其理论与实践价值。应根据不同分类体系在运动训练理论研究和训练实践中的适用范围和应用价值进行综合评价，选择最为重要、最为实用的分类标准,建立科学的分类体系。

运动训练活动的具体任务是发展和提高运动员的竞技能力,继而通过在运动竞赛中的发挥和表达,转化为运动成绩。可以说,竞技能力的提高和发展,始终位于运动训练活动的中心。因此，首先选定决定运动员竞技能力的主导因素作为分类的一个重要标准。

每一个竞技项目都有着自己特定的运动技术，熟练地掌握先进的运动技术是发展竞技能力、争取优异成绩的重要途径。因此，选择运动项目的动作结构作为另一个重要的分类标准。

运动训练的效果必须要在运动竞赛中表现为运动成绩，才能够获得和体现出其社会价值。据此，也选择运动成绩的评定方法，作为竞技项目分类的第三个标准。

（二）竞技运动项目主要分类体系的建立

依上述择定的三个主要分类标准，建立了三个各自独立而又紧密联系的分类体系，分别用于不同的理论的和实践的需要。

1. 依决定竞技能力的主导因素分类

以运动项目所需运动能力的主导因素，可将所有的运动项目首先分为体能主导类和技能主导类（简称体能类及技能类）两大类。继而以各项目体能或技能的主要表现形式或特征作为二级分类标准，把体能主导类项目分为快速力量性、速度性及耐力性三个亚类，把技能主导类项目分为表现难美性、表现准确性、同场对抗性、隔网对抗性及格斗对抗性五个亚类。

体能主导类快速力量性项群包括田径中的跳跃、投掷、举重等要求运动员具有高度爆发力的项目；体能主导类速度性项群则包括一切短距离的竞速运动项目，即短距离跑、游、赛场自行车、速度滑冰等；体能主导类耐力性项群是个大家族，包括中长距离及超长距离的走、跑、骑、游、滑、划所有的项目（表2－8）。

技能主导类中，运动员在比赛中力求完成高难度的精彩动作，并同时着力展示运动美、人体美的所有项目，包括在水、陆、空、冰等不同场地竞技的项目，包括徒手和持器械的项目，集束为表现难美性项群。而表现运动员准确完成专项技术能力的射击、射箭和弓弩则被集束为表现准确性项群。

表 2－8　按竞技能力的主导因素对竞技项目的分类

大类	亚类		主要项目
体能主导类	快速力量性		跳跃、投掷、举重
	速度性		短距离跑(100、200、400米) 短游(50、100米) 短距离速度滑冰(500米) 短距离赛场自行车(200、1000米)
	耐力性		中长超长距离走、跑、滑冰 中长超长距离游泳;越野滑雪 中长超长距离公路自行车;划船
技能主导类	表现	准确性	射击、射箭、弓弩
		难美性	体操、艺术体操、技巧、跳水、花样滑冰、花样游泳、冰舞、武术(套路)、自由式滑雪、滑水
	对抗	隔网	乒乓球、羽毛球、网球、排球
		同场	足球、手球、冰球、水球、曲棍球、篮球
		格斗	摔跤、柔道、拳击、击剑、武术(散打)

(引自田麦久、刘筱英《论竞技运动项目的分类》,1983)

技能主导类中的对抗性项目被分别归入三个项群。比赛时用网将双方选手隔开,各据一方徒手或持器械击球竞技者称为隔网对抗性项目;双方选手在同一块场地上追逐争夺,以将球射投入对方特定网区中得分的项目称为同场对抗性项目;而以对手的躯体为攻击对象,双人进行格斗的项目则称为格斗对抗性项目。

2. 依运动项目的动作结构分类

吸取马特维耶夫(苏)按动作结构分类基本思想的内核,我们首先把所有的竞技项目划分为单一动作结构、多元动作结构及多项组合结构三大类，然后以各类动作的组合形式为二级分类标准，将单一动作结构类再分为周期性、非周期性及混合性三个亚类，将多元动作结构类再分为固定组合和变异组合两个亚类，将多项组合结构类再分为同属多项组合和异属多项组合两个亚类(表2－9)。

表2－9 按动作结构对竞技项目的分类

大类	亚 类	主 要 项 目
单一动作结构	周期性	跑、竞走、游泳、自行车、射击、射箭、速度滑雪、速度滑冰、划船
	非周期性	铁饼、铅球、链球、举重
	混合性	跳高、跳远、标枪、三级跳远、撑竿跳高
多元动作结构	固定组合	体操单项、武术套路单项、艺术体操单项、技巧、花样滑冰、马术、自由式滑雪
	变异组合	篮球、手球、足球、水球、曲棍球、冰球、乒乓球、羽毛球、网球、排球、拳击、摔跤、柔道、跆拳道
多项组合结构	同属多项组合	田径男十项和女七项全能、速滑全能、体操全能、艺术体操全能、武术全能
	异属多项组合	现代五项、冬季两项、铁人三项

(引自田麦久、刘筱英《论竞技运动项目的分类》,1983)

单一动作结构类的混合性亚类兼有周期性与非周期性的特点。各种跳跃及标枪的助跑为周期性动作,而最后的跳跃及掷枪则为非周期性动作。

多元动作结构类中，固定组合亚类项目要求运动员在比赛中完整地“再现”训练中千百次重复练习的动作组合，而变异组合亚类项目运动员则要在比赛中根据对手所采取的技、战术情况，将平素训练中所掌握的技、战术“元件”即时地组合成相应的技术动作或战术配合。

多项组合结构中，有些多项比赛的各个单项属同一个运动大项，如体操男子六项全能、田径女子七项全能等，称为同属多项组合；而也有些多项比赛的单项分属不同的运动大项，则称为异属多项组合，如近代五项、冬季两项及铁人三项等。

3. 依运动成绩的评定方法分类

按照各项比赛成绩的评定方法，可将众多竞技项目分为测量类、评分类、命中类、制胜类及得分类五大类（图 2－2）。

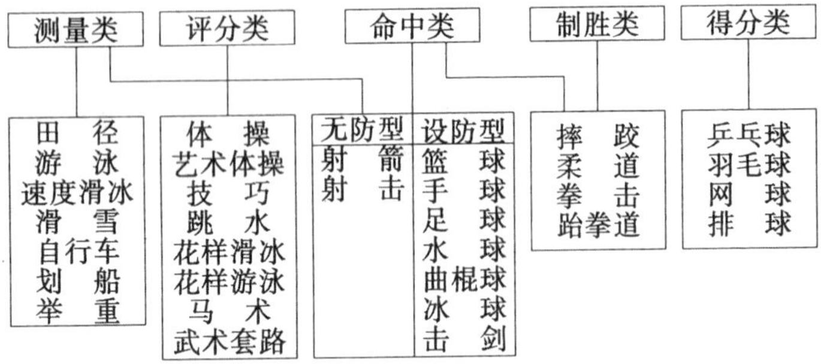

图 2－2　按运动成绩评定方法对运动项目的分类
（引自田麦久《论周期性耐力项目的多种竞速能力》，1982）

测量类项目的运动成绩可由对高度、远度、重量或通过一定距离所需时间的测量予以确定。评分类项目比赛中，裁判员按特定的规则和评分办法，对运动员所完成的动作质量给予评分。命中类中的无防型项目（射击等）由在没有防守的情况下，命中某一目标的次数多少而决定比赛的成绩；设防型项目选手则必须突破对方的防守命中特定目标而力求取胜。得分类项目均按局

(盘)进行比赛,一方得分达到规定数目时即为获胜,得分的途径既有本方运动员进攻命中,也包括对方的失误"送分"。制胜类项目比赛中,运动员可以通过取得绝对胜利而结束比赛,而在没有出现绝对胜利的情况时,则仍需按命中得分的情况判别胜负。

(三)三个主要分类体系的对应联系

以上三个分类体系从不同的角度描绘了竞技运动项目总体的内部结构。由于三个体系的分类标准之间有着密切的相互联系,因此,各个体系中所划分的项群之间也很自然地存在着一定的对应关系(表2-10)。例如,技能主导类表现难美性项目同时都属固定组合多元动作结构,又都是通过由裁判员给分的方式而评定其运动成绩高低的。体能主导类耐力性项目都属周期性单一动作结构,又都通过准确的计时判定其运动成绩。因此,在

表2-10 竞技项目主要分类体系的对应关系

标准	竞技能力的主导因素		动作结构特点	成绩评定方法
项群划分	体能主导类	快速力量性	单一动作结构 周期性/非周期性	测量类
		速度性	单一动作结构,周期性	测量类
		耐力性	单一动作结构,周期性	测量类
	技能主导类	表现准确性	单一动作结构,周期性	测量类
		表现难美性	固定组合多元动作结构	评分类
		同场对抗性	变异组合多元动作结构	命中类
		隔网对抗性	变异组合多元动作结构	得分类
		格斗对抗性	变异组合多元动作结构	制胜/命中类

(引自田麦久、刘筱英《论竞技运动项目的分类》,1983)

组织训练活动的过程中,可以其中一个体系为主,划分不同的项群,进行相应的研究。

由于一切运动训练活动都必须围绕着运动员竞技能力的发展予以科学地规划和组织实施,所以以决定竞技能力的主导因素为主要的分类标准,将以奥运会项目为主的众多竞技项目分为八个项群,并进而对各项群的训练理论进行专门的研究。

三、项群训练理论的应用

(一)项群训练理论与竞技体育发展战略的制定

无论对一个国家,或是对一个省市、一个地区来说,在制定其竞技体育的发展战略时,都对正确地选择重点竞技项目给予高度的重视。这里,项群训练理论可给战略制定者以有益的帮助。

首先,对现有不同等级的运动项目进行对应的项群分析,能够帮助我们从宏观上把握众多运动项目发展的状况,便于人们从社会学、地域学、遗传学及训练学等不同角度科学地分析造成各类项目发展水平高低不一的原因。

继而,可以选出与现有优势项目隶属于同一项群但暂时落后的项目。由于这些项目的教练员和运动员可以极为方便地借鉴同项群中先进项目成功的训练经验,因此,在一定的条件下,这些暂时落后的项目有可能比其他项群的落后项目更快地得到发展和提高,向优势项目的行列中转移。

田麦久在1985年提出,我国优势项群中的后进项目有可能更快地发展为优势项目。近年来的实践证明,20世纪80年代中期我国优势项群中的待发展项目:花样滑冰、女子足球、男子击剑等已经取得了长足的进步,成长为新的优势项目(表2-11)。

表 2－11　我国不同等级奥运、亚运会项目的项群归属

等级	按主导因素的项群归属	前沿项目	待发展项目
优势项群	技·表现难美性	竞技体操、跳水、技巧	艺术体操、花样滑冰、花样游泳
	技·表现准确性	射击、射箭(女)	射箭(男)
	技·隔网对抗性	乒乓球、羽毛球、排球(女)	排球(男)、网球
	技·同场对抗性(女)	篮球(女)、手球(女)、垒球(女)	足球(女)、曲棍球(女)
	个别单项	举重(轻)、跳高(男)	其他跳跃项目
		击剑(女)、竞走(女)	击剑(男)
发展项群	体·速度力量性	投掷、短跑(女)、跨栏、举重	短跑(男)、举重(重)、高山滑雪
	体·耐力性	中跑(女)、长跑(男)竞走(男)、游泳(短)	帆船、中跑(男)、障碍跑、越野滑雪、速滑、自行车、马拉松
	体·同场对抗性(男)	篮球(男)、手球(男)、水球(男)、冰球	足球、棒球、曲棍球
	技·格斗对抗性	击剑(男)、柔道(女)	柔道(男)、摔跤
	综合性	现代五项、冬季两项	
开发项群	技·格斗对抗性	拳击、跆拳道	
	技·表现准确性	高尔夫球、保龄球	

(引自田麦久《我国 1986～1988 亚、奥运会重点项目的选择与确定》, 1985)

许多省市体育发展战略的制定者敏锐地注意到了关于项群理论的论述,并尝试应用于自己的管理实践之中。张维国对甘肃省历年来参加全国大赛的运动成绩和与之相应的客观条件以及

影响因素进行的分析表明，甘肃省青少年最适于从事体能类耐力性项目、技能类表现准确性项目以及格斗对抗性项目，进而提出，要“不失时机地抓住已经形成优势或正作为重点发展的自行车、中长跑、射击、摔跤和柔道5个项目作为拳头项目给予加强，使其得以充分发展。与上述优势项目属同项群，但目前成绩尚不理想的皮划艇、射箭等项目，要采取有效措施促其提高，同时还要依据项群理论进一步研究增设与现有重点项目同一项群、经过努力有可能迅速发展提高的项目，如赛艇”(《对确定我省竞技体育重点项目的探讨》，载《夏日的体育话题——全国体委系统领导干部论文集》，167页，人民体育出版社，1989)。几年之后，甘肃省的摔跤、划船等项目即在国内比赛中取得显著成绩，逐步显示出这一战略决策的竞技价值。

(二)项群训练理论与竞技运动项目的宏观管理

有序性是系统的重要特性之一。项群的划分和项群体系的建立使得竞技项目这一巨大群体的内部结构更加有序，进而为运动训练组织机构的领导者和管理人员对其实施更为有效的宏观管理提供了新的可能。

例如，各级体育部门对运动项目实施分组管理，如果我们将统一管理的运动项目尽可能与项群的划分保持一致，则会明显地有利于管理工作与训练组织的协调一致。

(三)同群项目训练规律的探讨和揭示

与原有的两层次训练理论体系相比，运动训练理论体系中这一中间层次的建立，为我们研究、揭示具有共同特点的项目群体内部的训练规律提供了极为重要的先决条件。表现在以下方面：

——在一般训练学理论中，研究者通常难以注意到和揭示出混处于所有项目之中的一组项目的训练规律，而通过项群训练理论的研究则可以很好地做到这一点；

——以一个项目的训练实践活动为基础建立起来的专项训练理论,不可能做出具有更为普遍适用性的提炼和概括,而项群训练理论的研究在这一点上则具有明显的优势；

——由于运动项目发展的多样性以及某些运动大项（如田径)的综合性特点,如果只以历史形成的运动项目为单位去认识运动训练的规律,必然会受到极大的局限。田径中的投掷与举重的力量训练有着许多共同之处，而所有中长距离的走跑项目的训练均与中长距离的游泳、速度滑冰、自行车、划船等周期性耐力项目的训练遵循着同一的规律。这些简单的例子表明,项群训练理论体系的建立，将会在很大的程度上使得研究者打破固有运动项目界限的束缚，对进行跨项的规律性的探索和研究成为可能。

自项群训练理论被提出，并建立了自己的理论框架以来的十几年中，在各个项群领域中都已然出现了一些有意义的研究成果。如麻雪田关于同场对抗性项群运动员进攻时防守者强干扰的空间特征及排除手段的研究（1987)；宋鸣关于隔网对抗性球类项目竞赛规则变化致因及其对技战术影响的研究（1989)；田麦久对体能主导类耐力性项群多种竞速能力的研究（1982)；张洪潭对技能主导类表现难美性项群优秀女少年选手定向心理早熟现象的研究(1988)等等。

（四)项群训练理论与竞技人才的流动

对运动训练结果有着重要影响的选材工作，近年来受到教练员和体育科学家们的高度重视。在运动训练实践中,有为数不少的运动员是从邻项中选拔过来的。如我国许多优秀的跳水选手和艺术体操选手来自于竞技体操的少儿班。特别是当一个新兴项目开始建立时,这种现象就更为突出。我国第一支手球运动队是由篮球运动员转项组成的;我国第一批曲棍球教练员则本是足球教练员;一批原游泳选手组建了第一支蹼泳训练队伍;我国艺术体操运动的首创者原本也都是竞技体操的教练员和运动员。王大卫(1989)在探讨运动员转项成才现象的过程中发现,“同项群内部的转项多于异项群之间的转项”(表2-12)。

表2-12 同、异项群转项成才人数统计与比较

性别	转项类型	转项人数	%	率的t检验
男	同项群转项	95	64.2	$t=4.882$
	异项群转项	53	35.8	$p<0.05$
女	同项群转项	131	69.0	$t=7.387$
	异项群转项	59	31.0	$p<0.05$

(依王大卫,1989)

这些统计和研究结果启示我们,在运动训练界许多人的思维中,本已潜存着一种朦胧的“项群意识”,项群训练理论的研究和应用将会使人们这种朦胧的潜意识转化为科学理论指导下的主动的积极的思维和行动,从而促进竞技人才的合理流动。

(五)项群训练理论与运动训练方法的移植、创新与发展

任何一个竞技运动项目的发展过程,都不可能处于完全闭锁式的状态,在与外界的信息交流中,很自然地会从其他项目吸收那些对自己适用的理论、技术与方法;同时,也不断地把自己科学的理论、精湛的技巧以及有效的方法传输给别的项目。历史

的经验表明，这种信息的交流主要发生在同项群内不同的项目之间。

间歇训练法的推广是一个颇具说服力的例子。20世纪40年代末期，德国中长跑教练员盖什勒和医生阿因德尔根据优秀运动员哈尔比格(德国)、扎托培克(捷克)及列依弗(丹麦)等人的训练实践经验创立了间歇训练的经典理论。20世纪60年代初期，澳大利亚的卡莱尔夫妇因将这一训练理论和方法成功地移植于游泳训练之中而在世界泳坛大放异彩。而后，间歇训练法又逐渐被移植于速度滑冰、自行车和划船等周期性耐力项目的训练中去。

又如，在举重和健美运动训练中发展起来的许多力量训练方法，如负杠铃下蹲、卧推、实力推等都被广泛地运用于同属体能主导类快速力量性项群的投掷、跳跃等项目运动员的训练之中。

还有，体操运动员运用保护带的训练方法推广到跳水训练中，乒乓球的多球训练推广到羽毛球、排球训练之中等等都是同项群训练方法相互移植的成功实例。

然而，必须指出，在人们对于项群的构成还缺乏科学的、明确的认识之前，这种移植还常常是自发的，也是缓慢的。可以预期，在项群训练理论的指导下，对于同群项目之间训练理论、技术与方法的移植，将会更加自觉、更为有效地得到实施。例如：

——隔网对抗性项群中各项目的发球以乒乓球变化最多，效力最大，这就为网球、羽毛球和排球发球技术的发展提供了有益的借鉴；

——近年来新出现在冰上的竞速项目短跑道速度滑冰与大跑道速度滑冰比赛的重要区别之一，就是以同道竞速代替了分道竞速。毫无疑问，学习、移植同是同道竞速的中长跑项目竞赛战术的理论和方法，对于短跑道速滑选手在比赛中夺取胜利将会起到重要的积极作用；

——竞赛规则的标准化是我国传统项目武术走向世界的重要步骤。而武术竞赛规则的制定者肯定可以从同属表现难美性项群的技能主导类项目(体操、技巧、花样滑冰等)的竞赛规则中得到许多有益的启示。

第二节　各项群训练基本特征概述

一、技能主导类表现难美性项群训练特征概述

技能主导类表现难美性项群包括跳水、体操、艺术体操、花样滑冰、花样游泳和技巧、武术套路等竞技项目。

(一) 技能主导类表现难美性项群优秀选手竞技能力决定因素特征分析

1. 体能特征

身体形态对运动员的竞技能力起着重要作用，要求运动员具有优美的形体,表现出动作敏捷而灵巧。难美性项群运动员神经过程的均衡性和灵活性高，视、听、触觉及本体感觉准确、灵敏。在素质方面,力量、柔韧、灵敏、动作速度和专项耐力都有着重要的作用。

2. 技能与战术能力特征

技能主要表现为时空判断准确，对身体姿态控制的能力强，能够熟练掌握各种专门器械,以及与同伴的协调配合。而在战术运用上,主要体现在动作编排上的扬长避短、动作的合理布局等方面。

3. 心理和智能特征

感知觉灵敏度高，善于自我调节，具有果敢精神。在智能上具有丰富的想像力和创造力，善于分析和判断动作。

（二）技能主导类表现难美性项群比赛成绩决定因素特征分析

难美项群运动员比赛成绩是由裁判员根据运动员临场发挥的技术水平进行评分，再与众多对手得分相比较后判断名次而决定的。因此，运动员的成绩取决于多种因素的综合效应，有运动员技术水平发挥的主观因素，也有竞赛条件、裁判员评分，以及对手状况等客观因素的影响。对手得分的高低会直接影响运动员排名成绩，竞赛规则的不断修改、评分标准的变化，以及裁判员的公正、准确与否都会对运动员的比赛成绩产生重要影响。

（三）技能主导类表现难美性项群运动员的训练特点

1. 身体训练

运动员注重采用非专项的运动项目练习促进健康水平，同时十分重视专项身体素质训练。如在进行一定的长跑、短跑、游泳和球类活动的基础上，采用在技术结构上近似于基本运动技能的动作和能提高运动素质新水平的专门动作作为专项素质训练的手段。

2. 技术训练

技术训练是难美项群训练的核心组成部分，占有很大的比重。主要包括基本动作和高难动作的训练。其中基本动作训练贯穿于运动员多年训练及各年度训练的全过程，基本动作内容要选准、选精和照顾全面。而难新动作的教学训练过程也更加精细并分阶段依次实施；规定性动作又具有很强的时间特点，需运动员尽快掌握；在自选动作的训练中，要注重扬长避短。

技术创新是难美项群技术发展的生命。应大力组织前瞻性的研究，设计创新高难动作，加大运动员难度动作储备，保持技术发展的前沿地位。

3. 心理训练

由于专项竞技的特殊性，心理训练越来越得到人们的重视。主要目的是调节运动员心理状态，为取得优异成绩而进行各种必要的心理准备。采用的主要方法有念动训练法、模拟训练法和自我调节法等。

4. 艺术表现能力训练

多以舞蹈训练为主培养形体表现力，有音乐伴奏的项目还要让运动员按不同节奏完成动作和根据音乐内容做即兴表演和小品表演，以培养动作节奏感和表演能力。

二、技能主导类表现准确性项群训练特征概述

技能主导类表现准确性项群主要包括射箭、射击和弓弩三个竞赛项目。

(一) 技能主导类表现准确性项群优秀选手竞技能力决定因素特征分析

1. 体能特征

要求身体匀称，生理机能发展良好。在运动素质方面，运动员的静力耐力、平衡能力和稳定性要好，动作协调能力强，并具有良好的视觉和本体感觉能力。

2. 技能和战术能力特征

射箭、射击和弓弩三个项目的技术动作均属单一动作结构。技术要求可概括为“固势要稳，瞄靶要准，击发、撒放要正确”。在比赛中选手们的技战术表现，相互间不产生明显的影响，

在战术运用上也较为稳定。

3. 心理和智能特征

在心理方面对运动员注意力集中与稳定、自我控制、感知觉和运动表象再现能力都有较高的要求。因此，稳定性、有恒性、实验性、独立性和自律性都是运动员重要的个性特征。在智能上，除要求运动员掌握必要的基础理论知识和专项理论知识外，通过各种手段培养和发展观察力、想像力、思维能力，以及分析和解决问题的能力是十分必要的。

（二）技能主导类表现准确性项群比赛成绩决定因素特征分析

运动员比赛成绩的取得，主要靠自身技术的发挥和心理状态的控制，主要内容包括：确立辩证的比赛指导思想，全面作好赛前准备，以及教练员与运动员正确的参赛行为等。另外，枪弹、弓箭质量的优劣，以及对其性能的熟悉程度，对比赛成绩也有不可忽视的重要作用。

（三）技能主导类表现准确性项群运动员的训练特点

1. 技术训练

非常注重基本功训练，如射击的稳定功、击发功和运枪功，以及射箭的稳定功、撒放功和举开功。另外，巧妙地组织与安排空射与实射，可以灵活地引申出多种行之有效的训练方法。

2. 心理训练

射击、射箭运动员的心理训练侧重于意志品质和心理自控能力的提高。一般心理训练的内容包括培养运动员意志品质，提高竞技心理素质和调节、控制能力，特别是通过念动训练发展正确运动表象再现的能力。准备定向比赛的心理训练的内容包括做好心理定向工作、认真抓好意象练习等。

3. 战术训练

主要包括掌握风天射击的特点和规律、加强决赛能力的训练,以及通过各种复杂条件下的训练,提高抗干扰的能力和应变能力。

4. 身体训练

主要采用各种距离的跑步、各种姿势的游泳等练习发展速度和耐力;采用各种信号刺激手段提高反应能力;采用推举、卧推等负重练习提高以上肢、腰腹为主的肌肉力量、静力性和动力性力量耐力;采用徒手和多种器械的基本体操练习及球类运动发展柔韧性、灵活性和协调能力。

三、技能主导类格斗对抗性项群训练特征概述

技能主导类格斗对抗性项群包括摔跤、拳击、击剑、柔道、跆拳道等项目。具有一对一竞技、按体重分级别比赛、以绝对胜利或得分取胜等竞技特点。

(一) 技能主导类格斗对抗性项群优秀选手竞技能力决定因素特征分析

1. 体能特征

在形态方面要求运动员有较高的身材与较长的四肢,身高和体重保持恰当的比例。在身体机能上要求内脏器官的抗震性能好、适应能力强、触觉加强和痛觉减退,以及前庭分析器的稳定性高等。要求全面发展的身体素质是格斗项目的共性,速度、力量、灵敏和耐力都很重要。另外,还要从个体实际出发,扬长避短,取得最佳整体效益。

2. 技能和战术能力特征

技术与战术能力是格斗项目运动员竞技能力的主导因素,

是制胜的武器，对提高运动成绩起着决定性的作用。格斗项目技术包括进攻、防守和反攻三部分，并具有主动性、全面性、重点性、连续性和实用性等多方面特点。在战术特征上，主要采用因人而异、先发制人、真假结合、引诱和借力、消耗战和游击战，以及反边线战术等战术思想和战术技巧。

3. 心理和智能特征

心理特征主要表现在对阵时的敢斗性、坚毅性和对待抽签机遇的稳定心态等。而在智能方面则要求运动员具有较高的文化水平，良好的理解力与记忆力和分析判断能力等。

（二）技能主导类格斗对抗性项群比赛成绩决定因素特征分析

格斗项目比赛场地是具有一定高度的赛台，其设施质量对于运动员发挥自身水平具有直接影响。比赛方式都是一对一的对抗，赛制分为淘汰制和循环制两大类。一般情况下，运动员要靠实力取胜，但在许多情况下，机遇也会影响成绩。比赛的胜负评定也有得分和制服两类，因而裁判因素对运动员发挥成绩具有较大影响，裁判过程和犯规处理对裁判员水平要求较高。

（三）技能主导类格斗对抗性项群运动员的训练特点

1. 技术训练

技术训练的内容包括基本动作、基本功、进攻、防守和反攻的各种方法以及连贯技术。技术训练根据各专项的特点，常采用整体法和分解法、限制法和诱导法以及配对训练法，有针对性地安排训练内容。

2. 战术训练

包括进攻、防守和反攻战术训练。依运动员竞技水平的不同和训练安排的阶段性特点，分别采用假想敌训练、配对训练及实战训练等方法提高运动员的战术能力。

3. 身体训练

格斗项目的身体训练主要分为一般身体素质训练和专项身体素质训练。一般身体素质训练常采用短距离冲刺跑发展速度，中长距离和越野跑发展耐力。另外，还采用垫上技巧、球类活动培养灵敏性，用轻杠铃和哑铃练习发展力量等。而专项身体素质训练都是根据各项目所要求的重点素质和技术特点的需要而安排的，具有很强的专项性。

四、技能主导类隔网对抗性项群训练特征概述

技能主导类隔网对抗性项群包括乒乓球、羽毛球、网球、软式网球、排球、沙滩排球、藤球和毽球等项目。

（一）技能主导类隔网对抗性项群优秀选手竞技能力决定因素特征分析

1. 技能和战术能力特征

运动员的技术水平主要表现在基本功熟练、扎实、全面、准确，特点突出，并在技术发展中不断创新、形成绝招等方面。战术能力则主要反映在个人战术与集体战术结合、注重战术创新和战术理论研究等方面。

2. 体能特征

运动员的身体素质是掌握各项技术的基础，同时也是比赛中运用技术和完善战术的前提。本项群的重点素质包括移动速度、挥臂速度、灵活性和耐久力等，排球、羽毛球要求运动员有很好的弹跳力。在身体形态上要求运动员符合移动快、灵活性高、挥臂动作快的要求，身高、体重适当，腰短、骨盆小、臀肌上收、手臂长、跟腱长、足弓高。在机能上以发展心肺功能来满足专项速

度耐力的需要为主。

3. 心理和智能特征

本项群各种技术动作失误就要失分的特点，要求运动员具备良好的敢斗意识和自我控制能力；根据球速快、变化多的特点，又要求具备良好的时空知觉、反应速度和集中注意力的能力。在智能方面的要求也较高，运动员需要灵活善变，应付和处理场上各种复杂情况，为此，需要丰富的专业理论知识和临场经验。

（二）技能主导类隔网对抗性项群比赛成绩决定因素特征分析

本项群的比赛成绩除受到运动员自身竞技能力水平的影响外，还受到比赛的时间安排、比赛地点、对手水平、观众，以及比赛的评定行为等多种因素的影响。

（三）技能主导类隔网对抗性项群运动员的训练特点

隔网对抗性项群的训练既要遵循竞技运动发展的基本规律，坚持一般训练原则，同时又要充分考虑本项群各项目的特点组织实施。如乒乓球训练中，我国的成功经验包括：理论认识领先，正确指导训练实践；百花齐放，以我为主，采诸家之长，走自己的路；不断创新保持优势；特长突出，技术全面；以及形成一支高素质的教练员队伍和科研、情报系统等。

我国羽毛球训练的基本经验反映了本项群运动员训练的特点：以快为主，以攻为主，以我为主，走自己发展的道路；在技术全面的基础上发挥特长；步法和手法的创新，保证快速特点的充分发挥；反应速度、灵活性、爆发力和耐久力为主的身体素质训练；实行多周期训练，适应日益频繁的比赛任务等。

我国排球训练的基本经验包括：树立良好的训练作风，培养团结拼搏精神；明确的技战术指导思想；结合自己的特点，博采众长和敢于创新，走自己发展的道路；形成竞争格局，发挥竞争机制等。

五、技能主导类同场对抗性项群训练特征概述

技能主导类同场对抗性项群主要包括足球、篮球、手球、曲棍球、冰球和水球等项目。

（一）技能主导类同场对抗性项群优秀选手竞技能力决定因素特征分析

1. 技能和战术能力特征

技战术在本项群各个项目运动员的竞技能力中起着决定性的作用。要求运动员技术全面又有特长；技术熟练、准确而实用。战术特征表现为战术方法、比赛阵形和比赛意识有机结合，整体攻防战术协调发展，个人、组合与全队战术协调发展。

2. 体能特征

本项群运动员具有身体健壮、肌肉细长并且富于弹性、脂肪层薄、臀部肌肉紧缩上收，以及踝关节围度小、跟腱清晰、足弓高等形态学特征，以满足快速、灵活、激烈对抗等比赛特点的需要。运动员的心肺功能所反映的机能能力在体能中占有重要地位，良好的血液循环和呼吸系统功能是运动员在长时间比赛中持续运动的体能基础。本项群的运动特点要求运动员具备全面的身体素质，主要有力量、速度、灵敏与柔韧、一般耐力和速度耐力等。

3. 心理和智能特征

本项群运动员心理特征主要包括球感、情绪、注意力和意志品质等，而智能特征主要表现在三个方面，即观察记忆能力、抽象思维能力及独立地创造性地解决各种技战术问题的能力。

(二)技能主导类同场对抗性项群比赛成绩决定因素特征分析

决定本项群比赛成绩的主观因素，是本队的竞技水平和教练员的临场指挥水平;其客观因素,则包括对手水平、竞赛办法、比赛环境、比赛时间、裁判行为等。运动员的比赛成绩是以上众多主客观因素综合作用的结果。

(三)技能主导类同场对抗性项群运动员的训练特点

1. 技术训练

全队技术训练强调提高整体攻守效能，注重攻守训练内容的同步化。在个人技术训练中重视训练内容的专门化,使个体特长更为突出。同时,还特别强调技术动作的动力性,提高对抗能力及在激烈对抗条件下技术的准确性。

2. 战术训练

由于攻守的配合速度明显加快，快速反击战术在进攻打法的训练中占重要位置。注重发展运动员的聪明才智,以求有目的地训练运动员比赛中独立思考的能力,培养他们在时间短促、情况复杂的条件下随机应变地解决问题的能力。同时,应加强以多攻少、以少防多的战术训练。

3. 身体训练

发展速度和耐力等素质是身体训练的重要任务。要提高完成动作的速度，即反应速度、移动速度和完成技战术行为的速度,强调训练的负荷强度和加速疲劳后的恢复,注重训练内容的全面化和内容组合的最佳化。

4. 心理训练

围绕保持运动员高度的自我心理控制能力和稳定的情绪，以及正确对待比赛胜负和得失的心理品质组织相应的训练。

六、体能主导类快速力量性项群训练特征概述

体能主导类快速力量性项群包括跳跃、投掷和举重等项目。

(一)体能主导类快速力量性项群优秀选手竞技能力决定因素分析特征

1. 体能特征

本项群运动员的形态，受专项技术需要和竞赛规则规定等多方面因素的制约,表现出明显的多样性特征。由于运动员快速力量水平在其竞技能力构成因素中占决定性地位，因而在机能上表现出磷酸原系统供能能力强；神经过程灵活性高、强度大、兴奋过程占优势;感官机能高度发展等。在素质特征上,各项目均把速度、力量和专项爆发力作为典型素质予以发展。同时,良好的协调性和柔韧性对于跳跃和投掷运动员加大肌肉用力距离和完成技术也很重要。

2. 技能和战术能力特征

本项群运动员的技术特征主要表现为技术动作高度的稳定性、准确性和可控性；技术动作明确的经济性和实效性，以及技术原理与个人技术特点的完美结合。战术上，努力实现预定参赛计划；力争首赛成功；巧妙利用竞赛规则，运用多种暗示激发运动员战斗意志和拼搏精神等。

3. 心理和智能特征

由于专项竞技的特殊需要，运动员在心理特征上表现为专项感知觉高度灵敏和清晰；运动员自信、顽强并具有强烈征服欲；性格的独立性和自我开发性，以及情绪状态的高度自控性等。在智能特征方面，要求运动员具备一定的语言智商和操件智商水平，具有较高的分析和解决问题的能力。在复杂多变的赛场

上需要较强的自控、概括和推理能力，心理状态的稳定性和机体多种机能的和谐配合。

(二)体能主导类快速力量性项群比赛成绩决定因素特征分析

在本项群比赛过程中，运动员独立完成运动技术动作，较少受到其他选手和裁判员的影响，场地、器材及装备相对固定。所以，运动员自身的竞技能力及在比赛中的发挥情况，是决定运动员比赛成绩诸因素中首要的决定因素。

(三)体能主导类快速力量性项群运动员的训练特点

1. 体能训练

在体能训练中，先进有效的训练方法与手段在本项群内迅速地传播与应用，相互借鉴、移植与融合，并不断演化出新的训练方法与手段。如举重项目中的最大力量练习方法、快速力量对照训练方法被广泛应用于投掷和跳跃运动员的力量训练。并不断发展成各项目的专门力量训练方法。在体能训练过程中，不断寻求训练方法与手段的最佳组合，非常注重训练的整体效益，也是本项群运动员体能训练的突出特点。

2. 技能和战术能力训练

在技术训练方法和手段的运用上表现出全面的综合化特点。并通过建立技术模型，以及运用多种技术诊断方法和手段为科学训练提供依据。另外，在技术训练中也注重强化精细技术动作感知觉的训练。在战术训练中，主要是努力实现预定参赛计划、力争首赛成功，以及巧妙利用规则和运用多种心理暗示，以培养运动员充分发挥训练水平的能力。

3. 心理和智能训练

通过对意志品质的培养，以及在训练和比赛中进行有效的心理调节和控制进行心理训练。心理训练与体能和技能战术能力训练高度结合和谐统一。智能训练体现在运动员分析和解决问题能力的培养、基础理论和专业理论知识的学习和应用能力的提高上。

七、体能主导类速度性项群训练特征概述

体能主导类速度性项群包括短跑、跨栏跑、短距离游泳、短程速度滑冰、短程速度滑雪、短程自行车和短程划船等竞技项目。

(一)体能主导类速度性项群优秀选手竞技能力决定因素特征分析

1. 体能特征

由于本项群包括众多专项，运动员的身体形态也表现出明显的差异性。在生理机能方面,运动员神经过程的灵活性较高,神经冲动的传导速度快、强度大;心血管系统的功能较强,具有较强的抗缺氧能力,机体无氧代谢水平高。而身体素质的特点则表现为以良好的身体全面发展为基础，保证速度素质的不断提高。另外,良好的柔韧性、灵活性和一般耐力,对于运动员也非常重要。

2. 技能和战术能力特征

本项群选手的技能特征主要包括：完整的技术动作由若干个相同的动作周期构成；运动中人体重心在水平方向上移动的直线与平稳性;保持移动过程中合理的动作节奏;位移速度直接决定运动效果。而战术的制定与应用,是建立在运动技术高水平发展基础之上的。科学地分配及运用体力,是保证选手体能与技能充分发挥的重要战术指导思想。

3. 心理和智能特征

速度性项群的竞技，要求运动员反应迅速、思维敏捷、行动果断、讲求实效、朴实直率，这需要以良好的智能和心理调节能力作为基础。此外，坚强的意志品质、高度集中注意力的能力，以及较高的文化素养，也是本项群运动员重要的心理和智能特征。

（二）体能主导类速度性项群比赛成绩的决定因素特征分析

本项群运动员比赛成绩的获得，是主客观多种因素的综合效应。其中，运动员自身的体能水平，特别是身体素质的发展水平是比赛成绩的决定性因素。相对来说，本项群的比赛裁决公正、赛次机会均等、时间计量准确、运动员间相互干扰较少，这就为运动员集中精力参赛创造了相对客观和均等的条件。但对手比赛成绩和裁判行为也会对运动成绩带来一定影响，也需要运动员制定正确的战术方案和具备一定的应变能力。

（三）体能主导类速度性项群运动员的训练特点

1. 体能训练

由于技术动作相对简单，并表现为周期性的多次重复，因此，体能训练的关键在于精选有效的方法迅速提高体能水平。这就决定了训练中力求使训练内容、训练手段简练、集中，力求实效，减少不必要的体能消耗，从而使各种训练手段的最佳组合成为提高训练效果的关键环节，例如，赛跑运动员多采用跑——跳、跳——跑的组合；游泳选手也采用陆上练习加水中练习的组合等。训练手段的选择也主要集中于发展爆发力、提高动作速率、改善反应能力、提高动作幅度，以及提高无氧代谢能力。同时，把不断提高训练负荷强度作为训练的核心。

2. 技能训练

在技术训练中，强调技术动作的实际效果，而不去过分追求动作的外形。技术训练重视完整技术和动作节奏的连贯性；重视关键技术环节的实效性；强调体能与关键技术的紧密结合。由于运动技术多属于周期性运动，技术训练中，改进一个动作周期的技术对全程都有明显作用。因此，提高和完善动作周期的经济性和实效性，是技术训练的关键。

3. 心理和智能训练

主要集中于培养运动员心理调节能力和顽强的意志品质，以及速度感、节奏感和高度集中注意力的能力，以满足比赛所需要的心理素质。另外，运动员不断提高的思想和文化水平，也对他们树立正确世界观、科学训练，以及处理比赛中各种突发情况具有重要作用。

八、体能主导类耐力性项群训练特征概述

体能主导类耐力性项群包括竞走、中长距离跑、中长距离游泳、中长距离自行车、赛艇、皮划艇、越野滑雪，以及中长距离速度滑冰等众多项目。

（一）体能主导类耐力性项群优秀选手竞技能力决定因素特征分析

1. 体能特征

耐力性项目运动员在形态学方面既有共同点，又有不同点。如以中长跑为代表的克服自身体重向前位移的项目，要求运动员相对较轻的体重；而当运动员位移的速度受到水、车或舟运动的力学条件的影响时，运动员具有相应的肌肉质量则会有利于取得更快的前进速度。比赛中连续运动时间长是耐力性项群

竞技的基本特征之一，这就要求对运动员机体进行适应性改造，包括改善机体能源物质的存储状况、提高机体的物质代谢功能、提高运动器官的运动功能，以及提高心理耐受度。耐力性项目运动员的各种基本运动素质都会综合地反映在运动员通过特定距离的平均速度上，运动员的“多种竞速能力”取决于以下多方面的身体素质状况，即最大速度、相对速度、专项耐力、相对耐力，以及基础耐力水平。此外，力量素质对取得优异成绩也很重要。

2. 技能和战术能力特征

耐力性项目的技术结构属周期性活动，动作技术的完善、经济性和实效性的提高，对于取得优异成绩都具有重要作用。此外，运动员出色的动作节奏感也是突出的技术特征。在耐力性项目的比赛中，人们按战术行为的目的，将比赛战术分为创纪录战术和夺冠军战术；按照比赛时场地条件的不同，分为同道竞速战术与分道竞速战术；而依比赛中运动员所处位置，又分为领先者的战术与跟随者的战术等类型。

3. 心理特征

本项群比赛要求运动员具有高度发展的心理耐力，能够以超强的耐心忍受生理上和心理上的极度疲劳，最大限度地动员体能的潜力。只有具备顽强的意志品质，才能满足比赛竞技的需要。

（二）体能主导类耐力性项群运动成绩的决定因素

运动员在比赛中表现出来的竞技水平，除主要取决于其自身所具有的竞技能力在比赛中发挥的状况外，在同道竞赛中，对手发挥状况对比赛结果也有着重要影响。运动员通过训练所获得的竞技能力在比赛中发挥的程度受到竞技状态以及客观的比赛条件的影响。其中，运动员的训练安排与自身的机体生物节律会直接影响竞技状态。而比赛场地、器材、地点、气候，以及裁判员和观众等因素，都构成了客观的比赛条件，对运动员运动成绩的取得造成一定影响。

（三）体能主导类耐力性项群运动员的训练特点

1. 耐力性项群训练的主要内容

耐力性项群训练内容主要包括：发展以体能为主导的多种竞技能力、发展以专项耐力为核心的多种竞速能力、发展以糖酵解供能或有氧氧化供能为主渠道的多种代谢能力。

（1）以体能为主导的多种竞技能力的训练

耐力性项群运动员在全面提高和发展体能、技能、战术能力、运动智能及心理能力的过程中，把发展体能放在首位，而在反映运动员体能发展水平的力量、速度与耐力的各种运动素质中，又特别着重发展运动员的耐力素质。

（2）以专项耐力为核心的多种竞速能力的训练

竞速是耐力性项目竞技的核心，发展和提高以最高的平均速度通过专项竞技距离的能力，是耐力性项群选手训练的主要目标。有计划、按比例地发展运动员的多种竞速能力，并综合地表现于专项赛距之中是本项群训练的重要特点。

（3）以糖酵解供能或有氧氧化供能为主渠道的多种代谢能力的训练

根据本项群运动中以糖酵解供能或有氧氧化供能为主的代谢特点，安排训练内容、选择训练方法和手段，确定训练量和训练强度的变化。

2. 耐力性项群的主要训练方法

围绕着训练负荷的控制、氧代谢能力的提高、肌肉力量耐力的发展、负荷后的迅速恢复，以及在不同地域组织训练的特点，发展并形成了多种有效的训练方法群组。

(1)负荷结构训练方法群组

包括有计划地控制负荷的各个构成要素，依不同的组合方式进行训练，以发展相应的竞技能力的各种训练方法。常用方法有持续训练法、间歇训练法、重复训练法和比赛训练法等。

(2)代谢能力训练方法群组

依不同速度的竞技运动对氧代谢能力的不同要求，分别构成了有氧训练、无氧训练和有氧无氧混合代谢训练等多种训练方法。

(3)骨骼肌力训练方法群组

依持续竞技时间的长短，分为中等时间(1.5～8分钟)的力量耐力训练和长时间(8分钟以上)的力量耐力训练。

(4)地域效应训练方法群组

利用不同地域条件，发展起法特莱克训练法、高原训练法、沙滩训练法等各具特色的地域效应训练方法。

(5)恢复能力训练方法群组

包括训练学方法、生理生化及医学方法、物理学方法和心理学方法促进运动员竞技能力在疲劳后的尽快恢复。

第三章 运动成绩与竞技能力

田麦久

运动成绩与竞技能力是运动训练理论中两个至为重要的基本概念。一切训练活动都围绕着提高运动员的竞技能力而组织进行,所有运动员参加比赛都力求创造理想的运动成绩。作为各项工作直接的期望目标,提高竞技能力和运动成绩对于整个运动训练及比赛活动都起着重要的导向作用,既是对训练和比赛效果进行科学诊断的客观标准,也是对训练和比赛过程实施科学控制的重要依据。

第一节 运动成绩及其决定因素

一、运动成绩释义

运动成绩是运动员参加比赛的结果,是根据特定的评定行为对运动员及其对手的竞技能力在比赛中发挥状况的综合评定。这一评定既包括运动员在比赛中表现出来的竞技水平,也包括竞赛的胜负或名次。

(一)竞技水平

运动员所具备的竞技能力在比赛中的表现称做竞技水平。不同项目运动员在比赛中表现出来的竞技水平也有着不同的衡量标准,比赛结果的评价方法也不相同。田径、自行车、游泳、速度滑冰、举重、射箭及射击等项目，可运用标定的计量工具予以客观的测量，通过对时间、距离、重量和环数的准确测定评价其竞技水平的高低；体操、艺术体操、技巧和跳水等项目，由裁判员根据一定的标准，对运动员所完成的动作给予评分来确定该次比赛中各个选手竞技水平的高低；各种球类运动及摔跤、柔道、拳击等双方同场直接对抗性项目，则需要通过对与该专项主导竞技能力密切相关的一系列指标参数的综合评定来反映运动员（队）竞技水平的高低。

（二）比赛名次

比赛名次是运动成绩的另一个重要组成部分。而且，不论哪一个运动项目，比赛结果都必须要分出名次。在许多情况下，比赛名次的意义甚至超过运动员所表现出来的竞技水平的价值。在世界性大赛中，人们追求的首先是金牌，是胜负和名次。例如：世界冰球锦标赛决赛的结果是 5:3 还是 3:2 并不是最重要的，人们最关心的是谁是比赛的胜利者；自 1972 年第 20 届奥运会至 1980 年第 22 届奥运会，三届大赛中男子 1500 米决赛冠军所表现的竞技水平都不高，徘徊在 3 分 36 秒 3～3 分 39 秒 17 之间（而同期这个项目的世界纪录已从 3 分 32 秒 1 提高到 3 分 31 秒 36），但这却丝毫无损于奥运会冠军的声誉。

二、运动成绩的决定因素

任何一个竞技项目比赛的运动成绩都是由运动员在比赛中的表现、对手在比赛中的表现以及竞赛结果的评定行为这三方面因素所决定的。其中，运动员自身与对手在比赛中的表现都决定于他们所具有的竞技能力及在比赛中的发挥程度；而比赛结果的评定行为则包含着竞赛规则、评定手段及裁判员的道德与业务水平三个方面(图3-1)。

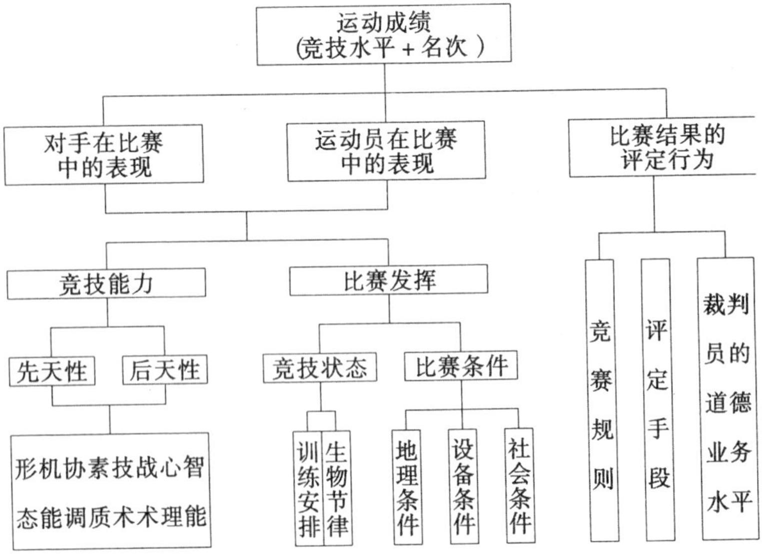

图3-1 运动成绩的决定因素
(引自田麦久《论运动训练过程》,1988)

(一)运动员在比赛中表现的竞技水平

运动员在比赛中所表现的竞技水平是影响运动成绩的内因,是最根本的和最重要的原因。如前所述,对不同项群运动员在比赛中所表现的竞技水平有着不同的评定方法。其中,可测量类和评分类项目运动员所表现的竞技水平基本上是个人竞技能力的表现,通常较少受对手竞技表现的影响,而分属得分类和命中类的各种球类项目以及制胜类项目运动员的竞技表现则受着对手竞技表现很大的有时甚至是决定性的影响。

（二）对手在比赛中表现的竞技水平

运动员在比赛中的胜负状况或所取得的名次，在很大程度上还受制于竞赛对手在比赛中表现出来的竞技水平，同时也受着裁判员行为的影响。在对抗性的竞赛项目中，同一名运动员在某一轮淘汰赛中与强劲的对手较量时，如果他的对手比他最好的表现还要强的话，尽管他能够表现出比前几轮更高的竞技水平，也很可能遭到失败而被淘汰。这一事实说明了一个简单而却常常被人们所忽视的道理，即作为比赛成绩的一个重要组成部分，比赛的胜负或名次不仅仅取决于运动员自己的竞技水平，还取决于对手的竞技水平以及比赛的评定行为。国内外不少学者在分析运动成绩的影响因素时，仍然只单方面地考虑决定运动员个人竞技水平高低的素质、技术、战术、心理等因素。这实际上是将运动成绩和个人竞技能力二者的决定因素混淆在一起了。

（三）比赛结果的评定行为

竞赛评定行为是影响运动员运动成绩的另一个重要方面，这里包括裁判员的道德及业务水平、成绩的评定手段和竞赛规则这样三个因素。

竞赛规则的改变，能带来运动成绩的显著变化。例如 1984 年，民主德国运动员霍恩创造了男子标枪 104.80 米的世界纪录后，国际田联决定将标枪的重心前移 4 厘米，用这种标枪第一次参加比赛的优秀选手们的成绩还不到 80 米。在篮球比赛中，在离篮筐 6.25 米距离外投篮得 3 分这一规则的制定，对远投技术的发展、对运动员在场上的活动和比赛的结果产生了重大影响。

评定手段对运动成绩起作用的最突出的例子是，近二十几年来电动计时装置的出现,消除了手计时中计时员的视觉、反应及空间判断等因素的干扰,大大提高了计时成绩的准确性。

裁判员的道德和业务水平对运动成绩的影响也是不容忽视的。在关键时刻,裁判员有意无意的一个错判,往往会决定着整个比赛结果。足球比赛中误判一次点球, 体操比赛中有意抬高0.05分,都会对金牌的归属产生重要影响。在许多重大比赛中,贿赂裁判的事件屡有发生,对此,国内外许多体育组织都制定了严厉的惩罚措施。

第二节　运动员竞技能力及其构成因素

一、竞技能力释义

(一)竞技能力的定义

竞技能力即指运动员的参赛能力。由具有不同表现形式和不同作用的体能、技能、战术能力、运动智能以及心理能力所构成,并综合地表现于专项竞技的过程之中。

在竞技活动中,运动员的体能水平集中表现于力量、速度和耐力三种基本运动素质, 以及三者之间的各种组合性运动素质的发展水平, 人体的形态及机能状态是决定其运动素质水平的基础条件。运动员技术水平的高低可从技术的合理性及稳定性两方面予以判定。战术能力则表现为力求出色地发挥自身的体能、技能及心理能力,在规则允许的范围内干扰对手竞技能力的发挥, 以及对于竞赛结果的评定行为施加合法的影响这样三个部分。高度发展的协调能力是运动员掌握合理的运动技术的重要先决条件;而除了技术基础之外,运动员智力状况及一般的和专业的知识水平则对其战术能力的发展和提高有着重要的影响。运动员的心理能力涉及广泛的领域，在竞赛中则集中地表现于运动员的参赛情绪及竞技意志。为了成功地参加比赛，首先必须以积极的手段激励参赛选手，有效地动员选手的生理和心理系统，积极地参与竞技活动，而同时又要把运动员的情绪激励水平控制在适度的范围之内。良好的意志品质包括运动员自觉主动、充满信心地参与竞技，以及在比赛中遇到困难时能够坚持不懈并顽强地、灵活地寻找竞技取胜的途径。运动员保持高昂而适度的参赛情绪和顽强意志的重要基础条件是强烈的参赛动机和良好的性格特征。

（二）竞技能力与两个相似概念含义的异同

竞技能力的相似概念有运动能力和训练水平。这两个概念与竞技能力的内涵及外延都既有相同之处，也有不同之处。

1. 竞技能力与运动能力含义的异同

人体从事体育活动的能力即称为运动能力，在竞技运动中的运动能力则称为竞技能力。因此可以说，运动能力的涵盖面比竞技能力更广，而竞技能力只是运动能力诸多表现中的一种。

2. 竞技能力与训练水平含义的异同

运动员在训练过程中所达到的竞技能力的水平称做训练水平，反映着训练中运动员竞技能力的发展程度。但在训练实践中，训练水平这一概念也常用于表达教练员组织训练工作的能力。可以说，训练水平是一个多义词，竞技能力的含义则专一而明确；当训练水平被用于表达运动员的训练状态时，则比竞技能力这一概念更为具体地表述所达到的程度。

二、竞技能力结构模型

(一)优秀运动员竞技能力结构模型

依据运动员竞技能力各组成要素之间相互联系、相互作用方式的具体特性与功能建立的反映竞技能力构成共性的模型，是对运动员竞技能力结构的概括、归纳和抽象。反映着竞技能力内部各要素之间关系的本质特性。

每名运动员的竞技能力结构都有着各自不同的特点，但优秀运动员竞技能力的结构又有着许多共同的特征。建立优秀运动员竞技能力的结构模型即可科学地概括并准确地描述这些共性特征，以便为运动员确定竞技能力训练目标提供标准的参照系，同时又对运动员早期选材和基础训练起到远程导向的作用。建立优秀运动员竞技能力结构模型通常需要收集一定数量的优秀运动员竞技能力指标体系中各构成因素的指标值，经统计处理而建立定量的或定量与定性相结合的结构模型。随着竞技运动水平的不断发展，优秀运动员竞技能力的结构模型也应随之进行相应的修订。

(二)运动员竞技能力结构的非衡特征及补偿效应

每名运动员在参照优秀运动员竞技能力结构模型、确定自己的训练目标并安排自己的训练计划时，应考虑个体特点，注意保持和发扬个人的优势能力。

刘大庆、田麦久(1997)的研究表明，相对于运用统计方法建立的能够反映优秀运动员总体共同特征的运动员竞技能力结构模型而言，每一名运动员个体竞技能力的各个构成因素的发展大都呈不均衡状态，这种非衡状态是普遍存在的。比较1980～

1996年我国在不同年度获得男子体操世界冠军称号的8名选手竞技能力的特长点和薄弱点，可以清楚地观察到这种普遍存在的非衡现象(表3－1)。

表3－1 我国不同年度男子体操世界冠军竞技能力特征

姓名	年度	获世界冠军项目	竞技能力特征	
			特长点	薄弱点
黄玉斌	1980	吊环	力量好、动作幅度大	柔韧性较差
李月久	1980	双杠	难度高、弹跳好	臂短，鞍马支撑时重心低
李　宁	1981～1984	全能、单杠、自由体操、跳马、吊环、鞍马	全面	无明显弱点
童　非	1983～1984	单杠、自由体操	全面	无明显弱点
楼　云	1983～1986	跳马、双杠、自由体操	难度高	臂短，鞍马支撑时重心低
许志强	1986	双杠	连接好	力量较差
李小双	1992～1996	自由体操、全能	难度高、全面	无明显弱点
黄力平	1994～1996	双杠	动作优美	力量稍差

(引自刘大庆、田麦久《运动员竞技能力结构的非衡补偿理论》,1997)

但运动员竞技能力构成因素中某种素质或能力的缺陷，可由其他高度发展的素质或能力在一定范围内予以弥补和代偿，使其总体竞技能力保持在特定的水平，这种现象称为运动员竞技能力非衡结构的补偿效应。上述8名体操选手尽管各有自己的特长点和薄弱点，但最终都成为世界男子体操冠军，其中，优势能力对薄弱能力的补偿机制起着重要的作用。

第三节 运动员状态诊断与训练目标建立

运动员竞技能力的起始状态与目标状态分别标识着一个完整的训练过程的起点和终点，是训练阶段的划分、训练内容的确定、训练方法与手段的选择、恢复措施的选用及检查评定的设计等重要内容的基本依据。运动成绩和竞技能力则是训练状态和训练目标的核心组成部分。

一、状态诊断和目标建立的重要意义

（一）状态诊断在训练中的重要作用

1. 为运动训练过程确立一个客观、准确的出发点

运动员的现实状态，是运动训练过程的出发点。运动员处于一种什么状态，决定其总体竞技能力状况的各个因素的发展水平如何，运动员的发育状况如何，导致这一状态的成因又是什么等等一系列问题，都对运动训练过程有着重要的影响。对这些问题的中肯分析和准确判断，是有效组织运动训练过程的基本依据之一。可以说，整个运动训练过程都是以对运动员现实状态的分析和判断为出发点而展开的。只有建立在科学诊断的基础上，才有可能作出准确的预测，才有可能设立恰当的训练指标，才有可能制定出为实现指标所必需而又切实可行的训练计划。

如果教练员不对运动员的现实状态作出具体的分析和准确的判断，或在不准确的诊断基础上去组织一个训练过程，就如同一个裁缝不知道穿衣人的体型特点去做衣服、必然做不出合身的服装一样，使训练不可能取得成功。

2. 对训练工作效果及时的检查评价

通过科学的诊断，可以使教练员和运动员及时掌握训练过程的进展情况及运动员竞技能力的变化状况，从而对训练指标的制定、训练周期的划分、阶段任务的确定、训练方法与手段的选择以及训练负荷的安排是否适宜及时作出准确的判断。

训练过程中的状态诊断与检查评定这两个环节，在一定的条件下可以相互转化。一个大的运动训练过程中的每一个阶段的检查评定，正是一个较小的运动训练过程开始时对运动员起始状态的诊断；而每一个独立的运动训练过程开始时对运动员起始状态的诊断，也都可以看做是一个更大的运动训练过程的阶段性的检查评定。多年训练过程和其中的年度训练过程，阶段训练过程和其中的周训练过程也都处于这样一种关系。这样，运动训练过程中两个重要的环节，即对运动员现实状态的诊断和对运动训练计划实施结果的检查评定，便紧密地联系了起来。

3. 实施有效训练控制的重要前提

通过多学科的综合诊断，可以发现训练过程中不同环节所存在的问题，判定现实状态与目标状态的离差的大小，进而为运动训练过程实施有效的控制提供可靠的依据，并据此调整训练指标，修订训练计划，加强训练组织，以求实现运动训练过程的最佳化，最终完成实现状态目标的任务。可以说，没有科学的诊断，对运动训练过程的有效控制是不可能实现的。

(二)建立目标在训练中的重要作用

1. 有效地激发运动训练活动主体的责任感和进取精神

目标的建立能够激励人们在自己的事业中作出更多的努力，付出更多的代价去实现预定的目标。从 20 世纪 60 年代起就立志要夺取世界冠军的中国女排，经过几代人坚持不懈地奋斗，终于在80年代初实现了这一宿愿。许许多多运动员为了达到自己的终极目的，都在日复一日、年复一年地进行着艰苦的训练，尽管他们中间只有极少数人可能获得世界冠军称号或在世界纪录史册上写下自己的名字，而绝大多数人不可能取得较高的运动成就，但他们仍然在每一次训练中，尽一切努力提高自己的竞技水平。这里，所设立的训练目标正是这种高度的训练责任感和进取精神的动力源泉之一。

2. 制定运动训练计划的重要依据

训练目标向训练参与者描绘出了运动训练过程的目标状态，全部训练活动都是为实现这一终极目标状态服务的。这一终极目标的确定，使得训练过程的每一个环节、每次训练活动和比赛都围绕着目标状态的实现而全面进行和展开，从而为在训练过程中居于重要位置的训练计划和比赛计划的制定和实施提供了依据。如在1986年举行的第13届世界杯足球赛中，联邦德国队在小组比赛中有意输给丹麦队，以便在1/8复赛时避开强劲的对手西班牙队，而去碰较弱的摩洛哥队。德国队根据比赛的最终目标而制定的这一战略计划果然取得了成功，使本队顺利地进入了1/4复赛。

训练活动的终极目的便是实现预定的目标，所以应经常把运动训练的效果与训练目标及目标的阶段性要求进行比较。若与目标相符，便表明训练计划的制定与实施符合于训练任务的基本要求；如果运动员现实状态的动态变化与训练目标的要求不相符合，则需要把检查评定结果与目标状态相比较的情况反馈给训练过程的相应环节，以便及时地对各相应环节的状态进行调节和修正，从而完成对整个训练过程的有效控制。

二、起始状态与目标状态的完整体系

(一)训练状态与训练目标的构成

运动员训练状态的构成要素，并不受时间因素的影响，因此，无论是起始状态还是目标状态，都应该而且可以依相同的结构模式给予描述。

对运动员训练状态进行描述，首先当然是运动成绩，它集中地反映着运动员所具备的能力以及训练工作的成效。但运动成绩却不应该是描述运动员训练状态惟一的内容，我们还必须对运动员所表现出来的运动成绩作出前因性的解释，即运动员所具有的竞技能力。在状态诊断中，对运动员竞技能力状态的描述，是对运动员为什么能够表现出这样的成绩的回答；而在目标状态中，则是对于运动员怎样才可能创造训练目标所期望的运动成绩的一种说明。

在给出了与运动成绩相对应的竞技能力模型之后，还应该进一步描述运动员的训练负荷状态。在起始状态诊断中，上一个训练过程中运动员所承受的训练负荷的量度显示着训练负荷水平与运动员竞技能力水平以及运动成绩水平之间的对应关系；而在目标状态中，对未来训练负荷的规划则表明运动员应该作出怎样的努力去实现其竞技能力目标和运动成绩目标。

综上所述，一个完整的起始状态诊断，应该包含运动成绩诊断、竞技能力诊断及训练负荷诊断；而一个完整的训练目标，也应该相应地包含运动成绩指标、竞技能力指标及训练负荷指标(图 3－2)。

起始状态诊断	⇨	目标状态建立
运动成绩诊断	→	运动成绩指标
竞技能力诊断	→	竞技能力指标
训练负荷诊断	→	训练负荷指标

图 3－2　训练起始状态与目标状态构成的完整体系
（引自田麦久《论运动训练过程》，1988）

（二）起始状态诊断的基本内容

1. 运动成绩诊断

作为对运动员在一个新的训练过程的起始状态中运动成绩的诊断，应该对运动员在上一个训练过程中的参赛结果给出准确的评价。既包括运动员在比赛中所取得的名次，也包括运动员在比赛中所表现出的竞技水平；既包括运动员在上一个训练过程中最好的一次比赛成绩，也包括运动员在多次比赛中所表现的平均水平。在最重要的比赛中，如奥运会上的运动成绩无疑是最重要的，但平均水平则可客观地、全面地反映运动员上一个训练过程的比赛结果。

2. 竞技能力诊断

对不同专项运动员的竞技能力进行诊断时，必须考虑不同专项竞技能力结构的不同特点。不同项群运动员竞技能力的各决定因素的作用各有不同（表 3－2），因此，在诊断中要首先抓住起决定作用的主导因素，予以科学的诊断，并作为其竞技能力总体诊断的主要依据。

对运动员的竞技能力实施诊断，常常要把测定的结果与标准

表3-2 不同项群运动员竞技能力各决定因素作用的等级判别

决定因素	体能主导类项群			技能主导类项群				
				表现性		对抗性		
	力量性	速度性	耐力性	难美	准确	隔网	同场	格斗
体能	△△△	△△△	△△△	△△	△△	△△△	△△△	△△△
技能	△△	△△	△△	△△△	△△△	△△△	△△△	△△△
战术能力	△	△	△△	△	△	△△△	△△△	△△△
心理能力	△△	△△	△△	△△	△△△	△△	△△	△△
运动智能	△	△	△	△△	△△	△△△	△△△	△△△

* △△△决定性作用;△△重要作用;△基础性作用

(引自田麦久等《项群训练理论及其应用》,1990)

值进行比较，这一标准值就是运用科学方法所建立起来的特征模型。为此，必须首先建立不同项目优秀运动员竞技能力的结构模型，包括单因素特征模型、几个因素的组合特征模型以及全面的总体特征模型。这些模型也同样广泛地被应用于制定训练指标。

按获得途径的不同，可把竞技能力分为先天性的和后天性的。如著名篮球运动员穆铁柱2.28米的身高，主要是通过遗传效应得来的，属于先天性的竞技能力。而运动员受环境的影响，引起的生物变异所获的竞技能力是后天性的竞技能力。其中家庭环境和生活条件等方面的影响称为生活效应，通过运动训练活动所产生的生物适应就叫训练效应。

3. 训练负荷诊断

运动员竞技能力的变化主要是在训练负荷的影响下产生的。运动员所取得的运动成绩以及竞技能力的变化，都与其所承受的训练负荷的质与量有着密切的关系。因此，对于运动员在上一个训练过程(或单元)所承受的训练负荷的状态作出一个准确的描述，即是对其竞技能力状态、进而对其运动成绩状态所作出的关键析因。

教练员对运动员上一个训练过程进行总结的重要内容之一，便是训练负荷量度的统计。负荷的量度是由负荷的量和负荷的强度所组成的，分别反映着负荷的数量和质量两方面的特征。而负荷量和负荷强度又可分别通过若干指标予以测量。

负荷的量可以通过练习次数（整个练习的次数或某个练习重复的次数），或训练时间，或练习距离、负荷重量等特征表现出来。负荷的强度可以通过练习速度、单次负荷重量、练习密度以及难度表现出来。譬如，所有竞速运动项目都可用位移距离作为负荷量的一个有代表性的指标；体操运动员可用单个动作的数量或成套动作的数量来作为代表负荷量的指标；举重运动员可以用负重总量或负重练习的组数来反映整个负荷量的大小；球类运动员往往多以练习时间作为衡量负荷量大小的指标。

负荷强度的指标可以通过速度、难度、负重量或密度来反映，更多的是以完成一定强度要求的负荷的数量来反映负荷强度的情况。如竞速项目中用专项负荷量的比重、体操等项目中用成套练习占整个练习的比重等指数来看负荷强度的大小。至于一堂课负荷强度的大小，可以看这一堂课中完成高强度练习与整个练习的比例，或者所占时间的比例。每个项目都应根据自己的特点来研究和确定本专项负荷的度量方法。

（三）训练目标的基本内容

1. 运动成绩指标

提高运动成绩是竞技体育活动的首要目的，也是运动训练活动的终极目标。如前所述，运动成绩包括运动员在比赛中所表现出来的竞技水平和比赛名次两个方面。因此，运动成绩指标也可分成竞技水平指标和名次指标两个子目标。

对可测量的体能主导类项群(田径、游泳、举重、自行车、速滑等)及技能主导类表现性项群(射箭、射击、体操、艺术体操、花样滑冰、跳水、技巧、武术套路等)的运动员,可以提出定量的竞技水平指标(如撑竿跳高5.50米、男子100米爬泳51秒2、男子56公斤级挺举150公斤、女子双向飞碟195中、男子双轮50米射箭620环、单人冰上自由滑的艺术分5.6分和完成分5.7分、女子高低杠自选动作9.8分等);而对技能主导类对抗性项群则可提出若干较为模糊的竞技水平指标,如排球比赛前教练员制定总的竞赛方针时,期望本队能在比赛中发挥自己防守能力强的特长,扼制住对方的一攻,并通过快速多变的反攻得分,为此,要求队员在比赛中后排防守起球率应在30%~35%之间,接发球到位率应达到70%以上。

比赛名次指标涉及到对手在比赛中的竞技水平、比赛条件和裁判员的倾向性等因素,而这些因素对教练员来说基本上都属于非可控的因素。有关决策的理论告诉我们,人们只能对受可控因素影响的事物的未来发展进行有效的预测,而对不可控因素影响的事物是无法准确预测的。虽然,教练员可以力求在较大程度上控制运动员的训练过程和比赛行为,但却无法控制比赛对手的训练过程,对对手在比赛中的表现也只能施以有限的影响(在对抗性项目中有可能加大这种影响)。因此,在制定比赛名次指标时必须持慎重态度,而且应以一个区间作为比赛的名次目标,任何硬性规定的名次指标往往是难以准确实现的。

2. 竞技能力指标

对运动成绩决定因素的分析表明,运动员竞技能力的发展水平是决定运动成绩的最重要的因素。构成运动员竞技能力的各个因素的水平及它们的组合方式与运动员的竞技水平有着直接的因果关系。因此,在运动训练中可以建立运动员竞技水平决定因素的特征模型。这样,就可以把运动员训练的竞技水平指标分解为分别反映运动员各种能力特征而又彼此紧密联系的一组具体指标,使我们能够更有目的地、有秩序地组织运动训练过程,并可在训练过程中的不同阶段对运动员各方面的发展程度作出准确的评价,从而对运动训练过程实施有效的控制。

根据模型中所包含因素的多少,可以将运动员竞技水平决定因素的特征模型,分为单因素特征模型、多因素组合特征模型和全面的总体特征模型三种类型。

(1)单因素特征模型

为运动员竞技能力的某一个决定因素所建立的特征模型,称为单因素特征模型。研究者们普遍采用多因素分析的方法建立多元回归方程。例如:

①张丽茹为95名17岁以上的女子排球运动员的助跑弹跳高度建立的多元回归方程(《在我国女子排球运动员的弹跳力训练中运用模式训练的初步尝试》,1981)为:

$$Y = 39.161 - 2.749X1 + 9.51X2 + 0.167X3 + 0.409X4$$

其中:X1 为30米跑的时间

X2 为负重全蹲的质量

X3 为原地纵跳高度

X4 为连续5次原地纵跳的平均高度

②董志权以我国男子篮球甲级队队员87人为测试对象,建立的基础技术训练水平的特征模型(《我国男子篮球甲级队运动员基础技术训练水平的检查与评定》,1981)为:

$$Y = 55.897 + 0.316X1 + 0.795X2 + 1.777X3 - 2.409X4 - 1.305X5$$

其中:Y 为根据测验成绩预报的运动技术水平

X1 为双脚起跳摸高高度

X2 为 10 点 20 次跳起投篮命中次数

X3 为对墙 3 米双手胸前传接球 20 次的速度

X4 为综合运球速度

X5 为“Z”字形跑的速度

③张雄根据对 727 名不同级别游泳运动员状态的研究，建立了反映各种泳式运动员配合游成绩与同距离打腿速度及划臂速度的关系的特征模型（《游泳打腿、划臂速度和配合游成绩对应水平表的研制》,1981）如下：

男　子	回归方程	标准估计误差
100 米蝶泳	Y = 10.8540 + 0.1325X1 + 0.5479X2	±2.0
100 米仰泳	Y = 12.3455 + 0.1349X1 + 0.5521X2	±1.7
100 米蛙泳	Y = 20.1719 + 0.4193X1 + 0.1637X2	±1.6
100 米爬泳	Y = 8.4158 + 0.0465X1 + 0.690X2	±1.6
200 米蝶泳	Y = 15.2451 + 0.6572X1 + 0.8928X2	±5.0
200 米仰泳	Y = 28.7538 + 0.3104X1 + 1.14171X2	±3.2
200 米蛙泳	Y = 58.7313 + 0.8682X1 + 0.2453X2	±4.0
200 米爬泳	Y = 26.3847 + 0.0627X1 + 1.4637X2	±3.8

女　子	回归方程	标准估计误差
100 米蝶泳	Y = 26.8296 + 0.1476X1 + 0.369X2	±2.0
100 米仰泳	Y = 17.9015 + 0.2255X1 + 0.3952X2	±1.7
100 米蛙泳	Y = 32.6551 + 0.3899X1 + 0.0951X2	±1.6
100 米爬泳	Y = 12.1855 + 0.1456X1 + 0.5188X2	±1.6
200 米蝶泳	Y = 53.7737 + 0.1987X1 + 1.0488X2	±5.0
200 米仰泳	Y = 57.4667 + 0.3337X1 + 0.79731X2	±3.2
200 米蛙泳	Y = 72.7873 + 0.3337X1 + 0.7973X2	±4.0
200 米爬泳	Y = 28.6010 + 0.0314X1 + 1.4967X2	±3.8

其中：Y 为配合游成绩

X1 为打腿速度

X2 为划臂速度

④冯敦寿通过对男（187 人）、女（203 人）少年运动员 60 米跑成绩与步幅、步频关系的研究，建立了相应的数学模型（《快跑速度、步频、步幅对田径速度性项目选材的意义及评价》，1982）如下：

男少年（11～18 岁）：$Y = 24.928 - 7.576X1 - 1.251X2$

女少年（10～17 岁）：$Y = 26.466 - 8.142X1 - 1.397X2$

其中：Y 为 60 米跑成绩

X1 为步幅身高指数（步幅/身高）

X2 为步频身高指数（步频 × 身高）

（2）多因素组合特征模型

即为运动员竞技能力的某些决定因素所建立的组合模型。在竞技能力的诸决定因素中，形态、素质和机能状态的测定比较易于定量，因此，有关的研究、报道也比较多。如 1982 年，国家体委选材研究组对我国优秀女排选手组合特征模型的研究（表 3－3）；谭修德、何桂麟等对我国优秀男子体操运动员竞技能力某些决定因素特征模型的研究等。

（3）总体特征模型

即对运动员竞技能力决定因素所作的全面分析及所建立的相应的特征模型。曾多次获得世界冠军称号并多年担任中国男子乒乓球队总教练的李富荣，1983 年对优秀乒乓球选手竞技能力的总体特征作了概括而简洁的描述（表 3－4）。

表 3-3 我国优秀女排选手形态、素质及机能的模式特征(N=16)

因素	指标	模式值	特征
形态	身高(厘米)	179.22±3.605	身材高细,四肢较长,前臂长、上臂短,体脂含量少,小腿长、大腿短,臀薄、骨盆较窄,跟腱长,足宽而不长,足背高度低
	体重(公斤)	68.14±4.095	
	胸围(厘米)	88.76±3.180	
	坐高(厘米)	93.99±2.281	
	上肢长(厘米)	77.28±1.599	
	指间距(厘米)	180.94±4.757	
	上臂长(厘米)	29.98±0.946	
	体密度	1.058±0.012	
	体脂量	12.29±3.586	
素质	伸肩力(公斤)	22.78±3.857	伸肩力、伸肘力及握力大,伸膝力大,屈髋力较小,动作反应快,动作频率高,纵跳高
	伸肘力(公斤)	10.50±3.138	
	屈肘力(公斤)	15.34±1.614	
	伸膝力(公斤)	39.04±6.754	
	屈髋力(公斤)	59.83±13.761	
	10 秒频率(次)	93.19±14.471	
	纵跳(厘米)	58.38±4.272	
机能	血压(mmHg)	111.93	心脏功能与女子优秀田径全能运动员相近,肺活量/体表面积指数接近优秀女子短跑运动员
	台阶指数	121.74	
	肺活量(毫升)	3870	

(根据国家体委选材研究组 1982 年材料编制)

表 3-4　优秀乒乓球运动员竞技能力的基本特征

因素	基本特征	作用级别
形态	身材适中(男 170 厘米左右,女 160 厘米左右),体态匀称	一般条件
机能	身体健康,可承担较大负荷及激烈比赛	基本条件
素质	灵敏性好,速度好,反应快,具有一定的力量和较好的耐力	重要基础
技术	特长突出,技术比较全面,无致命弱点	决定性因素
战术	变化多样,应变能力强	决定性因素
心理	充满信心,意志顽强,有良好的自控能力	重要基础
智能	渴望学习科学知识,理解力强,学习技术动作快,在激烈比赛中能及时作出判断和决策	重要基础

(依李富荣,1983)

中国射箭协会教练员委员会在 1986 年制定了分别以 2600 环和 2650 环为目标的优秀男女射箭运动员竞技能力模型（表 3-5),依此组织我国优秀选手的训练。次年,女选手马湘君为我国获得了第一个射箭世界冠军。

著名短跑道速度滑冰教练员辛庆山依对女子 3000 米世界纪录创造者李金艳 1987~1988 年的竞技能力状态诊断为基础,制定了 1988~1989 年竞技能力目标（表 3-6),为其训练工作提供了重要的科学依据。

表 3－5 我国优秀射箭选手竞技能力模型

类别		指标	男 2600 环	女 2650 环
竞技能力的各决定因素	形态	身 高	170～180 厘米	163～175 厘米
		展臂长	≥身高	
		肩	肩平、舒展	肩平、舒展，稍溜肩
		手	平、直、指长，中/无名指长度相近	
	素质	耐力	稳定拉弓 70 秒	稳定拉弓 65 秒
		一般耐力	3000 米 12 分	1500 米 6 分 10 秒
		柔韧	同肩宽握棍直臂转肩	
	机能	心率	55～65 次/分	60～65 次/分
		肺活量	4500 毫升	4500 毫升
	技术	动作规范	直线用力，持拉弓用力对称等	
		节奏感	瞄准 2～3 秒；片响至撒放 0.16 秒±0.03 秒	
		发射后收势时间	2 秒	2 秒
	战术	应变能力	很强	
	智能	综合评价	文化水平：高中以上，知识面较广	
	心理	神经类型	安静型/灵活型	
		情绪稳定性	很好	
		神经耐力	很强	
		本体感受器	强	
各射程竞技水平		90 米	310±6	——
		70 米	328±5	325±5
		60 米	——	336±5
		50 米	324±4	324±4
		30 米	350±3	350±3

（依中国射箭协会教练员委员会，1986）

表 3-6　短跑道速度滑冰 3000 米世界纪录创造者李金艳状态诊断及目标模型

特征类别			测试项目	状态诊断 1987~1988	训练目标 1988~1989
运动成绩	竞技水平		500 米	50 秒 65	48 秒 5±0 秒 5
			1000 米	1 分 43 秒 6	1 分 41 秒 0±1 秒
			3000 米	5 分 30 秒 6	5 分 20 秒±5 秒 0
	名次		500 米	全　第 2 名	全国　第 1~3 名
			1000 米	运　第 1 名	冠军　第 1 名
			3000 米	会　第 1 名	赛　第 1 名
多种竞速能力	最大速度		111.12 米	10 秒 2	10 秒 0
	短翼速度		444.48 米	44 秒	43 秒 2±0 秒 5
			500.00 米	50 秒 65	48 秒 5±0 秒 5
	长翼速度		777.84 米	1 分 16 秒 8	1 分 15 秒 0±1 秒 0
			3000.00 米	5 分 30 秒 6	5 分 20 秒±5 秒
	一般耐力		3336.00 米	6 分 08 秒	6 分 05 秒
竞技能力的决定因素	形态		身高/体重	158 厘米/49 公斤	158 厘米/49 公斤
	素质	力量	负重蹲	70 公斤	80 公斤
		速度	100 米跑	14 秒 1	14 秒
		耐力	3000 米跑	11 分 50 秒	11 分 30 秒±10 秒
		柔韧	髋灵活性	较差	良好
	机能	呼吸	肺活量(毫升)	2800	3000
		循环	心容积(毫升)	800	900
	技术		1/2 圈步数	14~16 步	14~16 步
			单圈时间	7 秒 5	7 秒 0
	战术		站位选择	较好	好
			变速能力	差	较好
	心理		比赛表现	好	好
			自信心	强	强
	智能		接受能力	较快	较快

（编引自辛庆山，1988）

为我国优秀赛艇运动员所建立的竞技能力结构模型，对培养高水平的赛艇选手有着重要的指导意义。表 3－7 所示是一个可资仿效的典型范例。

表 3－7　优秀赛艇(公开级)运动员竞技能力结构模型

类别	基本特征	内容	指标	标准值 男	标准值 女
形态	身材高大匀称	长度	身高(厘米)	192±1.5	178.6±1.7
			指距－身高(厘米)	10～12	8～10
	肌肉线条修长	重量	体重(公斤)	90±2.6	73.0～3.4
			体脂(%)	8.7±0.5	14.0±1.8
		宽度	肩宽(厘米)	41～46	41～43
机能	心肺功能极好，激素水平高	心血管系统	心功能指数	＜2	＜4
			VO_2max	6.1±0.6升/分	4.20±0.4升/分
		内分泌	血睾酮	较高	较高
素质	良好的以专项耐力为核心的多种竞速能力	一般耐力	10000 米单人	35～37 分	40～42 分
		专项能力	2000 米单人	6分45秒～6分50秒	7分15秒～7分20秒
		力量耐力	测功仪功率(W)	428±16	300±18
心理	意志顽强	意志品质	赛场观察	坚韧顽强	
	吃苦耐劳	个性特征	神经类型	稳定型	
协调/技术	水感与划桨效果好，节奏感平衡强	基本技术	专家评定	“展、轻、快、柔”	
		平衡	专项测试	稳定	
		水感	专项测试	“匀、漂、刚、柔”	
		划桨稳定性	桨数差	＜2	＜2
战术	控速能力好	速度感	控速指数	＜1 秒	＜1 秒
	应变能力强	应变能力	行为观察	反应灵活	熟练掌握
知识	中学以上文化程度	文化程度	学历	中学以上	中学以上
		专项知识	考核	熟练掌握	熟练掌握

（引自钟添发、田麦久、王路德《运动员竞技能力模型与选材标准》，1994）

3. 训练负荷指标

对应于训练负荷诊断，训练负荷指标也是目标状态体系中一个不可缺少的重要组成部分。负荷指标的实现正是运动员实现其竞技能力指标,进而实现运动成绩指标的基本保证。训练负荷指标反映着教练员和运动员准备用什么样的决心、付出何等的努力去实现所建立的竞技能力与运动成绩指标。从另一个意义上也可以说是把所建立的运动成绩指标和竞技能力指标进一步分解到各种具体手段的练习负荷中去，落实到一次次的练习之中。

周明于1986年为女子百米游泳选手庄泳制定的三年训练计划中确定了各年的训练负荷指标(表3-8)。庄泳多年训练获得了众所周知的成功,在1992年奥运会上夺得了女子100米自由泳的金牌。

表 3-8 庄泳 1987～1989 年度训练目标体系

年度			1987年	1988年	1989年
主要比赛			第6届全运会	第25届奥运会	泛太平洋锦标赛
比赛竞技水平指标		100米自	56.50秒	55.50秒	55.00秒
		200米自	2分02.50秒	2分00.00秒	1分58.50秒
多种竞速能力指标	速度	25米	11.60秒	11.40秒	11.20秒
		50米	26.50秒	26.00秒	25.50秒
	快速耐力	50米×10	29.00秒	28.50秒	28.00秒
		100米×8	1分04.00秒	1分03.00秒	1分02.00秒
		400米	4分30.00秒	4分20.00秒	4分16.00秒
	耐力	1500米	18分00.00秒	17分45.00秒	17分45.00秒
		3000米	36分30.00秒	36分00.00秒	36分00.00秒
负荷指标	总游量(公里)		2400～2600	2400～2600	2800～3000
	计时游量(%)		60～65	70～75	70～80
	最大课量(公里)		8.0	8.5	8.5
	最大周量(公里)		80	85	80
	每日课次		1～4	1～4	1～4
	每周课次		12～14	12～16	12～14
	年训练日		280～300	300～320	300～320
	年赛次		50～60	60～70	60～70
	无氧磷酸原供能游量(公里)		3.0	3.8	4.5
	无氧糖原供能游量(公里)		1.0	1.3	1.5
	有氧无氧混合供能游量(公里)		20.0	25.0	22.5
	无氧阈强度游量(公里)		45.0	55.0	45.0
	有氧供能游量(公里)		70.0	75.0	75.0

（依周明 1990 年材料改制）

第四章 运动训练的基本原则

徐本力　田麦久

原则是人们说话或行事所依据的法则或标准，原则是由人们根据其对客观事物运动内在规律的认识而制定的，科学的原则即是人们对客观规律正确认识的反映。

训练规律是指运动训练系统内部各构成因素之间，以及它们与系统外部各相关因素之间在结构与功能上的本质联系和发展的必然趋势。这些本质联系在运动训练活动中不断重复出现，在一定条件下影响或者决定着运动训练的进程。训练规律是不依人们的主观意志而转移的客观存在。训练规律中带有普遍意义的基本规律又可称做训练原理。运动训练活动的组织者与参与者应该深刻认识训练规律，严格遵循训练规律去组织自己的训练活动，才有可能取得训练工作的成功；而任何违背训练规律的认识和做法，都必然会受到训练规律的惩罚，甚至付出巨大的代价。

训练原则是依据运动训练活动的客观规律而确定的组织运动训练所必须遵循的基本准则，是运动训练活动客观规律的反映，对运动训练实践具有普遍的指导意义。

指导运动训练实践重要的训练原则有竞技需要原则、动机激励原则、有效控制原则、系统训练原则、周期安排原则、适宜负荷原则、区别对待原则、直观教练原则和适时恢复原则。

第一节 竞技需要原则

一、竞技需要原则释义

竞技需要原则即指根据提高运动员竞技能力及运动成绩的需要，从实战出发，科学安排训练的阶段划分及训练的内容、方法、手段和负荷等因素的训练原则。贯彻这一原则可使训练更好地结合专项的特点和专项竞技比赛的需要，提高运动训练的专项针对性、实战性和实效性，争取获得满意的竞技比赛成绩。

二、竞技需要原则的科学基础

（一）训练目标对训练活动的重要导向作用

目标是人们行为的终点，对于人们的行为起着重要的导向作用。人们的一切行为都应该服务于既定目标的实现，训练活动也是一样。运动训练的最终目标是成功地参加比赛，实现预期的比赛结果。因此，一切训练的内容、方法和手段的选择及训练负荷与节奏的安排都应该围绕着成功比赛的需要而组织实施。

（二）专项竞技需要的特异性

不同的运动项目有着不同的竞技特点，要求运动员具有不同的竞技能力结构。

构成运动员竞技能力的体能、技能、战术能力、心理能力和运动智能，在不同项目竞技能力结构中的作用又都是不同的（表4－1），必须全面、深入地认识和了解自己所从事的运动项目竞技能力结构的特点，才能做到准确地选择与专项竞技需要相符合的训练内容、手段及制定相对应的运动负荷方案，从而有效地组织运动训练活动。针对专项竞技的需要组织训练，会明显地提高训练工作的效果，使教练员和运动员付出的辛勤劳动和成果在专项竞技中得到充分的展现；而如果对专项竞技的需要考虑得不够准确或者不够充分，将会给训练工作带来很大的盲目性，往往会事倍功半，花费巨大的精力却难以取得理想的训练效果。

表 4-1　不同项群各竞技能力基础条件的作用

基础条件	体能主导类			技能主导类				
	速度性	快速力量性	耐力性	表现难美性	表现准确性	隔网对抗性	同场对抗性	格斗对抗性
形态	○○	○○○	○○	○○○	○○	○○	○○	○○○
机能	○○○	○○	○○○	○○	○○	○○	○○	○○
素质	○○○	○○○	○○○	○○	○	○○	○○○	○○○
技术	○○	○○	○○	○○○	○○○	○○○	○○○	○○○
战术	○	○	○○○	○	○	○○○	○○○	○○○
心理	○○	○○	○○○	○○	○○○	○○○	○○○	○○○
智能	○○	○○	○○	○○	○○	○○	○○	○○○

○○○决定性作用　○○重要作用　○基础作用

（依田麦久，1997）

（三）现代训练的专项化发展趋向

现代运动竞赛中的竞争性和对抗性日益激烈，促使人们把提高专项比赛能力的任务和为提高这一能力的专项训练放在首要的位置，运动训练的内容、方法、手段及负荷都表现出鲜明的专项化趋向。儿童少年的早期基础阶段的训练也应以未来高水平专项竞技的需要为导向，为专项高水平竞技阶段的训练和参赛打下良好的基础，将早期基础阶段的训练与优秀运动员的专项训练有机地衔接起来。

三、贯彻竞技需要原则的训练学要点

(一)要围绕运动训练的基本目标,全面安排好训练和比赛

训练目标全面而集中地体现着专项竞技的需要，是组织好训练活动的重要依据。因此,在制定训练计划时,应对运动员的现实状态做出科学的诊断，对运动员的训练条件做出全面的分析,对运动员的发育潜力和训练潜力做出客观的评价,进而确定经过艰苦的努力有较大的概率可予实现的训练目标。然后据此全面安排好该训练过程的训练和比赛工作。

(二)正确分析专项竞技能力的结构特点

每个运动项目由于其专项的特异性，决定了其竞技能力构成因素的差异性。因此,对所从事的运动项目的特点做出正确的分析,是选择适宜训练内容和手段不可缺少的重要前提。举重选手必须有巨大的力量,射击选手应保持稳定的情绪,乒乓球选手需要快速的反应与机动灵活的战术意识和战术能力，排球选手则需要与同伴默契配合的合作精神。对不同专项竞技特点和运动员竞技能力结构特点的分析，正是我们确定不同项目训练负荷内容的重要基础。

(三)按照竞技的需要确定负荷内容和手段

依据竞技需要原则的要求，负荷内容和手段的选择是由不同专项竞技能力的主要因素与运动员自身的具体情况决定的。

如对举重选手要将主要精力用于发展力量素质，对羽毛球选手要用大部分时间进行技术训练，对手球队员则在许多课次中都要安排双人、多人乃至全队的配合训练。

（四）注意负荷内容的合理结构

运动员竞技能力的构成具有明显的规律性。从总体上讲，负荷的内容是由发展体能的练习、发展技能和战术能力的练习、发展心理能力和智能的练习组合构成的。确定不同负荷内容的比例时，要考虑运动员的年龄、水平、运动训练过程中的不同阶段，以及不同的运动项目等因素。例如：体能主导类项群的田径、游泳、举重、自行车和赛艇等项目有一个共同的特征，即技术单一，对体能水平要求较高，因此，在训练过程中，在熟练掌握合理动作的基础上，应将主要精力放在如何更有效地提高体能水平上，以获得更大的力量、更快的速度和更强的耐力来实现竞技水平的不断提高；而像体操、跳水、花样滑冰则需要在一定的体能基础上，不断发展和提高动作技术的难度和质量；拳击、击剑、柔道、摔跤以及所有球类项目，则要求运动员具有大量的技术储备，并在竞争双方不断变换技、战术的比赛中，保持良好的参赛稳定性。同时，对于同一项目的不同运动员，还要求根据运动员自身竞技能力的特点和对手的特点，安排好心理训练的内容和手段。

第二节　动机激励原则

一、动机激励原则释义

动机激励原则是指通过多种方法和途径，激发运动员主动从事艰苦训练的动机和行为的训练原则。遵循这一原则可启发运动员更高的训练积极性和主动性，培养他们的独立思考能力、创造能力和自我调控的能力，促使他们以最大的动力，高质量、高效率地完成训练任务。

二、动机激励原则的科学基础

（一）成功动机是运动员参训的重要原动力

动机是指推动人们从事某种活动的内部动力。人们都是怀着对未来成功结果的美好愿望参加某项活动的，渴望成功的动机给人们以鼓舞、以激励，使他们能够自觉地、积极地投身于其中。对于竞技运动训练这一需要参与者作出巨大努力和付出、但最后结果又充满不确定性的事业来说，只有激发了强烈的成功动机，才能够吸引千百万有才能的青少年自觉地献身于训练与比赛之中。

（二）竞技训练的长期性和艰苦性要求不断地激励运动员的参训动机

现代高水平竞技训练要求它的参加者多年坚持系统的刻苦训练，承受巨大的心理负荷与生理负荷。而且，在多年训练过程中，运动员还会不断地受到内外环境多种因素的干扰，包括伤病的产生，竞技水平发展暂时的停滞，对成就的自满，不良人际关系的牵制以及其他各种社会的、心理的和生物的问题的出现，都会使运动员感到困惑，降低信心，失去兴趣。因此，就需要从运动员自身和外部不断地激励运动员保持良好的动机，始终对训练的前景充满信心，不断地感受到阶段性成就的喜悦，并继续树立新的训练目标。只有这样才能够自觉地进行年复一年艰苦单调的训练,并从中获得乐趣和满足,一步步走向竞技生涯的高峰。

三、贯彻动机激励原则的训练学要点

(一)加强训练的目的性教育和正确价值观教育

注意通过各种教育学及心理学的手段,进行训练的目的性教育,逐步树立起自觉训练的态度和动机。要使运动员认识到获得优秀运动成绩对国家、民族、家庭及个人的重要性及其巨大的社会价值,从而获得鼓舞和激励。

(二)满足运动员合理的需要

要关心运动员的生活,安排好他们的衣食住行,创造良好的人际环境,并尽可能使他们在安全和尊重上得到必要的保障,并引导运动员形成“自我实现”的更高层次需要,以产生积极从事训练和比赛的动机。

(三)激发运动员参与训练和比赛的兴趣

注意运用符合不同年龄运动员个性心理特征的多种手段,激发运动员参加运动训练和竞赛的兴趣。儿童少年初期训练时应多以游戏和玩耍的形式进行全面训练。

(四)发挥运动员在训练工作中的主体作用

应使运动员了解训练的目的、任务、要求与安排,并使运动员在一定程度上参与训练计划的制定和运动训练的组织。只有这样,运动员才能使自己变被动式训练为主动式训练。同时要注意有意识地培养运动员独立思考的能力,提高运动员在各种复杂的环境及社会条件下较好地控制自己的思想、行为和动作技术的自控能力和应变能力。

(五)注意教练员自身的榜样作用

教练员要特别注意自己的言行,要善于说服教育,注意克服简单、粗暴的态度和做法,并以自己的知识、能力和表率作用以及通过有效的训练取得优异运动成绩来建立权威取得运动员的信任,并以此激发运动员训练的积极性。

(六)注意正确地运用动力

正确运用精神、物质和信息这三种动力,互相补充,扬长避短,取得理想的效果。要正确地认识和处理好个体动力和集体动力的关系,让个体动力在大方向基本一致的情况下得到充分的发展,以求得比较大的集体动力的总量。

第三节 有效控制原则

一、有效控制原则释义

有效控制原则是指要求对运动训练活动实施有效控制的训练原则。训练中应准确把握和控制运动训练活动的各个方面或运动训练过程的各个阶段,训练的内容、量度及实施,并对它们进行及时的和必要的调节,以使得运动训练活动能够按照预先设计的方式运行,保证训练目标的实现。

20 世纪 60 年代,苏联的一些学者和教练员把控制论、信息论和系统论等系统科学的基本理论与方法运用到运动训练活动之中,建立了模式训练体系,很快便为训练界人士普遍接受,在世界范围内广泛运用,大大提高了运动训练活动的可控性,明显地改进了训练的效果。

二、有效控制原则的科学基础

(一)运动训练过程的多变性要求对其实施有效的控制

运动训练这一社会化的活动，受着多方面的影响，由多种因素所构成，而来自各个方面的多种因素又都是处于不停的运动变化之中的。

参与运动训练的主体是教练员和运动员，训练的直接作用则首先反映在运动员竞技能力的变化上。每一时刻运动员竞技能力的即时状态，既是此前训练的结果，又是继续训练的出发点。而这一状态的水平，既受着训练因素的影响，又受着运动员的情绪和社会交往等心理因素的影响；既受着训练条件、场地及气候等环境因素的影响，又受着运动员个人生物节奏的影响。同时，一些偶发因素，如意外的伤病，比赛中非可控因素导致竞赛结果的改变等，也都会对运动员竞技能力的状态产生不同程度的影响。所有这些复杂因素的变化，都必然导致运动员竞技能力发生变化。此外，国家或地区的训练体制、训练组织、竞赛制度、奖励制度及训练后勤措施，以及家庭社会等其他条件的变化，也都会直接或间接地影响训练活动的进行，使运动训练的过程处于不停的动态变化之中。因此，只有对不断变化的训练过程实施有效的控制，才能使实现预定的训练目标成为可能。

(二)现代控制论是实施有效训练控制的理论基础

“控制”是指对系统的有目的、有方向的调节、指挥和掌握。

随着现代科技的飞速发展，人们越来越深刻地认识到，要想取得工作的成功，必须对行为的对象及其变化施以有效的控制，以保证其朝着预定的方向运行,实现预期的目标。科学家们为此建立了重要的方法论基础,即控制论,并建立了严谨的逻辑思维程序。科学家们提供的丰富的数学研究方法,如高等数学、统计学、模糊数学、运筹学和网络技术等对运动训练领域的渗透,也使体育科学工作者和教练员们掌握了更为有力的工具。在这个基础上,人们正在运用从训练过程中所采集的大量信息,对训练过程、训练对象及竞技能力发展等不同系统实施着程度不同的控制。大量的训练实践活动业已证明,这种控制是可行而且必要的,已对提高运动训练的实效产生了重要的作用。

完整的训练控制应具备以下几个基本环节和条件(图 4－1):

(1)施控主体(教练员等)和被控对象(运动员等);

(2)控制信息(讲解、示范等)和前向信息控制通路;

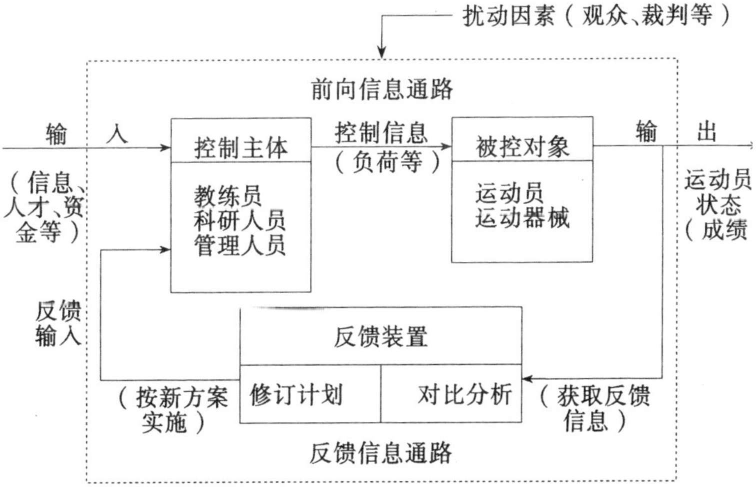

（依徐本力，1990）

图 4 － 1　训练控制系统的完整结构图

(3)反馈装置、反馈信息(训练效果等)和反馈信息控制通路。

教练员通过组织、观察运动员练习，了解练习中存在的问题，找出产生问题的原因，并对原训练计划和方案进行调整，然后按经调整后的新计划和新方案去进行训练的过程，就是一个完整的训练反馈调控过程。根据实施反馈调控的时机，可将反馈分为与训练活动几乎同时进行的“同步反馈”(动作进行过程中即予指导)，在训练后即刻(25秒钟以内)进行的“快速反馈”，以及完成练习较长时间(25秒钟以后)后再进行的“滞后反馈”(如课后小结，课外指导)(表4-2)。运动员在练习中凭自己的本体感觉或视、听觉器官，感受和了解自己完成动作的情况，并随时调整自己的动作，改变训练方法，这就是一种常见的自我反馈(生物反馈)。

表4-2 训练中信息传递的基本方法

信息传递方式(反馈)	传递(反馈)的要求
同步传递	边练习、边讲解、边指导
快速传递	练习后25秒钟内立即进行讲解、指导
滞后传递	练习后25秒钟后讲解、指导

(依〔德〕葛欧瑟，1982)

反馈是系统实现控制功能的十分重要的条件，只有通过不断地纠偏和调整，也即“步步反馈”，才能最终实现训练的目标。

(三)训练信息是实施有效训练控制的必备条件

信息是客观事物状态和特征的反映。运动训练信息即反映着运动训练系统自身的各种状态和特征。信息在现代训练中的运用主要表现在以下几个方面：运用控制信息有效地调节和控制运动员的训练；运用信息反馈对正在进行的训练过程进行有效的监测和调控；运用对运动员训练过程与状态的诊断，了解训练过程的进展状况，评价运动员的训练水平；运用对选材对象状态信息的测定，进行科学的选材；利用比赛前和比赛进行过程中获得的比赛信息，有效地组织赛前训练和比赛中的战术调控；运用获取的信息改进训练工作，不断地创造新的技术、战术、训练方法与手段；用扩大知识信息获取量，提高教练员、运动员的知识和智能水平；运用各种不同的信息，对训练过程进行多学科综合调控；利用舆论信息的扰动，去影响和在一定程度上控制对手的战术决策等。

三、贯彻有效控制原则的训练学要点

（一）制定科学的训练计划

制定科学的训练计划，是对运动训练过程实施有效控制的重要前提。科学的训练计划，应该紧紧围绕着实现预先确立的目标，有机地组织训练过程的实施。因此，要想使训练过程按预定的方式顺利进行，就必须制定科学的训练计划。

（二）高度重视训练信息的采集和运用

为了在不断的动态变化中实施对运动训练过程的有效控制，就应高度重视训练信息的采集和运用。通过多种多样的诊断方式（其中包括生理学和心理学的，生物力学和生物化学的，以及运动训练学的各种诊断方式），采集大量训练信息，从中了解运动员竞技能力、训练效应及各方面影响因素的变化，从而及时作出决策，对训练过程的不同环节发出修正指令，使运动训练过程与运动员的现实状态相适应，取得理想的训练效果。

被采集到的训练信息，必须要反馈给运动员，反馈给训练过程的各个环节，这样才能产生实际的效益。

所采集的训练信息，一部分比较及时地被予以利用，另一部分却需要妥善地储存起来。训练日记、教练日记、运动员训练档案等，都是训练信息的存储器。运用电脑存储训练信息容量大，加工与使用更为方便。

(三)及时对训练计划进行必要的修正和调整

尽管人们在制定训练计划时努力使计划具有更高的科学性和预见性，但同时，训练计划又永远只是对未来训练实践的理论设计，它永远也不可能完完全全地与训练实践的要求相吻合。由于人类机体的复杂变化及主客观多种因素的影响，预先制定的训练计划与运动员的状态不符的情况是时有发生的，这时，则需要对原定的计划进行必要的调整和修正。严格说来，在训练实践中完完全全实现预定计划的事例几乎是没有的。图 4－2 展示了德国优秀长跑运动员年训练过程中周计划跑量和实际完成情况。应该说，这一跑量计划制定得还是很有预见性的，完成的情况也很理想。但尽管如此，两条曲线却仍然不尽一致，比如 12 月原计划规定了较多的跑量，但实际上完成得却很少。实际跑量曲线从整体上看有右移的趋势，很重要的一个原因，就是原定应在第一周出现的负荷高峰推后了半个月左右的缘故。这一例子告诉我们，尽管是制定得很严密的训练计划，也难免在具体实践中发生一些局部的变更。

谢亚龙(1985)对课训练计划在实施过程中的变更现象进行的调查表明：在我国优秀运动员的训练中，有近三分之一

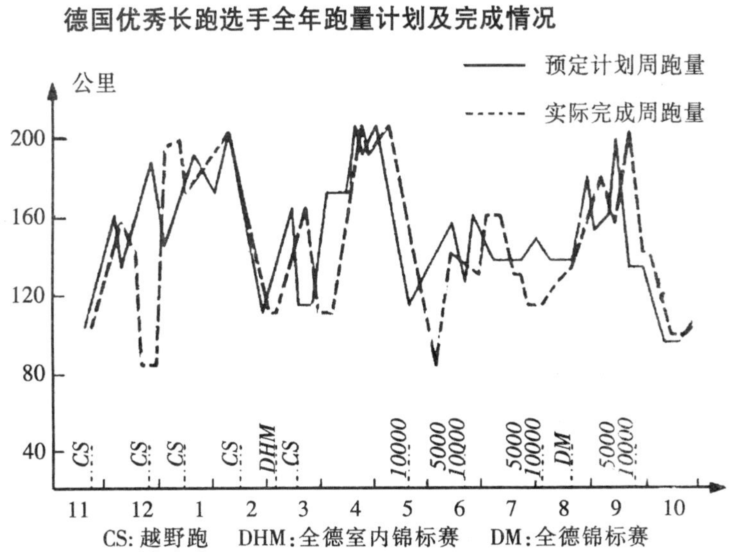

图 4-2 德国优秀长跑运动员全年训练中，
周计划跑量与实际完成情况

（依希尔施，1974）

(29.3%) 的课次在实施过程中对原计划的任务、内容或手段作了不同程度的变更(表 4-3)。

表 4-3 课训练计划在实施中的变更率统计

项目		总课次	变更课次	变更率(%)
体能类		775	235	30.3
技能类	表现难美性	290	111	38.3
	对抗性	323	61	18.9
总计		1388	407	29.3

（引自谢亚龙《课训练计划在实施过程中的变更》，1986）

针对引起变更的不同原因，教练员应该提出不同的变更期望，并且采取相应的变更方法。就此，谢亚龙制作了三者相应的最大流表(表4－4)。

表4－4　课训练计划在实践中变更的原因、期望及方法的最大流表

变更原因	主要变更期望	主要变更方法
体力状况不好 →	保持负荷适宜度 →	降低运动负荷
运动创伤 →	力争接近原计划 →	变更训练内容 变更运动负荷
技术状况不好 →	争取实现原定目标 →	增加负荷量
课间作用变化 →	进行弥补性训练 →	变更训练任务 变更训练内容
周间作用变化 →	保持负荷适宜度 →	降低运动负荷

(谢亚龙《课训练计划在实施过程中的变更》载《体育科学》1986年第2期)

科学研究的成果和大量运动训练实践都告诉我们，尽管是制定了非常详尽、非常严密的训练计划，也难免在具体实施中发生一些局部的甚至带有全局性的变更。认识这种变更的必然性和重要性，学会在训练中根据具体情况的变化，根据对训练实施情况所进行的及时、准确、客观的检查评定所获得的信息，根据将这些信息与预定的训练的目标状态所进行的对照分析，主动地对运动训练过程的进行和规划做出必要的、适宜的变更，以保证运动员顺利地实现状态的转移，完成预定的指标，正是对运动训练过程实施最佳控制的关键所在。

第四节　系统训练原则

一、系统训练原则释义

系统训练原则是指持续地、循序渐进地组织运动训练过程的训练原则。这一原则的确立与运动训练过程的连续性和阶段性的基本特性密切相关。它一方面指出运动员只有长时间、持续地进行训练，才有可能攀登竞技运动的高峰；同时又强调，在一般情况下，必须循序渐进地，而不是突变式地增加训练负荷，才能取得理想的训练效果。

二、系统训练原则的科学基础

1. 人体生物适应的长期性

系统的持续训练是取得理想训练效应的必要条件，人体对训练负荷的生物适应必须通过有机体自身的各个系统、各个器官、各部肌肉乃至每个细胞的变化，一点一点地去实现。运动员的竞技能力是多种能力的综合表现，它不仅涉及生理、心理等各个方面的因素，同时又受先天、后天因素的影响。因此人体机能的适应性改造包括中枢神经系统功能的改造，都不是在短期内所能奏效的。而训练对提高运动员竞技能力的影响，必须通过人体内部的适应性改造才能实现。适合人体生物适应规律的训练，能够使运动员在生物学方面发生有益的变化，这就需要较长的时间。如排球队 6 名选手之间配合完成某些特定的战术行动，必须经过长时间的多次练习，使运动员彼此之间建立起相互协调和默契的配合，做到在比赛场上用眼睛的余光即可观察对方和本方队员的活动情况，同时又可通过同伴之间一个细微的动作或眼神去理会他的战术意图，而后完成高度协调的战术配合。同样，如果一个耐力性项目的运动员具有很强的有氧代谢能力，其肌肉组织内高度的毛细血管化，都不是一朝一夕所能形成的。因此，从人体生物适应的角度来看，运动员应持续地承受负荷，进行系统的训练。

2. 训练效应的不稳定性

运动员在负荷作用之下所提高的竞技能力，无论是体能、技能、战术能力、运动智能，还是心理能力的变化都具有不稳定的特点。当训练的系统性和连续性遭到破坏而出现间断或停顿的时候，已获得的训练效应也会消退以至完全丧失。比如体能的变化主要表现为力量、速度及耐力等素质的改变，训练一旦停止后运动素质消退得很快，特别是通过强化的力量训练手段所取得的训练效应消退得更快。又如在训练中所获得的技能的提高，表明在运动员神经系统的有关中枢之间建立起了良好的暂时性联系，这种神经联系可支配运动器官、骨骼和肌肉完成相应的动作。只有经常地反复强化这种暂时联系，才能够使动作的各个环节协调配合并避免技能的逐渐消退。如果中断训练，中枢神经系统对肢体精细运动的支配能力便会受到影响，反应迟钝，最终使动力定型遭到破坏。为了避免技能、体能的消退，克服训练效应的不稳定性，必须在训练效应产生并保持一定时间的基础上重复给予负荷，使得训练的效应得到强化和累积，使得运动技能得到不断改进和完善。因此，要想获得理想的训练效应，有效地发展运动员的体能、技能、战术能力、运动智能及心理能力，就必须注意保持训练过程的连续性，系统地、不间断地参加训练。

3. 人体生物适应的阶段性

人体在训练负荷下的生物适应过程，不仅是长期的，同时也是有阶段的。机体对一次适宜训练负荷的反应,可分为工作、疲劳、恢复、超量恢复和训练效应消失等几个阶段(图4-3)。在更长一些时间的跨度内,如几个月至一年的训练过程中,运动员机体能力的变化同样经历着不同的阶段,这就是竞技状态的形成、保持和消失三个阶段。

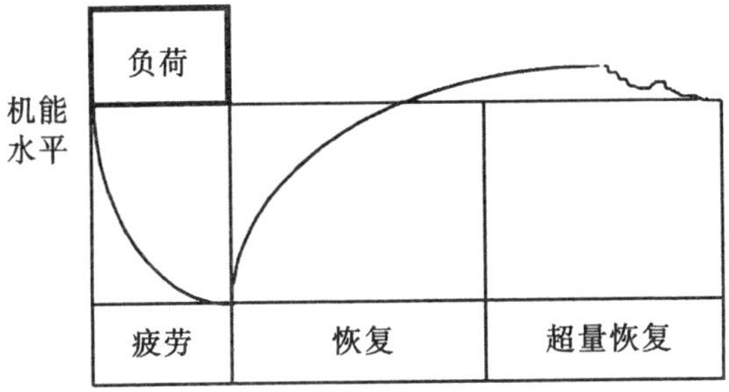

图4-3 机体负荷的应激反应(依雅可夫列夫,1957)

为了在重要比赛中创造优异的成绩,运动员总是力求通过科学的训练与安排,使自己从心理上和生理上做好充分的准备,在比赛中最大限度地动员机体的潜力,把自己在训练中获得的竞技能力最充分地发挥出来,创造优异的成绩。运动员参赛的准备状态,叫做竞技状态。运动员是不可能始终处于最佳竞技状态的。在机体高度的紧张动员之后,必然要进入一个调整阶段,以便在生理上和心理上得到充分的恢复,然后重新动员起来进入新的训练阶段。运动员必须多次经历这一过程,才能够一步步地走向竞技运动的高峰。

三、贯彻系统训练原则的训练学要点

(一)保持训练的系统性

1. 健全多级训练体制

运动员系统的多年训练活动，必须以健全的多年训练体制作为保证。尽管不同国家的训练体制各有自己的特点，但都着眼于保证运动员多年系统训练的实施。我国目前现行的是三级训练体制，包括中、小学课外训练，业余体校和竞技运动学校的训练以及优秀运动队的训练这样三个层次，各自担负着多年训练过程中不同阶段的训练任务。

为了保证不同层次的训练组织完成各自的任务，使运动员得以保持多年训练的系统性，在最佳竞技年龄区间表现出最高的竞技水平，各层次必须紧密衔接，防止各级训练各行其是。相应的对策是：

——制定各项目运动员在不同年龄阶段系列的训练大纲；

——建立与多年训练各阶段基本任务相适应的竞赛制度；

——建立相应的奖励制度，鼓励中小学、业余体校及运动学校的教练员认真完成基础训练和初级专项训练的任务。

美国等许多国家的俱乐部制、德国的体育寄宿学校、古巴的青年体校，都对保持少年时期和成年时期训练的良好衔接起着重要的作用。

2. 建立和强化正确的训练动机

动机是“人们经常以愿望、兴趣、理想为形式表现出来的激励个体发动和维持其行为，并导向某一目标的一种心理过程或主观因素。”(林秉贤，《社会心理学》，群众出版社，1985 年)运动员只有具有强烈的训练动机，才能够积极主动地坚持多年系统训练,从而攀登运动竞技水平的高峰。

像人们从事其他活动一样,参加运动训练的运动员的动机,也常常是多元的和综合的。其中有为国家、为集体争得荣誉的动机,也有博取人们的尊敬、亲友的赞扬的动机,还有显示个人能力、渴望取得成就的动机。在优秀运动员中,怀着强烈的训练动机刻苦坚持多年训练终于取得成功的事例俯拾皆是。德国女子跳高选手迈法特,16 岁时便一鸣惊人,获得了 1972 年奥运会跳高桂冠。其后几经挫折,在国际田坛中只能勉强算个二流选手。但她没有退缩,强烈的自尊心和成就欲支持着她,经过九年的艰苦磨炼,终于在 1981 年的世界杯赛上,又居全球之首,接着两破世界纪录(2.02 米、2.03 米),在 1984 年第 23 届奥运会中,也就是在她获得第一枚奥运会金牌 12 年之后,再次夺得了奥运会金牌。

3. 科学地制定训练计划

在现代竞技运动中,运动员只有接受长时间的系统训练,才有可能参与激烈的角逐,夺取胜利。但对这种长时间的训练活动,则又必须科学地予以全面规划。训练计划正是组织实施训练活动的基本设计。科学制定的训练计划,是保证训练的连续性、取得理想训练效果不可缺少的重要因素。

4. 提供有力的社会保证

现代运动训练活动早已远远超出了训练队这一狭窄的范围,也不再仅仅是教练员和运动员之间的双边活动,而是几乎涉及到社会生活的各个领域,成为具有广泛联系的社会性活动。因此,有力的社会保证也就成为坚持系统训练必不可少的重要条件。运动员的学习、职业、经济收入、婚姻、家庭等各个方面的状况,都对他的训练有着不可忽视的重要影响,而这些问题的妥善解决,也必然会给训练活动以有力的支持。

(二)按阶段性特点组织训练过程

运动训练过程的组织实施,必须遵循其阶段性的特点,有步骤、有秩序地进行。而这一步骤则是按固有的程序排列的。如全程性多年训练依次分为基础训练阶段、专项提高阶段、最佳竞技阶段及竞技保持阶段;一个持续4~12个月的训练大周期,依次分为准备时期、比赛时期及恢复时期;一次训练课也依次分为准备部分、基本部分和结束部分等等。

训练过程的程序性表现在训练的各个方面。如发展周期性耐力项目运动员的专项能力,应以一般耐力和最大速度为基础;体操运动员学习旋空翻,则必须首先掌握后空翻两周及后空翻转体360°的技术。一支足球队要想熟练运用发高角球战术,就必须有队员能从角旗旁向球门前踢出适宜高度、远度、弧度的球,又要有一名或数名队员能在适宜的瞬间冲到门前适宜的位置,跃起争顶,头球破门。这些环节若缺少任何一个,都不可能组织起成功的发高角球战术。练习内容的程序性在许多情况下都是不可逆的,必须按照固有的程序进行,这样才能取得理想的训练效果。忽视训练活动的程序性,会造成许多不良后果。

第五节 周期安排原则

一、周期安排原则释义

周期安排原则是指周期性地组织运动训练过程的训练原则。依运动员机体的生物节奏变化规律,竞技状态形成与发展的周期性规律,以及运动竞赛安排的周期性特点,按一定的动态节奏,循环往复、逐步提高地安排训练内容和负荷量度。

二、周期安排原则的科学基础

(一)物质运动周期性的普遍规律

事物的运动和发展都是周而复始呈周期性的。这种周期性的运动不停地发展,每个往复、每个循环都不会完全相同。每一个新的运动周期,都不应是上一个运动周期简单的重复,而应在原有的基础上螺旋式地提高到新的水平。运动训练的周期性特点,就是由物质运动这一普遍规律所决定的。

(二)人体竞技能力变化的周期性特征

人体竞技能力的提高, 明显地表现出周期性的特点。在一次负荷下,机体能量消耗产生疲劳,继而解除负荷,逐渐得到恢复,通过机体的超量补偿机制, 使得运动员的能力得到提高。在这一基础上又给予下一次负荷,即开始了一个新的负荷周期(图 4-4)。

每一次适宜的负荷都会引起机体的适应性变化; 多次适宜负荷的刺激, 就会引起机体多次的适应性变化。在这一变化过

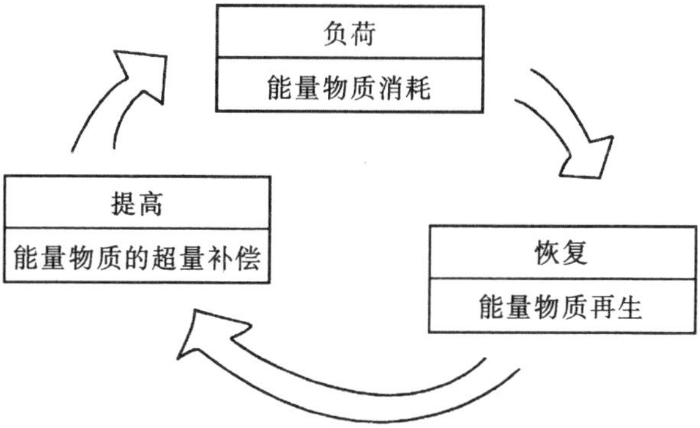

图 4-4 人体机能的周期性提高

程中，机体能力不断地得到提高，运动竞技状态即不断地培养发展，并逐渐进入良好的竞技状态。这时运动员的生理和心理能力得到提高，而且相对稳定，各个系统之间保持着高度的协调，进入良好的竞技状态保持阶段。在强烈的参赛动机驱使之下，高度地动员机体潜能，在比赛中常常会创造新的成绩。但是人体不可能始终保持各个系统之间的高度协调，生理和心理能力的表现也不可能始终处于高峰状态。由于人体的保护性机制参与到训练过程中来，在一段时间内保持了高度竞技状态之后，即需要休息和恢复，以消除生理和心理的疲劳。就这样，与竞技状态的发展过程相联系构成了一个训练的大周期(表4-5)。当竞技状态消失，运动员通过积极的恢复消除了心理、生理的疲劳之后，继续发展一般及专项的竞技能力，促进竞技状态的再次形成，产生新的适应性机制，从而进入下一个竞技状态形成和保持阶段。相对于这些特点，运动训练过程也是周期性地予以组织实施的。若干个课的训练周期组成了周的

表4-5　竞技状态的发展与大周期相应的阶段划分

竞技状态发展过程	生物学基础	任　务	时　期
形成	适应性机制 （对训练负荷的应答性提高）	发展一般和专项竞技能力促进竞技状态的形成	准备时期
保持	动员性机制 （动员心理、生理能力的潜能，各系统高度协调）	提高专项竞技能力 发展稳定的竞技状态 创造新成绩	比赛时期
消失	保护性机制 （机体拒绝继续高强度工作）	积极恢复 消除心理、生理疲劳	恢复时期

（引自田麦久《论运动训练过程》，1988）

训练；若干个周的训练周期(或叫小周期)，构成了阶段或月的或一个大周期的训练；若干个阶段或月的或大周期的训练，构成了年度的训练；若干个年度的训练周期，构成了区间性的多年训练；若干个区间性的多年训练周期，则构成了运动员整个运动生涯的训练全过程。

(三)适宜比赛条件出现的周期性特征

训练的终极目的是提高运动成绩，而运动成绩只有在比赛中表现出来才能得到承认；同时，也只有在适宜的比赛条件下，包括场地、器材、对手、裁判、气候等等条件，才能使运动员将已获得的竞技能力最充分地发挥出来。其中，对于竞技活动具有重要影响的气候条件具有鲜明的周期性特点，它对田径等室外夏季项目运动员的成绩往往起着重要的作用。如在中国很多夏季项目的主要比赛安排在秋季举行，而在空气湿润，夏季气候比较凉爽的欧洲则以7、8月为主要比赛期。同样，冰雪项目的主要比赛也都安排在冬季举行。可见，适宜的比赛条件和整个自然界的物质运动规律有着密切的联系。因此，安排训练和比赛也必须按照周期性的特点来组织进行。

三、贯彻周期安排原则的训练学要点

(一)掌握各种周期的序列结构

按照一个训练周期所包含的时间跨度的不同，可以把其区分为多年训练周期、年度训练周期、大训练周期、中训练周期、小训练周期及日训练周期这样几种。了解各种周期的时间构成及其应用范畴，对于教练员在训练实践中贯彻周期安排训练原则是一个必不可少的重要条件(表4－6)。

表 4-6 不同类型的训练周期及其时间构成

周期类型	时间构成
多年周期	2~20 年
年度训练	1~3 个大周期
大周期	准备、比赛、恢复期各 1
	每个大周期 10~30 周
中周期	4~15 周
小周期	7±3 天
	4~20 次课
日周期	1~3 次训练课

通常对于一名教练员来说，接触最多、运用最多的训练周期是年度训练周期和周训练周期（或称训练的小周期）。按照周期学说的基本理论，一个大周期包括一个准备时期、一个比赛时期及一个恢复时期，也就是一个竞技状态形成、保持和消退的完整过程。一个年度训练中往往包括两个或更多的大周期。训练的组织实施一般是通过小周期的计划和落实得到实现的。由于人们的基本正常生活是以周为单位的，训练活动也自然按周来安排进行，时间为 7±3 天。但是，由于在不同的国家对大、中周期的含义有不同的理解，因此应用时有时也会出现混乱。因而更多的人还是愿意使用多年、全年、阶段、周周期这一组时间跨度非常清晰的概念。

（二）选择适宜的周期类型

贯彻周期安排时，要考虑到选择适宜的周期类型。例如，确定年度训练的安排时是采用单周期、双周期还是多周期？第一个周的训练应该是加量周、加强度周还是赛前训练周？人们一般把周训练作为组织训练活动极为重要的基本单位，我们这里也以周训练为例来说明选择适宜的周期类型问题。比如根据训练任务及内容的不同，可把周的训练分为基本训练周、赛前训练周、比赛周以及恢复周这样四种类型(表4-7)。为适应不同任务而制定的各种相应的周训练计划，也表现出明显不同的负荷变化特点。

表4-7　不同训练周型及其主要任务

周　型	主要训练任务
基本训练周	通过负荷的改变引起新的生物适应现象,提高运动员的竞技能力
赛前训练周	使运动员的机体适应比赛的要求和条件,把各种竞技能力集中到专项上去
比　赛　周	为运动员在各方面培养理想的竞技状态做直接的准备和最后的调整,并参加比赛,力求实现预期的目标
恢　复　周	消除运动员生理上和心理上的疲劳,促进超量恢复的出现,准备投入新的训练

(三)处理好决定训练周期时间的固定因素与变异因素的关系

周期安排原则的依据是人体竞技能力变化和适宜比赛条件出现的周期性特征，其中，后者是决定训练周期时间的固定因素,而前者则是变异因素。因为重要比赛日程的安排通常与某个项目最适宜的比赛条件的出现是一致的，而且通常在上一年度即已确定。在竞技体育界,人们普遍认为奥运会冠军的荣誉远比世界纪录保持者要高，因为创造世界纪录不受时间、地点的限制，大多数项目的优秀运动员在任何时间都有可能创造新的世界纪录。而4年一度的奥运会,则要求运动员必须在特定的日期表现出最佳的竞技水平，在与世界各国优秀选手的同场竞技中取胜,显然这一要求的难度大大高于前者。这就要求教练员不仅能使运动员具有所需要的竞技能力，而且能使之在预定的时间里把这种能力最充分地发挥出来。因此可以说,优秀教练员的高超教练艺术更突出地表现在这一点上。

尽管人体本身受着生物节律的影响,但它并非绝对不变,人们完全可以通过训练安排使其在特定的时间里表现出最佳的竞技状态。竞技状态的发展过程是可以由人来控制的,教练员应努力做到有把握地调节这一变异因素，使之与特定的比赛日程安排相吻合。

(四)注意周期之间的衔接

把一个完整的训练过程划分成若干个较小的周期之后，人们往往会忽视各周期之间的衔接，主要表现在注重训练过程的阶段性而忽略了连续性。整个训练过程中不同时间跨度的周期组成了一个连续发展的过程，因此在具体的训练过程中应特别注意周期之间的衔接。

图4-5所示4个年度周期都是单周期,每个周期包括一个准备时期、一个比赛时期和一个恢复时期。在每个周期里,都是在准备时期开始逐渐增加负荷，在比赛时期负荷达到高峰，然后在恢复时期下降。在4个年度训练周期之间，把每个周期负荷的起点、负荷的高峰及负荷的最低点连接起来，就会看到，其间明显地含有规律性的联系。这三条连线都呈逐年增加的趋势,使周期与周期之间有机地结合了起来。同样,在安排周与周之间、阶段与阶段之间的训练时,也要对任何保持有机衔接的问题给予密切的注意。

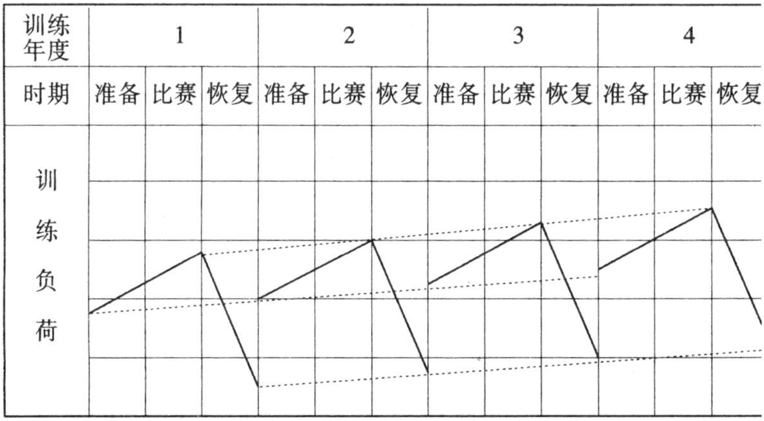

图 4 － 5 四年训练周期的负荷变化（依列文，1974，转引自葛欧瑟，1982）

第六节 适宜负荷原则

一、适宜负荷原则释义

适宜负荷原则是指根据运动员的现实可能和人体机能的训练适应规律，以及提高运动员竞技能力的需要，在训练中给予相应量度的负荷，以取得理想训练效果的训练原则。

运动员在训练中承受了一定的运动负荷后，必然会产生相应的训练效应。但并非只要施加了负荷，就一定会产生良好的训练效应。训练负荷的安排对训练效应的好坏有着重要的影响。机体对适宜的负荷产生适应，但如若负荷过小，不能引起机体必要的应激反应；而在过度负荷作用下则会出现劣变反应。

二、适宜负荷原则的科学基础

（一）适宜训练负荷下机体的生物适应现象

在负荷保持在一定范围的条件下，机体的应激以及随之产生的一系列变化，都会保持在一个适度的范围内。这时负荷的量度越大，对机体的刺激越深，所引起的应激也越强烈，机体产生的相应变化也就越明显，人体竞技能力提高得也就越快。自19世纪末期现代奥林匹克运动兴起以来，运动员的负荷量已大大地增加了。20世纪20年代，著名的芬兰中长跑家努尔米，一年只训练6个月，每周训练3~4次。30~40年代，瑞典的海格将一年训练的时间增加到9个月，他的成绩远远超过了努尔米。60年代末期和80年代初期，耐力性项目世界优秀运动员年训练负荷量的变化告诉我们，负荷的适度增加，对近20年来竞技水平的提高起着重要的作用(图4-6)。

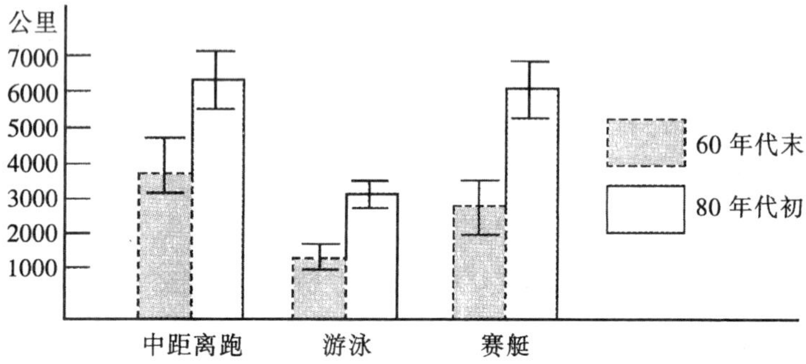

图4-6　世界优秀耐力性项目运动员年负荷量的变化

以第26届奥运会5000米跑冠军王军霞为代表的中国女子长跑选手，承受了前所未有的惊人的训练负荷，年跑量超过8000

公里(表 4－8)。王军霞和她的同伴在 1992～1996 年之间,创造了多项世界纪录,夺得了多项世界冠军。

表 4－8　我国优秀女子长跑选手负荷量度的比较

负荷类别		1986～1987 年		1992 年
		王秀婷	侯菊花	王军霞
负荷量（公斤）	年负荷总量	4800～6000	5200～7300	8000～
	大负荷周量	170～210	180～220	200～240
	大负荷课量	16～20	20～30	30～40
负荷强度（秒）	1000 米	2分55秒～3分10秒	3分00秒～3分12秒	–
	2000 米	6分02秒～3分17秒	6分06秒～6分20秒	–
	3000 米	–	–	8分50秒～9分20秒
不同代谢训练负荷比例(%)	有氧代谢	40	45	5
	有氧、无氧混合代谢	55	52	10
	有氧、无氧极限无氧混合代谢	5	3	85

（依李福田,1993）

(二)过度负荷下机体的劣变现象

机体的生物适应现象只发生在适宜负荷的条件下，而当负荷超过了一定的范围,超出了运动员的最大承受能力时(或称过度负荷时),运动员的机体便会产生劣变现象。

过度负荷有时表现在生理方面,也有时表现在心理方面。过度负荷的直接结果，首先是机体出现不适应的症候。据张问礼《生物应激与运动训练》一文（载《北京体育科技》1984 年第二期)报道,这种不适应的症候包括：

——慢性体重下降；

——非受伤引起的关节及肌肉疼痛；

——慢性肠功能紊乱；
——扁桃体及腹股沟淋巴结肿大；
——鼻塞和发冷；
——出现皮疹和肤色改变；
——周身性肌肉紧张；
——疲惫不堪、失眠不安。

上述不适应症候出现后，如果仍不采取措施，使运动员机体得到必要的恢复，那么就会进一步发展成为过度疲劳。过度疲劳会对运动员机体带来很大的破坏，会导致运动员健康状况和体能的明显下降，使运动创伤增加，甚至造成灾难性的后果，有些运动员甚至因此过早地结束了自己的运动寿命。

在训练实践中，对机体的负荷通常都是连续施予的，几次负荷之间不同的间隔与联系，会产生不同的效应。如果在前次负荷后机体的超量恢复阶段再施予负荷，会使机体水平不断提高；而如果前次负荷后运动员的机体还没有得到恢复便再次施予负荷，则会导致机能水平的下降(图 4－7)。

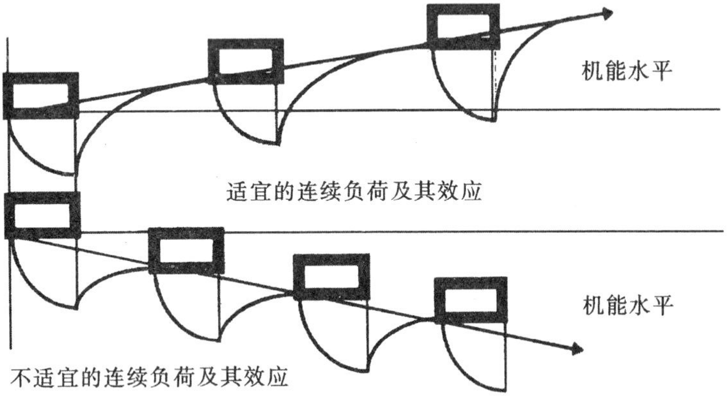

图 4－7　连续负荷及其效应(依雅可夫列夫，1957)

三、贯彻适宜负荷原则的训练学要点

(一)正确理解负荷的构成

运动训练过程中的任何一个负荷，都包含着负荷的量与强度这样两个方面。前者反映着负荷对机体刺激的量的大小，后者反映着负荷对机体刺激的深度。负荷的量和强度分别通过不同的侧面表现出来，人们也可以运用不同的指标去反映负荷量和强度的大小。

1. 负荷量的评价指标

反映负荷量大小的指标一般为次数、时间、距离、重量等。

次数是指训练中重复练习的次数。如技能主导类表现难美性项群训练中完成成套练习、半套练习或单个动作的次数，隔网对抗性球类项目中，击、扣、接球的次数，同场对抗性集体球类项目战术配合训练的次数，投掷运动员投专项器械的次数，跳高运动员跃上跳高架的次数，身体练习中大强度跳跃的次数，以及各种项目比赛的次数等等。

时间是指一个统计单位中(一种练习、一次课、一周、一年或其他单位)训练的总时间。如一周训练的总时间，一年中素质训练的总时间，一个阶段训练中越野跑的累积时间等。

距离是指完成各种周期性练习的距离，包括跑、跳、走、滑、划、游、驶、骑等练习。

重量是指完成练习的总负重量，如负重半蹲60公斤/8次，70公斤/6次，80公斤/4次，则负重总重量为：

60公斤×8+70公斤×6+80公斤×4=1220公斤

2. 负荷强度的评价指标

负荷强度的大小常常通过练习的速度、远度、高度、单位练习的负重量或练习的难度予以衡量。这些测量的方法和指标分别适用于不同的运动项目和不同的练习。周期性运动项目专项训练的强度,多以练习速度衡量,在实践中又往往简化为通过一定距离所用的时间来予衡量;跳跃、投掷练习的强度,则通过其高度和远度来予衡量;负重练习则以一次负重的重量来予衡量。人们也常常以训练的实际与其最大可能(即最快的速度、最大的远度和高度以及最高的负重量)的百分比值作为衡量强度的指标。对于表现难美性的技能主导类项目来说,动作的难度也是反映训练强度的一个重要方面。显然,完成一次旋空翻要比完成一次直体后空翻的强度大得多。在跳水中不同难度的动作有着不同的价值系数。在竞技体操中不同难度的动作则分属不同的组别。

对射击、射箭等项目来说,比赛时负荷的量和对机体生理上的刺激深度是相对恒定的,但在不同性质、不同级别的比赛中,运动员在心理上所承受的负荷却明显地不同。据此,我国射击教练员制定了不同层次比赛中运动员心理负荷强度的等级分表(依赵国瑞等,1987):

亚运会及世界级比赛	3.5~5.0 分
全运会及洲级锦标赛	3.0~4.0 分
全国性重大比赛	2.5~3.5 分
重要考核及地方性比赛	2.0~3.0 分
一般考核、测验	1.5~2.5 分
实射练习	1.0 分

负荷的量和强度构成了负荷的整体,它们彼此依存而又相互影响,任何负荷的量都是以一定的强度为条件而存在的,任何负荷的强度又都以一定的量为其存在的必要基础。一个方面的变化必然会导致另一个方面的相应变化,我们在比较负荷的大

小时,一定要将这两个方面综合考虑。

(二)渐进式地增加负荷的量度

在运动训练过程中，随着运动员生物年龄的增长和竞技能力与运动成绩的提高,通常需要相应地加大负荷的量度,但这一变化必须循序渐进地实施,才能得到理想的效果。循序渐进的增加负荷，有四种基本形式即：直线式、阶梯式、波浪式和跳跃式(图4-8)。

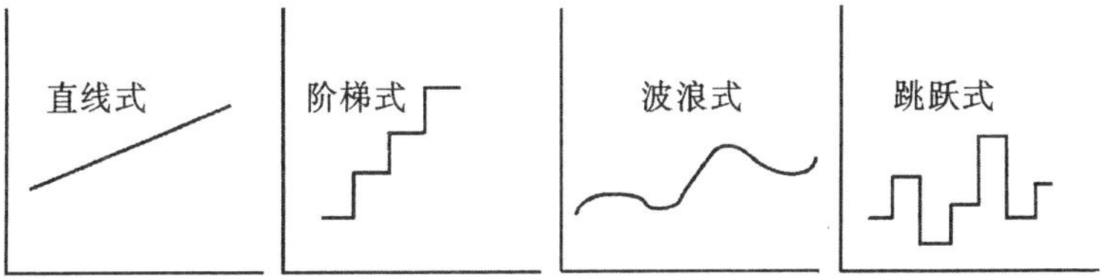

图4-8 增加负荷的四种基本形式

1. 直线式

负荷的增加是直线上升的。在这种方式的增加中,负荷强度的动态变化通常不明显。负荷的上升主要是基于练习的次数、时间、距离及重量的不断增加。所以,这种负荷增加的方法主要适用于负荷起点较低的初学者。

2. 阶梯式

练习一段，保持一段，每增加一次负荷，几乎要保持一周的时间。若以日为单位,负荷呈阶梯式上升,若以周为单位,负荷则表现出斜线上升的趋势。这种增加负荷的方式,对优秀运动员、等级运动员及初学者都适用。

3. 波浪式

随着运动水平的不断提高,需要继续增加负荷。但长时间保持高的负荷,机体又得不到休息,往往容易导致过度负荷。因此,负荷的增加需要有起有伏。每次负荷下降可比前一阶段的最高负荷稍低,然后再提高到新的水平。依此规律,始终按波浪式上升,此时无论连接波峰或波谷,都表现出斜线上升的趋势。这种增加负荷的方式对优秀运动员、等级运动员及初学者都适用。

4. 跳跃式

训练负荷按跳跃式增加。这种方式只有在特殊的情况下,对优秀运动员才可采用。这是因为优秀运动员的成绩提高到一定程度后,机体各部分的调节及中枢神经系统对运动器官的支配,容易按固定的模式进行。为了打破这种定型,可采用突然增加负荷的方法,对机体给予强烈刺激,以期经过一段休整再达到一个新的较高水平。跳跃式增加负荷的主要作用是:有利于运动员打破机体不同系统之间旧的牢固联系, 促使其在新的水平上建立新的联系,求得运动员承受负荷的能力产生突破性的提高。

(三)科学地探求负荷量度的临界值

多年以来,人们已经清楚认识到,负荷量度的增加会带来更好的训练效果,而且越接近运动员承受能力的极限,效果就越明显, 于是许多教练员和科学家都在致力于寻找这一负荷量度的极限。著名的日本排球教练员大松博文在充分挖掘运动员机体潜力方面进行了大胆的尝试, 他的女排选手常常每天训练六七个小时,练出了顽强的毅力和熟练的攻防技巧,使日本女排多次登上世界冠军的领奖台。中国长跑教练员马俊仁,为他训练的女选手设计了“每天一个马拉松”的负荷计划,也造就了田径史上辉煌的一页。

运动员负荷量度临界值的大小既随其发育程度、竞技水平等较为稳定的状态的变化而变化,又受着运动员健康状况、日常休息、心理状态因素的影响，因此对它的测定和评价必须要有充分的科学依据，要用科学的诊断方法力求准确地掌握负荷量度的临界值。在当前，人们对负荷极限的认识还不具备完全把握的时候，通常应注意留有余地，以避免过度训练的出现。

（四）建立科学的诊断系统

为了在训练过程中及时把握不同时期运动员的竞技能力状况，以便准确地判断负荷的适宜度及恢复程度，从而决定训练中应取的相应对策，就必须建立科学的诊断系统，选取可靠的指标，在恰当的时间用科学的方法客观地进行准确的诊断。

（五）正确处理负荷与恢复的关系

训练离不开负荷，没有负荷就不成其为训练；训练也离不开恢复，没有恢复，负荷只会导致运动员机体能量物质的消耗，导致运动员机能的下降。为了使训练取得效果，提高运动员的竞技能力，就必须高度重视恢复。现代运动训练中，越来越重视负荷与恢复的协同效应，不是在负荷后运动员业已疲劳时才考虑恢复问题，而是在计划负荷的同时，就应考虑到负荷后的恢复问题。

第七节　区别对待原则

一、区别对待原则释义

区别对待原则是指对于不同专项、不同的运动员或不同的训练状态、不同的训练任务及不同的训练条件，都应有区别地组织安排各自相应的训练过程，选择相应的训练内容，给予相应的训练负荷的训练原则。针对不同运动员训练中的个体特异性实施区别对待,是运动训练应遵循的重要原则之一。运动训练的效应,要通过运动员机体的变化予以表现,而每一名运动员的心理和生理状况、形态、发育特点,技术、战术能力以及素质、智力水平都各不相同,要想使训练工作取得理想的效果,就必须认真处理好运动训练过程组织的集群性与个体性之间的关系,考虑到运动员的个人特点,区别对待,有针对性地组织运动训练过程。

二、区别对待原则的科学基础

(一)运动专项竞技需要的多样性

不同专项运动员的竞技能力,受着不同因素的影响。短跑运动员的竞技能力的主导因素是速度素质,中长跑则是耐力;跳水运动员的技术水平起着决定性的作用;足球选手除技术外,还要看战术水平的发展程度。在心理、形态等方面,不同的运动项目也有着不同的要求。因此在选择训练内容和手段时,就必须注意到不同项目专项竞技的不同需要,有计划地实施区别对待。

(二)运动员个人特点的多样性

运动员的个人特点,包括性别、日历年龄、生物年龄与训练年龄、竞技水平、生理和心理特点、身体状况、训赛情绪等等,这些方面都对训练的安排提出了不同的要求。另外,同一名运动员的训练状态在不同阶段、不同时刻的表现,不同训练环境和训练条件也都对训练的内容和组织实施提出明显不同的要求。

世界优秀选手负荷量度个体化是近 20 年来被国际运动训练界所广泛承认的。表 4－9 的举例为我们提供了有力的论证。

表 4-9 不同项目优秀选手负荷量度个体化的举例

项目	指　标	运动员(队)	竞技水平	负荷量度
游泳	日游量	格罗斯(前联邦德国)	1984 年奥运会两项冠军	7000~8000 米
		施皮茨(美国)	1972 年奥运会 7 项冠军	12000~14000 米
体操	新动作练习次数/周力量训练时间	李　宁(中国)	多次世界冠军	约 20 次/50 分钟
		童　非(中国)	多次世界冠军	约 80 次/240 分钟
足球	年训练时　间	前苏联	第 13 届世界杯 16 强	1100~1300 小时
		前联邦德国	第 13 届世界杯第 2 名	460~500 小时

(引自田麦久等《运动训练科学化探索》,1988)

(三)运动训练特点的多变性

不同项目、不同运动员，以及在不同状态下所表现出的特点，包括决定竞技能力的各个因素，教练员的业务水平，对训练的战略部署和战术安排，训练所处的阶段和具体要求，以及气候、场地、器材等外界环境等等，既丰富多彩、各有不同，又无时不处于不断的运动和变化之中。这些因素的不断运动及变化，都要求教练员及时根据具体训练对象的具体情况有区别地组织训练。

三、贯彻区别对待原则的训练学要点

(一)贯彻区别对待原则所需注意的因素

由于运动训练过程本身所具有的多样性和多变性特点，决定了我们在贯彻区别对待原则时需要考虑多方面的因素。其中的主要因素,又集中在运动专项、训练对象和训练条件这三个方面上(图4－9)。

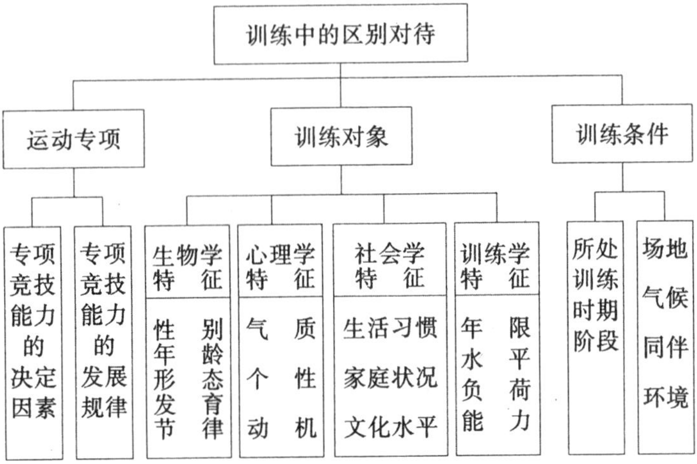

图4－9 训练中区别对待所要考虑的因素
(引自田麦久《负荷原则与训练过程》,1986)

1. 运动专项

运动专项方面包括专项成绩的决定因素（如短跑取决于快速力量与频率;中长跑取决于耐力;而铅球却更注重绝对力量等等)和专项成绩的发展规律。许多优秀运动员的实践表明,体操等表现难美性项目的运动员常常在年龄较小时，就能达到比较高的水平，但耐力性项目运动员则通常在较大的年龄才进入最佳竞技时期。

2. 训练对象

每个训练对象都有不同的生物学、心理学、社会学及训练学方面的特征，这是贯彻区别对待原则时经常需要考虑的因素。

生物学特征包括：年龄、性别、形态、发育状况及个人的生物节律。例如，同是15岁，但发育有差异，发育早的可进行较多的专项素质训练，而发育迟的则不宜安排过多的专项训练。

心理学特征包括：气质、个性及参加训练的动机等。在训练和比赛中，对不同性格的训练对象，教练员应运用不同的语言艺术进行指导。性格外向的运动员对教练员刺激强烈的语言比较容易接受，性格内向的则恰恰相反，往往会因此损伤其积极性和自尊心，对训练有害而无利。

社会学特征包括：家庭状况、生活习惯、文化水平等。例如对待文化水平较高、理解能力较强的运动员，教练员可多进行一些必要的讲解使之通过理解，即借助第二信号系统帮助其更好地完成训练任务。对文化水平偏低或初次参加训练的少年儿童，教练员则应多做示范，发挥直观教学的作用，使之理解、掌握新的技术动作。

训练学特征包括：训练年龄、接受负荷能力等。日历年龄相同而训练年限不同，安排负荷时也应有不同的要求，使初训的运动员在合理的训练要求之下完成训练任务。

3. 训练条件

首先必须考虑训练所处的时期和阶段。教练员应了解不同时期与阶段不同运动员的不同特点，以便在训练时提出不同的要求。而场地、气候、同伴、环境等也是贯彻区别对待原则所必须考虑到的因素。

(二)正确处理训练中共性与个性的关系

不同运动专项都有自己的决定因素及其不同的发展规律，但又是通过各个专项的特点反映出所有运动项目共同的规律。一个运动队是一个集体，在这个集体中，所有的队员都有一些共同点，但又各有自己不同的特点。通常集体项目的教练员容易忽视运动员个人特点，而个人项目的教练员却常常不注意根据运动员共同的特点去组织集体训练。必须强调，在集体项目中，个人训练作为集体训练的补充是非常重要的。如篮球队中的某些队员防守较差，而另一些队员投篮的命中率较低，这就应在进行集体训练的过程中，有针对性地安排必要的个人训练。而在个人项目的训练时，又必须注意处理好与集体训练的关系。对枯燥、单调的个人训练项目，如能有效地组织集体训练就会减轻运动员的心理负荷，使他们对训练产生更高的兴趣。

例如，在个人跑的项目中，可把水平差距大的运动员组成一组，采用同距离让步跑的方式(水平低的先跑，要求同时到达终点)，这实际上已经提出了不同的强度要求。在组织安排少年儿童训练中，水平高的女孩可与一般水平的男孩同组进行训练。

(三)教练员要及时准确地掌握运动员的具体情况

对于运动员的初始状况，教练员可围绕竞技能力的几个主要决定因素来了解具体情况。例如，在形态方面，可测定身高、体重等指标；在素质方面，需了解速度、力量、耐力等数据；在机能方面，应掌握脉搏、血压、发育水平及各器官系统的机能等基本情况。在运动训练过程中，教练员更要注意通过课上的观察、记录与运动员的成绩，通过批阅运动员的训练日记，以及通过专门组织的测试，及时、准确地掌握运动员的具体情况的变化，为科学地贯彻区别对待原则提供必要的依据。

第八节　直观教练原则

一、直观教练原则释义

直观教练原则是指在运动训练中运用多种直观手段，通过运动员的视觉器官，激发活跃的形象思维，建立正确的动作表象，培养运动员的观察能力和思维能力，提高运动员竞技水平的训练原则。直观教练原则是从一般教育学和体育教学原则中引入的，对儿童少年运动员的早期训练尤为重要。

二、直观教练原则的科学基础

（一）认识过程的普遍规律

直观教练原则主要是依据人的认识规律确立的。人的正确认识的形成，都要经历从生动的直观到抽象的思维和从感性认识到理性认识的过程。运动员在学习和掌握动作的练习时，一般都是沿着直观（具体、生动的思维）→实践（建立动作表象，学习和了解技术要点）→建立概念（形成抽象思维）→学会和掌握动作技能的思维认识程序进行的。在这一过程中，直观的感性认识起着重要的作用，是掌握动作技能的起始和基础。在运动训练的各个练习过程中，运动员都必须运用自己的各种感觉器官去体会动作，人的感觉有77%来自视觉器官。通过视觉器官所得到的形象化认识，会大大地有助于人们进行正确的思维和掌握运动技能。

(二)动作技能形成原理

动作技能与其他竞技能力的形成发展一样，都有其内在的联系和自身的体系，反映着事物由低到高、由易到难、由简到繁的发展规律。在动作技能形成的全过程中，特别是在其初级阶段，人体视觉器官在直观教练过程中，所获得的丰富信息会在很大程度上促进动作技能的形成。

三、贯彻直观教练原则的训练学要点

(一)教练员应高度重视直观教练原则的运用。除运用多种多样的影响手段外，应尽可能地身体力行，为运动员、特别是儿童少年选手作直观的动作示范。

(二)注意应用科学技术的新成果。现代影像技术发展得很快，不断地为人们提供新的手段和工具。应用多维摄影、快速摄影及录像等影视手段都会取得很好的直观效果。

(三)注意直观教练与积极思维的有机结合。

第九节　适时恢复原则

一、适时恢复原则释义

适时恢复原则即是指及时消除运动员在训练中所产生的疲劳，并通过生物适应过程产生超量恢复，提高机体能力的训练原则。在运动员疲劳达到一定程度时，应依照训练的统一计划，适时安排必要的恢复性训练，采取有效的恢复措施，使运动员的机体迅速得到充分的恢复和提高。

二、适时恢复原则的科学基础

（一）人体机能能力和能量储备的超量恢复机制

人体机能能力和能量储备由负荷后暂时下降和减少的状态回复到负荷前水平的过程，称为恢复。在恢复过程中，能源物质的补偿在一段时间内超过原有水平，这种现象叫做超量恢复。超量恢复持续一段时间后再降回到原有水平，即完成了一次训练负荷后恢复的全过程。

在一定范围内，运动负荷越大，消耗越剧烈，恢复过程就越长，超量恢复也越明显。正是由于运动训练能引起超量恢复效应，使得运动员竞技能力的提高成为可能并为之奠定了物质基础。所以，运动训练中的恢复，并不是满足于回到先前水平的恢复，而是要追求超量恢复。

（二）调整时机的把握对训练效果的重要影响

训练中掌握好关键性的时机是非常重要的。练到什么时候该“歇”，疲劳到什么时候该“调”，必须要准确地予以把握，才能保证训练的成功。

训练疲劳对机体的刺激若达不到必要的深度，没练多少就要调整、恢复，就不会取得理想的训练效果。但如果该调不调，负荷过度，则会引起机能劣变，在心理上、生理上受到严重损伤。

三、贯彻适时恢复原则的训练学要点

(一)准确判别疲劳程度

准确判别疲劳程度,是适时恢复的重要前提。运动员疲劳程度的判别,通常是根据自我感觉和外部观察来进行的,也常常采用一些比较客观的生理和心理测试方法。

1. 自我感觉

自我感觉是简单有效的判别方法。运动员在疲劳时,会感到肌肉僵硬、局部酸痛、四肢无力、呼吸急促、胸部发闷、力不从心。在恢复过程中,上述疲劳感逐渐减轻或消失,自我感觉新的活力重又滋生,继续训练的愿望逐渐加强。

应当注意的是,相当一部分训练任务常常是在运动员自我感觉疲劳时进行的,没有这样一种过程就不能对机体产生足够深的刺激,因而也无从实现更高机能水平的适应。但恢复到什么程度进行下一次训练才不会导致过度疲劳,需要积累经验。

2. 外部观察

外部观察是教练员常用的判别运动员负荷情况的方法。运动员如果将自我感觉与自己某些外部表现结合起来进行分析判别,就能够更准确地掌握自己的疲劳程度与恢复状况。

在训练过程中,运动员如果出现面色苍白,眼神无光,连打呵欠,反应迟钝,精神不集中,动作无力、失调、错误增多,技术规格下降等现象,可初步判定疲劳已产生并加深到一定程度。当上述现象完全消失,特别是动作准确性、稳定性及平衡能力有了明显的改善与加强,就说明机体已经得到比较充分的恢复了。

3. 生理测试

大量研究表明,人在疲劳时,机体各器官系统机能水平都有所下降,下降程度与疲劳深度有关。进行判别疲劳与恢复程度的生理指标测试时,具体方法可采用呼吸肌耐力测定、体位血压反射测定、皮肤空间阈测定、膝跳反射阈测定、肌张力测定、心电测定、肌电测定、脑电测定和视觉闪光临界频率阈限测定等等。

4. 心理测试

用心理学的方法判别人体的疲劳及恢复程度，有很多种方法。如采用 RPE 自我疲劳感觉表（RATING OF PERCEIVED EXERTION)、RPR 自我恢复感觉表（RATING OF PERCEIVED RECOVERY)等。

(二)积极采取加速机体恢复的适宜措施

1. 训练学恢复手段

主要包括变换训练内容和训练环境,交替安排负荷,调整训练间歇的时间与方式,在训练课中穿插和采用一些轻松愉快、富于节奏性的练习等训练手段;在恢复过程中以轻微的肌肉活动,帮助肌肉和血液中的乳酸更快消除;根据人体的“生物钟”节律,安排好每天的训练时间，成为一种习惯性的定型，节省神经能量,也有利于机体的恢复。

2. 医学、生物学恢复手段

主要包括理疗恢复手段,如水浴、蒸气浴、旋涡浴、氮水浴、苏打碳酸浴、盐浴、珍珠浴、含氧浴、腐植酸浴等,其他手段还有按摩、电兴奋、电睡眠、紫外线照射、红外线照射等。

3. 营养学恢复手段

由于运动时运动员的能量消耗大，运动后的能量补充除了考虑补充物的数量,还应注意各种营养素的适宜搭配。例如运动后吃不同的糖，对身体不同部位糖贮存的恢复就有不同的影响。维生素及多种微量元素更是运动员营养中不可缺少的重要组成部分,它与运动能力的恢复有着密切的关系。维生素及多种微量元素在体内不能合成或合成不足,必须从食物中摄取,所以要注意食品的种类和配比。

4. 心理学恢复手段

主要是利用自我暗示、放松训练、气功、生物反馈等手段促进恢复。

第五章　运动训练方法与手段

胡亦海

第一节　运动训练方法与手段概述

一、运动训练方法概述

（一）运动训练方法释义及作用

1. 运动训练方法释义

运动训练方法是在运动训练活动中，提高竞技运动水平、完成训练任务的途径和办法。运动训练方法在教练员的“训”和运动员的“练”的过程中被予应用，是教练员和运动员在双边活动中共同完成训练任务的方法。运动训练方法是对运动训练过程中各种训练方式和办法的概括，是对各种具体训练方法的集中表述。

2. 运动训练方法的作用

在运动训练过程中，运动训练方法是教练员进行训练工作、完成训练任务、提高运动员竞技能力的应用工具。现代竞技运动发展历史表明：运动训练方法的不断创新和科学运用对推动各项竞技运动整体发展水平的作用是十分巨大的。一种科学训练方法的诞生既是科学训练原理的具体体现，也是科学训练实践的高度总结。因此，正确地认识和掌握不同训练方法的功能和特点，有助于顺利地完成运动训练过程不同时期的训练任务；有助于有效地控制各种竞技能力的发展进程；有助于科学地提高不同项目运动员的整体竞技能力。

（二）运动训练方法体系

1. 运动训练方法的基本结构

构成运动训练方法的主要因素是练习动作及其组合方式、运动负荷及其变化方式、过程安排及其变化方式、信息媒体及其传递方式、外部条件及其变化方式等要素。其中，练习动作及其组合方式主要是指运动员为完成具体训练任务而进行的身体练习以及各个练习之间的固定或变异组合方式。运动负荷及其变化方式主要是指各种身体练习时对有机体所施加的刺激及其在强度、量度以及负荷性质方面的变化形式。过程安排及其变化方式主要是指对训练过程的时间、人员的组织、器材的分布、内容的选择、练习的步骤等因素的安排及其变化形式。信息媒体及其传递方式主要是指教练员指导训练工作时，所采用的诸如语言、挂图、影视等信息手段和诸如讲解、图视、观摩等信息传递方式。外部条件及其变化方式主要是指训练气氛、训练场地、训练设备、训练器材、训练工具等因素的影响及其变化方式。运动训练中的许多方法正是由这五种因素所组成。这些因素的不同组合及其变化，可以形成具有不同功能的多种训练方法。

2. 运动训练方法的基本分类

运动训练方法是多种多样的。有些方法具有广泛的适用性，对各种主要竞技能力的发展具有不同的作用，如重复训练法、比赛训练法等；有些方法的适用领域则较为专门化，对某一竞技能力的子因素具有特殊的发展作用，如等动力量训练方法；有些方法属于过程控制性的，即在运动训练的某一阶段对运动员训练内容的掌握或竞技能力因素的提高具有控制作用，如模式训练法、程序训练法等；有些方法属于现场操作性的，即在训练课中用于发展若干竞技能力的方法，如间歇训练法、循环训练法等。因此，对运动训练方法进行科学分类，建立科学的方法体系是十分必要的。

对任何事物进行类别划分与体系建立，均需首先确定分类标准，依不同分类标准可建立若干不同的分类体系。例如，依发展竞技能力的目的，可分为体能训练方法、技能训练方法和战术能力训练方法，再进而区分，可分出力量训练方法、速度训练方法和耐力训练方法等；依训练内容的组合特点，可分为分解训练法、完整训练法、变换训练法和循环训练法等；依训练负荷与间歇的关系，可分为持续训练法、重复训练法和间歇训练法等；依训练负荷时氧代谢的特点，可分为无氧训练法、有氧训练法及无氧/有氧混合训练法等；依训练时不同的外部条件，可分为语言训练法、示范训练法、助力训练法和加难训练法等。

此外，还可以列出许多种不同的关于运动训练方法的分类标准和体系。考虑到理论上的相对完整和实践应用的方便，我们依不同训练方法的基本作用和适用范围，将它们分为整体控制方法和具体操作方法两大类。前者包括模式训练法和程序训练法两种具有整体思维特征的训练方法；后者则包括完整训练法、分解训练法、持续训练法、间歇训练法、重复训练法、变换训练法、循环训练法以及比赛训练法 8 种具体的直接操作的训练方法。

二、运动训练手段概述

(一)运动训练手段释义及作用

1. 运动训练手段释义

运动训练手段是指在运动训练过程中，以提高某一竞技运动能力、完成某一具体的训练任务所采用的身体练习。是具体的有目的的身体活动方式,是运动训练方法的具体体现。

2. 运动训练手段的作用

在运动训练活动中,教练员、运动员通过采用具体的训练手段去完成具体的训练任务、提高某一竞技能力水平。运动训练手段的不断创新和科学运用对推动竞技运动发展水平的作用同样是十分巨大的。不同的训练手段具有不同的功效,科学地认识和应用不同训练手段的功效和特点，有助于科学地完成运动训练过程不同时期的具体训练任务，有助于科学地提高不同运动项目运动员的各类竞技能力。

(二)运动训练手段体系

1. 运动训练手段的基本结构

训练手段的基本结构可从身体练习的动力特征、动作构成和动作过程三个层面予以解析。它的动力特征包括力的支点、力的大小和力的方向三种要素。动作构成包含动作的姿势、轨迹、时间、速度、速率、力量及节奏七种要素。动作过程包含动作开始、进行和结束三个阶段。由于动作的动力要素、构成要素和过程要素的变化,又组合出多种多样的训练手段。

2. 运动训练手段的基本分类

身体练习又是指各种各样的具体动作,因此,以手段的动作结构特点为分类依据相对来说较为科学。

3. 运动训练手段的分类

依练习的目的，可将运动训练手段分为发展体能的训练手段，改进技术的训练手段，提高战术能力的训练手段，改善心理状态的训练手段；依训练手段的效果对专项能力的影响，可分为一般训练手段和专项训练手段；依在训练活动中的应用价值，可分为基本训练手段和辅助训练手段；依练习手段的动作结构特点，则可以分为包含周期性练习和混合性练习的单一结构训练手段和包含固定性练习及变异性练习的多元结构训练手段两大类。

在运动训练实践中，教练员通常根据不同的训练任务，采用不同的分类体系去选择具体的练习手段。在本书中，以动作结构特点为基本依据，介绍常用运动训练手段的基本知识（表5-1）。

表5-1 训练手段的分类体系

一级	二级	具体手段范例
单一动作结构类	周期性	跑步、游泳等徒手、器械练习
	混合性	各种跑+跳等徒手、器械练习 各种跑+投等徒手、器械练习
多元动作结构类	固定性	各种跑+跳+投(挥、踢)+滚翻等动作的组合、套路练习
	变异性	各种跑+跳+投(挥、踢)+滚翻等动作的组合、游戏练习

第二节　运动训练的整体控制方法

运动训练过程是一个复杂的系统工程。为了提高训练活动的科学化水平，教练员不仅需要掌握进行某一训练内容方面的具体“工艺”方法，还必须掌握科学控制运动训练进程的“工程”方法。现代运动训练控制理论的产生，不仅为现代运动训练的理论宝库提供了具有时代意义的科学指导思想，同时也为现代运动训练实践提供了具有重大意义的科学控制方法。模式训练法、程序训练法即是其中具有代表性的两种控制方法。

一、模式训练法

(一)模式训练法释义

模式训练法是一种按具有高度代表性的规范式目标模型的要求组织和把握运动训练过程的控制性方法。其操作程序为：

1. 解析影响运动竞技水平的各种因素；
2. 获取各影响因素的指标参数；
3. 建立影响运动员竞技水平的因素结构模型；
4. 以因素结构模型的评价标准数值为评定标准，对运动员竞技水平变化的结构状态进行阶段性检查评定；
5. 将检查评定的结果反馈于运动训练过程的各个环节，以找出产生偏离状态的原因；
6. 对运动训练过程相应环节的组织实施发出调节指令；
7. 改进训练工作，使训练的阶段结果不断逼近模式目标。

(二)模式训练法的结构与特点

1. 模式训练法的基本结构

模式训练法由训练的目标模型、检查手段、评定标准和训练方法四种构件组成。训练的目标模型给出了未来运动训练过程目标发展的指标体系，检查手段是采集运动训练现实状态的信息工具，评定标准是甄别现实状态与训练模式间差异性质和程度的鉴标体系，训练手段是根据训练模式所提出的发展目标以及评定结果的反馈信息所提出的练习方法。

建立目标模型首先必须明确训练目标，即期望训练出达到何等水平、具有什么特征的运动员。进而,需确定训练目标竞技能力结构的影响因素，并对反映这些影响因素状况的指标参数进行数学处理,建立起尽可能定量化的目标模型。

检查手段由检查项目、检查方式和检查工具三个要素组成。其中检查项目按训练内容分类,可分为机能、技能、素质、技术、战术、心理和智能等项目;检查方式涉及到群体、个体、环境等诸多因素;检查工具按物理性质分类，可分为电测、机测、光测、磁测及化测等工具。三者合成了检查评定的信息采集手段，为教练员提供运动训练现实状态的具体信息。

评定标准为教练员提供识别运动训练过程状态的依据。

训练方法根据评定结果选用藉以实施模式训练、解决具体训练问题。

2. 模式训练法的特点

(1)模式训练法具有信息化特点。模式训练法实施的整个过程是以训练模型的指标体系为控制的依据，以评定标准的指标体系为监督、检查工具。整个训练过程的发展与变化均置于信息控制之下，有助于及时纠正运动训练过程中出现的偏态。

(2)模式训练法具有定量化特点。模式训练法所依据的训练模型与评定标准均具有定量特点。实践中,训练模型的指标体系可为未来训练过程提供明确的训练目标,评定标准的鉴标体系可为现实状态的训练状况提供明确的反馈信息,有助于定量控制运动训练的过程。

(三)模式训练法的应用

1. 模式训练法的应用过程

模式训练法的应用过程是一种闭环式的运行过程(图5-1)。

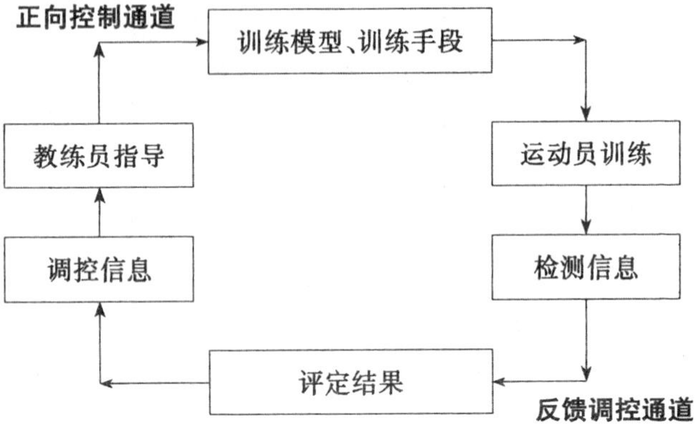

图5-1 模式训练法的运行过程

(依胡亦海,1998)

由图5-1可见,教练员通过正向控制通道,运用训练模式、训练手段控制运动员竞技能力的发展方向;通过反馈调控通道,运用评定结果了解运动员现实情况,修正训练计划的相应环节或教练员的指导方案,经过如此多次闭环式的控制过程,使运动员的训练结果科学地逼近训练模型指示的预定目标。

2. 模式训练法的应用范例

我国青年女排将模式训练运用于发展弹跳力的训练，如表5-2~5所示(胡亦海,1999)。

表5-2 弹跳力发展的数学模型

类型	逐步回归方程(预测数学模型)	相关性	F	P	S.D
助跑弹跳	Y = 18.41 + 2.09X1 + 60.2X2 + 0.41X3 + 0.3X4	0.86	54.1	<0.01	2.4cm

注:助跑弹跳 = Y;负重深蹲 = X1;半蹲快起 = X2;连续纵跳 = X3;原地弹跳 = X4

表5-3 助跑弹跳水平评定标准

评定标准	Y(厘米)	X4(厘米)	X3(厘米)	X2(系数)	X1(系数)
56.25	79.5	68.9	59.7	.116	2.033
53.69	78.5	67.9	58.9	.114	1.992
51.21	77.6	66.9	58.	.112	1.95
48.81	76.7	65.9	57.2	.110	1.908
46.49	75.7	64.9	56.3	.108	1.867
44.25	74.8	64.0	55.5	.106	1.825
42.09	73.9	63.0	54.6	.103	1.784
40.01	73.0	62.0	53.7	.101	1.742

表 5-4 助跑弹跳水平评定的计算方法

综合发展水平	均衡发展水平	适合发展水平
$Hn=\frac{H1+H2+H3+H4}{4}$ Hn:弹跳力综合发展水平 H1~H4:四项检测分数	S=标准差公式 Hi:四项检测分数 Hn:综合发展水平	D.F=Hn-F D.F:差异程度 F:弹跳实测分数
高等水平 ≥27.2800 中等水平 ≥20.7236 低等水平 <20.7236	均衡 ≤2.2352 基本均衡 ≤3.105 不均衡 >5.105	吻合 -0.98~0.98 基本吻合 中间值 不吻合<1.71,<1.71

表 5-5 模型训练控制步骤与结果

步骤	检查	助跑弹跳检测项目 X4	X3	X2	X1	弹跳高度 Y	Y1	训练水平 综合	均衡	适应
1	检测成绩	50	42	.066	1.32	63	62.2	20.6	2.18	.24
	标准分数	21	19.5	18.41	23.45	20.35		中等	基本	吻合
2	发展目标	53	46.5	0.079	1.39	65				
	标准分数	25	25	25	25	25				
	成绩差距	3	4.5	.013	.07	4				
3	结果成绩	52	46	0.083	1.38	64.8	65.9	25.4	2.1	.9
	标准分数	23.3	24.8	28.3	25.1			中等	基本	吻合

注:Y1=实测弹跳高度

由表可见,模式训练法的应用至少需经三个步骤:首先,按照检测项目的要求测验,并对照评分标准找出与检测成绩对应的标准分数,同时按照“综合性、均衡性、适应性”的计算方法评出等级,以确诊出运动员现实的基本状况;其次,根据训练模型确定出下一阶段训练过程的发展目标,并根据差距,确定训练重点，选择训练手段，实施严格的模式训练；最后，在预定的时间按照检测项目的要求测验，以检查模式训练的结果，并对照评分标准找出问题，继而又进入新的一轮应用过程。

二、程序训练法

（一）程序训练法释义

程序训练法是按照训练过程的时序性和训练内容的系统性特点，将多种训练内容有序且逻辑性地编制成训练程序，按照预定程序组织训练活动，对训练过程实施科学控制的方法。

程序训练法以训练程序为控制依据。训练程序是将训练过程的时序性与训练内容的逻辑性融为一体的有序集合体。训练程序表达了训练过程不同时期、不同阶段训练内容之间的逻辑关系。一般地说，训练程序中训练内容的逻辑性、训练过程的时序性越清晰、越细致，则越有利于程序训练的组织实施。科学编制训练程序是实施程序训练法的重要前提。

（二）程序训练法的结构与基本特点

1. 程序训练法的基本结构

程序训练法由训练程序、检查手段、评定标准和训练方法四种构件组成。其中，每一构件又由不同的要素组成。从结构角度上看，程序训练法与模式训练法最大的不同之处是控制运动训练过程依据的不同。模式训练法是以训练模型为控制依据，程序训练法则以训练程序为控制依据。至于程序训练法中的检查手段、评定标准及训练手段等构件的组成特点及具体功能可参见模式训练法中相应的内容。这里集中讨论的是程序训练法结构中的训练程序。训练程序由训练内容、时间序列和联系形式三个要素组成。其各自要素的意义与特点表述如下：

编制训练程序要求将庞大、繁杂的训练内容按照系统分解成小训练内容单元(步子)，并由其编制出具有相关性、逻辑性特点的训练内容体系。例如：田径运动中跳高项目的技术训练是该项目整体训练内容中的一项内容。从动作结构角度来看，跳高技术训练内容可分解为若干基本环节，即准备、助跑、踏地、起跳、腾空、过杆、落地的训练内容。其中任何基本环节的训练内容都可视为一个小训练内容单元(步子)。而且，其中各基本环节的训练内容又可进一步分解。例如助跑环节，可分解为助跑距离、助跑弧线、助跑节奏、助跑速度及助跑重心等子因素的训练。

时间序列通常是指训练过程训练单位时间的有机排序与衔接，要求将整个训练过程分解成有机相连的时间段落，以便将特定的小训练内容单元(步子)置于特定的时空之中，使不同的训练内容通过时间序列有机相联。

联系形式是指在特定的时间范畴内不同训练内容衔接的方式，或者不同时间范畴内不同训练内容的衔接方式。一般来讲，训练内容的联系方式主要有“直线”和“网络”两类。由这两类联系方式编制的训练程序，分别称之为直线训练程序和网络训练程序。前者，训练程序的结构简单、较易操作，但训练内容的容量较小；后者，训练程序的结构复杂、较难操作，但是训练内容的容量较大。

2. 程序训练法的基本特点

(1)程序训练法具有系统化特点。程序训练法实施的整个过程是以训练程序的内容体系为控制依据，以评定标准的指标体系为监督、检查工具。整个训练过程的发展与变化均置于系统控制的状态之下。

(2)程序训练法具有定性化特点。程序训练法所依据的训练程序具有鲜明的定性化特点。便于教练员抓住训练过程中的主要矛盾,选定明确的训练方向。

(3)程序训练法具有程序化特点。由于训练内容规划在训练程序的过程之中,因此,训练过程中训练内容的变更实质上是在严格检查、评定、监督之下,按照训练内容内在关系的本质联系,有步骤、有计划地进行。

(三)程序训练法的应用

1. 程序训练法的应用过程

程序训练法的应用过程是一种闭环式的过程。

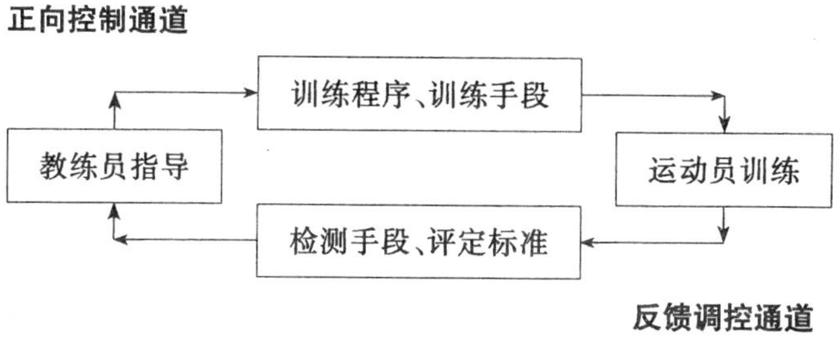

图 5 - 2 程序训练法应用过程
(依胡亦海, 1998)

由图 5 - 2 可见,在现代运动训练的过程中,程序训练法应用的精髓之处是:教练员通过正向控制通道,运用训练程序、训练手段控制运动员竞技能力的发展方向;通过反馈调控通道,运用评定标准、检测手段了解运动员的现实情况,以便修正教练员的指导方案或根据训练程序指出的内容继续实施程序训练。经过如此多次闭环式的控制过程,使运动员的训练结果科学地逼近训练程序指示的预定目标。

程序训练法亦可用于具体技术动作的教学与训练。胡鸿飞(1984)在对三次男子跳高世界纪录创造者朱建华进行助跑与起跳相结合的技术训练时,设计了包括14个小步子的程序训练计划,取得了满意的训练效果(图5-3)。

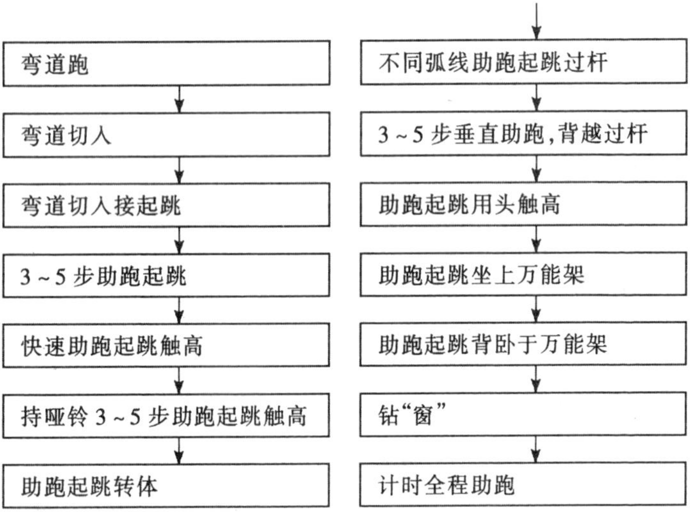

图5-3　男子跳高三次世界纪录创造者朱建华助跑起跳相结合技术训练的程序设计

(编引自胡鸿飞,1984)

第三节　运动训练的具体操作方法

运动训练的基本操作方法主要包括:分解、完整、重复、间歇、持续、变换、循环及比赛等训练法。本节主要对这些方法的各自含义及作用、类型、特点、应用与要求进行阐述,为选用运动训练的基本操作方法提供科学的理论指导。

一、分解训练法

(一)分解训练法释义

分解训练法是指将完整的技术动作或战术配合过程合理地分成若干个环节或部分，然后按环节或部分分别进行训练的方法。运用分解训练法可集中精力完成专门的训练任务,加强主要技术动作和战术配合环节的训练,从而获得更高的训练效益。当技术动作或战术配合过程较为复杂、可予分解,且运用完整训练法又不易使运动员直接掌握的情况下，或者技术动作、战术配合的某些环节需要较为细致地专门训练时，常采用分解训练法。

(二)分解训练法的类型

分解训练法的基本类型主要分为四种，即单纯分解训练法、递进分解训练法、顺进分解训练法和逆进分解训练法(表5－6)。

(三)分解训练法的应用

1. 单纯分解训练法的应用

应用单纯分解训练法,需首先把训练内容分成若干部分,分别学习、掌握各个部分或环节的内容,再综合各部分进行整体学习。这种方法在技术和战术的学习与训练中被广泛采用。分解训练法对练习的顺序并不刻意要求。例如:采用此法进行标枪技术的训练，可将整个标枪技术过程分解成三个部分，即持枪加速跑、最后交叉跑和挥臂投掷。训练进程是：可先训练“持枪加速跑”;掌握后再训练“交叉跑”;掌握后再训练“原地挥臂投掷”;也可先练习“原地挥臂投掷”,再练“持枪加速跑”,再练“交叉跑”。

表 5－6　分解训练法基本类型及其特点

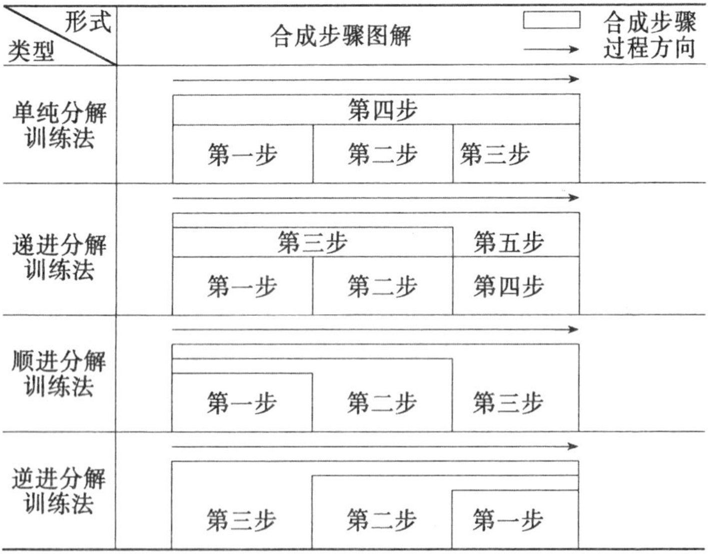

最后把三部分合成起来进行完整训练。再如：采用此法进行排球快球掩护下的平拉开战术的训练，可将整个战术分解成四部分，即接发球、快球掩护、传平拉开球和扣球四部分。不论采用何种训练进程，应先使运动员分别掌握这四部分的技术，再完整地进行快球掩护下的平拉开战术的训练。

单纯分解训练法的应用特点是：分解的技术动作和战术配合相对复杂，分解后的各个部分可以独立训练。练习的顺序不必特别要求，便于教练员安排训练。

2. 递进分解训练法的应用

应用递进分解训练法，需把训练内容分成若干部分，先训练第一部分；掌握后，再训练第二部分；掌握后，将一、二两部分合成起来训练；掌握两部分后，再训练第三部分；掌握后，将三部分合成起来训练。如此递进式地训练，直至完整地掌握技术或战术。

该方法虽然对练习内容各个环节的练习顺序并不刻意要求，但对相邻环节的衔接部分则有专门的要求。例如：采用此法进行标枪训练时，其训练进程是：可先训练“持枪加速跑”；掌握后再进行“交叉跑”的训练；而后，将“持枪加速跑”与“交叉跑”两环节进行合成训练。掌握后再训练“原地挥臂投掷”；掌握后再把三部分合成起来进行完整训练。

3. 顺进分解训练法的应用

应用顺进分解训练法，需把训练内容分成若干部分，先训练第一部分；掌握后，再训练第一部分和第二部分；掌握后，再将三个部分一起训练；如此步步前进，直至完整地掌握技术或战术。例如：采用此法进行标枪训练的训练进程是：先训练“持枪加速跑”；掌握后再训练包括“持枪加速跑”环节及“交叉跑”环节，使其衔接为一体；掌握后再训练“持枪加速跑”“交叉跑”和“挥臂投掷”动作，直至掌握完整的标枪技术。

顺进分解训练法的应用特点是：训练内容的进程与技术动作、战术配合过程的顺序大体一致；后一步骤的练习内容包括前一部分的内容。应用该方法便于建立技术动作过程和战术配合过程的完整概念，形成良好的动力定型和战术意识。

4. 逆进分解训练法的应用

逆进分解训练方法与顺进分解训练方法相反，应用时把训练内容分成若干部分，先训练最后一部分；逐次增加训练内容到最前一部分；如此进行直至掌握完整的技术或战术。例如：采用此法进行标枪技术训练的训练进程是：先训练“原地挥臂投掷”；掌握后再结合“挥臂投掷”训练“交叉步”；掌握后再将“挥臂投掷”“交叉步”与“持枪加速跑”串成一体训练。直至掌握完整的标枪技术。

逆进分解训练法的应用特点是：训练内容的进程与技术动

作、战术配合过程的顺序恰恰相反;多运用于最后一个环节为关键环节的技术和战术的训练,如投掷、扣杀、踢踹等动作。

二、完整训练法

(一)完整训练法释义

完整训练法是指从技术动作或战术配合的开始到结束,不分部分和环节,完整地进行练习的训练方法。运用完整训练法便于运动员完整地掌握技术动作或战术配合;保持技术动作或战术配合的完整结构和各个部分之间的内在联系。

(二)完整训练法的应用

完整训练法可用于单一动作的训练,也可用于多元动作的训练;可用于个人成套动作的训练,也可用于集体配合动作的训练。

用于单一动作的训练时,要注意各个动作环节之间的紧密联系,注意逐步提高训练的负荷强度,提高完整练习的质量。用于多元动作的训练时,在完成好各单个动作的同时,要特别注意掌握多个动作之间的串联和衔接。

用于个人成套动作的训练时,可根据练习的不同目的而有不同的要求。在着重提高动作质量时,可在成套动作中途要求运动员停止练习,指出问题,加深印象,重练改进;在着重发展完成全套动作的参赛能力时,则不拘泥于个别动作细节完成质量的情况,而强调流畅地连续演示全套动作。

用于集体配合战术的训练时,应以一次配合最终的战术效果为训练质量的评价标准,更密切地结合实践要求,灵活地组织完整的战术训练。

三、重复训练法

(一)重复训练法释义

重复训练法是指多次重复同一练习，两次(组)练习之间安排相对充分休息的练习方法。

通过同一动作或同组动作的多次重复，经过不断强化运动条件反射的过程，有利于运动员掌握和巩固技术动作；通过相对稳定的负荷强度的多次刺激，可使机体尽快产生较高的适应性机制，有利于运动员发展和提高身体素质。构成重复训练法的主要因素有：单次(组)练习的负荷量、负荷强度及每两次(组)练习之间的休息时间。休息的方式通常采用静止、肌肉按摩或散步。

(二)重复训练法的类型

依单次练习时间的长短，可将重复训练法分为：短时间重复训练方法、中时间重复训练方法和长时间重复训练方法三种类型(表5－7)。

表5－7　重复训练法基本类型及其特点

类型 要素	短时间重复训练	中时间重复训练	长时间重复训练
负荷时间	<30秒	30秒～2分钟	2～5分钟
负荷强度	最大	次大	较大
间歇时间	相对充分	相对充分	相对充分
间歇方式	走步、按摩	走、坐、按摩	走、坐、卧、按摩
供能形式	磷酸盐代谢系统为主供能	糖酵解为主的混合代谢供能	无氧有氧比例均衡的混合代谢供能

(依胡亦海，1998)

(三)重复训练法的应用

1. 短时间重复训练方法的应用

短时间重复训练方法普遍适用于磷酸盐系统供能条件下的爆发力强、速度快的运动技术和运动素质的训练。例如:田径运动跨栏技术的分段或全程练习，排球运动单个扣球技术动作的练习或传(挡、推、截)球与扣(抽)球技术的组合动作的练习,足球运动单个射门技术动作的练习或接与传、接与投、掷(踢)技术动作组合的练习,拳击运动中各种方式的直拳、勾拳的练习,表现性项群中各种基本技术或高、难技术动作的组合练习等,都可采用该方法进行训练。所有体能主导类速度性、力量性运动项群的技术、素质训练,以及所有技能主导类对抗性和表现性运动项群的高、难、强技术的训练和有关的速度素质和力量素质的发展,都以此为主要训练方法。

短时重复训练法的应用特点是:一次练习的负荷时间短(约在30秒内),负荷强度大,动作速度快,间歇时间充分,单一动作或组合动作的各个环节前后稳定。间歇过程多采用肌肉按摩放松方式,以便能尽快促使机体恢复机能。重复次数和组数相对较少。可有效地提高负荷强度很高的单个技术动作或组合技术动作运用的熟练性、规范性和技巧性;可有效地提高该类运动项目运动员的磷酸盐系统的储能和供能能力；可有效地提高运动员有关肌群的收缩速度和爆发力。

2. 中时间重复训练方法的应用

中时间重复训练方法普遍适用于糖酵解供能条件下的运动技术、战术和素质的训练。如隔网性运动项群中多种技、战术串联技术动作的重复练习或强度适中的单一技术动作的重复练习,同场性运动项群中爆发力较强、速度较快的单个技术动作的练习或由此类技术为主所构成的组合技术动作的重复练习，格斗性运动项群中任何一种连续进行的格斗练习或以该类技术动作为主所构成的组合技术动作的练习，难美性运动项群中成套动作训练等都可采用该方法进行训练。中时间重复训练方法还普遍适用于运动员学习、形成和巩固运动强度较低的运动技术，适用于运动员掌握局部配合的运动战术。同时，该方法同样普遍适用于比赛成绩为30秒~2分钟的体能主导类运动项群的技术和素质的训练。当然，对该类项群的训练，还应辅以短、长时间的重复训练方法。

中时间重复训练法的应用特点是：一次练习的负荷时间应较长，通常为30秒~2分钟；练习时，负荷时间可略长于主项比赛时间或负荷距离可略长于主项比赛距离；负荷强度应较大（负荷心率应在180次/分以上）并与负荷时间呈现负相关性；单一练习动作的各个环节或组合技术的基本结构应前后稳定；能量代谢主要由糖酵解供能系统完成；间歇时间应当充分。间歇方式应采用慢跑深呼吸以及按摩放松方式进行，以便能尽快清除体内乳酸。可有效地提高运动员糖酵解供能系统的储能和供能能力以及糖酵解供能为主条件下的速度耐力和力量耐力、技能主导类运动项目中各种技术衔接与串联的熟练性、规范性、稳定性以及机体的耐乳酸能力。

3. 长时间重复训练方法的应用

长时间重复训练方法主要适用于无氧、有氧混合供能系统条件下的运动技术、战术、素质的训练工作。如技能主导类运动项群多种技、战术的串联练习、连续攻防的对抗练习、组合技术的重复练习以及一次负荷持续时间为2~5分钟的各种运动素质的练习等，都可采用此法训练。该法同样适用于难度不大、负荷不高、技巧性强的单一技术动作的训练或由难度不大的组合技术动作的训练。还适用于体能主导类(2~5分钟)耐力性运动项群的技术、素质的训练。亦可辅以中时间重复训练方法或持续训练法。

长时间重复训练方法的应用特点是：一次练习过程的负荷时间更长，通常在2~5分钟之间；技能主导类项群技术动作的练习种类较多，同时参与技术、战术训练的人数较多，战术攻防过程转换次数较多，训练的实战环境气氛较浓，组织难度增大；负荷时间略长于主项比赛时间或负荷距离略长于主项比赛的距离；负荷强度与负荷时间呈现负相关性；无氧和有氧混合供能性质明显。一次练习完毕后，间歇时间应当十分充分，这样可有效地提高该类运动项目运动员的无氧、有氧混合代谢的能力，无氧、有氧混合代谢供能状态下的速度和力量耐力，以及各种技术应用的熟练性和耐久性。实践中，长时间重复训练方法与间歇训练法、持续训练法和变换训练法的有机结合，可以更好地提高训练效果。

四、间歇训练法

(一)间歇训练法释义

间歇训练法是指对多次练习时的间歇时间作出严格规定，使机体处于不完全恢复状态下，反复进行练习的训练方法。通过严格的间歇训练过程，可使运动员的心脏功能得到明显的增强；通过调节运动负荷的强度，可使机体各机能产生与有关运动项目相匹配的适应性变化；通过不同类型的间歇训练，可使糖酵解代谢供能能力或磷酸盐与糖酵解混合代谢的供能能力或糖酵解与有氧代谢混合供能能力或有氧代谢供能能力得以有效的发展和提高；通过严格控制间歇时间，有利于运动员在激烈对抗和复杂困难的比赛环境中稳定、巩固技术动作；通过较高负荷心率的刺激，可使机体抗乳酸能力得到提高，以确保运动员在保持较高强度的情况下具有持续运动的能力。

(二)间歇训练法的类型

间歇训练法的基本类型主要分为三种，即：高强性间歇训练方法、强化性间歇训练方法和发展性间歇训练方法(表5－8)。

表5－8 间歇训练法基本类型及其特点

类型 要素	高强性间歇训练	强化性间歇训练 A型	强化性间歇训练 B型	发展性间歇训练
负荷时间	<40秒	40～90秒	90～180秒	>5分钟
负荷强度	大	大	较大	中
心率指标	190次	180次	170次	160次左右
间歇时间	很不充分	不充分		不充分
间歇方式	走、轻跑	走、轻跑		走、轻跑
每次心率	120～140次	120～140次		120次
供能形式	糖酵解供能为主的混合代谢供能	糖酵解供能为主的混合代谢供能		有氧代谢为主的混合代谢供能

(依胡亦海，1998)

(三)间歇训练法的应用

1. 高强性间歇训练方法的应用

高强性间歇训练方法是发展糖酵解供能系统的供能能力、磷酸盐与糖酵解供能混合代谢系统的供能能力的一种重要训练方法。该方法不仅适用于体能主导类速度性和耐力性运动项群的素质、技术的训练，同时适用于技能主导类对抗性运动项群中的攻防技术或战术的练习。如隔网性运动项群中网前连续进行的攻防技术练习，同场性运动项群中连续曲线跑动进行的攻防技术练习或连续跑动的“人盯人”防守技术的练习，格斗性运动项群中各种直拳、勾拳的组合练习或抱摔练习以及表现性运动项群中的各种组合练习都可采用该方法进行。自然，技能主导类运动项群为发展糖酵解供能系统的供能能力、磷酸盐与糖酵解供能混合代谢系统的供能能力，也可采用此法进行身体训练。高强性间歇训练方法是体能类速度性和耐力性运动项群的主要训练方法之一。

高强性间歇训练方法的应用特点是：一次练习的负荷时间较短（40 秒之内）；负荷强度大，心率多在每分 190 次左右；间歇时间极不充分，以心率降至 120 次为开始下一次练习的确定依据；练习内容多为单个技术或组合技术；练习的动作结构基本稳定；能量代谢主要启用磷酸盐系统以及糖酵解供能系统。可有效地提高运动员在该两类系统供能条件下的速度耐力和力量耐力以及糖酵解供能状态下技、战术运用的规范性、稳定性和熟练性。

2. 强化性间歇训练方法的应用

强化性间歇训练方法是发展糖酵解供能代谢系统与有氧代谢系统混合供能能力以及心脏功能的一种重要训练方法。该方法适用于一切需要这种混合系统供能能力和良好心脏功能的竞技运动项目的技术、战术及素质的训练工作。该方法的练习动作或是单一结构的动作练习，或是各种负荷强度不同的技术动作的组合练习，或是某种战术形式的组合练习，或是多种战术混合运用的配合练习。如隔网性运动项群中扣球与传接球技术串联的练习，多种网上、网前、底线攻防战术的组合练习等；同场性运动项群中局部攻防战术的配合练习，篮下（门前）禁区的连续攻防战术的练习等；格斗性运动项群中拳击的各种直拳、勾拳练习和摆拳与直拳的组合技术动作练习等都可采用该方法进行。同样，表现性运动项群中的组合练习或成套技术动作的练习也可采用该方法进行。强化性间歇训练方法对于体能主导类速度耐力或力量耐力类运动项群意义十分重大，如800米、1500米跑，200米、400米游泳，500米划船等运动都广泛运用此法进行训练。

强化性间歇训练方法的应用特点：对体能主导类运动项群来讲，一次练习的负荷时间略长于主项比赛时间（约在100～300秒钟），负荷强度通常略低于主项比赛强度的10%～5%，心率控制在每分钟180或170次左右即可，间歇时间以心率降至120次为开始下一次练习的确定依据，动作结构前后稳定。身体素质的训练亦是如此。对于技能类运动项群来讲，技术动作种类较多，动作练习多为组合技术，技术动作的负荷强度较高，负荷性质多为力量耐力性和速度耐力性。负荷时间较长，其中，A型强化性间歇训练有利于提高负荷强度较高的运动技术、战术运用的熟练程度，有利于提高糖酵解供能为主的供能能力以及该供能状态下的力量耐力素质；B型强化性间歇训练有利于提高负荷强度适中的运动技术、战术运用的熟练程度，有利于提高无氧与有氧混合代谢系统的供能能力以及此供能状态下的力量耐力素质。强化性间歇训练方法十分强调严格控制间歇时间，强调启用糖酵解供能系统或以其为主的混合代谢系统供能。每课练习的次数（组数），因人而异。可有效地提高该项群运动员的糖酵解供能系统、混合供能的能力及此种供能状态下运动员有关肌群的速度耐力和力量耐力和技术运用的稳定性，使之与体能同步、协调、高度地发展，以便适应实际比赛的需要。

3. 发展性间歇训练方法的应用

发展性间歇训练方法是发展有氧代谢系统供能能力、有氧代谢下的运动强度以及心脏功能的一种重要训练方法。发展性间歇训练方法适用于需要较高耐力素质的运动项群的训练工作。体能主导类耐力性项群运用此方法最多。在技能主导类运动项群中，该方法通常用于减少人数且比赛时间分解成阶段性的连续攻防训练的过程之中。例如：同场对抗性运动项群中篮球运动的"三对三"攻防转换练习，足球运动中的"三对三"攻防转换练习等都可采用此法训练。格斗对抗性运动项群中的体能训练和"一对二"的轮番格斗训练也可采用此法进行。表现难类性运动项群中的各种低强度的技术动作所编排的组合练习和有氧健身训练也可采用该方法进行练习。技能主导类项群中以发展有氧耐力为目的的身体素质的训练也常用此法进行。

发展性间歇训练方法的应用特点是：一次练习的负荷时间较长，负荷时间至少应在 5 分钟以上，负荷强度控制在平均心率为 160 次/分左右，间歇时间以心率降至 120 次为开始下一次练习的确定依据，一次持续练习的动作种类可以单一，亦可多元，供能以有氧代谢系统为主。在实际训练过程中，为了提高耐力训练水平，教练员通常将发展性、强化性间歇训练方法同持续训练方法结合应用，根据负荷强度的分级标准进行训练。

五、持续训练法

(一)持续训练法释义

持续训练法是指负荷强度较低、负荷时间较长、无间断地连续进行练习的训练方法。练习时，平均心率应在每分钟 130 ~ 170 次之间。持续训练主要用于发展一般耐力素质，并有助于完善负荷强度不高但过程细腻的技术动作，可使机体运动机能在较长时间的负荷刺激下产生稳定的适应，内脏器官产生适应性的变化；可提高有氧代谢系统供能能力以及该供能状态下有氧运动的强度；可为进一步提高无氧代谢能力及无氧工作强度奠定坚实的基础。

(二)持续训练法的类型

根据训练时持续时间的长短，持续训练法可分三种基本类型，即短时间持续训练方法、中时间持续训练方法和长时间持续训练方法(表5－9)。

表5－9　持续训练法基本类型及其特点

基本类型	短时间持续训练	中时间持续训练	长时间持续训练
负荷时间	5～10分钟	10～30分钟	>30分钟
心率强度	170次左右	160次左右	150次左右
间歇时间	没有	没有	没有
动作结构	基本稳定	基本稳定	基本稳定
有氧强度	最大	最大	次大
供能形式	无氧、有氧代谢系统混合供能	有氧代谢供能为主	有氧代谢供能

(依胡亦海，1998)

(三)持续训练法的应用

1. 短时间持续训练方法的应用

短时间持续训练方法广泛应用于体能主导类项目的运动素质训练之中，也适用于技能主导类运动项群中动作强度较高的素质、技术和战术的训练工作。例如：隔网性运动项群中传球、防守等组合技术的练习;同场性运动项群中接球、运球、传球、投篮(射门)等组合技术的攻防战术练习,某种"人盯人"的战术打法练习以及各种跑动、接球、投篮(射门)等组合技术的攻防战术练习等都可采用此法训练。

短时间持续训练方法的应用特点是:一次持续练习的负荷时间相对较短(约为5~10分钟),负荷强度相对较高,平均心率负荷指标控制在每分钟170次左右;练习动作可以单一亦可多元;练习动作的组合可以固定亦可变异;练习过程不中断。可有效地提高该类运动项目运动员的无氧、有氧代谢系统混合供能的能力和该供能状态下的运动强度,该供能状态下所表现出来的速度耐力和力量耐力,激烈对抗的持久性、攻防技术运用的转换性、负荷强度变换的节奏性、各种攻防技术运用的衔接性、某项技术战术应用的熟练性和疲劳状态下技术效果的稳定性,以及有氧、无氧代谢下的供能能力和运动强度。

2. 中时间持续训练方法的应用

中时间持续训练方法普遍适用于技能主导类运动项群各个项目中多种技术的串联、攻防技术的局部对抗、整体配合战术或技术编排成套的技术或战术训练,以及体能主导类耐力性运动项群训练。实践中,中时间持续训练方法具有两种典型的练习形式,即匀速持续训练和变速持续训练。其中,匀速持续训练是一种典型的以发展有氧代谢系统供能能力为目的的训练方法。该方法的负荷强度与负荷时间,因具体运动项目的比赛距离不同而有所差异。其特点是运动强度相对较低,负荷强度变化较小,运动速度相对均匀,运动过程不中断,练习动作相对稳定,负荷强度一般在心率每分钟160次左右,人体能量消耗较小。变速持续训练是一种强制性的以发展有氧与无氧代谢系统混合供能能力为目的的训练方法。该方法运动强度相对较高，负荷强度变化较大，运动速度变化较多，运动过程不中断，负荷强度一般在心率每分钟 170 ~ 150 次之间，人体能量消耗相对较大。

中时间持续训练方法的应用特点是：技术动作可以单一亦可多元，平均强度不大，负荷时间相对更长，以有氧代谢系统供能为主。一组练习的持续负荷时间至少应为 10 分钟以上。负荷强度心率指标平均为每分 160 次左右。体能主导类项群广泛用于发展耐力素质。在技能主导类运动项群中采用此方法时，练习的基本技术应当娴熟，组合技、战术的训练应有明确的战术意图，技术动作的负荷强度搭配应当合理，并确保训练过程不中断。此种方法可有效地提高运动员以有氧代谢系统供能为主的代谢能力和该供能状态下的运动强度，可有效地提高该供能状态下所表现出来的专项耐力，有效地提高技术应用的稳定性和抵御疲劳的耐久性。

3. 长时间持续训练方法的应用

长时间持续训练方法对于体能主导类耐力性运动项群具有直接训练的价值。实践中，长时间持续训练方法具有三种典型的变化形式，即匀速持续训练、变速持续训练和法特莱克训练。其中，长时间持续训练方法中的匀速持续训练、变速持续训练形式与中时间持续训练方法的主要不同之处是：负荷强度相对更低，负荷时间相对更长，训练场所变更较多。20 世纪 30 年代源于北欧山林中的法特莱克训练是一种以发展有氧代谢系统为主、适当发展有氧与无氧代谢系统混合供能能力为己任的耐力训练方法。该方法的应用特点是：训练环境不稳定，运动路线不固定。负荷时间较长，运动速度的快、慢变化不具有明显的节奏性，但具有明显的随意性；运动过程始终不断，练习过程的负荷强度呈现高、低交错，心率指标为每分钟 160 ~ 130 次之间。心理感受相对轻松。

长时间持续训练方法在技能主导类运动项群中的应用领域相对不广，这主要是因为长时间持续训练方法的应用目的是发展一般耐力，过分地采用长时间持续训练法进行训练，不仅无助于技能类运动项群运动成绩的提高，甚至有可能引起机能的不良迁移或阻碍主要专项运动素质的发展。因此，只作为技能主导类运动项群中一项辅助性的练习。

六、变换训练法

（一）变换训练法释义

变换训练法是指变换运动负荷、练习内容、练习形式以及条件，以提高运动员积极性、趣味性、适应性及应变能力的训练方法。变换训练法是根据实际比赛过程的复杂性、对抗程度的激烈性、运动技术的变异性、运动战术的变化性、运动能力的多样性以及中枢神经系统的灵活性等一般特性而提出的。通过变换运动负荷，可使机体产生与有关运动项目相匹配的适应性变化，从而提高承受专项比赛时不同运动负荷的能力。通过变换练习内容，可使运动员不同运动素质、运动技术和运动战术得到系统的训练和协调的发展，从而使之具有更接近实际比赛需要的多种运动能力和实际应用的应变能力。

（二）变换训练法的类型

依变换的内容可将变换训练法分为三种，即负荷变换训练方法、内容变换训练方法和形式变换训练方法（表 5 – 10）。

表 5-10　变换训练法基本类型及其特点

类型 要素	负荷变换训练	内容变换训练	形式变换训练
负荷强度	变化最大	可变或不变	可变可不变
动作结构	相对固定	变换	固定或变换
供能形式	可在多种代谢形式之间变换	以某种代谢形式供能为主	以某种代谢形式供能为主

（依胡亦海，1998）

（三）变换训练法的实践应用

1. 负荷变换训练方法的应用

负荷变换训练方法是一种功能独特的重要训练方法，不仅适用于身体训练，也适用于技、战术训练。实践中，负荷的变换主要体现在负荷强度或负荷量的变换上。由于负荷强度与负荷量的变化具有四种不同搭配形式，因此，负荷变换的训练方式是多种多样的。一般认为有：

（1）负荷强度与负荷量均保持恒定的搭配形式。可使机体某一机能或素质产生适应，或者是使某项运动技术形成稳定的动力定型。

（2）负荷强度恒定、负荷量变化的搭配形式。可通过量的提高，发展机体某一运动机能或运动素质耐力水平，或者通过量的减少，促使机体恢复。

（3）负荷强度变化、负荷量恒定的搭配形式。可通过提高强度，发展机体某一运动机能或运动素质工作强度，或通过降低强度，促使机体恢复，或学习、掌握某种高难技术。

(4)负荷强度与负荷量均有变化的搭配形式。可通过提高负荷强度、减少负荷量，发展机体某一机能或素质的工作强度或技术动作的难度和强度，或者通过降低负荷强度、提高负荷量，发展某一运动机能或素质水平，或者巩固基本技术。

负荷变换训练方法的应用特点是：降低负荷强度，可利于学习和掌握运动技术。提高负荷强度及密度，可使机体适应比赛的需要。另外，该方法可通过变换练习动作的负荷强度、练习次数、练习时间、练习质量、间歇时间、间歇方式及练习组数等变量方式，促使运动素质、能量代谢系统的发展与提高，能够满足专项运动的需要。可有效地促使机体适应实际比赛运动强度的变化特点，使运动员机体产生与实际比赛相符的生理适应；可有效地缩短学习、掌握、巩固运动技术的过程。

2. 内容变换训练方法的应用

内容变换训练方法是技能主导类运动项群中广泛应用的一种重要训练方法。一般认为，内容变换训练方法适用于技能主导类对抗性运动项群中各种技术串联的练习，或者某种单个基本技术的各种变化练习，或者基本技术组合的变换练习，或者某种战术打法中几种方案的变换练习，或者多种战术混合运用的变换练习等。该方法也适用于难美性运动项目的技术动作的组合练习。而对机能主导类运动项群，内容变换训练方法较多应用于身体训练。

内容变换训练方法的应用特点是：练习内容的动作结构可为变异组合，亦可为固定组合，练习的负荷性质符合专项特点，练习内容的变换顺序符合比赛的规律，练习动作的用力程度符合专项的要求。可使训练内容的变换节奏适应专项运动技术和战术变化的基本规律；使训练内容的变化种类适合运动技术、战术应用的要求；使练习内容之间的变换符合实际比赛变化的需要，进而提高运动员比赛的应变能力。

3. 形式变换训练方法的应用

形式变换训练方法的运用主要反映在场地、线路、落点和方位等条件或环境的变换上。例如：隔网类运动项群中的发球练习，在负荷、动作大体一致的情况下，可以发出各种不同直线、斜线、前排、后排的球；同场类运动项群中侧身带球技术的运用，在交叉换位的战术配合时，可以形成“掩护”或“反掩护”的不同战术形式。又例如：训练场所的变换，在时空感觉方面往往促使技能主导类运动项群的运动员对不同空间及环境的比赛场地产生适应。因此，形式变换训练方法在竞技运动的训练过程中具有广泛的应用价值。

形式变换训练方法的应用特点是：通过变换训练环境、变换训练气氛、变换训练路径、变换训练时间和变换练习形式进行训练。通过变换训练形式，使各种技术更好地串联和衔接起来；对运动员产生新的刺激，激发起较高的训练情绪，进而促使神经系统处于良好的准备状态；促使运动员产生强烈的表现欲望，提高训练质量。

七、循环训练法

（一）循环训练法释义

循环训练法是指根据训练的具体任务，将练习手段设置为若干个练习站，运动员按照既定顺序和路线，依次完成每站练习任务的训练方法。运用循环训练法可有效地激发训练情绪、累积负荷“痕迹”、交替刺激不同体位。循环训练法的结构因素有：每站的练习内容、每站的运动负荷、练习站的安排顺序、练习站之间的间歇、每遍循环之间的间歇、练习的站数与循环练习的组数。运用循环训练法可以有效地提高不同层次和水平的运动员的训练情绪和积极性；可以合理地增大运动训练过程的练习密度；可以随时根据具体情况因人制宜地加以调整，做到区别对待；可以防止局部负担过重，延缓疲劳的产生，并有利于全面身体训练。实践中，循环训练法中所说的“站”是练习点，如果一个循环内的站数中，有若干个练习点是以一种无间歇方式衔接，那么这几个练习点的集合可称之为练习“段”。因此，考虑循环练习的顺序时，有时应以练习“站”为单位，有时则应以练习“段”为单位。

（二）循环训练法的类型

依各组练习之间间歇的负荷特征，可把循环训练法的基本类型主要分为三种，即循环重复训练、循环间歇训练和循环持续训练方法（表 5－11）。

表 5－11　循环训练法基本类型及其特点

类型 要素	循环重复训练	循环间歇训练	循环持续训练
循环过程	间歇且充分	间歇不充分	基本无间歇
负荷强度	最大	次大	较小
负荷性质	速度、爆发力	速度耐力、力量耐力	耐力
供能形式	以磷酸原代谢系统供能为主	以糖酵解代谢系统供能为主	以有氧代谢系统供能为主

（依胡亦海，1998）

三种循环训练法的组织形式共有三类：即流水式、轮换式和分配式。其中，流水式循环训练的作法是：建立若干练习站（点）后，运动员按一定的顺序，一站接一站地周而复始地进行单个练习。可以有效地全面发展多种运动能力，并可使机体各个部位以及内脏器官得到训练。轮换式循环训练的作法是：将运动员分成若干组，各组运动员在同一时间内在各自的练习站中练习，然后，按规定要求，依次轮换练习站。可以有效地集中发展某一运动机能和机体的某一部位，使身体局部产生深刻反应。分配式循环训练的作法是：设立较多的练习站，然后，根据运动员具体情况指定每名运动员在特定的若干练习站内训练。

（三）循环训练法的应用

1. 循环重复训练方法的应用

循环重复训练方法是指按照重复训练法的要求，对各站之间和各组循环之间的间歇时间不做特殊规定，以使机体得以基本恢复，可全力进行每站或每组循环练习的方法。该法既可用于技术训练，也可用于素质训练，是竞技运动常用的训练方法之一。例如：排球运动训练中，可将扣球、拦网及防守技术等作为练习站实施循环重复训练。或者将4号位强攻技术、3号位快攻技术、2号位背飞技术，以及2号位拦网技术、3号位拦网技术、4号位拦网技术设定为六个练习站，并两两组成练习“段”，反复实施循环重复训练。再例如：在篮球运动训练中，可将跑动接球、运球过人、急停跳投和冲抢补篮等作为练习站实施循环重复训练。或者将各个练习站两两结合并成几个有机相连的练习“段”，实施循环训练。

循环重复训练方法的应用特点是：可将各种练习设置为若干个练习站，练习动作应熟练规范，练习顺序符合比赛的特点，间歇时间较为充分。持续两组练习后进行一次长间歇。该方法的应用目的是：提高高强度技术动作的规范性和熟练性；提高攻防过程中的对抗性；并将技术动作和运动素质与代谢系统的训练融为一体，使之共同提高；提高该类运动项目运动员的磷酸盐系统的储能和供能能力；提高该类运动项目运动员有关肌群的收缩速度和爆发力。

2. 循环间歇训练法的应用

循环间歇训练法是指按照间歇训练法的要求，对各站和各组之间的间歇时间作出特殊规定，以使机体处于不完全恢复的状态下进行练习的方法。该法常用于发展运动员体能，亦用于协调发展技术、战术和素质之间的有机联系。

循环间歇训练方法的应用特点是：将各种练习设置为若干个练习站，各练习站的负荷时间至少30秒以上，站与站之间的间歇较不充分。循环组间的间歇可以充分，亦可不充分。该方式的应用目的是：有效地提高该类项目运动员糖酵解系统及其与有氧代谢系统混合供能的能力；有效地提高该供能状态下的速度耐力及力量耐力(图5-4)。

3. 循环持续训练方法的应用

循环持续训练的方法是指按照持续训练法的要求，各站和各组之间不安排间歇时间，用较长时间进行连续练习的方法。该法在竞技运动训练中的应用极其广泛。如将隔网对抗性运动项目中的扣球(杀、吊)、拦(截)、传(挡、推、防)等技术练习设定成练习站并编排成组合技术(练习段)，进行5~10分钟的较高强度的多球循环持续训练；将同场对抗性运动项目中的运球、传球、接球、投篮(射门)或跑动、接球、投篮(射门)或跑动、策应、传球、投篮(射门)等练习内容设定为练习站并编排成组合技术(练习段)，进行5~10分钟的较高强度的循环持续训练，或在联合训练器上进行持续循环训练，都是循环持续训练方法的具体应用。

循环持续训练方法的应用特点是：各练习站有机联系，各个练习的平均负荷强度相对较低，各组循环内各站之间无明显中

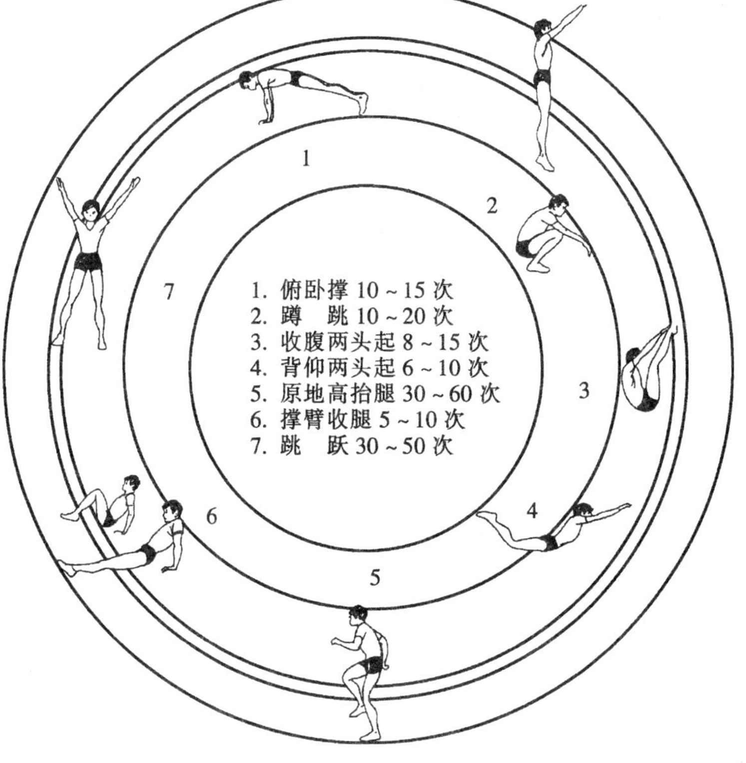

图 5-4　全身不同肌群力量耐力循环练习

(引自田麦久《论运动训练计划》,1997)

断,一次循环的持续负荷时间至少应在 8 分钟以上,甚至更长。负荷强度高低交替搭配进行。循环之间的间歇时间可有也可无,循环组数相对较多。上下肢练习、前后部练习顺序的配置或集中安排或交替进行。组织方式可采用流水式或轮换式。运用此方法可提高运动员持久的对抗能力、运动技术的稳定能力以及技术之间的衔接能力;可提高运动员攻防技术的转换能力、疲劳状态下连续作战的能力以及有氧工作强度；可提高有氧代谢系统供能的能力、有氧工作强度以及有氧代谢供能状态下的力量耐力。

八、比赛训练法

（一）比赛训练法释义

比赛训练法是指在近似、模拟或真实、严格的比赛条件下，按比赛的规则和方式进行训练的方法。比赛训练法是根据人类先天的竞争和表现意识、竞技能力形成过程的基本规律和适应原理、现代竞技运动的比赛规则等因素而提出的一种训练法。运用比赛训练法有助于运动员全面并综合地提高专项比赛所需要的体、技、战、心、智各种竞技能力。

（二）比赛训练法的类型

依比赛的性质可将比赛训练法分为四种，即教学性比赛方法、模拟性比赛方法、检查性比赛方法和适应性比赛方法（表5－12）。

表5－12　比赛训练法基本类型及其特点

基本类型	教学性比赛	检查性比赛	模拟性比赛	适应性比赛
比赛规则	正式规则或自定规则	正式规则或自定规则	正式规则	正式规则
比赛环境	相对封闭	封闭或开放	封闭或开放	开放
比赛过程	可人为中断	不可中断	不可中断	不可中断
比赛对手	队友或对手	对手	队友或对手	对手
比赛裁判	临时指定	正式指定	临时或正式指定	正式指定

（依胡亦海，1998）

（三）比赛训练法的应用

1. 教学性比赛训练方法的应用

教学性比赛方法是指在训练条件下，根据教学的规律或原理、专项比赛的基本规则或部分规则，进行专项练习的训练方法。例如，运动队内部队员之间的对抗性教学比赛，不同运动队运动员之间的邀请性教学比赛，不同训练程度运动员之间的让先性教学比赛，部分基本技术、战术的对抗性教学比赛等，都可视为是教学性比赛训练方法的应用。

教学性比赛方法的应用特点是：可采用部分比赛规则进行局部配合的训练；比赛环境相对封闭，便于集中精力训练；比赛过程可以人为中断以便指导训练；运动员的心理压力小，利于正常发挥技术水平；可激发运动员的训练激情、提高运动负荷强度；系统提高运动技术衔接和串联的熟练程度；强化局部或整体配合的密切程度；协调发展不同训练程度运动员的竞技能力；激励运动员产生强烈的竞争意识，从而更好地挖掘运动员的潜力。

2. 检查性比赛训练方法的应用

检查性比赛方法是指在模拟或真实的比赛条件下，严格按照比赛规则，对赛前训练过程的训练质量进行检验的训练方法。检查性比赛训练方法适用的范围很广，包括专项运动成绩、主要影响因素、运动负荷能力、运动技术质量及训练水平检查性比赛等。由于检查性比赛是在比赛或类似比赛的条件下进行训练质量的检查，因此较易发现问题。所以，有经验的教练员经常采用此法训练。

检查性比赛方法的应用特点是：可采用正式比赛规则的全部或部分进行比赛；比赛环境可以封闭或开放；运动员的心理压

力较大；可以设置检查设备进行赛况监控。检查性比赛方法主要应用于检验运动训练的质量，寻找薄弱环节，分析失利因素，提出解决问题方案，提供改进训练工作的反馈信息。

3. 模拟性比赛训练方法的应用

模拟性比赛方法指在训练的条件下，模拟真实比赛的环境和对手，并严格按照比赛规则进行比赛的训练方法。模拟性比赛训练方法在技能主导类对抗性运动项群中被经常采用。如技术动作的模拟比赛、运动战术的模拟比赛和比赛环境的模拟比赛等，从实战出发，有针对性地培养运动员的实战能力。运用模拟比赛训练方法时，模拟比赛环境中的不良因素对于提高运动员的竞技能力是至关重要的。因为比赛环境中的不良因素，诸如比赛噪音、观众起哄、裁判偏袒、对手干扰、组织紊乱、赛程变更、气候变化等等，都可能明显地破坏运动员的比赛情绪，影响运动水平的正常发挥。因此，有意识地在训练过程中采用此法，可以有效地提高运动员排除不良因素干扰的能力。从而有利于运动员逐步形成心定、心静、心细的竞技心理，为重大比赛中运动技术的正常发挥奠定心理基础。另外，应当特别注意认真培养或挑选"模拟对手"，以便针对性地提高运动员面对不同对手的实战能力。我国女子对抗性运动项群各个运动项目迅速发展的一个重要原因，就是通过借助运动水平较高的男子"模拟对手"的帮助，使女子运动员提高了比赛强度，获得了实战经验，为在重大比赛中取得优异运动成绩奠定基础。

模拟性比赛方法的应用特点是：比赛环境类似真实比赛环境，按照比赛规则严格进行，模拟对手类似比赛对手。通过模拟性比赛可提高运动员科学训练的目的性；增强运动员对心理压力的承受性；检验教练员训练指导思想的正确性；加强训练的实战性和针对性；提高对真实比赛状况的预见性。

4. 适应性比赛训练方法的应用

适应性比赛训练方法是指在真实比赛条件下，力求尽快适应重大比赛环境的训练方法。适应性比赛训练方法与模拟性比赛训练方法的不同在于，前者在正式比赛的环境下进行，后者则在人为模拟比赛环境下进行。适应性比赛训练方法的应用形式较多，如重大比赛前的系列邀请赛、访问赛、对抗赛以及表演赛等都是适应性比赛训练方法的运用形式。在适应性比赛前应有一套完整的赛前准备、赛中实施及赛间调整的方案。一般地说，赛前准备方案应当促使运动员能够产生并形成与重大比赛相适应的心态；赛中实施方案应当促使运动员能够预见并防范赛中不良因素干扰的心态；赛间调整方案应当促使运动员能够善于调整不良情绪和稳定已有的良好心态。从而，使运动员通过适应性比赛过程，培养出完整的良好比赛素质。

适应性比赛方法的应用特点是：在重大比赛之前，在真实的比赛环境下，按照比赛的规则，与真实的对手或类似真实的对手进行比赛。以尽快促进各个竞技能力因素实现高质量匹配，促使运动员产生旺盛的竞争欲望，发现影响重大赛事成绩的关键问题，形成与重大比赛相适应的最佳竞技状态。

第四节 运动训练的常用手段

运动训练的常用手段是多种多样的。本节意在以动作结构特点为依据，对其所属各个类型练习手段的含义、作用、类型、典例进行讨论，从而为设计与选用运动训练中的练习手段提供科学的思想方法。

一、周期性单一练习手段

(一)周期性单一练习手段释义

周期性单一练习手段是指周期性重复进行单一结构动作的身体练习。由于该类练习动作相对简单、动作环节相对较少,因此,较易使练习者学习、掌握并强化主要环节的训练。由于该类练习的动作方式较易设计,因此,可以作为体能主导类速度性、耐力性运动项群的主要练习手段和其他项群的基本练习手段。

周期性单一练习手段可分为全身周期性和局部周期性练习。全身周期性练习是指全身各部位处于周期性运动状态特点的练习;局部周期性练习是指身体某部位处于周期性运动状态特点的练习。

(二)周期性单一练习手段举例

1. 全身周期性练习

(1)各种快跑练习:不同距离或时间的跑的练习。步法可为向前跑、垫步跑、交叉步跑、后蹬步跑及并步跑等。要求:在动作正确情况下,强调步法动作的规范性,提高速度素质和动作的节奏。

(2)跳推杠铃练习:立姿,两脚自然站立,与肩同宽。两手翻握轻重量杠铃放置胸前。全身用力时,两脚交叉步或并步跳起,同时,两手上推杠铃到头顶至两臂伸直。连续练习若干次,练习若干组。要求:在动作正确情况下,重点发展无氧供能条件下的力量耐力和协调性素质。

(3)拉测功仪练习:坐在测功仪上,按划船动作,做全身性拉桨练习。练习时上下肢配合,全力做6~10分钟,做若干组。要求：在动作正确情况下，重点发展无氧与有氧混合供能条件下的速度耐力和力量耐力。

2. 局部周期性练习

(1)快速挥臂练习：原地站立，头上方悬吊重沙袋，做扣排球动作，连续挥臂拍击沙袋若干次，练习若干组。要求：在动作正确情况下，强调挥臂和鞭打速度。

(2)卧推杠铃练习：仰卧卧推凳上，两手与肩同宽握杠，由胸前上推杠铃至两臂伸直，连续上推若干次，练习若干组。要求：在动作正确情况下，强调提高胸、臂部位肌群的最大力量与速度力量。

(3)拉橡皮带练习：立式上身前俯或俯卧式，两手由前方向后体侧拉橡皮带，反复多次做3～10分钟，练习若干组。要求：在动作正确情况下，提高胸、臂部位的力量耐力。

二、混合性多元练习手段

(一)混合性多元练习手段释义

混合性多元练习手段是指将几种单一结构的动作混合进行的身体练习。由于该类练习动作相对复杂、动作环节相对较多，因此，有利于形成复杂动作的神经联系、提高技能的储备量，有利于学习、掌握较为复杂的技术动作；由于该类练习动作以非周期的方式表现于练习的整个过程，因此，有利于提高运动的协调性素质和时空感知能力，进而有利于提高运动员的整个运动能力。由于该类练习动作的环节较多，因此较易掌握不同环节的动作方法；由于该类练习动作特点与体能主导类力量性、技能主导类对抗性项群技术动作的特点类似，因此，该类练习手段可以作为这些项群的主要练习手段。

混合性多元练习手段亦可分为全身混合性和局部混合性练习两种类型。

(二)混合性练习手段举例

1. 全身混合性练习

(1)跑动跨跳练习:中速跑,每跑3步跨步跳1次,连续跨跳10次。如固定距离可计时进行。每组练习3~5次,练习2~3组。要求:摆动腿尽量向前摆出,速度始终如一。跨步的幅度要大,以提高爆发力素质。

(2)助跑掷枪练习法:按完整掷标枪动作练习。要求:助跑快速,变步清晰,制动有力,挥臂快速,出手利索。

(3)助跑扣球练习:按排球助跑扣球完整动作的方法进行实际扣球练习。每组练习5~8次,练习3~5组。要求:助跑节奏清晰,起跳快速有力,跃起滞空时间较长,扣球挥臂迅速,落地缓冲轻松。

2. 局部混合性练习

(1)助跑起跳练习:助跑10米起跳跳远练习;5、7、9步助跑单、双脚起跳手摸高练习;持竿助跑30米接插穴起跳练习等。要求:助跑与起跳环节衔接连贯,转换速度快。

(2)助跑掷球练习:手持轻实心球,加速跑6~10米后侧交叉步跑3~5步,按掷标抢动作将球掷出。要求:助跑过程节奏清晰,出手速度快。

(3)摆浪收腹练习:撑竿跳高动作的辅助练习之一。助跑起跳后,双手握在吊绳上,身体悬垂并随吊绳摆动之势屈腿或直腿收腹起。要求:摆浪收腹动作协调。

三、固定组合练习手段

(一)固定组合练习手段释义

固定组合练习手段是将多种练习手段依固定形式组合的身体练习。运用该练习较易学习、掌握、巩固和应用成套的固定组合的练习动作,使练习动作娴熟化;较易获得与技术动作相匹配的运动机能和运动节奏,进而有利于提高运动能力;较易形成复杂动作的暂时性神经联系、提高技能的储备量和学习、掌握较为复杂的技术动作;较易获得运动的协调性素质和时空感知能力。由于该类练习动作特点与技能主导类表现性项群技术动作的特点类似,因此,该类练习手段是上述项群的主要练习手段。

(二)固定组合练习手段举例

1. 有氧健身操练习:按预先编排动作,进行包括各种跳跃、滚翻及换步跑动动作在内的成套动作的组合动作进行练习。要求:在动作正确情况下,持续练习 10 分钟以上,并达到提高有氧代谢能力的目的。

2. 各种自选拳练习:根据武术规则,将各种拳法、腿法及身法动作编排为成套的自选拳组合动作进行练习。要求:在动作正确情况下,按规定时间和技法完成练习,并达到提高无氧代谢能力的目的。

3. 各种协调性练习:将各种脚步动作、跳跃动作和滚翻动作有机地编排成为各种成套的组合动作进行练习。要求:注意提高各个基本动作之间的衔接能力和动作的协调性。

4. 彩带操螺形基本技术练习:将不同方向、不同部位的水平螺形与垂直螺形变换的组合练习。要求:手臂伸直,手腕转动规范。

四、变异组合练习手段

(一)变异组合练习手段释义

变异组合练习手段是指多元动作结构下，将多种练习手段依变异形式组合进行的身体练习。通过各种变异组合的练习，可以有效地提高运动过程的应变能力；可以提高对复杂状态的预见能力；可以提高各种运动战术的应用能力；可以提高与运动技术、运动战术相匹配的运动机能能力；可以提高对信号刺激的复杂反应能力，提高技能的储备量和掌握较为复杂的技术动作；可以有效提高运动的灵敏性素质和时空感知能力；由于该类练习动作特点与技能主导类对抗性项群技、战术动作的特点类似，因此，该类练习手段是上述项群的主要练习手段。

变异组合练习手段主要包括完整变异组合和部分变异组合练习两种类型。

(二)变异组合练习手段典例

1. 完整变异组合练习

(1)各种格斗性对抗练习：摔跤、散手、拳击等格斗性项目的半场或全场实战练习。要求：攻防格斗动作快、脚步移动变换快、个人战术变换快。

(2)各种同场性对抗练习：篮球、足球、手球等同场性项目的半场或全场实战练习。要求：攻防配合形式多、基本技术动作好、集体战术选择正确、个人战术应变快。

(3)各种隔网性对抗练习：排球、网球、羽毛球等隔网性项目的半场或全场实战练习。要求：攻防配合密切、基本技术扎实、战术选择正确、战术应变迅速。

2. 局部变异组合练习

(1) 进攻战术配合练习：在设置防守对手的情况下，专门进行少人或多人的某几种进攻战术配合应用的练习。要求：在恰当的进攻时机，选择适宜的进攻战术形式，并能合理地形成战术配合。

(2) 防守战术配合练习：在设置进攻对手的情况下，专门进行少人或多人的某几种防守战术配合应用的练习。要求：在对手进攻方式的变换下，能及时选择适宜的防守形式并能合理地形成防守战术配合。

第六章 运动员体能及其训练

董国珍

第一节 运动员体能训练概述

一、体能训练释义

(一)运动员体能及其构成

运动员体能指运动员机体的基本运动能力，是运动员竞技能力的重要构成部分。

运动员体能发展水平是由其身体形态、身体机能及运动素质的发展状况所决定的。身体形态是指机体内外部的形状。身体机能是指机体各器官系统的功能。运动素质是指机体在活动时所表现出来的各种基本运动能力，通常包括力量、耐力、速度、柔韧和灵敏等。

构成体能的身体形态、机能、素质三个因素都有各自相对独立的作用，又有着密切联系，彼此制约、相互影响，其中每一个因素的水平，都会影响着体能整体的水平。三个构成因素之中，运动素质是体能的外在表现，所以，在运动训练中多以发展各种运动素质为身体训练的基本内容。

(二)体能训练的重要意义

体能训练是运动训练的重要内容。不同项目的运动员,在运动训练过程中,都力求运用各种有效的训练手段和方法,改造运动员的身体形态,提高有机体的机能水平,增进健康和发展运动素质。体能训练与技术训练、战术训练、心理训练和智能训练有着密切的联系:

——良好的体能训练是技、战术训练和提高运动成绩的基础;

——良好的体能训练是运动员承受大负荷训练和高强度比赛的基础;

——良好的体能训练是运动员在训练和比赛中保持稳定、良好的心理状态的基础;

——良好的体能训练有助于预防伤病,延长运动寿命。

体能训练分为一般体能训练和专项体能训练,一般体能训练是专项体能训练的基础。

进行一般体能训练时,采用多种多样的非专项的身体练习,改造运动员身体形态、增进身体健康、提高身体机能和全面发展运动素质。

进行专项体能训练时,则根据专项的需要采用与专项有密切联系的专门性的身体练习,发展和改善与专项运动成绩有直接关系的专项运动素质和专项所必需的身体形态、机能。

二、体能训练的基本要求

(一)合理地安排一般体能训练和专项体能训练。安排一般体能训练可全面地发展运动员的力量、耐力、速度、灵敏和柔韧等运动素质,提高运动员各个器官系统的机能,并使运动员身体各个部位得到均衡的发展。一般体能训练,可为提高专项运动所需要的身体能力打下基础。

安排一般体能训练，并不意味着在运动训练过程中使身体各部位、各器官系统和各运动素质绝对均衡地得到发展与提高，相反,正确的做法是应根据专项运动的需要和个人的具体情况，安排要有主有次、以主带次。

在合理安排一般体能训练的同时还必须合理地安排专项体能的训练,任何专项对身体都有着特殊的要求,一般体能训练并不能代替专项体能训练。

(二)体能训练应与技术、战术、心理和智能训练有机结合，选择体能训练手段应力求与专项技术动作形式和生物力学特征相近似。

(三)体能训练在整个训练中所占的比重，以及一般体能训练和专项体能训练的比例的确定,要因时、因项、因人而异。

(四)体能训练的主要内容是运动素质训练。各种运动素质在人生的不同发育阶段发展的程度不同，训练的可塑性也不一样,训练中应根据各运动素质训练的可能性,抓住有利时机,使该素质在适时的年龄阶段得到相应的发展，在敏感期得到较大的提高。

(五)在体能训练中运动员常常会感到非常疲劳,有些体能训练的手段又比较单调枯燥,因此,在训练中应加强对运动员的思想政治教育,提高他们对身体训练重要意义的认识,培养他们具有吃苦耐劳的意志品质。教练员也应采用有效的训练手段和方法,培养运动员对训练的兴趣,使运动员减少对训练的枯燥感和无味感。

第二节 身体形态及其训练

一、身体形态释义

(一)身体形态及其结构

身体形态是指人体外部与内部的形状特征。反映外部形态特征的指标有:高度(身高、坐高、足弓高等),长度(腿长、臂长、手长、头长、颈长、足长),围度(胸围、臂围、腿围、腰围、臀围等),宽度(肩宽、髋宽)和充实度(体重、皮质厚度等)等。

反映内部形态的指标有:心脏纵横径、肌肉的形状与横断面等。

(二)身体形态在运动员体能中的重要意义

身体形态在运动员体能中的重要意义在于:

1. 一定的身体形态在一定程度上反映着相应的生长发育水平、机能水平和竞技能力水平。

2. 不同项目对身体形态的要求是不同的。

3. 不同的身体形态在一定程度上影响着运动素质的发展。

二、不同项群运动员的形态特征

(一)体能主导类速度性项群

此项群在身体形态上表现出共同的特征是:体型匀称、身体健壮、肌肉丰满、膝踝关节围度较小、骨盆宽度适中、臀部肌肉向上紧缩、足弓明显、跟腱细长且清晰。

(二)体能主导类耐力性项群

此项群运动员身体形态的特点是：体重较轻、脂肪较少、身高中等、腿较长。

(三)体能主导类力量性项群

此项群的跳跃、投掷、举重等项目运动员在身体形态上的表现各有不同。跳跃项目要求运动员身材修长、下肢占身高的比例大、小腿相对较长、踝围相对较小、跟腱较长。投掷项目运动员的身材表现出大型化的趋势，指间距一般可超过身高 5～15 厘米，肌肉发达，世界优秀男子铅球运动员的克托莱指数(体重/身高×1000)在 610～640 之间，铁饼运动员略低一些，标枪运动员更低；对运动员的肩带和躯干肌群要求很高，躯干呈桶型；手长也是投掷运动员的重要特征。举重运动员的体型特征是身材较矮、四肢发达有力、肩宽、手指长等。

(四)技能主导类表现难美性项群

此项群运动员体型特征是：身体匀称、五官端正、女子颈部略长、锁骨和肩胛骨较平、四肢稍长、手臂较直、小腿长于大腿、膝关节平直、踝关节略细、跟腱细长清晰、手脚大、骨盆狭窄、臀部肌肉向上紧缩、肌肉呈条型。

(五)技能主导类表现准确性项群

此项群对运动员体型要求为：身体正常而匀称，中胚型居多。射击和射箭运动员在体型上没有明显的要求，但不同单项对运动员要求有所不同。如步枪运动员要求臂长一点，臂展等于或者略超过身高。手枪运动员要求臂短一些,手大指长。射箭运动员要求臂展比身高略长,同时要求手大指长,以利于开弓时的直线运动。

(六)技能主导类格斗对抗性项群

此项群要求运动员有较高的身高和较长的四肢，身高和体重保持恰当的比例。身高和四肢较长的击剑运动员可获得有利于接触目标的优越条件。摔跤和拳击运动员要求四肢较长、肌肉发达有力。

(七)技能主导类同场对抗性项群

此项群运动员身体形态特征可概括为身材高大、胸廓大、手大、脚大;腿长、小腿长、手臂长;臀部小、踝围小。

(八)技能主导类隔网对抗性项群

此项群各项目运动员体型有所不同。排球运动员身材高、四肢较长而坐高相对较短、皮质层薄、体脂肪量小、去脂体重及体质密度大,臂长、上臂围松紧差大、手较宽,骨盆相对较窄,小腿长、踝围细、跟腱长、足宽而不长。乒乓球运动员体型要求身材匀称,手臂略长、体重适中、腰短、足弓深等。

三、身体形态训练的方法

(一) 身体训练各种方法对身体形态都有意义，可根据需要运用相应的训练方法。

(二)任何一个专项训练手段对使身体形态向专项需要方向发展都有显著作用，几乎所有运动项目运动员身体形态训练基本上都是通过专项训练方法手段实现的。

（三）手持轻器械训练法。手持哑铃、木棒、实心球、体操凳等轻器械进行训练的方法。这种方法有不同的训练内容与运动方式，可训练身体任何一个部位，能有效地影响运动员身体形态。

（四）舞蹈训练法。舞蹈动作是经过提炼、组织加工的人体动作，其基本要素有动作的姿态、协调能力、明显的节奏等，对身体姿势的形成有特殊意义。

四、身体形态训练的基本要求

（一）根据不同生长发育阶段的形态特征安排身体形态训练

人体在不同年龄阶段的生长发育有不同的特征，一般是先长高度，后长宽度、围度和充实度。心脏发育过程中先加大心脏容量，后增厚心壁肌肉，与其相应的竞技能力的敏感发展期亦有不同，身体形态训练应与之相适应，而不可颠倒。

（二）根据不同专项的特点安排身体形态训练

由于各个专项竞技能力的主导因素不同，而这些专项竞技能力又都对特定的身体形态具有一定的依赖性，因而，必须根据专项的需要及其对竞技能力的需求特点，安排相应的练习方法与手段。

（三）身体形态训练应注意遗传因素的影响

在身体形态的各项指标中，有的指标遗传度很高（如高度、长度和宽度指标）；有些指标遗传度则较小（如体重等充实度指标）。因此在选材时，应重视高度、长度和宽度等形态指标，而与肌肉有关的体重等充实度指标，则应更多地依靠后天的训练加以改善和提高。

(四)采用多种方法手段改善身体形态

影响身体形态的因素很多,如饮食、气候等都会影响外部形态,因而身体形态的训练不要只从训练的角度进行,而且也要注意其他手段与方法的运用,尤其要注意饮食和营养的控制。

第三节 力量素质及其训练

一、力量素质释义

(一)力量素质的定义

力量素质是指人体神经肌肉系统在工作时克服或对抗阻力的能力。

肌肉工作时以收缩产生的拉力克服阻力。肌肉工作所克服的阻力包括外部阻力和内部阻力。外部阻力,如物体重量、摩擦力以及空气的阻力等;内部阻力,如肌肉的粘滞性,各肌肉间的对抗力,主要来源于运动器官,如骨骼、肌肉、关节囊、韧带、腱膜、筋膜等组织的阻力。

(二)力量素质分类

依力量素质与运动专项的关系,可分为一般力量与专项力量;依力量素质与运动员体重的关系,可分为绝对力量和相对力量;依完成不同体育活动所需力量素质的不同特点,可分为最大力量、快速力量和力量耐力。在本节中,针对运动训练实践的需要,主要对最大力量、快速力量(含爆发力)、力量耐力及相对力量的评定及训练方法予以论述。

最大力量是指肌肉通过最大随意收缩克服阻力时所表现出来的最高力值。

相对力量是指运动员单位体重所具有的最大力量。相对力量对体操、跳高等项目是十分重要的,因为这些项目要求运动员具有较大的克服自身体重的能力,一方面要求运动员具有较大的最大力量,另一方面还要求运动员体重不能过大,即要求运动员具有良好的相对力量。

快速力量是指肌肉快速发挥力量的能力,是力量与速度的有机结合。

在日常训练中常常使用“爆发力”一词,爆发力是快速力量的一种表现形式,是指张力已经开始增加的肌肉以最快的速度克服阻力的能力。

力量耐力是指肌肉长时间克服阻力的能力。

二、各种力量素质的评定及训练负荷量度的确定

(一)最大力量的评定及训练负荷量度的确定

1. 最大力量的评定

运动员最大力量,既可在完成比赛动作的过程中测定,亦可在完成与比赛动作接近的动作中测定;既可在静态条件下测定,亦可在动态条件下测定。肌肉的动态评定和静态评定都有不足之处。用完成最大负重量的动力性练习评定运动员最大力量的不足之处在于,随着肌肉工作时关节弯曲角度的变化,肌肉工作的力量也处于不停的变化之中,因此,评定的结果并不十分准确。而采用静力状态的手段评定运动员的最大力量,对周期性运动项目意义不大,肌肉在静力状态下测出的最大力量即使很高,也不意味着运动员比赛时肌肉在动力状态下也具有相当高的水

平，况且用静力练习仅仅只能评定在某一静止姿势的力量，并不能代表整个动作过程的力量。评定运动员最大力量较为理想的方法是，测定肌肉等动练习时的最大力量值。这种方法的优点在于，当器械以各种不同速度运动时都可以表现出最大力量。

评定运动员最大力量时要注意：根据专项特点制定不同的评定标准；测定工作肌群的最大力量时，还要重视对对抗肌群最大力量的评定；在评定伸肌最大力量时，还要重视对屈肌最大力量的评定；既要重视对局部主要运动环节的最大力量的评定，又要重视对整体最大用力效果的评定，后者对运动成绩有更大的影响。

对少年及一般运动员力量评定可采用握力、背肌力、屈臂悬垂、引体向上、双杠臂屈伸及俯卧撑等指标。

2. 最大力量训练负荷量度的确定

(1)基本训练方法负荷量度的确定

①负荷强度

负荷强度的确定，应有利于改善运动员肌肉收缩时内协调的能力，即提高神经系统的指挥能力；有利于增大运动员肌肉的体积。发展运动员最大力量的训练强度一般可控制在75%左右。在此要说明两点：

第一，力量训练必须有一个准备性的渐进过程，如对儿少训练，先是从40%左右的负荷强度开始，然后再逐渐加大负荷强度。

第二，每周应穿插一些更大强度，如90%～95%的负荷强度的训练。

②负荷数量(次数与组数)

练习的重复次数与负荷的强度有很大关系，通常，以50%的负荷强度做20次为宜，每减少5%的强度，重复次数可增加两次;每增加5%的强度,重复次数则要减少两次。

用25%的负荷强度训练时，开始可连续重复做8次，随着运动员力量的增长,练习可达到的重复次数也必定能增加,当增加到12次后,即应及时提高负荷的强度。

③组间间歇时间

间歇时间的长短取决于练习的持续时间和负荷强度的大小,持续时间越长,负荷强度越大,间歇时间就应越长。此外,间歇时间的长短与参与工作的肌肉数量有关,局部肌肉参与工作,间歇时间可短些,参与工作的肌肉越多,间歇时间也应越长。

荷兰优秀速滑选手哈·库伯根据自己的实践和研究设计发展最大力量训练方案是：以80%的负荷强度重复做4~5次，4~6组,小休为2分钟,大休为6分钟。此外,他还设计了不同负荷强度交替训练的安排,如:

$$\left(\frac{80\%\sim70\%}{8\text{次}}+\frac{50\%\sim40\%}{12\text{次}}+\frac{50\%\sim40\%}{12\text{次}}+\frac{80\%\sim70\%}{8\text{次}}\right)$$

×6~8组，小休为1分钟，大休为6分钟，并提出恢复时间为48~72小时。

(2)其他方法负荷的确定

第一,大强度法

按大强度法训练时,要求逐渐达到用力的极限,以后继续用中上强度训练,直到对这种刺激产生劣性的反应时止。

负荷强度:85%以上。

负荷数量:每组一般做1~3次,安排6~10组。

间歇时间：由于训练强度大，每组练习后体能消耗得比较多,所以休息时间可长一些(3分钟左右)。

第二,极限强度法

极限强度法的突出特点是负荷强度达到极限值。保加利亚教练员伊万·阿巴杰在20世纪80年代创造并运用了这种训练方法，使保加利亚一跃成为世界举重强国。

负荷强度：先采用接近本人的最大强度进行练习，然后递增。这种方法又称为“阶梯式”的训练方法，以抓举为例，暂定第一阶段训练强度为100公斤，经过一个阶段训练之后，当运动员对此强度已经适应，并能用该强度连续举起两次时，便可增加重量，如增加到102.5公斤，便开始了第二阶段的训练，……这样一个“阶梯”一个“阶梯”地增加强度，从而不断提高运动员对高强度负荷的适应能力，使力量素质得到发展。

负荷数量：由于负荷强度是极限的，所以练习的重复次数和练习组数均很少。

组间间歇时间：组间间歇时间相对要长一些。

运用此方法时应注意把握好负荷强度增加的幅度和适应的时间；此方法只用于高水平的运动员训练，切不可用于儿少运动员的训练；要十分注意对运动员腰部的保护，防止发生外伤事故。

第三，极限次数法

极限次数法是以某一个强度达到极限练习次数的训练方法。

极限次数法的训练强度不大，要求每组的重复次数达到极限次数，直到不能再做为止。

这种方法，对促进肌肉肥大、增加肌肉横断面积效果显著，对运动系统和心血管系统有深刻影响。

第四，静力练习法

静力练习法用于提高运动员的最大力量有较好的作用。

负荷强度：用静力练习法发展最大力量，负荷强度可略大一些。

练习的持续时间：与负荷强度有关，负荷强度为40%～50%时，持续时间可为15～20秒；负荷强度为60%～70%时，持续时间可为6~10秒；负荷强度为80%~90%时，持续时间可为4~6秒；负荷强度为95%以上时，持续时间可为2~3秒。

练习组数：不宜太多。

间歇时间：相对长一些，以利于运动员的恢复。

运用静力练习法应注意：持续时间要适当，不可过短或过长；如果使用不当，会导致肌肉协调功能下降，并对技术训练造成不利的影响。注意将静力与动力练习结合起来训练；注意练习后的放松练习；在练习前提醒运动员做深呼吸，用力不可过猛，否则会出现一些生理性反应。

第五，变换训练法

变换训练法的负荷强度、练习重复次数与组数，以及组间的间歇时间等因素都可变化，如金字塔式训练法：85%×5次+95%×3次+100%×1次的安排等。

（二）快速力量的评定及训练负荷量度的确定

1. 快速力量的评定

快速力量的大小，通常可采用动力曲线描记图分析评定。例如下肢蹬地力量或上肢击打力量的动力曲线描记图。通过计算快速力量指数也可评定快速力量。

$$\text{快速力量指数}=\frac{\text{力量的极值}}{\text{达到力量极值的时间}}$$

在周期性运动项目中，也可以通过各种形式的速度综合测定来评定快速力量。如周期性运动项目的出发和加速段的时间（游泳：从发令到10米的时间；田径短跑：从发令到30米的时间；自行车：从发令到50米的时间）。

2. 快速力量训练负荷量度的确定

（1）负荷强度

发展快速力量的负荷强度的变化区间很大，从30%～100%都可。很多情况下采用不负重的练习方法，如各种单、双脚跳，台阶跳，蛙跳，跳深等下肢练习。这些超等长的练习，由于动作速度快，其实际负荷强度是相当大的。也可以体重为依据确定负荷强度，半蹲练习为体重的50%；深蹲练习为体重的30%～40%。

(2)负荷数量

发展快速力量负荷的次数和组数的确定，应以不降低练习的速度为原则。负荷数量与负荷强度关系密切，负荷重量大，则重复次数少；负荷重量小，则重复次数多，一般每组练习重复次数为1～5次。

练习的组数应以不降低每次练习的速度及不减少重复次数为原则，组数也不宜安排过多。

由于此类练习对中枢神经系统兴奋性要求很高，因此，练习持续时间一般不宜过长，通常在15～20分钟之间。

(3)间歇时间

发展快速力量练习的间歇时间，一方面要保证运动员完全恢复，另一方面又要避免运动员兴奋性明显降低，同时要考虑到运动员的恢复能力，一般安排1～3分钟为宜。休息时应采用积极性的休息手段，一方面促进恢复，另一方面保持神经系统良好的兴奋状态。

(三)爆发力的评定及训练负荷量度的确定

1. 爆发力的评定

前面所介绍的评定快速力量的方法都可用来评定爆发力。但运动员在做爆发力练习时，所用的力量是不遗余力的，所用的时间是最短的，所以评定爆发力多用爆发力指数为指标。

$$爆发力指数=\frac{最大的力量}{用力时间}$$

2. 爆发力训练负荷量度的确定

(1)负荷强度

发展爆发力训练的负荷强度依需要而定。有时以30%的强度负重练习,也有时不负重,仅克服自身体重练习。

(2)负荷数量

在安排重复次数与组数时,注意应以不降低速度为原则,同时要求中枢神经系统保持良好的兴奋状态。应注意并不是练习重复次数与组数越多越好。

重复次数与负荷强度关系密切。负荷重量大,强度高,重复次数就要少;负荷重量小,强度低,重复次数相对就多些,一般以1~5次为好。

组数不宜过多,以不减少每组重复次数、不降低每次练习速度为原则,不宜过多。发展爆发力训练,应用极限或接近极限的速度来完成每一次的重复练习。

(3)间歇时间

间歇时间应以保证运动员工作能力完全恢复为原则,但也不宜过长,否则会使中枢神经系统的兴奋性明显下降,不利于下一组的训练。具体的间歇时间与工作量大小、运动员恢复能力有关,一般地说,可安排1~3分钟或3~5分钟。

间歇时可做一些放松的小强度练习,以有利于强化恢复过程,使必要的休息时间缩短。

(四)相对力量的评定与训练负荷量度的确定

1. 相对力量的评定

相对力量是指运动员每公斤体重所具有的最大力量,所以其评定可在对最大力量测定的基础上进行，用运动员体重去除最大力量便可以计算出该运动员的相对力量。

2. 相对力量训练负荷量度的确定

发展相对力量多采用提高肌肉内协调能力的方法。这样做既可使运动员的最大力量得到提高，同时又能限制运动员体重的增加,从而发展运动员的相对力量。

(1)负荷强度

发展相对力量要求动作快,所以不管负荷重量大小,实际负荷强度都是大的,只有这样才能动员更多的运动单位参与工作,也可使肌纤维工作同步化的程度得到提高，从而提高肌肉内协调的功能,使相对力量得到发展。

(2)负荷数量

发展相对力量由于负荷强度高,总负荷量则小,因而产生的超量恢复就少,使运动员的体重得到控制。

(五)力量耐力的评定与训练负荷量度的确定

1. 力量耐力的评定

对力量耐力的评定多采用多次重复完成比赛模仿动作的方法,根据运动员重复的次数进行评定。这种方法要求测试动作的运动形式和神经肌肉工作方式的特点都与比赛动作接近，如自行车运动员在功率自行车附加阻力的脚蹬上蹬踏；划船运动员在专门的力量练习器上划桨；田径运动员在活动跑台上走、跑等。也有人提出用力量耐力指数来评定运动员的力量耐力,力量耐力指数等于练习器械的阻力(公斤)乘以动作的次数。即：

力量耐力指数 = 练习阻力 × 重复次数

2. 力量耐力训练负荷量度的确定

(1)负荷强度

发展肌肉的力量耐力，一般采用25%～40%的负荷强度。

(2)负荷数量

发展肌肉耐力练习的重复次数最为重要，一般要求多次重复，甚至达到极限。具体次数因负荷强度不同而异。

重复组数视运动员而定，一般组数不宜太多。企图用组数去弥补练习的重复次数不足，是不会收到良好训练效果的。

(3)间歇时间

组间间歇时间可以从30秒到90秒或更多，这取决于练习的持续时间和参加工作肌肉的多少。假如练习时间较短（如20～60秒），并且完成几组练习之后，需要达到疲劳积累的目的，那就应在工作能力尚未完全恢复时，即进行下一组的训练。

若用心率控制间歇时间，可在心率恢复到110～120次/分时，进行下一组练习。

假如练习持续时间比较长（2～10分钟），间歇时间亦可加长，在机体基本恢复后进行下一组练习。

三、力量训练的方法与手段

（一）力量训练的基本方法

1. 动力性等张收缩训练

人体相应环节运动，肌肉张力不变，改变长度产生收缩力克服阻力的训练为动力性等张收缩训练。可分为向心克制性及离心退让性两类工作形式。

(1)动力性向心克制性工作：肌肉在做动力性向心克制性工作时，肌肉长度逐渐缩短，所产生的张力随着关节角度的变化而改变，因此，练习时根据专项运动的需要，掌握好发挥最大肌力的关节角度，可得到事半功倍的训练效果。

(2) 动力性离心退让性工作：实验表明，肌肉做离心收缩时所产生的张力比肌肉做向心收缩时所产生的张力大 40%。股四头肌做离心收缩时所承受的负荷是做向心收缩时所承受负荷的两倍。由此，人们利用离心收缩的原理创造了“退让训练法”。肌肉退让工作是指肌肉在紧张状态中逐渐被外力拉长的工作，即肌肉的起止点彼此向分离方向移动，故又称离心工作。如用杠铃做的两臂弯举中，当臂部积极用力将杠铃往上举起后，再用手抵抗回降动作慢慢地将杠铃放下就属于此种性质工作。

与向心力量训练相比，退让训练能克服更大阻力，更有效地发展“制动力量”，这是因为离心收缩能动员更多的运动单位参与工作。

做离心收缩练习时，动作要慢，所需时间应比向心收缩的时间长一倍左右。

2. 静力性等长收缩训练

在身体固定姿态下，肢体环节固定，肌肉长度不变，改变张力克服阻力的练习方法，称之为静力性等长收缩训练。

肌肉做静力性收缩时，可以动员更多的肌纤维参与工作，表现出的力量大，力量增长也快，并节省训练时间。

但是由于肌肉紧张，血管封闭，肌肉中血液循环可发生不同程度的暂时中断，因而工作不能持久。

运动员完成静力练习时常常憋气，憋气有利于运动员表现出最大力量。如运动员背肌力量在吸气时可达到 119 公斤，呼气时为 127 公斤，憋气时，可达到 133 公斤。但是，运动员憋气时间过长，会使胸内压升高，肺的血液循环恶化，从而可导致脑贫血，产生休克。所以在练习前应先做几次深呼吸，并应注意控制憋气的时间。憋气时间与负荷强度有关，如负荷强度为 100% 时，憋气时间为 2～3 秒；负荷强度为 90%～80% 时，憋气时间为 4～

8 秒;负荷强度为 70% ~60% 时,憋气时间为 6~10 秒。

一次训练课的静力练习时间不应过长，冬季训练中高水平运动员可达半小时。夏季比赛期,为保持已有力量水平,每次训练 5~10 分钟即可。

静力练习应与动力练习结合起来，可按照 1:5 的比例安排练习。

3. 等动收缩训练

等动收缩训练系由美国李斯特尔等人于 1967 年创立。等动力量训练在特制的等动练习器上进行,练习时,肢体动作速度保持不变,肌肉始终发挥较大张力完成练习,等动练习集等长(静力性力量)和等张(动力性力量)之所长于一身,有利于最大力量的增长。美国霍・西斯尔对等动力量训练的效果进行了实验,经过八周训练，等动力量训练组最大力量提高了 47.2%，而等张力量训练组与等长力量训练组仅分别提高 28.6% 和 13.1%。

4. 超等长收缩训练

超等长练习时先使肌肉做离心收缩，然后接着做向心收缩。利用肌肉的弹性,通过牵张反射,加大肌肉收缩的力量,如跳深等练习。

超等长收缩的优点在于,在做离心收缩工作时,肌肉被迅速拉长,它所受到的牵张是突然而短促的,肌肉各个牵张感受器同步地受到刺激,产生的兴奋高度同步,强度大而集中,能动员更多的运动单位同时参与工作,使肌肉产生短促而有力收缩。

超等长练习与其他力量练习相比，更接近比赛时人体的运动形式,肌肉发力突然,技术结构相似,传递速度快,因而可得到更好的训练效果。

完成超等长练习时，肌肉最终收缩力量的大小主要是由肌肉在离心收缩中被拉长的速度快慢所决定的，而不单纯是由肌肉被拉长的长度决定的，肌肉被拉长速度的快慢比被拉长的长度更为重要。

5. 循环训练法

发展力量耐力训练可将几个训练手段编组循环进行。如：手握轻杠铃片（哑铃）做双臂前后绕环，摆臂 + 肋木举腿 + 连续跳绳 + 手扶肋木腰弓起 + 连续快速摆髋 + 快速轻杠铃卧推 + 连续快速半蹲起 + 向前跨步跳。这样做可使上下肢、前后肌群和大小肌群的用力搭配在一起，一次课做 3 ~ 5 组，组与组之间可以慢跑作为间歇。

（二）力量训练的主要手段

1. 负重抗阻练习。如运用杠铃、壶铃、哑铃等训练器械。可用于机体任何一个部位肌肉力量的训练，是训练最常用的手段。

2. 对抗性练习。如双人顶、推、拉等，依靠对抗双方以暂短的静力作用发展力量素质。对抗性练习不需要任何训练器械及设备，又可引起练习者的兴趣。

3. 克服弹性物体的练习。如使用拉力器、拉橡皮带等，依靠弹性物体变形而产生的阻力发展力量素质。

4. 利用力量训练器械练习。利用力量训练器械，可以使身体处在各种不同的姿势（或坐、或卧、或立）进行练习，可直接发展运动员所需要的肌肉力量，使训练更有针对性。使用力量训练器，还可以减轻运动员的心理负担，避免伤害事故的发生。

5. 克服外部环境阻力的练习。如沙地和草地跑、跳练习等。做这种练习往往在动作结束阶段所用的力量较大，每次练习要求不用全力，动作要轻快。

6. 克服自身体重的练习。如引体向上、倒立推起、纵跳等。

这类练习均由四肢的远端支撑完成，迫使机体局部承受体重，使机体局部部位的力量得到发展。

7. 电刺激。用电刺激发展力量能力，将电极置于肌肉的起止端，电流强度以人体不感痛苦为宜。经刺激后，肌肉体积没有明显增大，脂肪减少，力量得到提高。

四、力量训练的基本要求

(一)注意不同肌群力量的对应发展

根据专项竞技的需要，在主要发展运动员大肌肉群和主要肌肉群力量的同时，也要十分重视小肌肉群、远端肌肉群、深部肌肉群的力量训练。

(二)选择有效的训练手段

应根据完成训练任务的需要，正确地选择有效的训练手段，规范并明确正确的动作要求。如发展股四头肌力量，可选负重半蹲起的练习，应要求运动员在练习时双脚平行或稍内扣站立，以求有效地发展股四头肌的力量。

(三)处理好负荷与恢复的关系

1. 在一个训练阶段中，负荷安排应大中小结合，循序渐进地提高负荷量度。

2. 在小周期训练中，应使各种不同性质的力量训练交替进行。如在每周星期一、三、五可安排发展爆发力或最大力量为主的训练。

3. 在每组重复练习中，注意组间的休息。一般来讲，训练水平低的运动员组间休息要长些。

4. 力量训练后，要特别注意使肌肉放松。肌肉在力量训练后会产生酸胀感,肌肉酸胀是肌纤维增粗现象的反映,也是力量增长的必然。但应采取积极措施消除肌肉的酸胀感,以利于减少能量消耗,并更好地保持肌肉弹性。

(四)注意激发练习的兴趣

肌肉工作力量的大小与中枢神经系统发射的神经冲动的强度有着密切的关系。神经冲动的强度越大,肌纤维参与工作的数量越多，冲动越集中，运动单位工作的同步化程度也就越高，表现出的力量也就越大。因此,在运动训练中应注意有意识地提高运动员练习的兴趣与积极性,以求提高力量训练的效果。进行爆发力训练对神经系统兴奋性要求更高。

(五)儿童少年力量训练应注意的事项

1. 掌握儿少力量发育的趋势,以便科学地安排力量训练。

8 岁以后，男女孩力量开始显露差别，男孩绝对力量自然增长的敏感期为 11 ~ 13 岁，而后，绝对力量增长速度缓慢，到 25 岁左右最大。女孩 10 ~ 13 岁，绝对力量增长速度很快，三年中总的绝对力量可提高 46%， 13 ~ 15 岁绝对力量增长速度下降，15 ~ 16 岁回升，16 岁以后再度下降，到 20 岁左右基本上可以达到能够达到的最大力量。

在儿少时期，速度力量的发展比绝对力量发展得快一些并且早一些。7 ~ 13 岁是速度力量发展的敏感期，13 岁以后男孩增长得比女孩快。

力量耐力的自然发展趋势较为稳定，男孩 7 ~ 17 岁之间基本处于直线上升趋势；女孩 13 岁以后增长速度缓慢，14 ~ 15 岁甚至出现下降。

2. 儿少骨骼系统中软组织多，骨组织内的水分和有机物较多，无机盐少，骨骼弹性好，不易折断；但坚固性差，易弯曲，因此儿少不可进行大强度训练。在这个期间应多做发展力量耐力的训练，通过小负荷，特别是克服自身体重的练习，如做俯卧撑、仰卧起坐、反复下蹲等练习，使全身肌肉力量得到发展，增加肌肉中毛细血管和肌红蛋白的数量，改进输氧功能。

3. 儿少力量训练应以动力练习为主，少用或不用静力性练习，特别要尽量避免出现憋气动作，以免因胸内压的突然变化而影响心脏的正常发育。

4. 儿童力量训练，不要过早强调与专项运动技术相结合，应着重身体全面发展的力量训练。

第四节　速度素质及其训练

一、速度素质释义

(一)速度素质的定义

速度素质是指人体快速运动的能力。包括人体快速完成动作的能力和对外界信号刺激快速反应的能力，以及快速位移的能力。

(二)速度素质的分类

速度素质包括反应速度、动作速度和移动速度。

反应速度是指人体对各种信号刺激(声、光、触等)快速应答的能力。

动作速度是指人体或人体某一部分快速完成某一个动作的

能力。

动作速度是技术动作不可缺少的要素，表现为人体完成某一技术动作时的挥摆速度、击打速度、蹬伸速度和踢踹速度等，此外，还包含在连续完成单个动作时在单位时间里重复次数的多少(即动作频率)。

移动速度是指人体在特定方向上位移的速度。以单位时间内机体移动的距离为评定指标。从运动学上讲，是距离(S)与通过该距离所用的时间(t)之比。在体育运动中，常常是以人体通过固定距离所用的时间来表示，如男子100米跑10秒，100米自由泳游50秒等。

一名具有良好移动速度能力的运动员，并不一定也具有良好的反应速度。如在1980年莫斯科奥运会上100米赛跑决赛中，金牌获得者是英国运动员艾伦·威尔斯，成绩为10.25秒，但他的起跑速度为0.193秒，是参加8名决赛选手中最慢的一个，而第8名运动员潘卓(法)，起跑速度高达0.130秒，是8名运动员中最好的一个。

二、各种速度素质的评定及训练

(一)反应速度的评定及训练

1. 反应速度的评定

人们通常测定反应时，即运动员对信号刺激作出反应所需的时间来评定运动员反应速度的好坏。运动员对不同种类的信号的反应时间是不同的，因此，往往根据不同项目的不同特点测定运动员对特定信号的反应速度。如短跑、游泳等竞速项目，运动员主要接受听觉信号而开始竞技，而乒乓球选手则主要接受视觉信号而作出技战术反应。

对反应时的评定，可以通过实验室的精密仪器测量加以评定,也可以用简易的方法进行测量与评定。

2. 反应速度训练应注意的问题

(1)反应速度由神经反射通路的传导速度所决定,基本属于纯生理过程,不受其他因素影响。纯生理过程的提高是相当困难的,很大程度上取决于遗传因素,通过训练可使运动员潜在的反应速度能力表现出来并稳定下来。

(2)要求运动员注意力集中。在训练中运动员注意力集中与不集中大不一样,运动员注意力集中,可使神经系统处于适宜的兴奋状态,使肌肉处于紧张待发状态,此时,肌肉的反应速度比处于松弛状态时可提高 60% 左右。当然，这种紧张待发状态必须有时间的限制，一般地说，适宜时间为 1.5 秒左右，最多不能超过 8 秒。把注意力集中在完成的动作上效果为好,可缩短潜伏时间(表 6－1)。

表 6－1　注意类型潜伏期

类　型	注意分配	潜伏期(毫秒)
感觉型	注意力集中在出发信号上	160～175
运动型	注意力集中在完成的动作上	100～125
中间型	注意力集中在信号和动作上	140～150

因此,短跑运动员在“预备”起跑时,要紧紧地压住起跑器,把思想集中于准备迅速迈出第一步。

(3) 反应速度的提高在很大程度上取决于运动员对信号应答反应的动作熟练程度上。动作熟练,信号一出现,就会立刻做出相应的反应动作。在进行反应速度的训练时,还要经常改变刺激因素的强度和信号发出的时间。

3. 反应速度训练常用的方法手段

(1)信号刺激法。利用突然发出的信号提高运动员对简单信号的反应能力。

(2)运动感觉法。运用运动感觉法一般要经过三个阶段:第一阶段是让运动员以最快的速度对某一个信号作出应答反应,然后教练员把所花费的时间告诉运动员;第二阶段先让运动员自己估计作出应答反应花费了多少时间,然后教练员再将其与实际所用的时间进行比较,目的在于提高运动员对时间感觉的准确性;第三阶段是教练员要求运动员按事先所规定的时间去完成某一反应的练习,这种练习可以提高运动员对时间判断的能力,促进反应速度提高。

(3)移动目标的练习。运动员对移动目标能迅速地作出应答,一般要经过看(或听)到目标移动所发出的信号,判断目标移动的方位及速度,运动员选择自己的行动(应答)方案和实现行动方案四个步骤。其中,判断目标的移动方位及速度的准确性与否,会导致所选择行动方案的正误,因此,这是训练的重点。随着训练水平的提高,在目标移动的设计上可加大难度,如提高目标移动速度、缩短目标与运动员之间的距离等。

(4)选择性练习。具体做法是,随着各信号复杂程度的变化,让运动员做出相反的应答动作。如教练员喊蹲下同时做下蹲动作,运动员则站立不动;教练员喊向左转,运动员则向右转;或教练员喊一、二、三、四中某一个数字时,运动员应及时做出相应(事先规定)的动作等。

(二)动作速度的评定及训练

1. 动作速度的评定

因为动作速度寓于某一个技术动作之中,如抓举的动作速度、跳跃起跳的动作速度、游泳转身的动作速度等等，所以动作速度的测量是与技术参数测定联系在一起的，如测出手速度、起跳速度、角速度、加速度等等。此外，通过连续多次完成同一动作，亦可求出平均的动作速度。

2. 动作速度训练应注意的问题

(1) 提高动作速度应与掌握和保持正确的技术动作紧密地结合在一起。

(2) 专门性的动作速度训练与专项比赛动作要求相一致，如在短距离跑训练中所采用的专门性练习、小步跑、高抬腿跑等，游泳运动员专门转身等练习时，都应对动作速度提出严格的要求。

(3) 在使用反复做某一个规定动作（如两腿快速交替练习）为手段发展运动员的动作速度时，应合理地变换练习的速度。将最高速度与变换速度的练习结合起来，把相对固定（有规格的）的速度练习与变化（无规格的）的速度练习结合起来，并且要避免动作速度稳定在同一个水平上，力争让运动员超过平时的最高速度。

(4) 动作速度训练中，练习的持续时间一般不宜过长。这是因为动作速度训练强度较大，要求运动员的兴奋性要高，一般讲不应超过 20 秒。

(5) 练习与练习之间的间歇是由练习的强度所决定的，练习强度大，需要的间歇时间就应长些。但也不要忘记，间歇时间过长会使运动员神经兴奋性下降，不利于用“剩余兴奋”去指挥后边的练习，因此间歇练习也不宜过长，如持续时间 5 秒、强度达到 95% 以上的练习，间歇时间以 30 ~ 90 秒为宜。

3. 提高动作速度常用的方法手段

(1) 利用外界助力控制运动员的动作速度。如在体操训练中，教练员常常用助力提高运动员完成某一技术环节时的动作速度。在投掷训练中，教练员也常常用助力帮助运动员前送髋关节。在使用助力手段时，必须掌握好助力的时机及用力的大小，同时还应让运动员很好地感觉助力的时间及大小，以便使他们能独立及早地达到动作速度的要求。

(2)减小外界自然条件的阻力。如顺风跑等。

(3)利用动作加速或利用器械重量变化而获得的后效作用发展动作速度。如利用下坡跑至平地继续快跑，可获得加速后效作用；在推标准铅球之前可先用加重的铅球做练习以获得后效作用。

(4)借助信号刺激提高动作速度。如利用同步声音的伴奏，使运动员伴随着声音信号的快节奏做出协调一致的快速动作。

(5)缩小完成练习的空间和时间界限，如球类利用小场地练习。这是因为快速动作的完成与持续练习的时间长短有关，也与完成动作活动范围(空间)大小有关，通过小场地的练习，可以限制活动的时间及活动范围，从而提高运动员完成动作的速度。

不同运动项目对动作速度的要求是不同的。体操等表现难美性项目动作速度主要表现于快速完成动作的能力，经常采用快速完成动作的练习有：用最快的速度完成若干次俯卧撑、快速“两头起”、原地跳起快速转体等练习。

篮球项目快速完成动作能力表现在快速的起动、短程的冲刺以及各种技术动作的快速完成，速度能力的提高对篮球各种技术的运用和战术的实施起着极为重要的作用，在比赛中快速运动的能力也是运动员争取时间、赢得优势的重要条件，因此，篮球运动员的训练应特别重视快速能力的培养。

排球运动在要求快速位移的同时，还要求具有很好的反应速度、起动速度、挥臂速度和爆发性的跳跃速度。我国女排在动作速度方面的训练积累了丰富的经验，形成了一套行之有效的训练方法，如她们经常采用站立式起跑的练习、6米往返移动4次的练习、5级蛙跳的练习和快速弹跳的练习等。

（三）移动速度的评定与训练

1. 移动速度的评定

测定移动速度的手段常常用短距离跑。要求为：

（1）距离不要过长，可用30～60米的距离。

（2）最好不从起跑计时，而测定运动员全速跑通过某段距离的能力。

（3）在运动员不疲劳、神经兴奋性高的状态下测验。

（4）可测定2～3次，取最佳成绩。

以下两个指标对运动员快速移动能力有着重要影响。一是最大步频；二是快速跑中的支撑时间。测定单脚撑地时间可采用触点跑道和波动描记器记录。优秀运动员单脚撑地时间为0.08～0.13秒，普通人为0.14～0.15秒。

2. 移动速度训练负荷量度的确定

提高移动速度有两个基本途径：一是力量训练，使运动员力量增长，进而提高速度；另一个是反复进行专项练习。

无论通过哪个途径提高移动速度，训练中都必须重视确定适宜的训练负荷。

（1）赛跑运动员进行快速力量训练时，不同练习内容对练习的组数及每组重复次数有不同的要求（表6－2）。

（2）超等长力量练习，如用最大速度做垂直跳30秒；单足跳30～50米；立定跳远，三级跳远；三级跳箱练习（用单足跳上、跳下）；单足跳下台阶；跳深练习等。

表 6-2 赛跑运动员基本力量训练

	重复次数	组数	影响身体部位
负重屈伸	8~12	2	腰肌、大腿后肌群
直腿抓举	6~18	3	臂、肩、背、腿
卧　　推	6~10	3	胸、上臂
站直举哑铃	8~12	2	肩、上臂
下　　蹲	8~12	3	大腿、腰肌
肩负杠铃	8~12	2	腰肌、大腿后肌群
俯卧挺身	8~12	2	腰肌、大腿后肌群
提　　踵	12~8	2	小腿后肌群、跟腱

(3) 在训练实践中，运动员力量得到提高，并不意味着移动速度马上可以提高，也有时当力量训练负荷减少以后，才有提高，这种现象叫“延迟性转化”。

3. 提高移动速度的常用方法和手段

(1)发展最高移动速度每次练习的持续时间不能过长，应以使每次练习均以高能磷酸原代谢为主要供能途径，一般地讲，应保持在 20 秒以内。

多采用 85%~95% 的负荷强度，练习的重复次数不应过多，以免训练强度下降。

确定间歇时间的长短，应能使运动员机体得到相对充分的恢复，以保证下一次练习的进行。

休息时，可采用放松慢跑，做伸展练习。

100 米跑进 10 秒的日本选手伊东浩司发展加速能力的训练时常采用：70% 的强度加速跑 20 米 ×3~5 次；90% 的强度起跑器蹲踞式起跑 20 米 ×1，组间休息 5~10 分钟的训练安排。在发展由加速跑向高速跑过渡能力的训练时常采用：70% 的强度加速跑50米×3~5次；90%的强度站立式起跑冲刺50米×1，组间休息10~15分钟的训练安排。在发展保持高速跑能力的训练时常采用：70%的强度加速跑100米×1~2次；90%~95%的强度站立式起跑加速跑100米×1，组间休息15~20分钟的训练安排。

(2)各种爆发力练习。

(3)高频率的专门性练习，如径赛运动员做高抬腿跑、小步跑、后蹬跑、车轮跑等。

(4)利用特定的场地器材进行加速练习，如斜坡跑和骑固定自行车等。

三、速度训练的基本要求

(一) 速度素质训练应结合运动员所从事的专项运动进行，如对短跑运动员的反应速度训练，应着重提高他们听觉的反应能力，对足球运动员则应着重提高视觉反应能力，对体操运动员应着重提高皮肤感觉的反应能力。对不同信号的反应之中，触觉反应最快、听觉反应次之、视觉反应较慢。如18~25岁的男子对声的反应需要0.14~0.31秒，对光的反应需要0.20~0.35秒，可是触觉反应仅需0.09~0.18秒。

(二)速度素质训练应在运动员兴奋性高、情绪饱满、运动欲望强的情况下进行，一般应安排在训练课的前半部。

(三)速度提高到一定程度时，常会出现进展停滞、难以提高的现象，称为“速度障碍”。产生速度障碍的客观原因是，由于技能动力定型的形成，运动员技术动作的空间时间特征都趋于稳定；随着运动水平的提高，运动员神经过程灵活性的改进和肌肉收缩所需能量的提供会遇到更大的困难，而运动员向前移动所需克服的阻力也更大。产生速度障碍的主观原因是：过早地片面发展绝对速度;基础训练不够;技术动作不合理;训练手段单调、片面,引不起新异刺激;负荷过度、恢复不好等等。

出现速度障碍时,可采用牵引跑、变速跑、下坡跑、带领跑、顺风跑等手段予以克服。

(四)儿少速度训练的注意事项

1. 掌握儿少速度自然发展趋势,以便科学地安排速度训练。反应速度:6~12岁反应速度提高幅度较大,9~12岁提高的更为显著,12岁以后,由于进入发育阶段,反应速度增长的速度减慢,到16岁时,由于内分泌系统等机能产生了质的飞跃,反应速度提高又出现高峰,到20岁以后提高速度将慢下来。一般反应速度2~3岁为0.5~0.9秒;5~7岁为0.30~0.40秒;12~14岁为0.15~0.20秒。

动作速度:从肘关节的最高动作频率看,4~17岁从3.3次/10秒提高到3.7次/10秒,7~17岁步频自然增长。

4~5岁的孩子动作角速度可以达到26.1~37.1度/秒。以后随着年龄的增长动作角速度也随之提高,13~14岁时动作角速度可能达到42.0~86.1度/秒,基本接近成年人的水平。

跑的速度(移动速度):7~12岁男女孩跑的最高速度的差别不大,到13岁以后,男孩逐渐超过女孩。男子在18岁以后跑的速度也有提高的趋势,而女子17岁后跑速自然提高减慢。女孩14~16岁时由于青春期的关系,速度表现很不稳定,有时还可能低于14岁以前的速度。

2. 由于移动速度具有多素质综合利用的特点,移动速度的发展与力量、耐力等其他身体素质的发展有着密切的关系,因此,对儿少进行速度训练的同时,要十分重视全面身体素质的训练。

第五节 耐力素质及其训练

一、耐力素质释义

(一)耐力素质的定义

耐力素质是指有机体坚持长时间运动的能力。许多项目的运动竞赛都要持续较长或很长的时间。运动员要在竞赛全过程保持特定的运动强度或动作质量,就必须具备良好的耐力素质,就必须具备能与在持续运动过程中不断积累和加深的疲劳作斗争的能力。

疲劳是一种生理现象,是有机体自我保护的反映。训练会导致机体疲劳,疲劳的产生则限制着有机体继续承受训练负荷。

对于体能主导类耐力性项目来说,耐力素质的发展水平对运动员的专项竞技水平起着主导的作用;对其他项目来说,良好的耐力素质则有助于运动员更好地克服在训练和比赛中出现的疲劳,承受更大的训练负荷,提高训练效果,并在比赛中取得更好的成绩。

(二)耐力素质的分类

按人体的生理系统分类,耐力素质可分为肌肉耐力和心血管耐力。肌肉耐力也称为力量耐力,心血管耐力又分为有氧耐力和无氧耐力。

有氧耐力是指机体在氧气供应比较充足的情况下,能坚持长时间工作的能力。有氧耐力训练的目的在于提高运动员机体吸收、输送和利用氧气的能力,促进有机体的新陈代谢。

无氧耐力也叫速度耐力，它是指机体以无氧代谢为主要供能形式,坚持较长时间工作的能力。

无氧耐力又分为磷酸原供能无氧耐力和糖酵解供能无氧耐力。

在无氧代谢供能的肌肉活动中,磷酸肌酸分解供能,不产生乳酸,叫磷酸原代谢供能,机体处在这种状态下,坚持较长时间工作的能力,称为磷酸原代谢供能的无氧耐力。

在无氧代谢的肌肉活动中,糖的酵解供能,产生乳酸。机体处在这种状态下,坚持长时间工作的能力,称为糖酵解代谢供能的无氧耐力。

依耐力素质对专项的影响，耐力素质又可分为一般耐力和专项耐力。一般耐力是指对提高专项运动成绩起间接作用的基础性耐力；专项耐力是指与提高专项运动成绩有直接关系的耐力,具体地讲是指持续完成专项动作或接近比赛动作的耐力。

二、各种耐力素质的评定及训练负荷量度的确定

(一)有氧耐力的评定及训练负荷量度的确定

1. 有氧耐力的评定

评定有氧耐力的方法很多，经常采用的方法是定距离的计时位移运动，如 1500～10000 米跑、400～3000 米游泳、100～200 公里自行车骑行及 5000～10000 米划船等。还有定时计距离的 12 分钟跑等。

2. 训练负荷量度的确定

(1)持续训练法

①负荷强度

采用持续训练法发展有氧耐力的训练强度相对较小，心率

可控制在145~170次/分之间。这个训练强度对提高运动员心脏功能尤为有效，对改进肌肉的供血能力、改进肌肉的直接吸收氧的能力也有特殊意义。有氧耐力训练的适宜心率可通过公式：安静心率+(最大心率-安静心率)×60%~70%来计算。据研究，心率控制在这个水平线上，机体的吸氧量可达到最大值的80%左右，心输出量增加，促进骨骼肌、心肌中的毛细血管增生。假如超过这个界限，如170次/分以上，机体就要产生氧债，使训练效应发生变化。假如低于这个界限，如140次/分以下，心输出量达不到较大值，同时吸进的氧气也少，则会影响训练的效果。

②负荷数量

负荷数量取决于运动员的训练水平，训练水平高的运动员可承受大负荷量，如持续跑可坚持两个小时，训练水平低的运动员只能承受较小的负荷量。但是一般地讲，发展运动员有氧耐力训练时间不能少于20分钟。

③工作方式

运用持续训练法发展运动员的有氧耐力工作方式很多。如中长跑运动员可采用：

——匀速持续跑。心率控制在150次/分左右，时间坚持在1小时以上，这种练习节省体力，效果好。

——越野跑。工作时间为1.5~2小时，跑的速度可匀可变。在自然环境中练习可提高运动员的兴趣，有利于推迟疲劳的产生。

——变速跑。为发展运动员的有氧耐力水平，可广泛使用变速跑，负荷强度可从较小强度（如心率130~145次/分）提高到较大强度（如心率达170~180次/分），持续时间在半小时以上，使用变速跑可提高运动员比赛的适应能力。

——法特莱克跑。法特莱克跑有利于提高运动员训练的兴奋性，吸进更多的新鲜氧气，推迟疲劳的出现。

世界著名的速滑全能运动员考斯(挪威)经常采用山地和公路自行车骑行发展有氧耐力。骑行距离约100~150公里，时速为30公里/小时，心率在110~160次/分，中间做5分钟的快骑，心率为160次/分；5分钟慢骑，心率为110次/分。

(2)间歇训练法

①负荷强度

采用间歇训练法发展有氧耐力，在工作进行中，心率可达170~180次/分，如果工作距离长，心率就会低于这个数值。

②负荷量

间歇训练中的分段练习的负荷量常常用距离(米)或用时间(秒)两个指标来表示。依时间指标来表示，持续工作时间不超过两分钟，少则仅有几秒钟，这是因为间歇训练法工作的强度大，一次练习的持续时间就不可能过长，否则会导致训练效应的改变。

③间歇时间

运用间歇训练法必须严格控制间歇时间，一般要求机体尚未充分恢复、心率恢复到120次/分左右时，便可进行下一次练习。

④休息方式

运用间歇训练法两次（组）练习之间应进行积极性的休息，以有利于恢复。

⑤练习的持续时间

运用间歇训练法练习所需持续时间较长，有时需半小时以上，时间过短则难以取得理想的训练效果。

(3)循环练习

要选好练习内容，应选作用于心血管耐力的练习为主要练习手段；每站练习负荷，可按极限负荷的1/3左右安排。

(4)游戏练习

游戏练习适用于少儿训练，负荷强度以心率为140～150次/分为宜，运动时间在20分钟以上。

(二)糖酵解无氧代谢供能的无氧耐力的评定与训练负荷量度的确定

1. 糖酵解无氧代谢供能的无氧耐力的评定

评定糖无氧代谢供能的无氧耐力可采用持续1分钟的练习作为评定指标，如400米跑。

2. 糖酵解无氧代谢供能的无氧耐力训练负荷的确定

(1)负荷强度

提高糖酵解无氧代谢供能的无氧耐力训练的强度为80%～90%，以使运动员机体处于糖酵解供能状态，其强度为80%～90%。

发展糖酵解无氧代谢供能的无氧耐力训练，一次练习的持续时间介于1～2分钟之间，若以跑为训练手段时，其距离应控制在300～800米之间，一般以400米为宜。若以游泳为训练手段时，其游程可控制在100～200米之间。

(2)重复练习的次数与组数

每组练习的重复次数不必过多，如3～4次，以保持必要的训练强度。

练习的重复组数应视运动员训练水平而定，一般地讲，训练水平低的新手重复组数少，如2～3组；对训练有素的运动员可安排3～5组。确定练习重复组数的基本原则是，使运动员在最后一组也基本能保持所规定的负荷强度，而不应下降得过多。

(3)间歇时间

发展糖酵解无氧代谢供能的无氧耐力的间歇时间安排有两种做法:一种是次间间歇时间以恒定不变的方式安排,如每次练习之间休息4分钟等。另一种是采取逐渐缩短时间的方式安排,如:第一、二次之间间歇6~5分钟,第二、三次之间间歇5~4分钟,第三、四次之间间歇4~3分钟,这样做有利于使体内乳酸堆积,达到较高值。

间歇时间的确定又受负荷距离及强度的影响,距离长、强度大,间歇时间就长;距离短、强度小,间歇时间就短。

组间的间歇时间一般要长于组内间歇时间,以利于恢复。

三、耐力训练的方法和手段

(一)一般耐力训练常用的方法和手段

1. 各种形式的长时间跑。
2. 长时间进行的其他周期性运动,如速度滑冰、划船、自行车等。
3. 长时间重复做某一非周期性运动,如排球运动中多次做滚动练习。
4. 反复做克服自身体重的练习,坚持较长时间的抗小阻力的练习。
5. 循环练习等。

(二)专项耐力训练常用的方法和手段

1. 体能主导类快速力量性项群的专项耐力训练

体能主导类快速力量性项群运动员的专项能力,主要表现为以最大强度重复完成完整比赛动作的能力。如优秀撑竿跳高运动员要在长达数小时的比赛中多次越过5米以上的横杆；标枪选手要力求在6次试投中都达到理想的远度；举重选手则试图在三次试举中,一次比一次举起更重的杠铃。因此,其发展专项耐力的训练内容手段应以多次重复完成比赛动作或接近比赛要求的专项练习为主。实践中,多采用极限或极限下强度完成此类练习。

如奥运会女子铁饼冠军德国选手韦鲁达，1991/1992年度准备第四个中周期(6周)专门力量练习重复次数达2620次,专项投掷练习为938次，赛前准备期(5.5周)专门力量练习重复次数为1345次,专门投掷练习达1005次。

2. 体能主导类周期竞速项群的专项耐力训练

体能主导类周期竞速项目有耐力性和速度性两个项群。耐力性项目运动员专项耐力的要求是用尽可能高的平均速度通过全程。除超长距离之外,专项耐力的重要供能形式为糖酵解无氧代谢供能，其主要训练方法为大强度的间歇训练法及比赛训练法。其负荷的主要特征为:

(1) 采用超乳酸阈强度直至在较短段落中超比赛强度进行训练。

(2) 中距离运动员训练课负荷总量达到比赛距离的3~6倍,长距离为1~3倍。

(3) 两次练习之间的间歇相对略长。采用大强度间歇训练时，应待心率恢复至20~24次/10秒时再次练习；进行重复训练时则要求恢复到20次或20次以下/10秒。

(4)练习采用的段落长度,中距离为比赛距离的1/4~3/4；长距离亦不超过3/4，但常采用比1/4专项距离短的练习段落。如长跑选手常采用400米段落进行间歇训练。

速度性项目运动的主要供能形式为磷酸盐无氧代谢供能，

多采用1/2至全程段落练习，负荷总量为比赛距离的3~10倍，负荷强度为95%~100%。

3. 技能主导类表现性项群的专项耐力训练

技能主导表现性项群运动员的专项耐力，表现为以最佳技术重复完成完整比赛动作的能力。因此，在赛前训练中，须多次完成成套练习或1/2套以上的练习。如优秀体操选手一次训练课中可完成30~50套完整练习。

4. 技能主导类对抗性项群的专项耐力训练

技能主导类对抗性项目比赛时间较长，要求运动员能在整个比赛过程中持续表现出最佳技能和体能。因此，训练中要注意安排长时间的专项对抗练习或专项练习。有时甚至安排超过正式比赛时间或局数的训练，如排球打七局四胜、摔跤训练比赛持续6分钟（正式比赛时间为5分钟）等。

四、耐力训练的基本要求

（一）重视运动员呼吸能力的培养

耐力训练中要十分注意呼吸问题。通过呼吸摄取坚持长时间工作必需的氧气，机体是通过提高呼吸频率和加深呼吸深度来吸取氧气的。一般来讲，没有参加过训练的人在长时间工作过程中，主要以加大呼吸的频率来供给机体氧气的需要，而高水平运动员则主要以加大呼吸的深度来改善对体内氧气的供给。

在运动训练中，当运动员进行中等负荷耐力训练时，就会出现每分钟耗氧量与氧的供给量之间的不一致，在大负荷时其不一致的程度就更为明显，可见，培养运动员呼吸能力是十分必要的。在耐力训练时，应加强对运动员用鼻呼吸能力的培养，从卫生角度看，鼻腔有粘膜可以净化空气，也可以使氧气缓和一下再吸入气管,这样就会减少尘埃和不使冷气直接进入肺部。但是,游泳运动员多是用嘴呼吸,在训练中应加强这一能力的训练。

对各个运动项目的运动员都应加强呼吸节奏与动作节奏协调一致的训练,呼吸节奏紊乱,就会使动作节奏遭到破坏,从而影响运动成绩。

(二)加强意志品质的培养

运动员的意志品质在耐力训练中所起的作用是很重要的,意志坚强者比意志薄弱者耐力表现好得多,在耐力素质训练中必须注意对运动员意志品质的培养。温度过高、气压过低,对一个人的耐力也会产生较大的影响,抵抗这些不利因素也需要运动员有坚强的意志品质。

(三)儿少耐力训练的注意事项

1. 掌握儿少耐力自然发展的趋势,以便科学地安排耐力训练。

儿少耐力素质是随着年龄的增长而逐渐提高的,例如进行3分钟的活动测定,9岁儿童的耐力只能达到成人的40%,12岁时达到成人的65%,15岁时便可达到成人的92%了。

一般地讲,女孩9岁时,耐力提高的速度较快;12岁时,耐力再次提高;当她们进入性成熟后第二年(14岁起)耐力水平将逐年下降。到15~16岁时,耐力水平下降得最多。

男孩在10岁、13岁和16岁时,耐力素质有大幅度的提高。

2. 儿少耐力训练必须以有氧耐力训练为主。过早地进行无氧耐力训练,会严重地影响到他们的循环系统未来的功能水平。此外,从生理上讲,儿少血红蛋白、肌红蛋白含量较成年人少，无氧代谢能量贮备不足，酸中毒现象要靠心血管系统补偿来消除，因此，无氧代谢能力的发展受到限制。

一般地讲，少年运动员从青春发育期开始以后进行无氧耐力训练为好。从优秀中长跑运动员成长过程分析，他们系统从事专项耐力训练要经过 8~10 年或更长的时间。近几届奥运会中长跑优胜者一般是男子为 26~29 岁，女子为 24 岁。以此推算，他们从事专项耐力的训练时间男子约 14~16 岁，女子约 13~14 岁。

3. 儿少进行耐力训练的内容手段应是多种多样的，不应只局限于长跑的练习，可选用活动性游戏、球类运动、骑自行车、滑冰、登山和循环练习等。

4. 儿少进行耐力训练的基本方法为持续训练法，此外，还可用法特莱克式的变速跑等。假如使用间歇训练法，应以小强度的间歇法为主，工作强度控制在 30%~60%。练习总时间为 20 分钟左右。练习与休息时的比例可按 1:1 安排。随年龄增长，到 15 岁以后可使用较大强度的间歇训练法，强度可达 50% 以上。

第六节 柔韧素质及其训练

一、柔韧素质定义

(一)柔韧素质是指人体关节在不同方向上的运动能力以及肌肉、韧带等软组织的伸展能力。

柔韧素质通过关节运动的幅度，也就是按一定的运动轴产生转动的活动范围而表现出来。

(二)柔韧素质的分类

柔韧素质分为一般柔韧素质和专门柔韧素质。

一般柔韧素质是指机体中最主要的那些关节活动的幅度，如肩、膝、髋等关节活动的幅度，这对任何运动项目都是必要的。

专门柔韧素质是指专项运动所需要的特殊柔韧性，专门的柔韧素质是掌握专项运动技术必不可少的重要条件。

二、柔韧素质的评定及训练负荷量度的确定

1. 柔韧素质的评定

测量与评定柔韧素质带有局部性的特点，其测量方法和手段均涉及身体有关部位完成动作时活动的幅度。

评定柔韧素质通常采用的方法是用直尺、皮尺、量角器等工具直接测量关节活动的最大幅度。

柔韧性测量的指标是角度和距离。例如测量肩关节活动幅度时，可采用手持木棒转肩测量，测出两大拇指的间距，间距越小，肩关节活动幅度越大，柔韧性越好。

2. 柔韧素质训练负荷量度的确定

(1)负荷强度

柔韧素质训练在多数情况下是采用自身用力的拉伸法，自身用力的大小应依运动员自我感觉来安排。如：肌肉酸痛时可以减轻一点用力；肌肉胀痛时可以坚持一下；当肌肉感到麻时，则应停止训练。

进行柔韧性训练有时也采用负重练习，负重量不能超过被拉长肌肉力量的50%，对高级运动员的负重量可以略多一些。一般地讲，长时期中等强度拉力练习的效果优于短时期大强度练习的作用。

(2)练习的数量

为保持关节运动的最大幅度，应根据关节的不同特点，确定适宜的练习次数。

运动员的年龄与性别不同,练习的次数也应有所区别。少年运动员(12～14岁)练习的重复次数,应为成年运动员的30%～40%,女子应比男子少10%～15%。

每组持续练习的时间为6～12秒,摆动动作可稍长一些。在做静力性练习时,当关节角度伸展到最大限度时,可停留固定30秒钟左右的时间。

应根据保证运动员在完全恢复的条件下完成下一个练习,来确定练习的间歇时间。休息时间、练习的性质与动作持续时间有密切关系。例如,多次完成提高脊柱活动的躯干弯曲动作,比完成15秒钟踝关节的强制伸展练习,休息时间要长得多。

间歇时应安排肌肉放松练习或进行按摩等。

三、柔韧训练的方法和手段

(一)柔韧训练的方法

柔韧性训练基本上采用拉伸法,分为动力拉伸法和静力拉伸法。在这两种方法中又都有主动拉伸和被动拉伸两种不同的训练方式。

动力拉伸法是指有节奏地、通过多次重复同一动作的练习使软组织逐渐地被拉长的练习方法。

静力拉伸练习时,先通过动力拉伸缓慢的动作将肌肉等软组织拉长,当拉伸到一定程度的时候要暂时静止不动,使这些软组织得到一个持续被拉长的机会。

在训练中,常常把这两种方法结合起来,即在做拉伸练习时有动有静、动静结合。

在上述两种训练方法中都可主动完成,亦可被动完成。主动柔韧性练习是指运动员靠自己的力量将软组织拉长,如做站立体前屈等。被动柔韧性练习是指在外力帮助下使运动员的软组织得到拉长,如教练员帮助运动员压腿等。

在做被动柔韧性练习时,动作幅度一般都会超过主动柔韧性练习的指标,运动员的被动性练习与主动性练习的指标差距越大,说明这名运动员的柔韧素质潜在的能力越大。

逐渐增大幅度的练习和肌肉做退让性动作,是发展动力性柔韧性有效的练习。

静力缓慢拉伸对牵张反射不起或少起作用。突然急遽式拉伸练习,会引起牵张反射,使同一块肌肉收缩,影响柔韧性练习。

(二)柔韧训练的主要手段

发展肩部、腿部、臂部和脚部的柔韧性主要手段有:压、搬、劈、摆、踢、绷及绕环等练习。

发展腰部的柔韧性主要手段有:站立体前屈、俯卧背伸、转体、甩腰及绕环等练习。

四、柔韧训练的基本要求

(一)发展柔韧素质与力量素质相结合

发展柔韧素质与力量素质相结合,不仅可以避免或消除两者之间不良转移,而且有助于两种素质的协调发展。柔韧性训练后要十分注意放松练习,以使肌肉柔而不软、韧而不僵。

(二)注意柔韧性训练与温度和时间的关系

外界温度过高或过低,将会影响肌肉的状态,影响到肌肉的伸展能力。一般地说,当外界温度在18℃时,有利于柔韧性的表现。在一天之内,早晨柔韧性明显要低,10~18时可表现出较好的柔韧性。但这不等于早晚不能进行柔韧性训练，只要做好准备活动，一天之内任何时候都可以进行柔韧性练习。

(三)柔韧性训练应保持经常

柔韧性发展快，易见效，可是消失也快，停止训练时间稍长一些，就会消失，因此，柔韧性训练要保持经常。如果处于专门提高关节活动幅度阶段，应该每天都要安排发展柔韧性的练习，在保持阶段，一周安排可不超过 3～4 次，训练量也可减少。但在全年训练任何一个时期，都应安排发展或保持柔韧性的练习。

(四)采用多种手段发展柔韧性

不能把拉伸练习作为柔韧性训练的惟一手段，在很多情况下持续慢跑结合一些动力性柔韧性练习是运动员柔韧性训练很好的方法。加拿大国家跨栏队教练布伦特·麦克法兰推荐一套柔韧性训练，其中包括如下内容：

——2×50 米，8 次朝前和朝后慢跑交替进行。

——2×50 米，特慢速跑。上体前倾，一只手触地，加速跑 10～15 米。

——50 米，抬膝，向上踢腿，双腿交替进行，回来慢跑。

——50 米，像手中有一条绳子一样跳，注意跳中抡臂动作。

——50 米慢跑，同时依以下方式小步跳：脚后跟先着地，然后过渡到脚掌、脚趾。

——50 米走，侧交叉腿、臂，一次一换侧。

(五)儿少柔韧性训练的注意事项

1. 发展儿少柔韧性训练较为容易，这是因为儿少与成年人相比关节面角度大、关节面的软骨厚、关节内外的韧带较松弛等缘故。一般地说,要抓紧7岁以前进行柔韧性练习,力争在12岁以前使柔韧性得到较好的发展。

2. 儿少柔韧性练习,应多用"缓慢式"和"主动"活动。这是因为儿少关节牢固性差,骨骼易弯曲变形,长时间用力掰、压等,容易造成关节、韧带的损伤和骨骼的变形,不利于促进孩子的健康成长。

3. 少年在13~16岁之间生长发育较快,少年的身高、体重明显增加,柔韧性下降,骨骼能承担的负荷较弱,易出现骨骼损伤,因此,要防止过分扭转肌肉骨骼的活动,以免造成损伤。16岁以后,可逐渐加大柔韧性练习的负荷量和负荷强度。

第七节　灵敏素质及其训练

一、灵敏素质释义

(一)灵敏素质的定义

灵敏素质是指在各种突然变换的条件下,运动员能够迅速、准确、协调地改变身体运动的空间位置和运动方向,以适应变化着的外环境的能力。

衡量灵敏素质的标志是运动员在各种复杂变换的条件下能够迅速、准确、协调地做出应答动作。这就要求运动员必须具有良好的判断能力及反应速度,要求运动员随机完成的应答动作在空间、时间以及用力特征上相互吻合,组配协调。

(二)灵敏素质的分类

灵敏素质可分为一般灵敏素质和专门灵敏素质两类。一般灵敏素质是指在完成各种复杂动作时所表现出来的适应变化着的外环境的能力。专门灵敏素质是指根据各专项所需要的,与专项技术有密切关系的,以及适应变化着的外环境的能力。

二、灵敏素质的评定及训练负荷量度的确定

(一)灵敏素质的评定

评定灵敏素质的方法很多,如立卧撑测试、象限跳测验、滑步倒跑测验、十字变向跑及综合性障碍等。

(二)训练负荷量度的确定

发展灵敏素质主要采用变换训练法。训练强度一般较大,速度较快。练习次数不宜过多,训练时间不宜过长,因为机体疲劳力量就会下降、速度变慢、反应迟钝,不利于灵敏素质的发展。每次练习之间应有足够的休息时间,以保障氧气的补充和肌肉中高能物质的再合成;但休息时间过长,又会使神经系统的兴奋性下降,一般地讲练习时间与休息时间可为1:3。

三、灵敏训练的主要手段

(一)让运动员在跑、跳当中迅速、准确、协调地做出各种动作,如快速改变方向的各种跑、各种躲闪和突然起动的练习,各种快速急停和迅速转体的练习等。

(二)各种调整身体方位的练习,如利用体操器械做各种较复杂的动作等。

(三)专门设计的各种复杂多变的练习,如立卧撑、十字变向跑及综合变向跑等。

(四)各种改变方向的追逐性游戏和对各种信号作出复杂应

答的游戏等。

四、灵敏训练的基本要求

(一)灵敏素质要从儿少开始训练

灵敏素质的生理学基础是在中枢神经系统指挥下，将身体各种能力,包括力量、速度、协调、柔韧等综合地表现出来。神经系统是人体发育最早和最快的系统，儿童具有较优越发展神经系统的条件，如7～12岁具有良好的反应能力、6～12岁孩子节奏感较好、7～11岁具有良好的空间定向能力等等。这些都为发展灵敏素质提供了良好的条件。女子进入青春期，由于体重增加,内分泌系统也发生了变化,就会影响到灵敏素质的训练与表现。

(二)灵敏训练的安排

灵敏素质训练一般安排在训练课的前半部分运动员体力充沛、精神饱满时进行。

在进行灵敏素质训练时,教练员应采用各种手段,消除运动员的恐惧心理或紧张状态,以保证训练取得良好的效果。

第七章　运动员技术能力及其训练

刘建和

第一节　运动技术与运动员技术能力

一、运动技术的定义及基本特征

（一）定义

运动技术即是完成体育动作的方法，是运动员竞技能力水平的重要决定因素。

参加不同体育项目的活动，需完成不同的动作，即需要学习和掌握不同的技术。合理的、正确的运动技术须符合项目运动规则的要求，有利于运动员的生理、心理能力得到充分的发挥，有助于运动员取得好的竞技效果。

各个运动项目的各种动作，都有着符合人体运动力学基本原理的标准技术及规范的技术要求；但对每名运动员来说，又必须依据个体的生理学特点，选择和掌握具有个人特征的运动技术，才能更为有效地参与运动竞技。

（二）基本特征

1. 运动技术与体育动作的不可分割性

这是运动技术区别于其他技术的最显著的特征。运动技术只能通过运动员身体动作表现出来。因而,人们长期将运动技术又称为“技术动作”“动作技术”等。

2. 运动技术不断发展的必然性

在任一特定时刻，运动技术的规范要求的合理性都是相对的和暂时的。随着运动员身心素质的不断提高和运动器械设备的不断改进,运动技术也在不断地发展,即处于一种动态变化过程之中。

3. 运动技术相对稳定与即时应变的统一性

运动技术应具备相对稳定的动作结构。在比赛中,应力求保持这种结构。同时,随着比赛环境及比赛对手的变化,有效的运动技术应能随这些变化而有所调整。

4. 运动技术的个体差异性

不论何种运动技术都必须符合科学原理，具有运动的规范性和公认的动作规格。然而,由于运动员在身体形态、运动素质等许多方面具有不同的个人特点,所以,运动技术还具有个体差异性,对每个具体的运动员来说,最合理的技术动作都不会完全相同,而有着鲜明的个人特点。

二、运动技术原理

不同项目的运动技术,须全部或部分服从以下科学原理。

(一)生物学原理

1. 生理学原理

目前一般认为,运动技术形成的生理机制,是运动条件反射暂时性神经联系,是以大脑皮质运动为基础的，因此，学习和掌握运动技术的生理学本质就是建立运动条件反射。

2. 生物力学原理

运动生物力学认为，运动技术的生物力学原理就是以下基本要素合理适宜匹配的结果，即：身体姿位，关节角度；身体及肢体的位移、运动时间、速度及加速度；用力大小及方向，用力的稳定性及动态力的变化速率；人体各环节的相互配合形式与方式；增大动力的利用率及减少阻力的技巧。

（二）心理学原理

运动技术的心理学机制，目前已受到人们广泛关注。如运动技术学习与形成所需要的心理能力等，认知心理的形成与发展，表象的形成与运用都对学习和掌握运动技术有着重要的作用。

（三）社会学原理

运动技术服从的社会学原理主要是美学原理。“运动美”从某种意义上讲，就是技术美、动作美。在技能主导类表现难美类项群技术训练中，对技术美的要求尤为严格。

三、动作要素与技术结构

（一）动作要素

动作要素包括身体姿势、动作轨迹、动作时间、动作速度、动作速率、动作力量和动作节奏等。

1. 身体姿势

指在动作过程中，身体或身体各部分所处的状态及身体各部位在空间所处的位置关系。可分为开始姿势、动作进行过程中的姿势和结束姿势。

2. 动作轨迹

指在做动作时,身体或身体某部分所移动的路线。包括轨迹形状(直线、曲线、弧线等)、轨迹方向(前后、左右、上下六个基本方向及各种旋转与环绕等)和轨迹幅度(长度、角度)。

3. 动作时间

指完成动作所需要的时间。包括完成动作的总时间(完成动作所需的全部时间)和各个部分的操作时间(完成动作的某一环节所需要的时间)。

4. 动作速度

指在单位时间里身体或身体某部分移动的距离。包括平均速度、瞬时速度、初速度、末速度、角速度和加速度等。

5. 动作力量

指在完成动作时，身体或身体某部分克服阻力所用力的大小,是人体内力和外力相互作用的结果。

6. 动作速率

指在单位时间内同一动作重复的次数。

7. 动作节奏

指在完成动作过程中的时间特征。包括用力的大小、时间间隔的长短、动作幅度的大小及动作快慢等要素。

(二)技术结构

技术结构包括动作基本结构和技术组合两层含义。

1. 动作基本结构

由动作基本环节和环节之间的顺序构成。亦可称为技术的微观结构。

每一项技术动作的基本结构都包括若干个基本环节。如跳远技术动作由助跑、踏跳、腾空和落地四个基本环节组成。这些基本环节按特定的、一般不能予以改变的顺序形成动作基本结构。因而，动作基本结构可称为“技术链”，而动作基本环节则可视做“技术链”上的各个点，“顺序”则成为连结各个点的连线。

改善动作基本结构可从改善动作基本环节、改善环节间顺序两个方面进行。

2. 技术组合

由若干独立的技术动作连结组成的集合。如乒乓球运动员的“左推右攻”，艺术体操运动员的“难度性组合”与“表现性组合”等等。

第二节 影响运动技术的因素

一、主体因素

（一）人体结构力学特征

运动技术必须以身体动作为表现形式，而身体动作表现则以人体解剖结构作为基础。例如，动作的幅度主要取决于人体关节的结构，动作的速度取决于肌肉的结构（肌纤维构成比例）和功能等。

（二）中枢神经系统的控制与协调能力

运动技术的合理性依赖于参加动作的肌肉群的协调程度，而这种协调程度又依赖于神经系统对肌肉的合理而精细的支配，即协调能力。因此，中枢神经的控制作用表现为对肌肉的协调支配。运动技术的完成，从神经系统来说主要取决于相关神经元的连续冲动、冲动的频率及冲动到达肌纤维的准确时间；而无关神经元则抑制不需参加活动的肌纤维，使之不发生收缩。在骨骼肌的协调活动中，起主要作用的是神经机能的调节。

协调能力是指运动员机体不同系统、不同部位和不同器官协同配合完成技术动作的能力，协调能力是形成运动技术的重要基础。从生理学角度讲，运动技术的形成是条件反射的建立与巩固，协调能力好，就能合理运用已掌握的各种机能储备，使大脑皮层的暂时联系很快建立起来，加快对新技术的掌握。从运动学角度讲，运动技术的形成是运动员按照动作的空间、时间和节奏等要求进行练习的结果。协调能力好，就能在练习中把握上述时空及节奏特征，从而较快提高运动技术学习和训练水平。

（三）感知觉能力

运动员在完成技术动作时，需要各种感知觉参加。其中，肌肉运动感觉起着重要的作用。经过反复学习，运动员各种分析器的感受性得到高度发展。为了适应专项运动的要求，专门化知觉（如“水感”“球感”“速度感”“器械感”等）也得以形成和发展。运动员能够清晰地知觉自己的动作，因而动作具有高度的准确性和协调性。

从运动训练实践中可以发现，运动员感知觉能力的高低，在很多情况下，同其技术水平存在极为密切的关系。技能主导类项目更是如此。例如，在乒乓球、羽毛球等隔网对抗类项目中，小肌肉群（如手指肌群）的感知觉能力，直接影响着运动员能否掌握高难技术。

（四）动作技能的贮存数量

运动员动作技能贮存的数量越多，越能顺利地建立新的条件反射,掌握新的技术动作。

(五)运动素质的发展水平

动作速度、力量、柔韧等运动素质对技术动作的完成和运动技术的质量有着重要的影响。这些素质的发展水平直接影响技术完成过程中时空及节奏特征及各部分肌肉用力的协调配合。运动员技能的发展在很大程度上依赖于有关运动素质的发展水平。

(六)运动员个性心理特征

运动员学习掌握技术和完成技术的质量与注意力、思维、信心和意志等心理品质有着直接关系,特别是高难技术动作的掌握更受到这些心理品质很大的影响。

二、客体因素

(一)竞赛规则

竞赛规则直接制约着运动技术的发展方向和发展速度。任何运动技术,只有在竞赛规则允许的范围内才能存在和发展。篮球三分球的规定推动了远投技术的发展,乒乓球直径的加大则将会使乒乓球技术更富于变化。无论是运动技术的学习、训练、掌握及运用,还是运动技术的创新,都必须深入研究规则精神,合理利用规则,并准确预测规则可能发生的变化及其对运动技术发展的影响。

(二)技术环境

技术环境是指运动员(队)周边相关群体(国家、地区或运动队)的整体技术水平。实践证明,良好的技术环境对于运动员学习、掌握和运用运动技术有着重要的作用。在很多项目中,“明星”级运动员只能产生于良好的技术环境之中。

(三)器材设备与场地

从某种意义上讲,运动技术的发展离不开器材设备与场地的进步,甚至某些技术若离开了这些因素就无法存在。例如撑竿跳高中的“弹射”过杆技术,离不开玻璃钢杆;乒乓球中的“倒拍”发球和削球技术,离不开两面不同性质的球拍胶皮。在特定的情况下,运动员所使用的器械设备是否先进,是决定其运动技术水平高低乃至其运动成绩好坏的重要原因。当代高科技不断渗入运动训练过程,促进了器材设备与场地等物质条件的飞速发展,从而为运动技术向更高水平发展提供了可能。

第三节 技术训练常用方法

教练员和运动员为完成技术训练任务,必须采用有效的训练方法。技术训练是否成功,训练效果是否显著,在很大程度上取决于技术训练方法的先进性和运用的正确程度。

选择技术训练方法应遵循下列要求:

明确的目的性和针对性。技术训练的不同阶段要达到的目的和所要解决的任务是不同的,因此,选择技术训练方法应具有较强的针对性,即要“有的放矢”。

多层面的综合性。为完成某一技术训练任务,可采用多种训练方法进行综合训练;或采用一种技术训练方法同时解决几项训练任务,以提高训练效益。

常用方法与特殊方法相结合。各项目均可采用的方法称为常用方法，各项目专用的训练方法以及针对需要解决的特殊问题而专门设计或采用的方法称为特殊方法。

本节将介绍各项目均可采用的主要常用方法。

一、直观法与语言法

(一)直观法

指在技术训练中，借助运动员的各种感觉器官，使运动员建立起对练习的表象，获得感性认识，帮助运动员正确思维、掌握和提高运动技术水平的一种常用的训练方法。

运用直观法时应注意：

1. 根据具体条件和可能，广泛利用各种直观手段。

(1)提高多感官的综合分析能力。运动员综合利用感觉器官的能力越强，越能较快地感知和掌握技术动作。

(2)各种感觉器官的作用往往具有阶段性。如开始学习技术动作时，视觉作用较大；但在提高过程中，就应更多地通过肌肉本体感觉改进和完善技术。

2. 把运用直观法和启发运动员的积极思维结合起来。感性认识必须通过积极的思维向理性认识过渡，才能形成正确的动作概念，从而掌握动作。

3. 对于运动水平较低、年龄较小的运动员应更多使用电影、录像和示范等直观手段。

(二)语言法

指在技术训练中，运用各种形式的语言，指导运动员学习和掌握技术动作的训练方法。其主要作用在于帮助运动员借助语词明确技术动作概念，纠正错误动作，提高技术水平。

语言法以“讲解”为主要手段。讲解时,应力求目的明确、通俗易懂、精简扼要、富于启发性,并要注意讲解的时机。对高水平优秀运动员可适当多使用语言法。

二、完整法与分解法

完整法是指运动员从技术动作的开始姿势到结束姿势，完整地进行练习,从而掌握技术的训练方法。其优点在于一开始就使运动员建立完整的技术动作概念，不致影响动作的结构和各部分之间的联系。此方法多用于学习简单的技术动作或不能分解联系的较复杂的技术动作。

分解法是指把完整技术动作按其基本环节，分成若干个相对独立的部分,使运动员分别进行练习的训练方法。其优点在于能减少运动员开始学习的困难，在掌握了完整技术动作中相对独立的几个部分后,再进行完整练习,从而提高学习的效率,增强掌握动作的信心。此方法主要用于较复杂的技术及技能主导类表现难美性项群的成套技术动作练习中,在改进动作、提高动作质量时亦可使用。

由于分解练习是部分地掌握技术,所以,一般将分解练习看成是完整练习的补充。

运用完整法与分解法时应注意:

1. 对于比较复杂的技术动作，可采用先分解后完整的练习。但在这种情况下,必须注意不要破坏动作的完整性。即动作阶段的划分应以不影响技术动作的结构特点和不破坏动作各部分的有机联系为准则。

2. 少儿初学者善于模仿，对于一些不很复杂动作，可先完整练习后再分解练习。

3. 一般来讲，运动技术水平越高，分解练习的比例相应越大一些(此时,运动员具有高度的分化抑制,技术动作各个环节的概念也十分清楚,一般不会因分解练习而影响技术动作的完整性)。

4."先分解后完整"或"先完整后分解"都不是固定的学习、训练程序。教练员应根据技术动作的难度、结构(组成环节的多少)及运动员年龄及心理特征等来确定采用什么方法。

三、想象法与表象法

(一)想象法

指在练习前,通过对技术要领的想象,在大脑皮层中留下技术"痕迹",然后在练习中激活这些痕迹,使技术动作完成得更为顺利和正确的一种训练方法。此种方法在优秀运动员中运用得更为普遍。

在想象法运用过程中,要与各种感觉相结合,即在头脑中对技术动作想象的同时,同步地与各种感觉(肌肉用力感、空间感、方向感、平衡感和速度感等)结合起来,把头脑中的想象变成运动器官的操作性活动。

(二)表象法

又称念动法。指运动员在头脑中对过去完成的正确技术动作的回忆与再现、唤起临场感觉的训练方法。通过多次动作表象,提高运动员的表象再现及表象记忆能力;可以使运动员的注意力集中于正确的技术要求,有利于提高心理稳定性,从而促进技术的掌握。

四、减难法与加难法

减难法指在技术训练中,以低于专项要求的难度进行训练的方法。如在跳远训练的踏跳练习中,以弹簧板代替踏跳板。此种方法常用于技术初学阶段。

加难法指在技术训练中,以高于专项要求的难度进行训练的方法。如在排球扣球技术训练中,加高隔网,从而增加了训练难度。此种方法常在优秀运动员训练中使用。

第四节　运动技术训练的基本要求

一、处理好基本技术与高难度技术的关系

实践证明,凡能够攀登上世界体育高峰的运动员,一般都具备扎实的基本技术。因此,无论哪个运动项目,都必须长期地、系统地、坚持不懈地狠抓基本技术的训练。即使是在高水平运动员的训练中,基本技术训练也应占相当的比重。

运动员如欲长期保持高峰状态,延长运动寿命,以基本技术为核心的"基本功""基本实力"是否雄厚,是一个必备条件。我国著名女子花剑运动员栾菊杰曾连续多年在国际国内重大比赛中赢得金牌,她的教练文国刚指出,栾菊杰运动寿命长的因素之一是其基本功扎实,技术全面。即使在获得第23届奥运会冠军后,栾菊杰在技术训练中,基本技术练习仍占有一定比重。对我国参加过4届以上世界乒乓球锦标赛的18名世界冠军获得者(男10名、女8名)的情况进行的专题分析(刘建和,1985)指出:扎实的基本功是保持较长高峰年限的重要条件。训练实践证明,没有扎实的基本功而想求得长远的发展是不大可能的。高峰年限较长的运动员大部分都是被称为"实力派"的人物,如庄则栋、李富荣、张燮林、林慧卿、郭跃华、李振恃、张立等。

然而,我们还必须注意到,在球类、体操、跳水等项目中,除

必须抓好基本技术训练外，还应努力掌握高难技术。在现代运动竞赛中，这类技术本身的难度价值和完成的质量情况，是决定运动成绩的重要因素，因而必须加以认真对待。

我国跳水队取得巨大成功的重要经验之一就是“走在世界跳水难度前面”，即在训练中以难度领先。同时，注意正确地处理难度与基本功的关系。因为他们清楚地看到，要发展难度，必须要有良好的技术基础和身体素质基础。这样，高难技术和基本技术相互促进，都得到了提高。

二、处理好特长技术与全面技术的关系

在很多项目中，有特长技术和全面技术之分。在训练中，这两种技术应当有机地结合起来。

特长技术是指运动员所掌握的技术“群”中那些对其获取优异运动成绩有决定意义的、能够展现个人特点或优势、使用概率和(或)得分概率相对较高的技术。在训练中，对这类技术应精雕细琢，精益求精，力求使其成为运动员在竞赛中获得高分或克“敌”制胜的主要手段。

一名运动员(队)是否有“绝招”，是其能否跻身于高水平行列的重要条件。而特长技术就是“绝招”的核心构成部分(表 7－1)。日本柔道联合会科研部长高桥邦男在对日本最优秀的柔道运动员(队)的各种特征进行分析后指出，这些运动员的共同之处是都有自己的“得意技”，并由此衍生出其他技术，成为制胜法宝。此外，特长技术还是决定技术风格是否鲜明的重要因素之一。

至于使专项运动技术群中哪些技术成为运动员(队)的特长技术，教练员、运动员可从下列三个因素考虑：第一，运动员(队)整体打法及场上位置的特定要求。第二，该项运动技术群中，运动员(队)完成得最为出色的技术动作或技术类别。第三，该项运

表 7－1　世界水平的中国选手技术特长选例

项目	姓名	性别	运动成绩	技术　特长
跳高	朱建华	男	三次创世界纪录	助跑速度快，与起跳结合好
竞走	阎红	女	世界杯赛冠军	动作经济实效
柔道	高凤莲	女	世界冠军	“外卷入”动作熟练
体操	李宁	男	世界冠军	有突出的空间定向能力及身体自控能力，动作规格高
羽毛球	杨阳	男	世界冠军	后场凌空劈杀技术好
跳水	周继红	女	奥运会冠军	难度系数高，压水花技术好
射击	许海峰	男	奥运会冠军	自控能力突出，技术稳定
乒乓球	江加良	男	世界冠军	快攻及相持能力强，技术全面

（摘编自田麦久等:《运动训练科学化探索》，人民体育出版社，1988）

动技术群中带有关键性作用的技术。第四，运动员的个人特点及使用的特殊器械。

在狠抓特长技术训练的同时，还应当力求全面地掌握专项运动中的各项技术。这是因为：

其一，专项运动技术动作群中的各种技术之间，往往存在着一定的内在联系，起着相互促进、相互影响的作用。这种作用，我们称之为运动技术的“转移”。受这类“转移”的影响，有时，一个似乎不太重要的辅助性技术的掌握，亦往往可能影响特长技术水平的提高。

其二，在运动竞赛中，技术是否全面，是保证特长技术能否发挥的重要条件。在竞赛实践中常可观察到这样的现象：一名运动员尽管特长很突出，但因技术不全面，在某方面留下缺陷，因而在比赛中给对手以可乘之机，没待自己的特长发挥出来之时，已告失利。这种情况说明运动员技术系统（技术群）在竞赛中所能发挥出的整体效应有时服从“木桶原理”，即往往不取决于水平最高的技术(特长技术)而取决于其他水平相对较低的技术。田麦久等指出：格斗对抗性项目(如击剑、柔道、散手、摔跤等)的比赛中，绝对胜利的比例减少，相持能力(技术与体力)的作用加大，因而必须重视全面发展和突出绝招(《运动训练科学化探索》,1988)。这说明，现代运动训练实践的发展，不但要求运动员有精绝的特长技术，而且还要具备较高水平的全面技术。为此，在平时训练中必须把二者有机结合起来。

最后还需着重指出，“技术是战术的基础”这句训练公理性语言尚包括这样一层语义：技术的全面性决定了战术的多样性。在比赛中，既要给对手造成最大限度的不适应，又要使自己最大限度地适应对手，往往看起来只是战术问题，但实际上还包括技术问题。

三、处理好规范化与个体差异的关系

技术规范又称技术规格。在训练学中，特指依据科学原理而确立的、人们在进行技术训练时所必须遵从的模式化要求。技术训练必须符合技术规范提供的标准，必须沿着技术规范指出的方向进行。因而在训练中，必须强调技术的规范化。这在体操、武术套路等项目中显得尤为重要。在技术训练的初级阶段或少儿训练中，强调技术的规范化也是非常必要的。

与此同时，我们还应重视技术的个体差异，使两者完美地结合起来。

技术规范是一种理想的动作模式，是将许多优秀运动员的共同特征集中起来进行的最有代表性的描述。在一个特定的时间中，某个运动员是不太可能同时具备所有这些特征的，一名运动员的技术动作很难完全符合技术规范的要求。因此，技术规范作为一种理论抽象，只能为技术训练提供一些准则，为训练指明一个基本方向，而不可能深入到每名运动员的技术细节中去。德国运动训练学家曼·葛欧瑟曾指出："每个人与理想的动作模式都有偏差，这是正常的，因为每个人都有自己的个性和特点。技术训练的目的在于使运动员近似地达到理想动作模式的要求，即每名运动员都应掌握技术当中的重要环节，同时还要保持个人的风格和特点。"(《运动训练学》，田麦久译，北京体院教务处编印，1983)。我国学者也曾指出，在技术训练中除必须要求运动员按技术规格进行练习外，还应注意运动员的个人特点。由于运动员之间存在着差异，在掌握技术过程中往往在某些方面看起来不符合技术规格，但对其本人来说是合理并有效的。了解这一点，对于在技术训练中充分发挥运动员个人特点及更好地完成技术训练任务都有重要意义(过家兴等：《运动训练学》，北京体院出版社，1986)。

教练员必须明了：对运动员技术特点的重视、保护乃至有目的地加以发展，是使这些特点发展为特长，从而攀登上世界体育竞技高峰的重要环节。在球类等对抗性项目中，技术的"实用性"是最为关键的因素。如果过分拘泥于技术的规范化，而对实用性有所忽视，比赛效果往往受到影响。而"实用性"在很多情况下，不仅由技术的规范化所决定，而且还由运动员的个人技术特点所决定。因而在技术训练中，对运动员进行区别对待是极其重要的。从而在技术规范化指出的方向上，让运动员表现出不同的技术特征来。

四、处理好循序渐进与难点先行的关系

任何一项运动技术的各个组成部分之间，都有其内在的联系。进行技术训练时，应当认识和利用技术活动内部存在的固有

联系，即应当沿着由低到高、由易到难、由浅入深、由分到合、由主到次的顺序进行联系。无论是训练内容的安排和训练方法手段的选择，都要服从“学习、提高、巩固，再学习、再提高、再巩固”的一般性程序。按照这种方式进行技术训练，有利于运动员打牢基础，稳步前进。

然而，现代运动技术训练实践的发展也告诉我们，先易后难、先浅后深等教学顺序也并不是绝对不能改变的惟一模式。在特定条件下，“难点先行”，即所谓“先难后易”“先深后浅”，亦可望收到良好的效果。

例如在跳水项目中，高难技术的竞争，往往成为决定成绩的关键所在。一般来讲，要求在少儿时期练好扎实的基本技术以作为尔后练高难技术的基础。然而，随着少儿身体的发育，体重逐渐增加，心理上“畏惧感”加大，攻高难技术往往十分困难。在这种情况下，我国跳水界对传统训练理论进行了冲击：根据少年时期体重轻、心理负担小的特点，跃进式地发展难度技术动作，且使这种技术具有较高质量，从而将基本技术训练与难度技术发展密切结合起来，使我国一大批运动员在少年时期就已在国际大赛中展露锋芒，取得了优异的参赛成绩。

又如在足球项目中，只要技术动作要领清楚，方法合理，儿童掌握技术就很快。徐福生改变了以往传统的足球技术训练教材排列顺序（传统的排列顺序是：踢球、停球、顶球、运球、假动作、抢球、掷界外球、守门员技术 8 项），而从相对较难的运球技术入手，并以过人突破技术为核心。实践证明，这种方法能使一个不会踢球但对足球有兴趣的六七岁儿童在经过 15 课时的训练后，基本掌握动作（见徐福生：《关于“从娃娃抓起”的战略思考与时间》，载《中国体育科技》，1989 年第 5 期）。

当然，“难点先行”必须具备一定的条件。如前述跳水（尤其是跳板跳水)训练中,少年运动员需要具备良好的空中平衡能力和控制跳板的能力。在一些可能出现运动损伤的项目中,如运动员还未能通过基础训练获得较强的自我保护能力时,欲练习高难技术,必须采取相应的保护措施。同时"难点先行"绝不等于是不要基本技术,它只是一种很有发展前途的技术训练程序。而这种程序必须同常用程序有机结合,才能相得益彰。归根结底,"难点先行"仍是"循序渐进"的一种特例,不同的只是它是按照新的"序"来进行训练的。

五、处理好合理的内部机制与正确的外部形态的关系

合理的内部机制指运动技术必须符合运动解剖学、运动生理学所指明的神经肌肉工作原理。例如中枢神经系统对肌肉系统中主动肌、协同肌和对抗肌的正确支配等等。另外,运动技术还应符合运动技能形成的心理学原理。

与此同时,运动技术还应具备有正确的外部形态,其意义从以下几个方面表现出来:

第一,外部形态和内部机制往往交互影响。前苏联运动生理学家曾指出:技术动作一开始就具有正确的外部形态,对技术进一步完善、技能进一步形成具有很大意义。其原因是,具有正确外部形态的技术,可向中枢神经系统发出有效的神经冲动以及由中枢神经系统发出的对完成联系比较适宜的神经冲动,都能顺利到达有关的神经和肌肉部位(包括神经肌肉接点)。而这种神经冲动本身,亦是作为技术的神经生理基础的暂时性神经联系的重要组成部分。此外,技术具有正确的外部形态,会加快肌肉协调能力及动作力量、速度、耐力等方面的发展。相反,如形成不正确的外部形态(尤其是成为习惯)后,就会因神经间暂时联

系的稳固性而给纠正这些习惯带来极大困难（恩·恩·雅可甫列夫等著，蒋琳等译：《运动训练的生理学和生物化学基础》，人民体育出版社，1960）。

第二，对于技术的外部形态，我们常用运动生物力学的方法进行描述。如运动的轨迹、幅度、加速度、打击点、打击力量等等。通过这些指标来表述技术动作在经济性和实效性等方面的特征。

第三，“技术美”在很大程度上是通过外部形态来体现的。尤其是在武术套路、体操、花样滑冰等项目中更是如此。

例如在武术项目中，长拳姿势舒展，轻快潇洒；南拳步稳势猛，刚劲有力；八卦掌身灵步活，姿态连绵；鹰、猴、螳螂等拳种对动物形态的模拟，形神统一，栩栩如生。这些技术之所以有较高的审美价值，其外部形态是很关键的因素。

第四，体育院校的学生在进行训练时，更应注意正确的外部形态。因为他们毕业后将担任教练员或体育教师，自身的技术动作如何，对其在今后能否正确地进行示范，以及能否在所教学生中享有较高威信，都有一定影响。

六、抓好技术风格的培养

（一）技术风格的意义

在运动训练实践中，教练员、运动员极其重视“技术风格”的培养。有人甚至称技术风格是运动技术的“灵魂”。丘钟惠等人（1982）指出，“培养什么样的风格，关系到运动员（发展的）方向和可能达到的水平……我国乒乓球运动之所以能够持续多年的跃进，其重要因素之一，就是不断地认识了技术风格的重要意义，并有效地培养了一批批具有独特风格的运动员。事实证明，一名缺乏鲜明技术风格的运动员，要攀登世界技术高峰是十分困难的”(《现代乒乓球技术的研究》,1982)。我国羽毛球运动曾长期居于世界领先地位,同广大教练员、运动员在训练中重视技术风格的培养也是分不开的。

一名运动员有个人的技术风格，一个运动队也有集体的技术风格。因此,今天我们在理解技术风格时,不应局限在个人技术上。

进一步探讨这个问题，就可引申出所谓“技术流派”的概念。所谓技术流派,指不止一个运动队,而是若干运动队都具有相似的技术风格。如在足球运动中,历来有欧洲技术流派和南美技术流派之分，前者技术风格粗犷简捷，后者技术风格细腻华美。因此可以这么讲,技术流派是技术风格在空间上的放大。

(二)技术风格释义

所谓技术风格,是指某运动员或运动队的技术系统,区别于其他运动员或运动队的技术系统的、较为成熟和定型化了的、经常表现出来的特征。

上述定义强调了如下几方面的含义:

1. 强调了运动员(队)的主体因素。技术系统、技术风格的物质载体是运动员,即任何技术系统都要由运动员掌握,任何技术风格都要由运动员表现。

2. 每名运动员都有自己独特的个性特征和行为特征，一个群体也有区别于另一群体的个性特征和行为特征，建立在此基础上的运动技术系统必然呈现出丰富多彩的姿态。独特的技术风格,来源于独特的技术系统。

3. 运动员(队)技术系统的独特性,是经过长期的运动训练实践而培养起来的,是较为成熟和定型化了的,即这种独特性是一种结果,从而强调了技术风格培养过程的长期性。

4. 运动员(队)技术系统的独特性需要表现出来才能被人认识、检验和承认。这种表现的主要场合是比赛。而且,正因为独特性是较为成熟和定型化了的,因此,在比赛中总会经常地表现出来。

技术系统是技术风格的内核,技术风格是技术系统特征的集中表现。运动员技术风格的不同,实质上是源于技术系统的不同,不同的技术系统必然表现出不同的技术风格。

某一技术系统区别于另一技术系统的特征可以从以下两个方面表现出来。

第一,系统构成元素不同。主要表现在各具体技术的水平(质和量)不同。例如"技术全面"与"技术单调"之不同,"技术熟练"和"技术粗糙"之不同。在运动训练实践中,先进技术的掌握和运用,往往对形成技术风格有直接的影响。

运动技术是一个复杂系统。各项具体技术在这个复杂系统中所占的地位是不同的。有些技术处于主导地位,有些技术则处于辅助地位,技术全面并不等于技术均等。在实践中,我们常常根据占主导地位的技术所表现出来的特征来评价运动员的技术风格。

第二,技术结构不同。运动员或运动队之所以形成自己独特的技术风格,除了在具体技术上有自己的特点之外,还存在另外一种情况,即各具体技术的组合方式与其他运动员或运动队不同。认识到这一点的实践意义在于,当不同运动员的单个技术水平都相近似时,技术系统的区别就主要表现在单个技术的构联形式上,即技术的结构上。

上述分析给我们如下启示:如要培养运动员或运动队的独特的技术风格,除在系统元素上要有特点外,用特殊组合形式将各元素构联起来,亦可达到这一目的。

(三)影响技术风格的因素

1. 特长技术

特长越显著,风格越突出。技术风格的培养从一定意义上讲,也就是特长技术的训练。某项特长技术的掌握,往往使运动员或运动队的风格变得更加突出。

在训练中,如何选择几项技术反复精练,使其成为运动员的特长,并结合好其他技术进行练习,这是培养运动员鲜明技术风格的一个关键问题。

2. 运动员的神经类型(气质类型)

运动心理学研究表明,一定的气质类型适合于一定的技术风格。在前苏联著名运动心理学家罗季奥诺夫主编的《高级运动员的运动心理学》一书中指出:"对个人活动的风格,可理解为受神经系统的类型特征所制约的、能取得胜利的活动方法、手段以及反应形式的总和。"不言而喻,神经类型是气质类型的生理基础,气质类型是神经类型的外在形式。例如,在技术风格中强调"变化的运动员",要求其自身的神经活动具有高度的灵活性和平衡性,这种风格运动员的气质类型,大多为典型的多血质。

3. 种族特征

从人类学的角度看,种族特征对技术风格的影响也是较为明显的。种族形态与心理特征制约着运动技术的发展方向。例如,在对抗性项目中,东方运动员的技术风格往往表现出"巧"的特征,而西方运动员则往往表现为"猛"。在足球运动中,欧洲运动员凭借自己的身材优势,在技术上形成了大刀阔斧的欧洲风格,而南美运动员身材虽不及欧洲运动员高大,但在技术上精雕细刻,从而也形成了以细腻见长的南美风格。

七、处理好"学习"因素与"训练"因素的关系

现代训练理论认为，训练过程中既有"学习"因素，又有"训练"因素。就运动员而言，"学习"和"训练"两大因素构成了完整的统一的不可分割的技术训练过程。运动员从"学习"开始步入这个过程，但由于"学习"必须以"身体练习"为基本手段，所以即便在此时，"训练"因素也夹杂在其中。

技术学习是技术训练过程的起点和基础，它将对整个技术训练过程产生重大影响，因而，教练员和运动员有必要掌握技术学习的有关理论。

20 世纪 60 年代初，在美国和加拿大等国形成了一门新兴学科——运动技能学(MOTOR - LEARNING)。这门学科具有较高的学术性和很强的实用性。它既不同于运动生物力学的技术分析，也不同于专项运动技术教法研究，其研究重点是技术学习的一般规律。其主要内容包括：

(1)运动技能形成模式分析；

(2)运动技能学习的一般能力及专项素质；

(3) 练习前的各种准备：良好的心理状态、定向于学习目标、能力准备、环境安排及心理辅助手段的使用；

(4) 练习进行的具体措施和教法安排：方案设计、质量与数量的关系和要求、动机作用的分析、教学与训练的交替使用、课时长短、练习与休息的间隔、系列学习、程序学习、练习法等；

(5) 练习后的教学措施：强化原则的应用、反馈原理的应用、分析与归因问题、技术迁移的规律、技术的保持和巩固；

(6)社会及练习中所产生的各种因素对学习的影响。

(依何继韩文，载《体育科学》1984 年第 1 期)

从特定角度认为，技术训练过程的实质就是运动学习的过

程。在这个过程中，包括接受信息，形成动作表象，建立动作程序；发出指令，完成动作；反馈和调整动作三个环节。

1. 接受信息，形成动作表象，建立动作程序

学习技术时，运动员总是通过感觉器官从多种信息源摄取有关所学动作技术的种种信息，并将信息传到大脑皮层进行加工处理，形成动作表象，在此基础上组成动作方案在脑中留下知觉痕迹。

大脑皮质接受了来自各方面的信息后便要进行选择加工。由于人的信息加工能力是有限的，神经中枢只能同时处理一组信息，如果后面的信息接踵而至，机体对它的反应就会推迟或根本不作反应。因而，运动员能否抓住有关动作的主要信息是运动学习中十分重要的问题。这取决于运动员掌握技能的多少、认知能力及学习时机、情绪等方面的特征。

2. 发出指令，完成动作

大脑皮质按照形成的动作方案，向有关运动器官发出指令。运动器官按此进行活动，完成动作。由于种种原因，开始完成的动作不可能与预定方案完全相符，这就要通过下面的反馈、调节过程进行修正。

3. 反馈和调整动作

在运动技能形成中，信息的反馈有着重要的作用。其内容包括有关动作的参数（方向、速度、节奏等），以及动作学习的进展情况。

反馈信息来自两个方面：一是运动员本身的各种感觉、知觉；二是外部他人给予的信息，如教练员、同伴的评价、指示以及通过各种测试仪器所测得的数据。

反馈信息传到中枢神经系统与原来的动作方案对照，据此调整动作方案，再次发出指令，实施动作。经过多次循环往复才

能形成技能。

综上所述，在技术训练中，教练员要有选择、有重点地向运动员提供有关动作的信息。教练员应详细研究技术的实质及要领，围绕关键技术，结合运动员个人特点和所练技术的掌握情况，确定给予信息的内容、顺序及频率，以使运动员对技术较易形成清晰的认识。其次，还要注意给予信息的时间。按在运动中给予运动员信息的时间特征，可将它们分为同步信息、快速信息和滞后信息。同步信息应在动作完成过程中给予(如教练员的呼喊)；快速信息应在动作后25~30秒内给予(如实拍录像、教练员的即刻指示等)；滞后信息则是在练习或比赛后给予。

从某种意义上讲，"学习"效果将直接决定技术训练效果。为此，教练员应力求明了技术学习的生理和心理机制，熟练掌握教学技巧。

八、改善动作基本结构，提高技术组合水平

运动技术训练实践证明，改善动作基本结构和提高技术组合水平，是提高运动技术整体水平的重要途径。

对于体能主导类项群而言，由于专项技术动作相对单一，因而，对各个动作基本环节精雕细刻，并力求使环节间的联系更加流畅，可以更大限度地发挥出运动员的体能水平。

对于技能主导类表现准确性项群而言，除改善单个技术动作的基本结构外，提高各技术动作间的组合水平，将是决定运动员整体技术水平能否继续得以提高的重要因素。对高水平运动员来讲，这个问题尤为重要。因为在此阶段，单个技术质量的提高及新技术的学习与掌握，已变得相对困难，而提高技术组合水平，正是提高总体水平的有效途径。

在技能主导类诸项群中，根据运动技术在临场上的运用形

式,可大体将其分为固定组合和变异组合两大类。

在技能主导类表现难美性项群中,固定组合的构成为“动作编排”。“编排”(组合)水平的高低,将直接影响运动成绩。

在技能主导类的格斗对抗性、隔网对抗性及同场对抗性项群中,根据对手的情况,技术的运用除有一定的固定形式外,还存在着变异组合形式,由于比赛中的情况千变万化,这种组合带有很强的应变及创造性质,即在比赛中往往可能出现平时训练中没有出现过的技术组合。运动员这种“创造”能力的高低,往往成为决定成绩的关键因素,亦是技术训练中需要解决的一个重要问题。

九、重视运动技术创新

运动技术的发展有两种形式:渐进式(指原有技术不断完善和提高)和飞跃式(即出现了以前没有的新技术)。技术创新属飞跃性发展。

新技术的出现往往会引起整个技术体系的震荡,破坏原有的技术结构,建立新的技术结构,使技术在较短的时期内得到长足的发展,并往往使率先创新者在优异运动成绩的“争夺过程中得到巨大的效益”,因而格外受到人们关注。

实践中可以观察到,技术发展的不平衡性往往由创新的不平衡性所决定。率先创新者往往即为旧有平衡的率先打破者,并由此与对手形成技术水平的“落差”。由于人们对新技术的掌握和运用需有一个较长时间的摸索与适应的过程,所以使创新者可望在相当一段时间里,在专项竞技中保持明显优势。

技术创新具有如下具体意义:

第一,直接提高运动成绩。在技能主导类表现难美性项群中体操、艺术体操、花样游泳等项目中,创新技术是运动员夺取优异运动成绩的法宝。

第二，引进制胜因素或提高制胜因素单个水平或因素间的组合水平。可以把对某一专项运动成绩有决定性影响的因素称之为制胜因素。在特定含义下，专项运动的发展与成绩的提高，就是制胜因素的单个水平及相互间组合水平得以提高的过程。其中，新技术的出现，是制胜因素产生和提高的主要原因之一。

例如，中国乒乓球创新了直拍近台快攻技术，日本乒乓球创新了弧圈球技术，从而使速度、旋转两大制胜因素进入到人们的理性视野之中，快、转之争已持续了 40 年，有力地促进着乒乓球技术的发展。

再如在体操运动中，"旋"技术的创新，提高了体操制胜因素"难、新"的水平，并更加尖锐地将"难、新与稳"等一系列矛盾摆在人们面前，从而推动了训练向高、深方向发展，并力求在更高水准上将几大制胜因素融为一体。

第三，有效地制约现有技术。这种情况在对抗性项目中尤为突出。即某项技术的创新往往是为了更有效地制约现有的某一技术。可以认为，"创新"从一定意义上讲，是在"对抗"的前提下完成的，其目的之一是在新的对抗中占据优势。

第四，更大限度地发挥人体潜能。这种情况在体能主导类项目中表现极为明显。在这些项目中，任何技术的创新，都是为了开发运动员人体潜能，从而达到"更快、更高、更强"的目的。例如，举重运动中下蹲式技术的创新，使运动员提铃至胸的高度比先前采用的箭步式约低 20% ~ 50%，不仅大大节省了提拉力量，而且使运动员的腿部潜力得以显著开发。

根据不同的分类标准，技术创新可分为两大序列：一是单个技术——技术连接方式——复合技术序列；二是主导技术——辅助技术序列。

从各专项运动技术辅助趋势看，序列一中技术连接方式与序列二中主导技术的创新，显示出更大的实践意义，因而更应引起我们的特别关注。

技术连接方式可称为连接技术。它实际上是各种技术相互连接的中介环节。相同的两种或多种技术，如果连接方式不同，组成的复合技术类型就迥异，由之产生的运动成绩也将有高下。例如，竞技体操中两个或三个D组动作巧妙地连接在一起，则可直接提高整套动作的难度和新意，从而必然外化为更高水平的运动成绩。

在特定时代中，以主导技术为核心形成主导技术群（或称为主导技术体系），它的创新和完善决定着这个时代运动技术发展乃至项目发展的方向。如排球中的快攻技术体系、乒乓球中的直拍近台快攻技术体系、弧圈球技术体系、跳水中的向前（后）翻腾技术体系等。主导技术的创新，一般都会给技术发展带来革命性影响。

综上所述，教练员、运动员应在充分认识技术创新的重要性的基础上，开拓思路，大胆创新，从而提高运动技术水平。

第五节　运动技术评价

一、运动技术评价的目的任务和基本标准

（一）目的任务

运动技术评价是指对于运动技术的掌握或完成状态予以描述和评定的活动。评价者（通常为教练员、科技人员等）在科学评价理论指导下，运用现代科技手段或依据自身经验发现、描述

(定性或定量的)与评价运动员在技术上存在的问题,并为运动员实现理想的或满意的技术状态提出指导意见和建议的活动。

技术评价的任务,旨在帮助运动员尽快掌握动作,提高技术质量,探寻新技术和论证创新技术的可行性及科学性,从而达到促进其运动水平提高的目的。

(二)基本标准

实效性(结果)评价和合理性、经济性(过程)评价是运动技术评价的两大基本标准。

运动技术训练的根本目的,是为了创造优异运动成绩。是否能达到这一目的,即实效性如何,是评价运动技术的主要标准。其次,达到这一目的的过程是否符合生物学及心理学等规律,即合理性与经济性如何,亦是评价运动技术的重要标准。在很多情况下,合理的、经济的技术会取得良好的效果,这在体能主导类项群、技能主导类表现难美性及表现准确性项群中尤为突出;但在另外一些情况下(主要在技能主导类格斗对抗性项群、隔网对抗性项群和同场对抗性项群中),尽管实效性同合理性、经济性同样存在密切关系,但由于对手的干扰和不可避免的偶然因素,良好的技术效果却不惟一来自合理、经济的技术完成过程。因而,我们有必要从实效性、合理性和经济性等方面对运动技术给予完整的评价。

二、运动技术评价的指标

(一)生物学与社会学指标

评价运动技术可以从自然科学和社会科学的不同角度进行。例如,在评价体操技术时,不仅要分析其是否符合生物力学和生理生化规律，而且，还要评价其是否符合美学规律等。一般说来，采用生物学评价的情况居多。

（二）质量与数量指标

运动技术的数量反映着运动员掌握技术动作的全面性和多样性。

运动技术的质量可以用内外两组指标进行评价。内部指标，指技术动作是否合理和经济；外部指标，指技术动作是否“实效”。因此，对技术质量的评价，相对来说更加复杂，采用的标准也更多些。我们现在进行的技术评价，大多是质量评价。

三、运动技术评价常用的方法

（一）定性评价与定量评价

1. 定性评价

定性评价是对于运动技术的质的特征所进行的评价。这种评价以观察法为主要手段。在采用观察法时，要注意观察的客观性、系统性和精确性。客观性将保证获取的关于运动员技术情况的信息是可靠的；系统性指观察必须按运动的计划顺序进行，从而保证观察的全面性；精确性将排除错觉、幻觉以及任何主观因素的影响，发现相似事物中的微小差异，从而使观察结果符合实际。

采用观察手段评价运动员技术状况时有两种途径，即在运动员完成动作的现场直接观察、评价和借助于录像技术在间接观察中进行评价。

2. 定量评价

定量评价是对于运动技术的量的特征所进行的评价。这种评价主要是依靠各种仪器设备，对运动员的运动技术的各种生物学特征(主要是生物力学特征)进行定量描述与评价。

定量评价以定量分析为基础,与评价者的经验相结合,从而使作出的评价与定性评价相比较,更具有准确性和可靠性,即不仅能提供定性的信息,还能提供定量的信息,因而更明确且更能抓住关键，从而更能迅速而准确地提出改进技术的措施或建议。

目前,定量评价往往采用“理论模式分析”和“实测”两种具体方法。“理论模式分析”方法是指把运动中的复杂人体,进行一系列简化性假设,建立起技术动作的数学或生物学模型,继而使用生物力学或经典力学的方法对技术动作进行分析评价；“实测”方法是应用现代科技手段对进行中的技术动作直接检测,以获取技术评价所必需的人体运动学、动力学、形态学和功能解剖学等方面的参数。

(二)运动学评价与动力学评价

1. 运动学评价

包括对技术动作的空间特征、时间特征及两者共含的时空特征的描述与评价,其常用参数如表 7－2 所示。

2. 动力学评价

动力学评价包括对人体惯性特征、动力特征及运动能量特征的描述与评价,其常用参数如表 7－3 所示。

(三)多维测试与综合评价

多维测试指运用多种手段、尤其是现代科技手段,从多种角度对运动技术进行测试。随着现代运动训练的发展,单一的测试手段和角度已表现出局限性,多维测试应运而生。通过对多维测

表 7－2　运动学评价常用参数

类　别	参　　数
空间位置	位置坐标值(人体或某一环节的位置)
	运动轨迹(是动点在给定的参考系中的几何位置)
时间特征	持续时间(动作过程运动时间的量度)
	运动节奏(运动中各部分时间之比)
	运动频率(单位时间内动作重复的次数)
时空特征	速度(运动点位置坐标随时间变化的值)
	加速度(描述人体或某一环节运动速度变化的时间量度)

(引自王萍,载《运动训练科学化探索》,1988)

表 7－3　动力学评价常用参数

人体惯性特征	质量(人体平动时惯量的量度)
	转动惯量(转动时人体或转动环节惯量的量度)
动力特征	力(质量与该力引起的加速度的乘积)
	力矩(力对物体转动作用的量度)
	力的冲量(力对时间的积分)
	力的冲量(转动中对给定轴的力矩在给定时间间隔内作用的量度)
	动量与动量矩(分别描述人体或某一环节在平动与转动中运动状态的动力学量度)
运动动量特征	功、功率、动能、势能等(用以描述人体由一种运动形式转变为另一种运动形式时物质运动的量度)

(引自王萍,载《运动训练科学化探索》,1988)

试所获取的多种信息进行综合评价，可对运动技术作出更为透彻和准确的分析与评价。因而，这种方法是技术评价的发展方向。

四、不同项目运动技术评价特点

不同项目运动技术各有自己的特点，因此，对其评价的工作也有不同的要求。王萍(1988)对不同项目运动技术的评价特点作了简明的归纳比较(表7－4)。

表7－4 不同运动项目技术评价的特点

项目	特征	技术评价特点
走、跑、游泳、速度滑冰、长距离滑雪、划船、自行车	1. 动作呈周期性重复，体能对比赛成绩起决定性作用 2. 以竞速为目的 3. 动作形式较单一、稳定	1. 以分析评价单个周期动作技术的合理性为主 2. 高水平运动员技术评价的要求高，对技术检测的依赖性大 3. 技术检测主要用于技术已经熟练、用经验难于找出技术问题之时 4. 技术评价的目的及效益主要表现为使运动员获得更大的前进动力和速度 5. 有些项目还须评价技术及运动器材与水、冰、雪、空气等介质的关系
跳、投、举重、射箭、射击	1. 比赛仅用一个动作或重复若干次决定成绩 2. 动作形式稳定 3. 主导因素前两项是体能，后两项是技能	1. 技术评价主要研究各技术环节的整体效应，保证瞬间动作发挥出最大的效益 2. 技术水平越高，评价时对检测技术的依赖性越大

续表

项目	特征	技术评价特点
体操、武术套路、艺术体操、技巧、花样滑冰、花样游泳、跳水	1. 动作的技术性强，以表现动作技巧，追求难与美的结合 2. 动作的种类多、数量多、技术动作创新较快	1. 技术动作有鲜明的个性，评价结果因人而异 2. 评价时对技术动作的合理性、完美性及可观赏性应全面考察 3. 技术评价在各级教学训练中占的比例极大
拳击、摔跤、柔道、散手、击剑	完成动作的目的是击中或击倒对手，使自己得分及防止对方得分。比赛时受对方制约，变化甚多	1. 初级运动员主要评价技术的合理性，常在一般情况下进行评价 2. 高级运动员主要评价技术的实效性及命中率，常在实赛的激烈对抗中进行评价 3. 高级运动员技术评价常采用各类反应时及测力、测速等手段以获取相应参数，以补经验评价之不足
乒乓球、排球、网球、羽毛球、藤球	完成技术的目的是打破对方防守后得分及阻止对方得分，因在比赛中受对手及同伴行为制约，技术动作变化多	1. 初级运动员主要在非对抗情况下单个评价技术的合理性、正确性 2. 高级运动员主要在对抗及实战情况下评价技术的实效性及命中率与成功率等，可用临场统计及录像技术完成此项任务 3. 常须用光电技术检测手段等研究技术动作与运动员所持器械及球的飞行运动的关系

续表

项目	特征	技术评价特点
篮球、足球、手球、冰球、水球、曲棍球、棒球、垒球、马球	完成技术的目的是打破对方的防守后得分及阻止对方进攻得分。 比赛中完成动作受对手及同伴制约,对抗激烈,因而完成技术的外部条件比较困难,技术动作在临场的变化较多,运动员常有即兴的动作表现出来	1. 初级运动员主要在非对抗情况下单个评价各类技术动作的合理性、正确性 2. 高级运动员主要在对抗及实战情况下评价技术动作的实效性,即命中率及成功率,可用临场统计及录像技术完成此项任务 3. 对检测技术的依赖性较小,主要依靠评价者的经验完成技术评价工作 4. 多数项目存在位置技术,故须开展位置技术的评价工作

(引自王萍,载《运动训练科学化探索》,1988)

第八章 运动员战术能力及其训练

刘建和

第一节 竞技战术与运动员战术能力

一、竞技战术概述

(一)竞技战术的定义

竞技战术指在比赛中为战胜对手或为表现出期望的比赛结果而采取的计谋和行动。

(二)竞技战术的构成

竞技战术由战术观念、战术指导思想、战术意识、战术知识、战术形式和战术行动等构成。

1. 战术观念

指对比赛战术概念、战术价值功效及运用条件等进行认识和思维后产生的观念。战术观念的形成同运动员、教练员所具有的竞赛经验、知识结构、认知特点和思维方式等有密切关系。教练员、运动员的战术观念对其进行战术思考、制定战术计划、实施战术训练等一切战术活动有着重要的导向意义。

2. 战术指导思想

指在战术观念影响下，根据比赛具体情况提出的战术运用的活动准则。它是基于对战术规律认识基础之上，指导战术行动的规范或模式，明显地体现出战术运用者的战术观念。

战术指导思想是战术活动的核心。采用的战术是否具有很强的针对性和实效性，关键取决于战术指导思想正确与否。

3. 战术意识

又称战术素养。指运动员在比赛中为达到特定战术目的而决定自己战术行为的思维活动过程。战术意识强的运动员，能在复杂多变的竞赛环境中，及时准确地观察场上的情况，随机应变，迅速而正确地决定自己的行动方案(包括个人行动及与同伴的协同配合行动)。

4. 战术知识

指关于比赛战术理论及实践运用的知识，有经验性知识和理论性知识两种形态，包括对专项战术运用原则与战术形式、战术的发展趋势、比赛规则对战术运用的制约等方面的了解与把握程度。

战术知识是掌握和运用具体战术的基础。教练员、运动员制定的战术方案是否合理，运用得是否灵活、机动和有效，往往取决于他们掌握战术知识的广度和深度。

5. 战术形式

指战术活动中具有相对稳定的形态和结构的行动方式，如篮球战术中的掩护、盯人、联防等形式。

6. 战术行动

指为达到特定战术目的而采用的动作、动作系列或动作组合。

(三)战术的分类

1. 按战术的表现特点分类

可将其分为阵形战术、体力分配战术、参赛目的战术和心理战术等。

(1)阵形战术

指在集体性项目中以一定的阵形，使每名运动员有一个相对的位置分工,并按一定的要求相互配合,从而构成一个相对完整的阵营形式去战胜对手的战术行动。如球类项目中进攻或防守的阵形。

(2)体力分配战术

指通过体力的合理分配而谋取胜利的战术行动，在体能主导类项群中的周期耐力性项目如长跑、游泳等项目中运用较多。田麦久(1988)将这类项目分为分道竞速和同道争先两种类型,前者(游泳、大跑道速度滑冰等)通常无法预知对手的竞技能力表现,在大多数情况下全力以赴,以最短的时间通过全程,以

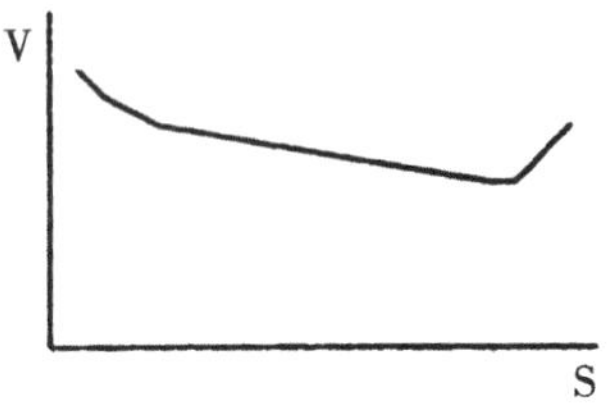

图 8－1　前高浅凹 U 形

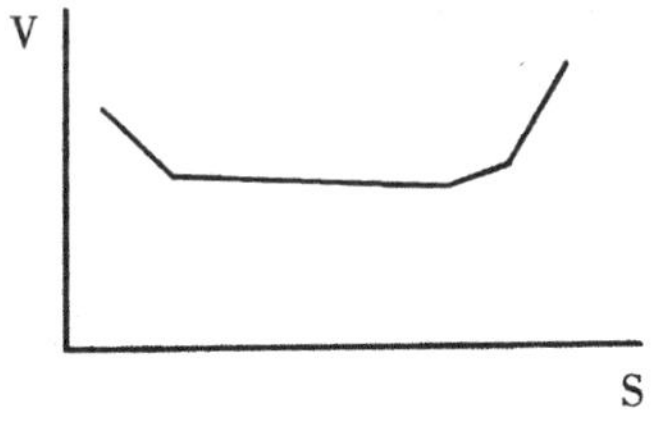

图 8－2　后高深凹 U 形

(依田麦久,1988)

争取最好名次。相对匀速是这类项目选手最合理的体力分配方案,其速度动态曲线通常呈前高浅凹 U 形(图 8－1)。在比赛中,

运动员要力求严格按照预定计划通过全程。同道争先项目(中长距离走、跑,短距离速度滑冰等)运动员则不必过多考虑速度的快慢,全部战术计划和战术行动均服从于比对手早到达终点这个惟一目标。比赛的速度动态曲线大都呈后高深凹U形(图8-2),其模式为:中上速起动+长距离匀速+高速终点冲刺。

当多名同队选手参加同一比赛时,可运用集体配合战术,包括二号、三号选手的牺牲战术,掩护主要选手出奇不意地夺取最后胜利。

(3)参赛目的战术

体能主导类项群运动员根据自身参赛目的的不同,比赛时分别采用创纪录战术或夺标战术。

创纪录战术指运动员在比赛过程中,以打破纪录或创造个人最好成绩为目标,按预先制定好的速度、重量及用力程度安排进行比赛。

夺标战术指运动员在比赛过程中,以夺取最好或较好名次为目标而采取的战术。此种战术是运动员在奥运会等重大比赛中采用最多的战术。

采用上述两种战术通常需具备以下条件:运动员已具备创纪录或夺标的竞技能力水平和适宜的竞技状态;已较好地适应了比赛环境;已较为熟悉主要对手的基本情况。

(4)心理战术

指通过一些特定的方式和措施,对参赛对手心理上施加影响,使对手不能顺利完成其预定的战术决策和战术行动。随着运动员训练水平的接近,在比赛前和比赛中,运动员个人或集体任何微小的变化都会给对方以心理影响,扰乱其预先的战术部署,破坏其正常技术发挥。心理战术的主要目的是确立自己的心理优势,使对手在心理上处于劣势。

心理战术的核心是心理干扰。具体手段包括对对手进行威慑、麻痹、迷惑等，以使对手产生心理压力过重、烦躁不安、心理过程紊乱、盲目自信或丧失信心等消极情绪，诱使对手在错误的心理活动支配下进行错误的战术行动。

制造假象、形成错觉是心理干扰常用的手段，可使对手摸不清本方战术意图，从而导致其采用错误的战术行动。

2. 按参加战术行动的人数分类

可将其分为个人、小组和集体(全队)战术。

(1)个人战术

指个人所完成的战术行动。在拳击、摔跤、跆拳道、击剑及乒乓球、羽毛球、网球等单打比赛中，个人战术表现得尤为明显。在篮球、排球、足球、冰球等项目中，个人战术是整体战术的组成部分。

(2)小组战术

一般指技能主导类隔网对抗项群(乒乓球、羽毛球、网球)中双打项目两名运动员之间协同配合所完成的战术行动，以及在其他集体性项目比赛中两三名运动员共同完成的战术行动。如篮球比赛中的两人快攻、三人快攻，自行车团体赛中的领先战术等。

(3)集体(全队)战术

指赛场上同一运动队中所有运动员按统一的战术方案所进行的战术行动。在集体对抗性项目中，集体战术显得尤为重要，合理有效的集体战术往往是获得胜利的关键。

在集体项目中，个人、小组、全队战术是紧密联在一起的。个人战术是小组战术和全队战术的基础。只有当一个队伍是团结的集体，队里的分工既符合全队的任务、又符合每名运动员的个人能力特点时,集体战术才是行之有效的。

3. 按战术的攻防性质分类

可分为进攻战术、防守战术和相持战术。

(1)进攻战术

指利用掌握主动权的机会,通过个人的努力或集体的配合,向对手发动主动进攻所组成的战术行动。

(2)防守战术

由个人、小组或集体协同配合采取的阻碍对手进攻的战术行动。

(3)相持战术

指比赛中双方攻守态势相对均衡时,为争得主动、力求场上形势向有利于己的方向转化而采取的战术行动。

在势均力敌的比赛中,大量存在着“相持现象”。相持阶段是介于主动与被动的过渡环节。在这一环节中，战术运用是否得当,是能否争得主动、避免被动的主要因素,这在高水平的比赛中显得尤为突出。

4. 按战术的普适性分类

可分为常用战术和特殊战术。

(1)常用战术

又称基本战术、常规战术。是人们在长期竞赛实践中总结出来的、具有较大普适性的战术。如乒乓球的发球抢攻战术、篮球的人盯人防守战术、击剑的防守反击战术等。

(2)特殊战术

指比赛中针对特殊对手而专门制定的战术。“一次性效应”是这种战术的显著特征。在争夺名次、出线权等关键性比赛中,特殊战术的有效性是极为重要的。

常用战术能力是衡量运动员（运动队）实力的重要指标，而能否制定出行之有效的特殊战术，并使之与常用战术能力融为一体,却是衡量教练员水平的重要标志。

上述分类体系只是相对而言。在实践中可能出现交叉,如个人战术又可分为个人进攻战术和个人防守战术等。

二、运动员战术能力

战术能力指运动员(队)掌握和运用战术的能力,是运动员(队)整体竞技能力水平的重要构成部分。

运动员(队)战术能力的强弱反映在其战术观念的先进性、个人战术意识及集体配合意识的强弱、战术理论知识的多少、所掌握的战术行动的质量和数量、运用战术的针对性和有效性等方面。不同竞技项目对运动员(队)战术能力的要求有所不同。技能主导类格斗对抗性项群、同场对抗性项群、隔网对抗性项群对运动员战术能力的要求最高。

三、竞技战术与战术能力的影响因素

(一)军事学与谋略学因素

“战术”一词原本就是军事术语。运动竞赛就其对抗性本质而言,就是一种“对局”、就是一种“博弈”。因此,竞技战术的发源、形成以及发展,都和军事学、谋略学的影响密不可分。从这个意义上讲,教练员、运动员力求掌握更多军事学、谋略学的知识,对于认识竞技战术规律和提高知识能力水平，都是十分必要的。

军事学、谋略学主要在以下几个方面对于比赛战术及战术能力产生影响。

1. 知己知彼，百战不殆

《孙子·谋攻》说："知彼知己者，百战不殆；不知彼而知己，一胜一负；不知彼，不知己，每战必殆。"

运动竞赛中，透彻地了解对手及本方的各种情况，是制胜的先决条件。

2. 奇正

《孙子·势》说："凡战者，以正合，以奇胜。故善出奇兵者，无穷如天地，不竭如江河……战势不过奇正，奇正之变，不可胜穷也。"

运动竞赛中，主要攻击方向（攻击点）为正，牵制方向（牵制点）为奇；老队员、老阵容为正，新队员、新阵容为奇；常用战术为正，特殊战术为奇；整体实力为正，机巧手段为奇。教练员、运动员应根据双方实力及场上情况，处理好前述奇、正关系。

例如，当本方实力明显高于对手时，应以"正"为主，即"拼实力"，以"堂堂之阵"同对手对抗。相反，就要考虑采用机巧手段，出奇制胜。

于堂堂之阵中突出奇兵，是奇正结合的最高境界。中国乒乓球在多次世界大赛中巧布奇阵取胜，是运用奇正策略的经典之作。

3. 攻守

攻与守，是运动竞赛中的一对基本矛盾。在技能主导类同场对抗、格斗对抗、隔网对抗项群中，攻守问题是训练中需要解决的重要问题。《孙子·虚实》说："攻而必取者，攻其所不守也；守而必固者，守其所不攻也。故善攻者，敌不知其所守；善守者，敌不知其所攻。"意即善于进攻的，可使对手不知道防守哪里；善于防守的，可使对手不知道进攻哪里。

进攻时如水银泄地，无孔不入；防守时固若金汤，针插不进。这是教练员、运动员在攻守训练中应追求的理想境界。

4. 虚实

兵不厌诈、避实击虚、出奇不意、攻其不备、虚虚实实、真真假假等等，都是竞技战术中常用的计谋。战术的灵活性也通过这些方面表现出来。《孙子·虚实》说："兵无常势，水无常形；能因敌变化而取胜者，谓之神。"

5. 得失

一个成熟的运动员、一支成熟的运动队，在考虑战术运用时，往往首先是创造条件，不给对手任何战胜自己的机会，在使自己立于不败之地的基础上，想方设法捕捉任何可能战胜对手的机会。

由于比赛过程千变万化，很有可能出现不利于本方的情况，甚至有时会遇到似乎是"山穷水尽"的局面。此时，成熟的运动员（队）不会轻言失败，而会耐心地等待对手犯错误，进而抓住战机，反败为胜。

另外，故意"示强"或"示弱"，为了大"得"（最终胜利）而小"失"（如采用牺牲战术）等，都是军事学、谋略学中得失问题在竞技战术中的具体表现形式。

（二）心理学与思维科学因素

心理学与思维科学因素对竞技战术的影响极大。心理能力和思维能力是运动员学习、掌握和运用战术的保证。

1. 神经过程

不同神经类型的运动员在学习尤其是运用战术方面有着不同的特点。具有灵活性神经过程的运动员在比赛中往往能准确地预见比赛形势的变化，灵活机动地选择和运用不同的战术手段。虽然可以通过后天性训练来对运动员的神经过程进行一定程度的改造，但为了提高训练的效率和经济性，在篮球项目的后卫运动员、排球项目的二传运动员、足球项目的前卫运动员等谓“战术组织者”“战术发起人”的选材中，适当考虑其神经过程的特点，是完全必要的。

2. 注意

运动员注意品质同其观察能力密切相连。扩大注意视野、注意的高度集中及迅速转移等都是培养和加强战术意识的重要因素。

3. 智能

运动员智能与其技术学习能力，战术理解和运用能力有着密切的关系。竞技战术的敏捷性、灵活性、预见性和创造性，均同运动员的智能息息相关。

4. 学习能力

现代心理学认为，学习能力也是一种心理能力。学习、掌握竞技战术同运动员的学习能力有很大关系。

5. 思维能力

战术意识是一种思维过程。相对于人类其他思维活动，运动员在战术活动中的思维，有如下非常明显的特征。

快速性。现代运动竞赛是在激烈的对抗中进行的。这种对抗一个很明显的特点就是对时间的严格要求。“时间就是机会、时间就是胜利”这句话在竞赛中得到最为充分的体现。为此，要求运动员在极短的时间内对一些至关胜负的紧迫问题作出决断，否则就会贻误战机。

逻辑性和直觉性相结合。在某些情况下，运动员的战术思维是一种缜密的逻辑思考。但在另外一些情况下，则完全是一种直觉思维。正是因为战术是逻辑思维和直觉思维的混合体，而人体对直觉思维目前因种种原因还未能进行较为深入的、建立在实验基础上的理论研究，所以，运动员战术思维及战术意识的培养一直是教练员在训练实践中感到棘手的问题。

操作性。比赛中,运动员战术思维总是伴随着操作(操作自身或同伴或对手的身体、操作器械)行动进行的。“思维运动”与“身体运动”联系在一起。

情绪性。运动员的战术思维总是与强烈的情绪体验相联系,包括增力情绪和减力情绪等。

(三)形态学与体能、技能因素

1. 形态学因素

在一些项目中，运动员形态特点对战术的采用具有很大的影响。如篮球比赛中“高中锋”战术、排球比赛中“高举高打”战术等,无一不是以运动员的高大身材为前提。在拳击、散手等项目比赛中,身体健壮的运动员由于自身抗击打能力较强,往往采用“后发制人”的战术,尽量诱使对手同自己近身对抗。而身体相对单薄的运动员则往往采用游动中寻找战机的战术，尽量避免同对手正面交锋。在击剑项目中,高大运动员往往利用自己身高臂长的优势,尽量同对手保持距离,而身材相对矮小的运动员则往往主动同对手近距离交锋。

如前所述,教练员、运动员在制定战术计划及进行战术训练时,充分考虑双方的形态学特征是非常必要的。

2. 体能与技能因素

包括身体能力和技术能力。

体能在很多项目比赛中,是采用战术或实施战术配合的重要先决条件。如“快”在球类项目比赛战术中起着非常突出的作用,而运动员的“速度”能力则决定着能否“快”及“快”到什么程度。

从某种意义上讲,战术就是技术的有目的的运用。技术风格往往决定着战术风格。战术的多样性决定于技术的全面性,意即灵活多变的战术必须以运动员(队)全面的技术为坚实的基础。在比赛实践中人们已观察到,明知某种战术对对手具有威胁,但因为本方不具备相应的技术能力,无法实现良好的战术意图。这就是说,战术的采用,应充分考虑本方的技术条件。

第二节 战术训练方法

战术训练方法的采用应根据专项比赛的要求，应有利于发挥运动员的身体和技术特长，应能充分调动运动员的主动性和积极性。

一、分解与完整训练法

分解战术训练法是指把一个完整的战术组合过程划分为若干个相对独立的部分,然后分部分进行练习的方法。这种训练法常在学习一种新的战术配合形式时采用。其目的在于让运动员掌握某种战术配合的基本步骤。

完整战术训练法是指完整地进行战术组合练习的方法。这种方法常在运动员已具备一定的战术知识和战术能力后采用,其目的在于使运动员能够流畅地完成整个战术组合过程。

二、减难与加难训练法

减难训练法是指以低于比赛难度的要求进行训练的方法。这种方法常在战术训练的初始阶段采用。如同场对抗性项群的球类项目中，最初可在消极防守或不加防守的条件下完成战术练习,待运动员已掌握战术的基本步骤后,逐渐加强防守提高难度以达到比赛要求。

加难训练法是指以高于比赛难度的要求进行训练的方法。

这种方法的目的是提高运动员在复杂困难的情况下运用战术的能力。采用的方式一般有:限制完成技术动作的空间和时间条件(如限制场地、缩短时间等);与不属同一级别的高水平运动员或运动队对抗、采用比正式比赛条件更严格、更困难的标准进行训练等。

三、虚拟现实训练法

指运用高科技设备，将未来可能出现的比赛场景提前在电脑屏幕上“虚拟”出来,从而帮助运动员提高预见能力及在各种情况下灵活有效地运用战术的能力的训练方法。这种方法目前在德国、英国等足球队中已运用得较为普遍。可以预计,随着高科技手段在运动训练和运动竞赛中的广泛渗透，虚拟现实训练法也将在更多项目中得到采用。

四、想像训练法

这是一种心理学训练方法。这种方法是在运动员大脑内部语言和套语的指导下进行战术表象回忆，能够帮助运动员在大脑中建立丰富而准确的战术运动表象。

五、程序训练法

程序训练法是近年来从教学领域引进的一种训练法。在运用程序训练法进行制胜训练时,除应遵循由易到难、由简到繁、从固定到变异的一般性程序外，还应特别注意编制不同项群战术训练的特殊程序。

体能主导类项群可考虑采用如下训练程序：不同战术方案选优→重复熟练→不同情况下实施战术训练→在实战条件下进行训练。

技能主导类对抗性项群可考虑采用如下训练程序：无防守训练→消极防守训练→积极防守训练→模拟比赛训练→实战训练。

六、模拟训练法

指在获得准确情报信息的基础上，通过与模仿重大比赛中主要对手的主要特征的陪练人员的对练，及通过在与比赛条件相似的环境中的练习，使运动员获得特殊战术能力的一种针对性极强的训练方法。

随着运动训练实践的发展，模拟训练方法的应用范围逐渐扩大。不仅应用于技能主导类格斗对抗、隔网对抗、同场对抗类项群的战术训练之中，而且在体能主导类项群中，为使运动员能针对比赛场地、气候、日程安排等具体情况进行有效的战术准备，模拟训练也在逐渐开展。

(一)基本结构

模拟训练方法的应用边界有较大的灵活性：根据需要，可把重大比赛中的某个主要对手(运动员或运动队)作为被模拟的对象，也可以把比赛场地、器材设备、气候、日程安排等作为被模拟对象。然而，无论其边界如何确定，有三个因素是不可缺少的，一为被模拟系统，一为同态系统，一为主练系统。这三者以一定形式构成模拟训练的基本结构。

我们把正式比赛中可能遇到的主要对手或竞赛条件视为被模拟系统。模拟训练的目的亦在于使运动员或运动队（主练系统）获得能在比赛中针对或利用被模拟系统实施有效战术的特殊能力。然而在训练中，被模拟系统往往只能以“信息”的形式存在(如各种参数等)，而不能以实体的形式存在。所以，主练系统一般不能直接同这个系统发生关系。为此,必须选择或设计、创造出一个同被模拟系统相似的同态系统,在训练中,通过对同态系统的战术对抗,获得特殊的战术能力,并能在正式比赛中针对被模拟系统予以有效运用。

(二)被模拟系统和同态系统的关系

“相似”,是被模拟系统和同态系统之间应当具备的最基本的关系。

追求“相似”,是模拟训练中选择或设计同态系统的主要标准。两个系统是否相似或相似程度如何,是模拟训练是否有效或有效程度如何的首要前提。

对上述相似关系进行研究的方法叫相似分析法。目前,人们主要从以下几个方面来认识同态系统和被模拟系统的相似关系。

几何相似:即两个系统在空间几何学上的相似。例如,训练场馆和比赛场馆大小的相似。运动员在空间较小的训练馆里训练,一旦进入较大的比赛馆,往往会产生“空旷”感。因此,在有条件的情况下,模拟训练应尽量要求训练馆的大小相似于比赛馆。

追求上述几何相似,甚至虑及了作为被模拟系统的运动员的外表。例如,在第26届世界乒乓球锦标赛前,我国运动员模仿日本选手星野、木村时,就包括模仿其外表和穿着。

物理相似:即两个系统中发生的物理过程相似。这种情况在对抗性项目的模拟训练中最为常见。如1984年洛杉矶奥运会前,为适应美国选手海曼、克罗克特的扣球力量,我国女排运动员同男队一起训练;羽毛球、乒乓球中模拟对手,也主要在于模拟其击球的速度、力量及旋转等。

数学相似：即两个系统中，存在着相似的数学形式（数学方程）。人们可以通过数学方程来描述两个系统的相似关系，并通过数学方程的求解，来了解被模拟系统的各种情况。如美国著名运动生物力学专家艾里尔博士就是通过电子计算机建立了中国女排比赛时战术特点的数学方程，并通过对此的求解来帮助美国女排进行战术模拟训练的。

一般说来，追求被模拟系统和同态系统在几何学、物理学乃至数学方面的相似，相对讲较为容易，但追求两个系统在心理上、作风上的相似则相对困难，故在进行相似性分析时，应注意这一点。此外，相似不等于相同，实践中，人们可以通过各种努力，把两个系统的相似程度提供到最大甚至逼近于相同，然而却永远达不到相同。在选择同态系统时，考虑这一点是有益的。

（三）模拟训练的分类

模拟训练有两种分类。一种是依被模拟系统将其分为比赛对手的模拟训练、比赛动作的模拟训练和比赛环境的模拟训练；另一种是将其分为静态模拟训练和动态模拟训练。

当被模拟系统是一个相对静止的系统时，可采用静态模拟训练。比赛地域环境的模拟训练亦属此例。一般说来，静态模拟带有较高的确定性。

当被模拟系统处于运动的变化过程中，且这种运动变化是以随机形式出现时，即可采用动态模拟训练。比赛对手的模拟训练属此例。相对于静态模拟训练来说，动态模拟训练设置同态系统的难度更大，所能达到的相似程度往往不如静态模拟训练。

在很多情况下，为使战术训练更具有“实感”，必须综合运用动态模拟和静态模拟。如在同比赛相似的环境中（如大放录音、挂彩旗、允许场下队员大喊大叫，甚至请来其他人员大喊大叫等)，同相似于比赛中主要对手的陪练人员进行练习（包括比赛)。这种训练,即可看成是静态与动态综合的模拟训练。

(四)模拟训练的一般程序和要求

模拟训练一般按如下程序进行：明确被模拟对象，确定被模拟系统的边界，设置同态系统并进行相似分析，主练系统与同态系统一起练习。

在完成上述程序的过程中，要密切注意被模拟系统的变化情况，以便及时调整同态系统，从而使两个系统能最大限度地保持相似。

在采用模拟训练方法时,应注意以下要求：

第一，模拟训练虽然能帮助运动员或运动队针对特殊对手提高战术能力，但如果运动员或运动队不具有相应的一般战术能力的基础，模拟训练是不会有多大效果的。因此要实事求是地评价模拟训练的重要性和适用范围。

第二，在模拟训练中，要教育作为主练系统的运动员切实树立“从实战出发”的思想，把同态系统视做被模拟系统，努力提高训练质量,从而提高针对特殊对手的特殊战术能力。

七、实战法

指在比赛中培养战术能力的方法。这种方法可使运动员对战术的理解更为直接、更为深刻。在参加重大比赛前,往往安排一些邀请赛或热身赛等，其目的之一就是演练将在重大比赛中使用的战术,以检验其有效性。

第三节 战术方案的制定

战术方案的制定是赛前战术训练的基础。在制定过程中，首先要考虑充分发挥本方各方面的优势。其次要考虑抑制对方的长处，不让对方发挥其优势。在集体项目中，要考虑既能充分发挥每个运动员的特点，又有利于展现出最大的整体效应。

一、战术方案的基本内容

（一）战术任务和具体目标。

（二）预测对手的战术意图，包括进攻与防守以及心理等。

（三）确定战术原则。

（四）己方（全队、小组或个人）的战术行动，包括具体的任务分工等。

（五）预测比赛过程中可能发生的情况及应变措施。

（六）适应竞赛环境的措施。

（七）赛前战术训练的安排。

（八）对本方案的保密要求及赛前隐蔽工作。

赛前隐蔽是有意识地隐藏（不让对方了解）本方的真实情况的战术行为，以求达到在比赛中争得主动、出奇制胜的战术目的。赛前隐蔽的内容有：技术隐蔽，即不让对方了解本方的创新技术或关键技术；战术隐蔽，即不让对方了解本方的常用战术，尤其是不能让对方了解本方针对对方制定的特殊战术；人员隐蔽，即不让对方了解可能对其构成威胁的本方人员（尤其是新手）的情况；阵容隐蔽，即不让对方了解正式比赛中本方主力阵容及替补阵容；器械隐蔽。即不让对手了解本方在比赛中将使用何种性能的器械。

从更积极的意义上讲，赛前隐蔽还可包括向对手提供假情报，以达到迷惑对手的战术目的。

二、制定战术方案的注意事项

（一）及时收集准确的情报

情报在战术方案的制定过程中具有巨大的作用。所谓“知己知彼，百战不殆”，就是通过获取情报来实现的。战术方案的制定应以准确的情报为基础。在现代运动竞赛中，情报是否及时、准确和全面，将直接影响战略决策和战术决策，并进而影响比赛结果。我国乒乓球项目在世界乒坛长盛不衰的重要原因之一，就是建立了一个包括科研人员、翻译、援外人员等在内的高效率的信息系统，从而保证了我国乒乓球队在多次重大赛事中，能针对主要对手制定出有效的战术方案，赛前的模拟训练也极富针对性。

鉴于情报信息的重要性，有经验的教练员、运动员都会高度重视这项工作。为此，竞赛双方都会尽量地保守秘密，使对方无从得知本方情况，从而尽量使对手的战术决策陷入盲目状态。有时，竞赛一方还利用多种媒体传播假情报以迷惑对方，使对手情报失准，从而导致战术决策失误。在制定战术方案时，要充分考虑这一点。

有关竞赛对手、竞赛环境的情报内容包括：运动员竞技能力情况及比赛风格；教练员指挥能力及指挥风格；传统打法及近期是否有创新；进攻与防守的特点及比赛中常用节奏；主力队员与替补队员的具体情况；近期比赛的成绩及致因；比赛场地、器材、气候、住宿及饮食情况；比赛日程安排；裁判员情况等。

(二)处理好战略决策和战术决策的关系

所谓战略决策，指对参加一次比赛的全局性问题（主要为比赛目的、战略原则)所进行的决策。

竞赛战略决策能力的高低，取决于决策者对竞赛全局的了解。包括竞赛规则的限定及灵活区域,竞赛双方的现时状况及可能发展的程度，影响比赛过程及比赛结果的错综复杂的因素及其相互关系,可能出现的偶然情况的预测和应变措施等等。

所谓战术决策,指针对比赛中具体情况而进行的决策。相对于战略决策而言,战术决策是局部的。

战略决策是宏观的,而战术决策则是微观的。战略决策只有通过战术决策才能实现。一般说来,战略决策具有相对的稳定性,即竞赛目的、战略原则等不能轻易改变，而且，战略决策历时较长。而战术决策则具有较大的灵活性，可随竞赛中的具体情况而加以必要的调整,因此,战术决策往往会表现出快速性的特征。

(三)考虑竞赛环境的影响

竞赛环境（包括竞赛场地器材条件、地理气候、裁判、观众等)是制定战术方案时必须加以考虑的又一重要因素。例如在羽毛球比赛中,比赛馆空气流通情况对球的飞行很有影响,如打顺风球,拉底线球容易出线,因而运动员往往采取打网前球、下压球的战术。再如,在制定足球比赛战术方案时,要研究裁判员的个人风格。如裁判员对犯规尺度掌握较紧,那么采用紧逼防守战术就要慎重。

(四)充分利用竞赛规则

严格说来,任何战术的运用都要受到规则的制约。因此在制定战术方案时,必须考虑规则因素。同时,应充分利用竞赛规则来达到战术目的。例如,在乒乓球比赛中有"12板"球规则,即一局比赛不得超过15分钟,一旦超过,以后每分球都必须在12板之内决出胜负,否则判发球方失分。当进攻型运动员和防守型运动员交锋时,前者往往采用所谓"12板"球战术,即有意将一局比赛时间拖到15分钟打"12板"球,利用对手进攻力量不强的弱点获胜。

(五)计划性与可变性相结合

战术方案就其实质而言,是一种计划。既然是计划,就必然带有预测性。而比赛中的事件往往瞬息万变,经常可能出现一些即令是再周详的计划也无法考虑到的局面。在这种情况下,如果再按照原有计划进行,便很可能陷入被动。因而,需要迅速改变原定计划,对对抗性项目来说,这一点更为重要。

综上所述,战术方案应保持合理的弹性。战术的结构应是一种弹性结构而不是刚性结构,它的表现随比赛场上的变化而有所调整。在现代运动训练中,战术的高度计划性与运动员、教练员创造性的出色发挥两者之间的高度统一,已越来越成为决定比赛结果的重要因素。

总的说来,制定战术方案时,首先要考虑战术的针对性和实效性。其次要考虑攻守转换的灵活性、运动员对方案的可接受性及是否能发挥每个运动员的特点及创造性,又有利于集体各个成员之间的协同性等。

第四节 战术训练的基本要求

一、把握项目制胜规律

运动训练(包括战术训练)的主要目的是在竞赛中夺取优异运动成绩,“夺取”的过程实质上就是“制胜”的过程。而要制胜,就必须遵循制胜规律。这是战术训练最基本的要求,也是形成正确战术观、正确制定战术方案、正确实施战术训练、在比赛中正确运用战术的前提性条件。

所谓制胜规律,是指在竞赛规则的限定内,教练员、运动员在竞赛中战胜对手、争取优异运动成绩所必须遵循的客观规律。

制胜规律的组成包括两个方面:其一是制胜因素;其二是制胜因素之间的本质联系。

对专项运动成绩有决定性影响的因素称为制胜因素。这些因素是人们在对专项比赛的各种特性进行深入研究后归纳总结出来的。我国部分优势竞技项目在认识、发掘和把握制胜因素方面走在其他项目前面,如乒乓球项目总结出“快、转、准、狠、变”,排球项目总结出“高、全、快、变”制胜因素等,这也是我国优势项目在一定历史时期能居于世界先进水平的重要原因之一。

技能主导类同场对抗、格斗对抗、隔网对抗项群所属各项目的制胜因素具有一个非常明显的特征:即每个因素都包含着明确的战术含义。如排球项目中的“高”,除必须选拔“高大运动员”之外,还具有采用“高举高打”“高点强攻”战术的含义;足球、篮球等项目中的“准”,除“投篮准”等外,准确地传出“威胁性”球,就明显地带有战术色彩。

每个项目中，制胜因素都不是一个或两个，而是一个“因素群”。若干因素之间，存在着必然性联系，这些联系以不同的方式表现出来，有的互相促进，有的互相制约，有的互相矛盾。例如，篮球、排球项目中的“高”与“快”的关系，网球、羽毛球等项目中“快”与“准”的关系，击剑、拳击等项目中“狠”与“准”的关系等等。正确地认识和把握这些关系，才能做到遵循制胜规律，才能有效地进行战术训练。

在认识制胜因素及其关系时，要特别注意各因素内涵的发展情况。例如，目前在对技能主导类项群隔网对抗项目“快”的理解上，除了以前内涵中已有的球速快以外，人们还从抓“适应与反适应”（即最大限度地适应对手、最大限度地不让对手适应自己）这对主要矛盾出发，赋予“快”以“战术变化快”（在有效的前提下）、“节奏变化快”等新的内容。这些都是我们在进行战术训练时应该加以注意的。

二、培养战术意识

战术意识这一特殊思维活动过程由战术信息选择与战术行为决策两个前后为序、紧密相连的部分组成。其具体内容体现在：技术运用的目的性；战术行动的预见性；判断的准确性；攻防转换的平衡性；战术变化的灵活性；战术配合的协同性；战术行为的隐蔽性等。

培养运动员的战术意识，是战术训练的中心环节。具体方式通常有：系统了解专项竞赛基本规律与战术特征，比赛中战术变化的规律及正确的应变措施，专项战术的发展趋势；积累专项战术理论及经验知识；大量而熟练地掌握基本战术等。

战术意识的培养与运动员的思维活动密切相关。从某种意义上讲，战术思维是战术意识的核心。因此，运动员的战术思维能力水平决定了其战术意识水平。具体而言，运动员思维的灵活性、预见性和创造性等是其战术意识的决定因素。

从运动训练实践看，“想练结合”，是培养运动员战术思维的行之有效的手段。

三、培养战术运用能力

在运动训练中，应当把培养运动员在各种复杂而艰苦的条件下合理运用战术的能力这一任务放在相当重要的位置上。这也是在战术训练中贯彻“练为战”思想的具体要求。

战术运用的基本要求为:第一,明确的目的性和针对性。任何战术的运用都必须有明确的目的性，做到有的放矢。战术行动合理、针对性强,做到特定战术解决特定问题。第二,高度的实效性。战术运用目的是制胜,因此,应以能否达到制胜目的为准,力戒华而不实。第三,高度的灵活性。能根据场上千变万化的局势，灵活机动地坚持运用有效战术，力争主动、避免被动，使战局向有利于本方的方向发展。

四、处理好个人战术行为与集体战术配合的关系

个人战术行为指运动员在战术活动中表现出的个人行为。是运动员个人战术的直接表现,亦是集体战术行为的基础。

个人战术行为能力可分为“单兵作战能力”和“协同作战能力”。在集体项目中,个人战术行为的目的或为直接制胜,或为队友创造机会制胜。

个人战术能力培养是提高个人战术行为能力的关键环节。此外，丰富的战术理论知识、结构独特的个人战术体系及由此外化成独特的战术风格,都是加强个人战术能力的必备条件。

集体战术以个人战术为基础并对此加以协调配合。集体战

术能力是运动队伍整体竞技能力极为重要的组成部分。在集体对抗性项目中,合理有效的集体战术往往是取得胜利的关键。

战术配合是集体战术行为的核心。战术配合的构成因素有:参与配合的人数;每个人的行动方式;个人行动目的与战术配合目的的关系等等。

战术配合水平取决于两个方面:第一,运动员在战术配合过程中表现出的活动方式的协调程度,亦称为操作形式的协调程度。第二,战术意识——心理过程的协调,亦称为“默契”。达到“默契”程度的战术配合行动,往往表现出较大的灵活性和创造性。

集体战术的基本要求为:第一,严密的组织性。即强调个人战术行为必须服从全队的整体配合。每个运动员都必须遵守战术纪律。所谓战术纪律,指为争取比赛胜利而制定的要求每个运动员必须按战术计划行动的强制性规定。战术纪律是战术计划得以有效执行的保证。在战术计划没有被竞赛过程证明为无效且竞赛指挥者没有发出明确修改指令前,战术纪律要求运动员不得无故不执行战术计划。第二,高度的一致性。即所有队员战术行为的目的应当一致。第三,高度的协调性。即每个运动员的个人战术行为必须相互协调,以保证全队战术目的的顺利实现。

五、重视战术组合

随着现代运动竞赛的日趋激烈,战术也在向“复合化”方向发展,靠单一战术制胜的局面已不复多见。

从某种意义上讲,复合就是组合。如何将多套战术有机地结合起来并在比赛场上极富针对性地使用,是衡量运动员战术水平高低的主要标志。

战术组合可分为程式性组合与创造性组合两种。

程式性组合是指将各种战术行动在空间上、时间上按一定的顺序所构成的战术组合。各专项教科书所载战术(配合)多指此种,如足球中的阵形战术、篮球中的联防、盯人战术等。另外,根据特定对手而专门制定的战术组合也可归入此类。

创造性组合指根据比赛临场变化情况,不按固定程式,创造性地将几套战术组合在一起。“随机性”是这种组合的重要特性。

程式性组合既可表现于训练之中,又可表现于比赛之中;而创造性组合则更多地表现于比赛之中。

程式性组合能力是创造性组合能力的基础。运动员对程式性组合掌握得越多,越熟练,就越能开发创造性组合。

创造性组合能力又不能简单地等同于程式性组合能力。后者的神经生理机制可用经典动力定型理论解释,而前者至今尚未得到权威性的说明。虽然如此,运动员在比赛中的创造性却是必须加以着重培养的能力。

六、加强战术创新研究

战术创新可分为常用战术创新和特殊战术创新。

常用战术创新是一种基础性创新。由于常用战术具有较大的普适性,一经创新并在实践中被认可,就可能给专项战术体系带来革命性影响。因而,此种战术创新难度较大。

特殊战术创新是一种实用性创新,具有很强的针对性。即往往是针对特殊的对手“设计”出某种新战术。教练员、运动员应当把更多的精力放在这方面的研究和实践上。

关于创新技法,陈小蓉等(1999)曾归纳为如下几种:

逆向法:指在不改变战术原有的基本结构的前提下,使其向不同方向发展,从而创造另一新的战术的方法。

递进法:指在不改变旧的战术的性质的前提下,使其在某个方面进行程度上的递进式的变化,从而创造另一新战术的方法。

组合法:指保持两个以上旧战术原有的性质,通过组合使之成为另一种新战术的方法。

复合法:指把一个以上的旧战术复合融会在一起,从而改变了原有的性质,形成一种新战术的方法。

移植法:指不改变原有的战术,而把它用于其他战术或其他项目的方法。

第九章　运动员心理能力与运动智能及其训练

董国珍

第一节　运动员心理能力及其训练

一、运动员心理能力概述

(一)运动员心理能力释义

运动员心理能力即指运动员与训练竞赛有关的个性心理特征,以及依训练竞赛的需要把握和调整心理过程的能力,是运动员竞技能力的重要组成部分。

(二)运动员心理能力的重要作用

运动员的个性心理特征,在其从事竞技体育活动时起着重要的作用。众所周知,多血质、粘液质的人比抑制质、胆汁质的人更适合于参加运动训练,并常常在比赛中表现出较高水平。观察力敏锐的选手,善于在比赛中抓住战机;想像力丰富的选手更富于创造性;而能够高度集中注意力的选手则在训练和比赛中表现出坚韧不拔的精神。

运动员心理过程的特点同样也对其训练及竞赛行为有着巨大的影响。对祖国、对人民强烈的责任感,会推动运动员坚持刻苦训练和顽强拼搏,而出色的意志品质则保证着运动员的竞技能力在比赛中充分地甚至超常地得到发挥。

总之，在竞技运动训练与竞赛中，运动员的体能、技能、战术能力以及运动智能，都只有在其心理能力的参与和配合下，才能得到充分的体现。另一方面，在不同的条件和不同的状况下，心理能力在运动员竞技能力中的价值也有所不同。

1. 不同类型的运动项目对运动员的心理能力有着不同的要求

在田径、游泳、自行车、举重等项目竞技能力的结构中，体能起着主导作用；在竞技体操、跳水、花样滑冰等项目竞技能力的结构中，技能起着主导作用；在各种球类运动以及拳击、摔跤、击剑等项目竞技能力的结构中，则由技能和战术能力共同起着主导作用。对于这些项目，运动员心理能力的作用在大多数情况下是重要的，然而又是辅助的。而对那些技术要求比较单一，练习和比赛时多次重复同样的技术动作，但又不去直接较量运动员体能水平高低的运动项目，例如射击、射箭、弓弩来说，运动员心理能力的强弱对其总体竞技能力水平，对其比赛的结果，则有着巨大的和极为重要的影响。正因为如此，也可以把这几个项目归属于心技能主导类项群。

2. 不同水平选手比赛时心理能力的不同作用

在高度开放的现代社会中，训练理论及方法的传播非常迅速，很难保守训练的秘密。所以，高水平运动员在体能、技能等方面常常表现得伯仲难分，比赛结果的毫厘之差，常常正是由于心理能力的差别所致。运动员水平越高，竞技越激烈，心理能力对比赛结果的影响相对就越大，在某些情况下，还会成为决定性的因素。许海峰在摘取奥运会桂冠的射击比赛中的最后一次击发，王涛、吕林在奥运会乒乓球双打决赛比分落后时一球球地追赶，陈跃玲 1992 年巴塞罗那 10 公里竞走决赛最后100

米技术上的严格自控,都是依凭其突出的心理能力战胜对手,夺得奥运会金牌的著名战例。

(三)运动员心理训练的类型

1. 依心理训练内容与专项需要的关系划分

依训练内容与专项需要的关系，可将心理训练划分为一般心理训练和专项心理训练两大类。通过一般心理训练发展运动员普遍需要的心理品质，即适应于参加运动训练和竞技比赛的心理特征,以及健康、稳定的心理过程。而通过专项心理训练,则集中发展从事艰苦的专项训练和成功地参加专项竞赛，特别是高水平竞赛所需要的个性心理特征以及特定的心理过程。诸如中长跑、赛艇、自行车等耐力性项目运动员顽强的意志品质,对抗性项目选手的准确判断能力,竞技体操、跳水等要求复杂技巧的项目运动员的高度自控能力,花样滑冰、艺术体操选手出色的表现能力,跳高、撑竿跳高运动员超越更高横杆的强烈欲望与必胜信念等等。

2. 依心理训练目标与训练及比赛的关系划分

依与训练和比赛的关系，可将心理训练分为比赛期心理训练及日常心理训练(或称训练期心理训练)两大类。通常,赛期心理训练集中于调整运动员的心理过程，而日常心理训练则相对偏重于改善运动员的个性心理特征。

依特定比赛的需要，所进行的有针对性的心理训练叫做赛期心理训练,包括赛前的心理准备、赛中的心理控制以及赛后的心理调整。

一般来说,赛前运动员的体能、技能及战术能力均相对较为稳定,而其心理活动却非常活跃。心理状态的变化常常会对运动员最终参赛的结果产生巨大的影响。因此在比赛之前,激发运动员强烈的比赛动机，控制其适宜的激活水平，增强运动员的参赛信心，建立稳定而又灵活的参赛思维程序及参赛行为程序，对于成功地参加比赛，都是非常重要而有益的。

比赛过程中，比赛环境及其不断的变化，都会给运动员的情绪以强烈的影响。因此，保持良好的稳定情绪则成为运动员充分发挥其体能、技能及战术能力水平的关键。它既直接影响着比赛的结果，也是对运动员心理能力的一种高强度，甚至极限强度的训练。

竞赛结束后的心理调节，同样是心理训练的重要组成部分。对于比赛的成功者，应充分肯定他们在比赛中积极的情绪体验，同时亦应注意消除由于胜利而掩盖了的比赛中消极的情绪体验，以及由于不能正确对待胜利而产生的自满、松懈等不良的情绪体验。对于比赛失败者，则需力求消除因失败而带来的消极情绪体验，并应寻找和发扬其在比赛过程中局部的积极的心理体验，以激发其再战求胜的强烈动机。

日常训练过程中的心理训练偏重于改善运动员的个性心理特征。应根据运动员年龄、训练年限以及所处训练阶段的不同，安排不同比例的一般与专项心理训练。基础训练阶段的少年选手，应以改善一般的个性心理特征为主，随着专项训练任务的加重，改善适应于专项特点的训练和竞技需要的个性心理特征的训练安排比重则逐渐加大。

二、运动员心理能力训练的常用方法

运动员心理能力训练的方法很多，常用方法可归纳为意念训练法、诱导训练法及模拟训练法。

（一）意念训练法

意念训练是指运动员有意识地、积极地利用头脑中已经形成的运动表象或充分利用想像进行训练的方法。

意念训练对技战术训练作用显著，如在练习之前通过对技术要领方法的想像，在大脑皮层中留下技术“痕迹”，然后在练习中把这些痕迹激活，可使动作完成得更加正确、顺利。又如，在练习之后，对刚刚完成的练习进行技术“回忆”，使正确动作在脑海里更加巩固。假如动作中出现错误，在回忆中伴随着对错误动作的“纠正”，与正确技术进行对比，可以使其得到“克服”，避免下次练习再次出现。

意念训练时应注意：

——在进行冥思练习时，一定要产生一种思维运动效果，要有意识地发展思维。

——使冥思练习与各种运动感觉结合起来，把头脑中的想像变成运动中机体的“活力”。

——使运动员注意力高度集中，闭目练习常可收到良好效果。

——从某种意义上讲，自我暗示也属于意念的范畴，比赛前进行意念训练，一方面可以想像动作的完美过程，另一方面用暗语也可以进行自我动员与激励，取得技术想像与心理调控的双重效果。

——平时意念训练可在暗室间里进行，最好在一个舒适地方坐着或躺着进行。

（二）诱导训练法

诱导训练法是指在训练中采用有效刺激物把运动员的心理

状态引导到某一个事物或方向上去的训练方法，可为顺利完成训练与比赛任务建立良好的心理状态。

从广义上讲，意念训练法也可以视为一种自我诱导方法。与意念训练法相比，诱导训练法的不同之处在于，运动员训练时是通过教练员、心理学专家等他人的诱导，或用录像带等外界刺激来完成的。意念训练法的诱导者是运动员自己，诱导训练的诱导者则是他人。

诱导的途径是多样的。诱导者常常发出语言信号，由运动员的听觉器官接受信息，并按预定要求去实施。鼓励与批评、说服与疏导、启发与幽默都是语言诱导的常用手段。1981 年中国女排在第一次夺得世界冠军比赛中，与美国队比赛开始前 30 秒之内，教练员袁伟民没有对队员讲打法，也没有提思想作风的要求，在箭拔弩张的紧张气氛之中，他只是要求队员们“打一场轻松的球、愉快的球”。结果比赛进行得很顺利、很成功。诱导者也可以通过做示范、展示图片、放录像和电视，把诱导信息传递给运动员，经由运动员的视觉器官接受信息，并按预定要求去实施。

使用诱导训练法应注意：

——所采用的诱导手段应是运动员感兴趣的，能引起运动员注意力转移的。

——诱导者是教练员、心理学家，也可是同伴，但均应是运动员愿意接受的。

——应从诱导的目的、手段、信息传递方式及结果等多方面计划安排某一次诱导训练，切不可随意滥用，以防产生负作用。

（三）模拟训练法

模拟训练是指模拟设置未来比赛中可能出现的条件进行

的训练。

在模拟未来比赛的条件下进行心理训练（或包括心理训练在内的综合训练），即模拟心理训练。通过模拟训练，可使训练与比赛的实际尽可能接近，使运动员在近似比赛的条件下，锻炼和提高对未来比赛的适应能力，以及情绪控制能力等。

在模拟训练中，组织训练的主体，即教练员或心理学专家，主要通过所制造的模拟条件对训练的客体，即运动员，实施心理训练和控制。模拟训练包括实景模拟训练和想像模拟训练。在模拟比赛的实际进程和条件的状况下进行训练叫实景模拟训练。如20世纪60年代中国乒乓球队组织了一批模拟世界各国优秀选手打法的陪练队员，为主力队员创造模拟训练的场景和条件。在参加大赛之前的实战训练中，播放比赛地区语言的啦啦队叫喊声，以帮助队员适应未来比赛的人际环境等等。而组织想像模拟训练时，则不必造成真实的比赛情境，而是利用多种视听手段，引起运动员的想像，以便在心理上造成对比赛气氛和情境的模拟。

模拟训练内容包括很多，如对竞赛组成因素的模拟训练（技战术的模拟训练及心理状态的模拟训练等）；对包括比赛环境在内的环境条件适应性的模拟训练；适应比赛对手特点的模拟训练；适应“时差”的模拟训练等。

模拟训练时应注意：

——为运动员参加比赛做好适应性训练的模拟训练，要对比赛的对手、环境、条件等各个方面进行详细的了解与分析，然后，根据分析研究的结果进行针对性训练，使训练尽可能地与面临比赛实际相似。

——由于各运动项目不同，训练的“模拟点”亦不同，如在一对一的项目训练中，可选择比赛对手特点进行模拟的“实践”训练；在体操训练中可安排有裁判打分和喧闹观众场面的训练；在田径训练中可模拟比赛场地的训练等等。

——模拟训练是提高运动员适应能力的训练，在于能使运动员中枢神经系统形成优势现象并建立合理的定型结构。但比赛是千变万化的，要尽量使运动员能应付各种变化的情况，所以，在模拟训练时常制定出几套办法，以提高运动员应付各种复杂环境的能力。

三、几种心理现象及克服方法

（一）心理紧张的克服方法

不少运动员在比赛之前由于对比赛刺激因素及本人参赛条件做出了具有威胁性的评价，从而产生紧张的心理反应。运动员参加重大比赛之前需要一定的心理紧张，以便把机体各组织、器官、系统动员起来，特别是要提高中枢神经系统的兴奋性，以便动员人体潜在的能量，在比赛中创造出好成绩。但是，心理过度紧张，使大脑皮层对植物神经系统和皮层下中枢的调节活动减弱，呼吸短促、心跳加快，更有甚者四肢颤抖、尿频，这必然使运动员心理活动失常，很难把注意力集中到比赛上去；对动作知觉和表象模糊不清；对教练员的布置与嘱咐听不进去；失去控制自己行动的能力等，这都必然会影响到比赛的结果。造成运动员心理过分紧张的原因很多，如训练过度恢复不好，睡眠不足，压力过大，害怕对手，对成绩期望过高，过去失败表象的重现等等。

心理紧张的克服方法：

——表象放松法。这种方法是使运动员想像他通常感到放松与舒适的环境，让运动员在脑子里将自身置于这个环境之中，使身体得到放松，使用这种方法的关键在于使表象中的环境清晰，在大脑中能生动地看到想像的环境，增加情境对运动员的刺激强度。

——自我暗示放松法。开始由教练员指导运动员依次放松身体的各个肌肉群，同时增强呼吸，经过几次指导之后，让运动员自己独立完成。在开始时要花费较长的时间才能使全身肌肉放松，以后会使时间逐渐缩短，最后可用较少时间使全身肌肉得到放松。在进行放松时，还可使用暗示语或录音带。

——阻断思维法。具体做法是，当运动员由于信念的丧失出现消极思维，引起心理紧张时，运动员利用大吼一声，或者向自己大喊一声“停止”，去阻断消极驱动力的意识流，以积极思维取而代之。教练员还可以确定一个响亮的信号供运动员作为阻断消极思维之用。此外，教练员还可帮助运动员确定一个用以代替消极思维的积极而切实可行的活动，用以阻断消极思维。

——音乐调节法。选听不同的音乐能使人兴奋、也可使人镇定。音乐给予人的“声波信息”可以消除大脑所产生的紧张，也可以帮助人内在地集中注意力，促使大脑的冥想井然有序。在大赛之前，让心理紧张的运动员听听音乐，可以调节情绪。

——排尿调节法。人在情绪过分紧张时，会出现尿频现象，这是因为情绪过分紧张，大脑皮层抑制过程减弱，兴奋过度，使得大脑皮层下中枢和植物神经系统调节作用减弱，如果能及时排尿，会使运动员产生愉快感，使心理和肌肉得到放松。

（二）心理胆怯的克服方法

心理胆怯是一些运动员经常出现的一种心理状态，心理胆怯使大脑皮层的控制系统陷入混乱状态，打乱了神经系统的控制，引起机能失调，使运动员在比赛时不能发挥出应有的水平。克服胆怯的方法是要找出使运动员胆怯的原因，解除思想负

担。一般地讲,造成运动员胆怯的原因有:

——运动员不相信自己的力量,对比赛缺乏胜利的信心。

——运动员对比赛胜败计较得过多,要求自己必须取得比赛的胜利,压力过大。

——惧怕名气大的对手。

——参加大型比赛、重要比赛,使运动员压力过大,自觉不自觉地产生胆怯感。

——对观众、环境不适应,会感到有一种特殊的刺激气氛,心理产生胆怯。

对运动员心理胆怯的克服方法,必须对症下药,有的放矢。教练员应认真查找运动员产生胆怯的原因,有针对性地采取有效的措施加以克服。

(三)情绪消极的克服方法

情绪消极是指运动员在激烈竞争的刺激下,对超限心理负荷所产生的一种失常的心理体验。表现为心情不安、有恐惧感、紧张过度和情绪失控。由于这些心理状态的出现,使运动员的生理状态发生一系列的变化,如心跳加快、呼吸困难、四肢无力等,并会导致智能下降、知觉迟钝、行为刻板,对比赛失去信心。

克服情绪消极的方法主要有:

——激励法。教练员应根据运动员个性与客观影响,激发运动员比赛的士气,把消极情绪转化为积极情绪。

——转移法。运动员的恐惧、不安和紧张的心理状态往往是由于特定的思维定势和注意定向所引起的,对此可采用注意力转移方法,使用一些刺激物去消除引起情绪消极的诱因,从而减缓和排除消极情绪。

——升华法。在比赛中时常出现运动员的某些"能量"在一定场合下释放得恰到好处，可是在另一种场合下适得其反的现象。如勇气是运动员必有的品质，可是有时在某些场合下有的运动员也可能干出一些凭蛮劲而盲动的事情。这时，可以通过升华法，使运动员提高认识，增加克制力，规范自己的行为。

——暗示法。利用客观刺激物对运动员的心理进行调节，如在比赛中运动员看到教练员的从容表情，轻松的语言及和蔼的态度等都会得到鼓舞，消除消极情绪。运动员也可通过自我暗示，运用指导语来调节中枢神经系统的兴奋与抑制，从而形成一系列反射活动，使消极情绪得到控制。

——体验法。有消极情绪的运动员通过参加比赛去体验比赛，提高运动员对恐惧、紧张的免疫力，控制消极情绪的产生。

（四）情绪激动克服方法

有些运动员在赛前情绪过分激动，表现为呼吸短促、心跳加快、四肢颤抖和心神不定，在行动上不能很好地控制自己的行动，知觉和表象不连贯，注意失调，遗忘与比赛有关的重要因素，记忆力下降等。

赛前过分激动状态的致因，主要是由于刺激物引起运动员大脑皮层抑制过程减弱，兴奋过程升高，致使大脑皮层下中枢和植物神经系统调节作用减弱。

克服情绪激动的方法：

——运动员产生情绪激动与运动员的训练程度和比赛经验有关，应提高运动员的训练程度，丰富运动员的比赛经验，对儿少运动员，或初次参加重要比赛的运动员更应如此。

——运动员产生情绪激动也与运动员的个人特点有关，有的运动员个性倾向比较突出，易冲动，在赛前很容易激动，对这样的运动员要加强自我调节能力的训练。

——提高运动员的动机水平。参加训练与比赛的动机与倾向之间有着密切的关系,动机支配着行为,是直接推动运动员参加训练与比赛的内部动力。热爱事业,为祖国争光等高尚动机可以使一个运动员在参赛时的心理处于良好的战斗准备状态;而希望通过比赛出名获利,或显示一下自己的个人狭隘动机,则常常会在比赛中发生包括情绪激动在内的不正常的心理状态。在平时,教练员应加强对运动员参加比赛动机的教育,使他们树立高尚的动机。

(五)心理淡漠的克服方法

赛前淡漠状态与运动员大脑皮层兴奋过程下降,抑制过程加强有关。运动员心理淡漠,表现为情绪低落、意志消沉、精神萎靡、体力下降,对比赛缺乏信心,知觉、注意力强度减弱,反应迟钝,会严重影响比赛结果。

克服心理淡漠的方法:

——帮助运动员分析比赛的情况,使他们正确认识比赛的主客观有利条件,并且应制定具体可行的比赛措施,使运动员增强比赛信心,鼓舞斗志。

——帮助运动员形成崇高的比赛动机,端正对比赛的正确态度。

——防止赛前过度训练,使运动员情绪高涨,以饱满的热情参加比赛。

(六)盲目自信的克服方法

当一个运动员参加比赛的信心超过了他的实际具有的能力时,便产生了盲目自信。

运动员产生盲目自信多是由于对即将来临的比赛的复杂

性、艰巨性和困难情况估计不足，过高地估计自己或本队的力量，相信自己能轻易取胜所致。具体表现为：不认真分析与研究比赛的对策；对比赛漫不经心；注意力分散，注意强度下降；思维迟缓，自以为是；当遇到意想不到的困难与挫折时，表现得慌手慌脚，心情急躁，束手无策，对失败沮丧。

克服盲目自信的方法：

——教育运动员认真对待每一次比赛，胜不骄，败不馁。

——学习辩证唯物主义的方法论，使运动员学会科学、全面地分析问题。

——每次比赛之前，教练员都应带领队员实事求是地分析己彼各方的实力，充分估计可能出现的各种困难情况，使运动员处于良性的战斗准备状态。

（七）注意分散的克服方法

注意是心理活动对一定事物的指向的集中。把注意集中在某一对象或活动上为注意的稳定性；和注意稳定性相反，是注意的分散，即通常所讲的“分心”。造成注意分散有客观与主观两方面的原因。外部刺激常易造成注意分散，如果出现一种能够引起不随意注意的客观事物时，常会吸引我们的注意力，从而出现注意分散现象。

克服注意力分散的方法：

——在平时应加强培养运动员不为其他念头或事物干扰所分心的能力。

——使运动员对他所从事的事业，所实践的活动有强烈的愿望和浓厚的兴趣，这种来自内部的动机会使人的注意力高度集中。

——在日常生活中使运动员养成做事有头有尾，坚持到底的良好习惯。

——在参加比赛时，要引导运动员不要多想比赛的结果，而应把注意力集中在比赛的过程上。

——在比赛之前消除担心、害怕等心理状态，避免情绪波动。

——使运动员做一些视觉守点，听觉守音的练习，以使注意力集中。如：

视物法：注意力集中看一个目标，然后闭眼努力回忆这个目标形象，多做几次，直至目标在头脑里清晰地再现为止。

看表法：注意力集中看手表秒针的转动，记录每次持续的时间，每次训练不少于 3～4 次，持续时间以能超过 5 分钟为好。

辨音法：在嘈杂的环境中，让运动员辨别钟表走时发出的嘀嗒嘀嗒声音并记录听见的次数，以 10 分钟为限。这种方法可迫使运动员注意集中。

（八）心理焦虑的克服方法

所谓心理焦虑是指运动员在训练与比赛中对当前现状，或者是所预计的结果对自尊心有潜在的威胁的情境所具有的担忧倾向。

运动员适当的焦虑可以激起其改变自身现状的紧迫感，进一步谋求达到某种目标；但如果运动员对预计到的威胁产生过度担忧和过分的恐慌，此时，往往会夸大比赛的困难因素，小看自己的实际能力，害怕比赛成绩不好，害怕辜负了教练、家长及他人的期望而产生焦虑，则不利于成功地参加比赛。

克服焦虑的方法：

——引导队员把思想集中于比赛过程，少考虑比赛的结果。

——进行积极的想像，采用放松训练的一些方法，消除焦虑情绪。

——赛前也可以演练一下比赛的情形，把思想集中到比赛中去。

——在完成动作之前可以将整个动作及完成动作时的思想状态按照程序背诵一遍。

第二节　运动智能及其训练

一、运动智能概述

(一)运动智能及其构成

运动智能是智能中的一种，是指运动员以一般智能为基础，运用包括体育运动理论在内的多学科知识，参加运动训练和运动比赛的能力。是运动员总体竞技能力的重要组成部分。

现代运动训练与比赛对运动员智能水平的要求越来越高，甚至可以这样说，在某些情况下运动员智能水平的高低是决定比赛成败的关键，因此，要求每个运动员要充分理解运动智能对训练与比赛的重要意义。

(二)运动智能的重要作用

1. 具有较高运动智能的竞技选手，对于本专项竞技的特点和规律有着较为深刻的把握，对于训练的理论和方法也有更为准确的认识和体验。因此，他们在训练中就更能够正确地理解教练员的训练意图，能够以自觉的行为配合教练员高质量地完成预定的训练计划，从而使得提高运动员总体竞技能力的训练任务更好地完成。

2. 具有较高运动智能的竞技选手，善于正确地理解先进的合理的运动技术，从而明显地缩短学习和熟练掌握运动技巧的过程;他们能够更为准确地把握运动战术的精髓和实质,在比赛中善于灵活机动地运用战术;他们具有较多的心理学知识,善于动员和控制自己的心理活动，从而保证在竞技中更为出色地发挥已有的竞技水平,表现出更高的总体竞技能力。

二、运动智能训练的基本方法

(一)一般智能的训练

运动智能的提高是以一般智能为基础的。提高影响智能的各个因素,如提高运动员的观察力、注意力和思维想像力等是提高运动智能的基础。

1. 观察力训练

观察是受思维影响的有目的的 知觉活动。观察的基础是感觉,观察力是运动员应具备的主要智力因素。培养运动员观察能力十分重要,运动场上的信息多是转瞬即逝的,观察能力差,往往见到快速变化的景物会眼花缭乱，无所记忆，得不到思维材料,由此引发的行为只能是盲动。人在长期观察周围事物的过程中,掌握了观察方法,养成了观察习惯,形成有个性特点的观察能力,即观察力。培养运动员的观察力最基本方法就是在比赛、训练时经常布置观察任务、传授观察方法、培养观察习惯。初次布置观察任务时,应做好准备,列出计划,明确任务,指明观察重点、程序以及写观察报告等。运动员掌握了观察方法之后,应及时布置观察任务,提出更高的观察要求。

2. 记忆力训练

记忆是以识记、保持、再认和回忆的方式对经验的反映。记忆是运动员重要的智力因素。人的记忆分为形象记忆、情绪记忆、逻辑记忆和运动记忆。无论哪种记忆都是由感知记忆开始，经短时记忆的强化转化为长时记忆的。

记忆力训练就是发展记忆敏捷性、持久性和迅速正确再现等品质。发展记忆力的做法有：经常布置记忆任务，如记一次比赛成绩，一场比赛情景，一组连续动作形象；复述、回忆记忆材料；及时把感觉记忆转化为短时、长期记忆；学习记忆方法，掌握记忆术。

3. 思维、想像力训练

思维是智力的核心成分。思维训练的任务就是掌握思维规律，学会熟练运用思维，提高思维能力。

思维的主体是大脑，运用思维工具，对思维材料进行创造性的加工过程。思维材料的占有量，思维工具的运用程度都受着思维主体——脑发展水平的限制。所以思维训练的终极目标是发展脑的结构功能。

人的思维有逻辑思维、形象思维和灵感思维三种活动方式。

可通过对比赛进行分析预测，对赛场信息进行加工综合，对运动技术进行评述等方法发展运动员的逻辑思维能力。

应在平时加强形象记忆力和想像力训练。如：组织两个人或多人做动作反应练习，学会区别真伪，从中总结经验；在头脑中设计动作，联结动作；加强理论教育，明确现象和本质之间的联系；有意识地利用图表、图形讲授知识。要重视培养运动员的直觉能力，在训练中注意启发运动员发掘即兴的灵感，鼓励运动员谈出自己的奇思妙想，培养他们创造性的灵感思维。

在思维训练中,对思维速度的训练至关重要。很多运动项目是在高速运动中进行的,在激烈的竞争中思维速度慢,便意味着失去时间、失去战机、失去取胜的机会。加强思维速度训练的基本方法是限时完成思维任务,学会简化思维步骤,开拓思路,养成集中注意力的习惯。

(二)运动智能的训练

运动智能训练的主要途径是传授知识、掌握技能和开发智能。

知识是人们实践活动的结晶,是客观事物的属性、联系及规律在人们头脑中的反映。运动员占有知识的过程,要通过领会、理解、巩固、运用等环节,把“脑外”的知识贮藏在头脑里,这一过程也是人的智能活动的过程,通过这种智力活动开发人的智能。

技能是人们活动的一种方式,体育技能属于操作技能,这种技能的获得离不开智能的活动。通过技能训练,既可使运动员掌握运动技能,又可开发运动员的智能,促进运动员脑神经活动的功能。

占有知识、掌握技能与开发智能是互为条件的。智能的开发离不开知识与技术,运动员占有知识与提高技能也离不开智能的活动。但智能的开发又与知识的占有与技能的提高有所区别。在传授知识和技能的同时,为达到开发智能的目的,应组织运动员积极进行,领会、理解、巩固、归纳、判断、推理等一系列思维活动,使知识和技能“智能化”,使智能活动融于知识占有和技能掌握的活动之中。

1. 提高运动员专业理论知识水平

运动员学习、掌握专业理论知识与学习其他文化知识，在方法上既有共同的要求，又有各自的特点。

(1)学习文化理论知识的一般方法

阅读自学、教师讲解辅导、小组讨论、完成作业、专题研究等等都是文化知识学习经常采用的形式与方法。当然，随学习者文化层次高低的不同，在学习的组织形式与采用的方法上会各有侧重。在这些方面，运动员的专业理论知识学习也多采用相同或相似的形式与方法。

(2)结合训练实践学习体育专业理论知识

运动员学习掌握专业理论知识的特殊要求在于紧密结合运动训练的实践，取得实际效果。科学训练理论应该是源于训练实践，高于训练实践，进而有效地指导训练实践。所以学习专业理论知识一定要结合训练实践，特别是自己的训练实践来进行。为此，运动员要注意认真理解训练计划，认真记好训练日记，认真进行训练总结。带着训练中发现的问题去学习，去思考，学好、学通。运动员在结合自己的训练实践学习理论知识的同时，还应注意观察和研究自己的同伴、对手及国内外优秀运动员的训练实践，并且对其进行科学的比较，从中发现和理解训练成功的规律。

(3)广泛学习相关学科的科学知识

科学的运动训练活动要求它的从业者具有丰富的、多领域的科学知识。如运动生理学、运动解剖学、运动心理学、体育社会学及体育美学等体育科学学科的知识，都对科学地组织运动训练活动和成功地参加运动竞赛有着重要的意义。因此，要求运动员不仅要学习本专项运动的理论知识，还必须学习多种科学学科的有关理论知识。

2. 提高运动员运用知识的水平

(1)提高应用理论知识的自觉性

教练员、运动员首先应明确专业理论知识的作用,并主动自觉地在自己的训练实践中予以应用,这是提高其应用水平的重要前提。其应用的具体方法,一是由实践找理论,二是学理论找实践。根据训练实践的需要,去学习和寻找有关的理论知识,学习、理解并掌握后即用于训练实践,从而提高理论知识运用能力。从运动训练实践的需要出发,学习的目的性强,运用的针对性强,便于解决实际问题,常常会取得满意的结果。例如,我国速滑界为了更准确地控制负荷强度,移植了游泳及中长跑选手的成功经验,学习运用血乳酸指标控制负荷强度的理论知识,测定了速度滑冰运动员 127 个常用手段负荷后的血乳酸峰值,并据此制定了一些优秀选手负荷强度的定量指标,有效地提高了训练质量。

在系统的理论学习中发现问题,主动地改进训练,是提高理论知识应用水平的另一种重要方法。例如,艺术体操教练员从美学理论中学习到“不对称图形”的美学价值,进而主动地在体操的编排中,设计了若干不对称队形,提高了整套动作的表现力。

(2)认真做好专题总结

对运用专业理论知识于训练实践的工作情况应及时地进行深入的专题总结,这是提高应用水平的另一个重要的方法。通过科学的总结,可以对理论的认识更加深刻,对于实践的解析更加准确,从而把认识提高到新的层次和新的水平。

教练员、运动员们都应注意提高自身的科学方法水平,要学好逻辑学、科学方法论,以及体育统计、实验设计、调查访问等具体科学方法,这是进行科学的总结和从事科学研究工作必不可少的。

三、运动智能训练的基本要求

(一)提高运动员对学习理论知识和发展运动智能意义的认识，动员他们的积极思维，启发他们参加运动智能训练的自觉性。

(二)运动智能训练应根据对象实际情况(文化水平,专业基础知识水平及年龄特点等)选择内容,确定方法及分量。

(三)运动智能训练应列入训练计划之中，在计划中应占有一定的比例。

(四)应逐步建立运动智能测定和评价的制度。对运动员智能评定目前还没有一套更好的办法,实际工作中做得也不多,应进一步研究解决，对运动员智能评定应多结合训练与比赛实践过程进行,在实践活动中考察运动员的智能水平。也可以组织专门的测验和考查,然后给予评定。

第十章 运动员多年训练的计划与组织

田麦久

多年训练计划是对运动员多年训练过程的总体规划。对于运动员两年以上的训练过程的设想和安排，都属于多年的训练计划，其时间跨度有时可长达十几年。

制定多年训练计划时，要求教练员一定要有战略眼光，要从总体上、发展上宏观地规划运动员的多年训练过程。多年训练计划对于年度、大周期等训练计划具有指导性的意义，但它对未来较长时间的训练活动所做的预测仅仅是框架性的，而不可能做到详尽具体。尽管在组织实施时，由于许多非可控因素的干扰，将不可避免地导致这样那样的变化，但在多年的训练过程中，教练员通常都有时间、有可能通过某些调整及修正措施，将训练过程的基本方向控制在原有的轨道上，使其总体规划保持基本的稳定。

第一节 制定多年训练计划的必要性

理论研究与训练实践都已表明，不经过多年系统的、科学的训练，就不可能培养出高水平的优秀运动员。为了保证多年的训练取得理想的效果，即培养出高水平的优秀运动员，需要对整个训练过程进行合理的和整体的规划。调查表明，我国不同项群奥运选手的培养期在 7.6 ~ 11.2 年之间(表 10 - 1)。

表 10－1 我国第 23 届、24 届奥运会参赛选手训练成才年限

n＝377

项群		人数		参加业余训练年龄(岁)		达各阶段界点训练年限(年)					
						入省市队		入国家队		参赛奥运会	
		男	女	男	女	男	女	男	女	男	女
体能主导类	速度性	25	17	11.5	11.3	4.0	3.6	6.9	7.1	10.2	9.6
	力量性	27	13	14.1	13.0	2.8	2.9	5.8	7.5	9.8	10.1
	耐力性	25	23	15.9	14.1	1.8	2.1	5.9	4.9	8.2	7.6
技能主导类	表现准确性	20	16	15.7	15.1	1.9	1.8	5.3	4.6	8.6	7.8
	表现难美性	15	28	8.7	7.9	2.9	2.7	8.3	6.9	12.8	10.2
	隔网对抗性	19	24	12.2	11.9	3.0	3.1	7.6	7.1	11.3	11.2
	同场对抗性	48	40	13.1	12.8	3.4	2.8	8.7	7.1	12.3	10.2
	格斗对抗性	29	8	15.4	14.4	2.3	2.6	5.4	5.1	7.9	9.2

（依陈兵、田麦久，1992）

一、运动员竞技能力状态转移长期性的要求

构成运动员竞技能力的各个部分，无论是体能、技能、战术能力、运动智能，还是心理能力，都需要经过长时间的训练才能得到明显的改善和提高。运动员体能的改变，要以各生理系统机能的提高为基础而表现为高度发展的运动素质，这种生物适应机制要通过有机体逐个细胞成分的改变和代谢能力的提高这样一个缓慢的过程才能予以实现。例如，要提高运动员的有氧耐力，必须通过系统组织的有氧训练，使其心腔容积、心肌厚度及心肌收缩力量逐渐增大，促进其肌肉组织的毛细血管化，进而改

善运动员的有氧代谢能力，提高肌肉的力量耐力和支撑运动器官的负荷能力。对这一训练过程，需要认真地做出规划，在训练内容、手段和运动负荷安排等各方面保持必要的连续性，才能保证发展有氧耐力这一目标的实现。

运动员发展技能的任务是长期而艰巨的。体操、技巧、花样游泳等技能主导类表现难美性运动项目的运动员，要获得高超的运动技巧，必须高质量地掌握各种基本动作，并进一步学习、发展和创造新的技术动作，通过千百次的重复练习，使技术动作达到自动化程度，以保证在比赛中能出色地完成平时练就的成套动作练习，夺取优异的运动成绩。而各种球类、击剑和摔跤等对抗性项目的运动员，要提高自己的技能，则需要在多年的训练过程中，掌握、熟练各种基本技术动作，苦练坚实的基本功，只有这样，才能在比赛中复杂多变的情况下，根据对手所采取的技、战术，灵活机动地作出反应，创造性地发挥技能，自动化地“编制”并演示出各种适宜的变异组合，击败对手，夺取比赛的胜利。

田径、游泳等体能主导类项目的技术动作，虽然相对较为稳定，但是，这类项目的运动特点要求运动员在完成技术动作时，最大限度地发挥其体力潜能，并获得最理想的力学效果。因此，也需要运动员通过无数次的反复练习，熟练地掌握合理的技术动作，并形成牢固的动力定型。这同样需要制定科学的多年训练计划予以实施。

艰苦的训练和激烈紧张的竞赛需要运动员具有良好的心理品质，优秀运动员所具备的高度发展的心理自控能力、自我激励能力和集中注意力的能力等，同样需要在合理规划的多年训练过程中才能有效地得到发展。

此外，竞技能力各个方面训练的合理结构，不同阶段训练重点的安排,都需要科学的多年训练计划的指导。

二、运动员竞技能力状态转移阶段性的要求

运动员机体能力变化的周期性特点，以及构成运动员竞技能力的运动素质、技术、战术和心理等因素内部结构的层次性，决定了运动员竞技能力状态转移的完整过程是由若干个彼此相联的不同阶段组成的。各个阶段有着自己特有的训练任务和内容,有着不同的运动负荷要求。例如,在跳远运动员多年训练中,应该首先着重发展运动素质，还是基本技术？在运动素质训练中,首先应着重发展速度素质,还是耐力素质或者力量素质？怎样安排技术训练的合理程序，从而有步骤地掌握不同的动作环节,逐步完善动作技术细节？在多年训练的不同阶段,运动负荷变化的总体趋向是怎样的？周训练课次及课时应有什么样的变化?这些问题都要求有一个多年训练计划予以科学的回答。

三、运动员先天遗传性竞技能力与后天获得性竞技能力最佳组合的要求

运动员的竞技能力，一部分由先天性遗传途径获得，一部分由后天性训练途径与生活途径获得(图 10－1)。

这里,先天性遗传途径是重要的基础,具有适合专项竞技需要的先天性遗传性状，可为竞技能力的进一步提高提供有利的条件。因而,应努力选拔具有巨大竞技潜力的少年儿童,对他们进行系统的训练和培养。

运动员的生活环境，包括居住地的海拔、气候等地域特点，饮食、起居等生活习俗,经济、社会、文化、医疗和卫生发展水平等等,对运动员竞技能力的发展都有着不可忽视的影响。

训练活动毫无疑问是提高运动员竞技能力最基本、最重要

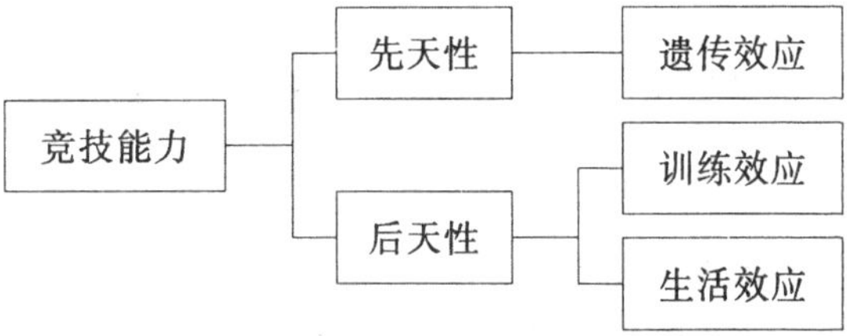

图 10－1　运动员竞技能力的获得途径

的途径，这里融入了教练员与运动员的勤奋和智慧，也反映着社会、科学和文化支持的力度，是竞技体育活动的核心环节之一。

运动员先天遗传性竞技能力随着人的发育阶段的递进而表现出不同的水平，后天获得性竞技能力也随训练过程的延伸而变化，因此，科学的多年训练过程始终把追求实现二者的最佳组合作为自己的行为目标。理想的组合是，当运动员的生长发育过程处于最适宜于参加某个运动项目的专项竞技的阶段时，他应该已在专项的技能、体能、战术能力及心理能力等各方面接受了足够的训练，获得了充分的发展。运动员处于两类竞技能力最佳组合的状态时，则具备了在专项比赛中，表现高度竞技水平最佳的主观条件。

人体各个系统发育的速度是不同的。出生后神经系统的发育处于领先地位，5～6岁时发育速度最快，并迅速接近成人水平，此时大脑的重量已达到成人脑重的90%。人的总体发育（运动系统、循环系统、呼吸系统和消化系统）与形态指标的发育曲线基本一致，呈波浪式上升态势。淋巴系统的发育在10岁左右已达高峰，12岁已达成人的200%，以后逐渐降低。那是因为这个时期儿童的细胞免疫系统尚未建立，身体对疾病的抵抗力还很弱。因此需要强有力的淋巴免疫系统的保护作用。以后随着年龄的增加，机体细胞免疫系统逐渐成熟。生殖系统发育最晚，通常在人体发育进入第二突增期之后，才迅速地发育起来（图 10－2）。与上述人体各系统发育的系列性特征相适应，运动员的各种竞技能力在多年训练过程中也各有其不同的适宜发展阶段(图 10－3)。

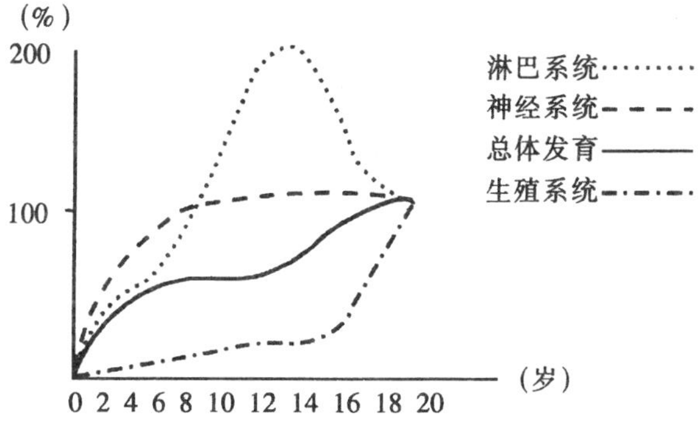

图 10－2 身体各系统发育情况

（引自《运动生理学》）教材，1984）

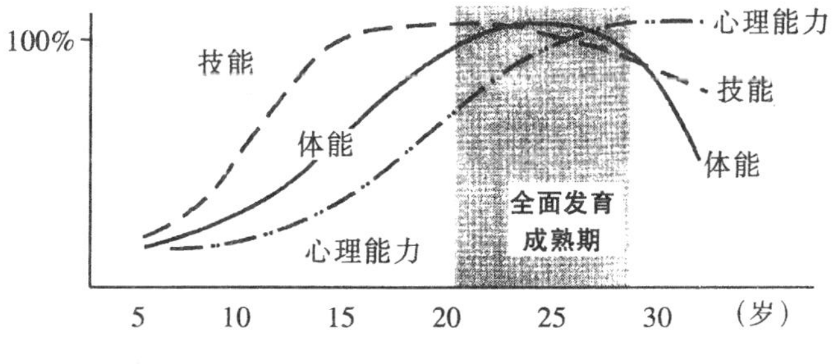

图 10－3 运动员各种竞技能力在多年训练过程中的发展

（引自田麦久《论运动训练计划》），1997）

第二节　全程性多年训练计划

对运动员从开始接受基础训练，达到个人运动竞技水平的高峰，到停止参加竞技训练活动的整个训练过程的设计与规划，就是运动员的全程性多年训练计划。随着现代竞技运动水平的不断提高，竞争日益激烈，运动员的早期选材、早期训练、多年培养已成为造就优秀运动员的必经之途。科学地制定全程性多年训练计划，把培养优秀竞技选手的整个过程置于严格的科学控制之下，已越来越引起人们的高度重视。

一、全程性多年训练过程的阶段划分

对于长达数年甚至十几年的训练过程进行合理的阶段划分，是一项非常重要的工作。不同国家的学者都很重视全程性多年训练的阶段划分问题。比较前苏联、前民主德国和前联邦德国训练学家们的有关论述可以看到，他们的论点虽然各有自己鲜明的特点，但从整体上看，又有着许多共同之处。

以国内外已有研究成果为基础，并考虑到不同项群训练的特点，研究提出了全程性多年训练的阶段划分、训练年限及其训练的重点内容(表 10－2)。

如表 10－2 所示，运动员的全程性多年训练通常包括基础训练阶段、专项提高阶段、最佳竞技阶段以及竞技保持阶段。各个阶段有着不同的训练任务和训练内容、并对运动负荷安排提出不同的要求。不言而喻，其中的最佳竞技阶段是最重要的核心阶段，在这一阶段中，运动员所表现出来的竞技水平的高低，可以看作是对运动员多年训练成果的主要评价；基础训练阶段和专项提高阶段的整个安

表 10－2 全程性多年训练的阶段划分

<table>
<tr><th rowspan="2">阶段</th><th rowspan="2">主要任务</th><th rowspan="2">年限</th><th colspan="2">训练的重点内容及顺序</th><th rowspan="2">负荷特点</th></tr>
<tr><th>体能主导类项目</th><th>技能主导类项目</th></tr>
<tr><td>基础训练阶段</td><td>发展一般运动能力</td><td>3～5</td><td colspan="2">1. 协调能力，基本运动能力
2. 多项基本技术
3. 一般心理品质
4. 基本运动素质</td><td>循序渐进
留有余地</td></tr>
<tr><td>专项提高阶段</td><td>提高专项竞技能力</td><td>4～6</td><td rowspan="2">1. 专项运动素质
2. 专项技、战术
3. 专项心理品质
4. 训练理论知识</td><td rowspan="2">1. 专项技、战术
2. 专项运动素质
3. 专项心理品质
4. 训练理论知识</td><td>逐年增加
逼近极限</td></tr>
<tr><td>最佳竞技阶段</td><td>创造专项优异成绩</td><td>4～8</td><td>在高水平
区间起伏</td></tr>
<tr><td>竞技保持阶段</td><td>努力保持专项竞技水平</td><td>2～5</td><td>1. 心理稳定性
2. 专项运动素质
3. 专项技、战术
4. 训练理论知识</td><td>1. 心理稳定性
2. 专项技、战术
3. 专项运动素质
4. 训练理论知识</td><td>保持强度
明显减量</td></tr>
</table>

（引自田麦久《论运动训练过程》，1988）

排和要求，都服从于最佳竞技阶段训练任务的完成；而竞技保持阶段则可视为最佳竞技阶段的尽可能长的延续。

我国优秀女排选手两届世界冠军队队长曹慧英（表 10－3）

表 10－3 曹慧英多年训练经历

出生：1954. 10. 31

阶段	年度	年龄（岁）	主要训练内容	周训练量 时/次
基础训练阶段	1971～1974	16～19	身体训练 基本技术训练	24/6
专项提高阶段	1975～1976	20～21	专项技、战术训练 专项身体素质训练	30/10
最佳竞技阶段	1977～1979	22～24	专项技战术训练 专项身体素质训练	40/13～16
竞技保持阶段	1980～1982	25～27	专项技战术训练	35/13～16

（引自田麦久《论运动训练过程》，1988）

表 10－4 杨文意、庄泳多年训练规划

出生:杨文意 1972 年 1 月,庄泳 1972 年 5 月

阶段	年度/年龄		主要训练任务
	杨文意	庄泳	
基础训练阶段	1979～1985 7～13 岁	1979～1984 7～12 岁	1. 启蒙训练,熟悉水性,培养兴趣 2. 打好技术基础 3. 全面发展运动素质 4. 循序渐进,提高负荷能力,达到国内一般水平
专项提高阶段	1986～1988 14～16 岁	1985～1987 13～15 岁	1. 提高专项素质与技术水平 2. 培养良好的比赛心理素质,达到一般国际水平
最佳竞技阶段	1989～1992 17～20 岁	1988～1990 16～18 岁	1. 最大限度地发展专项能力 2. 完善比赛心理品质 3. 成功地参加世界大赛,创造优异成绩,完成多年训练目标
竞技保持阶段	1993～1994 21～22 岁	1991～1993 19～21 岁	努力保持竞技水平

(依周明,1990)

和奥运会女子游泳冠军杨文意、庄泳 (表 10－4) 作为我国世界级选手中的优秀代表,成功地完成了她们的全程性多年训练过程。

二、全程性多年训练过程的年龄特征

运动员生理、心理机能发育的自然规律,以及在训练负荷影响下生物适应状态发展变化的规律,决定了大多数优秀运动员完整的多年训练过程具有明显的年龄特征。为了顺利地培养出世界水平的优秀选手,不同项目对运动员开始参加训练的年龄、进入专项训练的年龄、保持最佳竞技水平的年龄以及竞技能力开始下降的年龄,都有着特定的要求。这里,核心的问题在于保

持最佳竞技水平的年龄。在最适宜的年龄阶段，使运动员处于最佳竞技水平，创造出优异的运动成绩是运动训练的最终目标，也是决定整个运动训练过程年龄特征的主要依据。

陈兵、田麦久(1992)研究了我国377名第23届、第24届奥运会参赛选手全程性多年训练各个界点的年龄特征（表10－5)。研究结果表明，我国奥运级男运动员多年训练全过程平均为13.8±1.7年；女运动员平均为13.5±1.1年，其中男子难美性项群选手最长为16.5年，而男女耐力性项群选手最短，分别为11.3年及11.4年。

我们把运动员开始参加训练到成为奥运会选手的训练期限称为奥运成材期。表10－5的材料表明，最短的为女子耐力性项

表10－5　各项群奥运选手开始参加各阶段训练的平均年龄

项群	开始课余训练(岁)		开始地方队训练(岁)		开始国家队训练(岁)		成为奥运选手(岁)		奥运成材期(年)		退役(岁)		全过程(年)	
	男	女	男	女	男	女	男	女	男	女	男	女	男	女
速度性	11.5	11.3	15.5	14.9	18.4	18.4	21.7	20.9	10.2	9.6	25.1	24.7	13.6	13.4
力量性	14.1	13.0	16.9	15.9	19.9	20.5	23.9	24.1	9.8	10.1	26.6	26.9	12.5	13.9
耐力性	15.9	14.1	17.7	16.2	21.8	19.0	24.1	21.7	8.3	7.6	27.2	25.5	11.3	11.4
表现准确性	15.7	15.1	17.6	16.9	21.0	19.7	24.3	23.1	8.6	8.0	30.5	29.6	14.8	14.5
表现难美性	8.7	7.9	11.6	10.6	17.0	14.9	21.5	18.1	12.8	10.2	25.2	20.3	16.5	12.4
隔网对抗性	12.2	11.9	15.2	15.0	19.8	19.0	23.5	23.1	11.3	11.2	26.7	26.2	14.5	14.3
同场对抗性	13.1	12.8	16.4	15.5	21.7	19.8	25.3	22.9	12.2	10.1	27.7	26.1	14.6	13.3
格斗对抗性	15.4	14.4	17.7	17.0	20.8	19.5	23.3	23.6	7.9	9.2	27.8	29.1	12.4	14.7

（依陈兵、田麦久，1992）

目选手为7.6年、男子格斗对抗性项目选手为7.9年，女子表现准确性项目选手为8.0年，最长的为男子表现难美性项群选手为12.8年，男子同场对抗性项群选手为12.2年。如果以10年为界，将8个项群分为三组（表10－6），则可对不同项群运动员奥运成材训练的年龄特征有一个框架式的把握。

表10－6　不同项群奥运选手成材期

（始训→参赛奥运）

年　限	体能主导类	技能主导类
<10年	耐力性	表现准确性 格斗对抗性
≈10年	速度性 力量性	——
>10年	——	表现难美性 隔网对抗性 同场对抗性

20世纪60～90年代，由于竞技训练的国际性竞争日益激烈以及训练理论的不断发展，在一部分运动项目中，出现了优秀运动员年轻化的趋向。其中，尤以竞技体操、跳水和技巧等显示复杂高难的技术以及表现高度美感为主要特点的项目最为突出。1964～1996年奥运会体操全能决赛参加者的年龄，即清楚地显示出这一趋势（图10－4）。

不少运动项目优秀运动员最佳竞技年龄下降的趋势，使其完整的多年训练过程中各阶段年龄特征也发生了相应的变化。这里，我们把那些在少年时期即有可能表现出世界级竞技水平的项目称为“少年”运动项目，而将其他仍然由成人占据优势地位的项目称为“成人”运动项目。这两类项目各自的年龄特征如

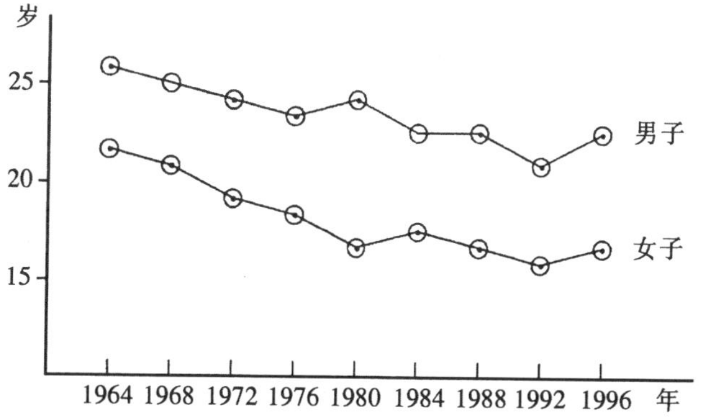

图 10－4　第 18～26 届奥运会体操全能决赛参加者平均年龄的变化
（由国家体操运动管理中心提供材料，2000）

表 10－7 所示。

我国体操界 20 年来培养了一大批世界级选手。13 名男子世界冠军从 9.3±2.7 岁开始参加训练，经过 10.3±2.5 年的系统训练，在 19.6±1.9 岁时首次成为世界冠军（表 10－8）。9 名女子世界冠军从 6.8±2.2 岁开始参加训练，经过 9.6±1.4 年

表 10－7　世界水平运动员多年训练的年龄特征

类别	"成人"运动项目		"少年"运动项目	
	男	女	男	女
达世界水平年龄（岁）	21±1	19±1	17±1	15±1
必要的训练年限（年）	8～12		8～12	
开始接受训练的年龄（岁）	10～12		6～8	

的系统训练，在 16.1 ± 1.3 岁时首次成为世界冠军（表 10 -

表 10 - 8　中国男子体操世界冠军训练年限

序号	姓名	出生年月	训练起始年月	年龄（岁）	首次成为世界冠军		
					年月	年龄（岁）	训练年限（年）
1	黄玉斌	1958.2	1970	12	1980.10	22	10
2	李月久	1957	1969	11	1980.10	23	12
3	李小平	1963	1972	9	1981.11	18	9
4	李　宁	1963	1971	8	1982.10	19	11
5	童　非	1962	1970	8	1982.10	20	12
6	楼　云	1964	1973	9	1983.10	19	10
7	许志强	1963	1972	9	1983.10	20	11
8	李　敬	1970.2	1980.1	10	1989.10	19	9
9	李春阳	1968.12	1980.1	11	1989.10	21	10
10	李小双	1973.11	1983.9	10	1992.8	19	9
11	黄力平	1973.4	1979.11	6	1994.4	21	15
12	张津京	1977.11	1983	6	1995.11	18	12
13	李小鹏	1981.7	1993	12	1997.10	16	4
X ± S				9.3 ± 2.7		19.6 ± 1.9	10.3 ± 2.5

（依高健、钱奎、黄玉斌材料编制，2000）

表 10－9　中国女子体操世界冠军训练年限

序号	姓　名	出生年月	训练起始年月	年龄（岁）	首次成为世界冠军		
					年月	年龄（岁）	训练年限（年）
1	马燕红	1964	1972	8	1979.12	15	7
2	樊　迪	1973	1980	7	1989.10	16	9
3	杨　波	1975.7	1980	5	1990.11	15	10
4	陆　莉	1976.8	1982.11	6	1992.8	16	10
5	罗　丽	1975	1986	11	1994.4	19	8
6	莫慧兰	1979.7	1985.6	6	1995.9	16	10
7	奎媛媛	1981.6	1986.6	5	1996.4	15	10
8	毕文静	1981.7	1986	5	1998.5	17	12
9	刘　璇	1979.3	1985.5	6	1998.5	16	10
$\bar{X} \pm S$				6.8 ± 2.2		16.1 ± 1.3	9.6 ± 1.4

（依高健、钱奎、陆善真材料编制，2000）

9）。

杨文意、庄泳、林莉等我国世界水平的女子游泳选手自 5～10 岁开始参加训练，16～18 岁入选参赛奥运，20～22 岁成为奥运会冠军，历时 12～15 年（表 10－10），是我国培养世界级选手

表 10-10 我国女子游泳世界水平选手运动年龄特征

姓名	出生年月	学泳年龄	入体校年龄	入队年龄	亚、奥大赛情况(获奖/年龄)				
					1986年亚运会	1988年奥运会	1990年亚运会	1991年世锦赛	1992年奥运会
杨文意	项目:50米/100米自由泳								
	1972.1	6	8	12.5		银/16	金/18		金/20
庄 泳	项目:100米自由泳								
	1972.5	5	9	12		银/16	金/18	金/19	金/20
黄晓敏	项目:200米蛙泳								
	1970.4	9	10	11	金/16	银/18	金/20		
钱 红	项目:100米/200米蝶泳								
	1971.4	9	9	14	金/15	银/17	金/19	金/20	金/21
夏福杰	项目:100米自由泳								
	1970.6	9	12	13	金/16	4/18			
林 莉	项目:200米/400米混合泳								
	1970.5	10	12	12		7/18	金/20	金/21	金/22
王晓红	项目:100米仰泳								
	1968.11	10	11	14		8/20	金/22	银/23	

(依田麦久,1994)

多年训练过程的成功范例。

三、全程性多年训练过程的负荷特点

在多年训练的过程中,无论是运动负荷的内容,还是运动负荷的量度,都依训练阶段的不同而表现出不同的特点。

如表 10-2 所示,基础训练阶段的负荷内容,首先是协调能力和基本技术的训练;在专项提高阶段及最佳竞技阶段中,则首先要发展决定专项竞技能力的首要因素;而在竞技保持阶段,则需要把运动员的心理稳定性的保持和提高放在训练的首位。

运动负荷的量度随阶段的不同也表现出有规律的变化。从对周训练次数的比较中可以看到，由基础训练阶段到专项提高阶段,周训练的课次明显增加;而由最佳竞技发展阶段转入竞技保持阶段,周训练的课次则逐渐减少。

纳巴特尼柯娃(前苏联 1982)等人的研究指出,在多年训练全过程中的不同训练阶段，负荷量的变化应服从于运动员身体发育及训练过程的客观规律。如果把运动员在多年训练全过程中的最大负荷量定为百分之百,那么,在竞技专项化开始阶段和竞技深化阶段,负荷量应分别控制在 45% ~50% 和 70% ~80% 之间。按这一比例安排训练负荷,将有助于保持各阶段之间的良好继承性。

第三节　区间性多年训练计划

多年训练全过程中的每一个特定的时间区域，都构成一个区间。对两年以上的一个特定时间的训练过程的设计,就称做区间性多年训练计划。如两届奥运会之间 4 年的训练计划,6 年中学学习期间的训练计划等等。

由于当前早期选材预测结果还具有较大的不确定性，加之在运动员长达十几年的整个运动生涯中，受着多方面的各种必然和偶然因素的影响,因此,对多年训练的全过程通常只做一个框架式的规划，而对全程性多年训练中不同训练阶段所制定的区间性训练计划,则应较为深入和具体。这里,将对基础训练阶段、专项提高阶段、最佳竞技阶段及竞技保持阶段的区间性多年训练计划的特点,分别进行讨论。

一、基础训练阶段的区间性多年训练计划

儿童开始参加基础训练的年龄依项目的特点而不同。参加田径等“成人”项目的训练，宜从10~12岁开始，这时正值读小学五、六年级或初中一年级；而为培养体操、艺术体操、跳水、游泳等“少年”项目的优秀选手，则应从5~8岁开始，这是幼儿园大班或小学一年级的年龄。为了使有才能的竞技选手从一开始就能得到系统的科学的训练，业余体校、运动学校的教练员，以及组织课外训练的中小学体育教师，应该对儿童少年基础训练阶段3~5年（表10－11）的训练进行统一的筹划，制定出区间性的多年训练计划。

我国乒乓球运动水平40年来始终位于世界的最前列。我国运动员从儿童时期起（男子为6.1±1.5岁，女子为6.0±1.3

表10－11　11名优秀运动员基础训练阶段的年龄特征

姓名	性别	项目	出生	基础训练阶段的年龄特征		年限
				年度区间	年龄区间	
曹慧英	女	排球	1954.10.21	1971~1975	16~20岁	4
陈招娣	女	排球	1955.1.14	1970.12~1973.6	15~18岁	4
周晓兰	女	排球	1957.10.9	1973.4~1976	15~18岁	4
周鹿敏	女	排球	1956.7.6	1972~1975	16~19岁	4
于吉平	男	射击	1956.11.22	1974.1~1975.12	17~19岁	3
孙盛伟	男	射击	1955.1.1	1973.11~1975.6	18~20岁	2
刘亚军	女	体操	1961.12.15	1970~1974	8~12岁	4
李翠玲	女	体操	1961.4.4	1971~1976	10~15岁	5
林克强	男	三级跳	1959.3.15	1973.4~1976.6	14~17岁	3
匡鲁彬	男	篮球	1956.1.26	1972~1975	16~19岁	3
宋晓波	女	篮球	1958.9.10	1971~1975	12~15岁	3
M±S					3.5±1.2	

（依田麦久，1986）

岁）即系统地参加训练，他们在各类体校的训练时间平均为 5.3 年（男）和 5.7 年（女），经过了包括基本技术、基本素质和基本心理能力在内的基础阶段的严格训练，分别在 19.4 岁（男）和 17.8岁（女）左右成为世界最高水平的优秀选手（表 10－12）。

表 10－12 世界水平乒乓球选手多年训练的年龄特征

	姓 名	出生年月	训练起始年龄（岁）	进专业队年龄（岁）	基础训练年限（年）	世界前三名年龄（岁）	世界水平训练年限（年）
男子	孔令辉	1975.10	6	11	5	20*	14
	刘国梁	1976.1	6	10	4	17*	13
	马 琳	1980.2	6	10	4	19*	13
	刘国正	1980.3	6	13	7	18	12
	秦志戬	1978.7	4	11	7	16*	12
	冯 喆	1975.4	9	12	3	24	15
	闫 森	1975.8	6	13	7	22	16
	M ± S		6.1 ± 1.5	11.4 ± 1.3	5.3 ± 1.7	19.4 ± 2.8	13.6 ± 1.5
女子	王 楠	1978.10	7	14	7	19*	12
	李 菊	1976.1	7	14	7	18*	11
	杨 影	1977.7	7	11	4	18*	11
	王 辉	1978.9	7	11	4	19*	12
	孙 晋	1980.3	6	10	4	19*	13
	张怡宁	1982.1	5	12	7	17*	12
	张莹莹	1985.1	3	10	7	14*	11
	李 楠	1982.6	6	13	7	17	11
	成红霞	1978.7	6	10	4	19	13
	M ± S		6.0 ± 1.3	11.7 ± 1.7	5.7 ± 1.6	17.8 ± 1.6	11.8 ± 0.8

* 世界冠军

（依张燮林、蔡振华、陆元盛材料编制，2000）

1. 训练的主要任务及基本内容

运动员基础训练的总任务是发展一般运动能力。在这一阶段中，首要的具体任务是发展运动员的协调能力及基本运动技能,学习和掌握多种运动项目的基本技术。通过这些练习和参加初级的比赛,培养运动员的一般心理品质,并相应地发展基本运动素质。

在近代运动训练理论和实践中,日益重视协调能力的作用,把协调能力看作是发展运动员技能和战术能力的基础。而儿童时期正是发展协调能力最有效的时期。如图 10－5 所示,运动员在基础训练阶段,应将发展协调能力的训练放在首位。鉴于田径等项目运动员的基础训练阶段是从 10～12 岁开始的，因此，应注意在发展协调能力的同时,适当安排运动素质的训练。随着年龄的增长,应逐渐增加素质训练的比重。

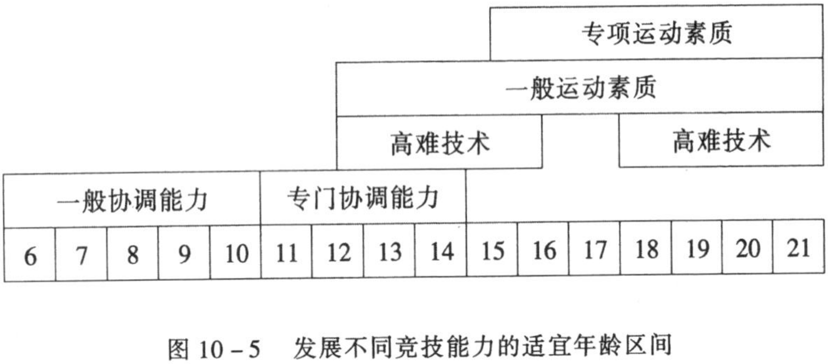

图 10－5　发展不同竞技能力的适宜年龄区间

(据[德]葛欧瑟 1981 年材料改编)

在发展协调能力训练内容的配置中，亦应注意不同年龄的适宜训练内容。德国学者认为,儿童从 5～6 岁起即可有效地发展节奏感，继而应安排发展灵活性、反应及空间定向能力的练

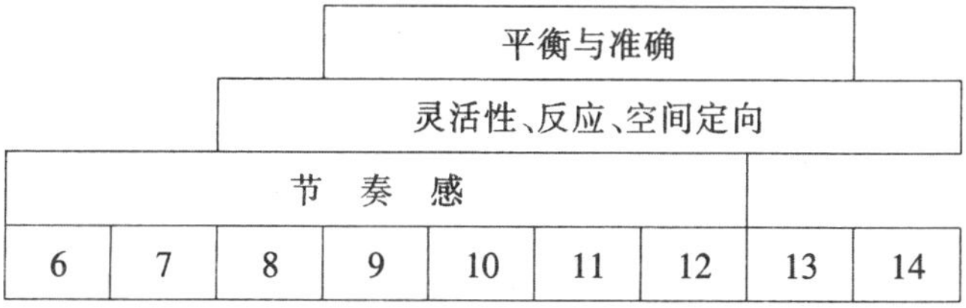

图 10－6　发展各种协调能力的适宜年龄区间
（据[德]葛欧瑟 1981 材料改编）

习,9 岁起可着力提高其平衡与准确能力(图 10－6)。

在发展各种运动素质的训练内容的配置上，随年龄由小至大，应按照柔韧→有氧耐力及反应速度→最大速度及速度力量→最大力量、无氧耐力及力量耐力的顺序予以安排。

2. 负荷特征与竞赛安排

安排参加基础训练的少年儿童的训练负荷时，必须严格遵循循序渐进的原则。负荷的逐步增加,会对运动员机体提出更高的要求,导致产生新的生物适应现象,有效地提高运动员的竞技能力。但过度的负荷,却会对少年儿童的内脏器官及支撑运动器官造成严重的损害,以至葬送他们的运动前途。20 世纪 80 年代初期,面对儿童马拉松跑的风行,德国田径界流传着这样一个警句:“他们(指参加训练的儿童)能够做到,但不要让他们去做。”就是指不要让儿童承受看来他们似乎可以承受的过大的负荷。

许多世界优秀运动员的实践都表明，儿童少年在基础训练阶段的负荷,绝不是越大越好,而是应取适宜的量度。前苏联学者在分析世界优秀游泳运动员初期训练特点时指出:“大部分优秀运动员初期训练时，对训练量有一定限制（表 10－13)，其平均训练量少于大多数苏联少体校学生，只相当于近几年来苏联国家青年队大部分队员初期训练的 25% ~30% 。苏联运动员在

表 10-13　世界优秀游泳运动员初期训练时的训练量

运动员	国别	周课次	周训时	周游公里
迈纳克	前民主德国	3~4	3~5	7~10
波利特	前民主德国	3~4	3~6	6~10
克列贝尔	前民主德国	2~4	2~6	3~10
施特劳斯	前民主德国	1~2	2~3	2~4
米格	美国	3~4	3~5	5~10
格罗斯	前联邦德国	2~3	3~5	6~10
普拉多	巴西	3~4	3~6	5~10
沃伊特	前民主德国	2~3	3~6	6~10
鲍曼	加拿大	3~4	5~8	6~12

(依[苏]费森科,1985)

初期训练中训练量过大，正是阻碍他们而后达到运动技术高峰的原因之一”(费森科:《优秀游泳运动员初期训练特点》,载苏联《国外体育》,1985/6)。

培养出大批世界级艺术体操选手的保加利亚教练员，为儿童艺术体操选手基础训练阶段制定的负荷要求，也明显地表现出有节制的和循序渐进的特点(表 10-14)。

表 10-14　保加利亚儿童艺术体操训练的负荷特点

年龄	周训练时间		不同负荷内容的比例(%)			
	课次	每课时间	一般身体训练	技巧、舞蹈	徒手、器械	理论
5~6	3	45 分钟	30	29	39	2
6~7	3	90 分钟	27	29	42	2
7~8	4	90 分钟	26	26	46	2
8~9	5	150 分钟	25	24	50	1
9~10	6	150 分钟	23	22	54	1

(引自西斯科娃在华讲课记录,1983)

训练负荷的循序渐进和竞赛项目的系列设置，为少年儿童基础训练阶段任务的完成提供了重要的保证，有利于运动员打好基础，有利于进入专项提高阶段训练后大幅度地提高竞技水平。我们从前民主德国 1982 年少年儿童部分项目各年龄组的成绩比较中，就可以明显地看到这一发展趋向(表 10－15)。如表中所示，前民主德国少年儿童选手，在 15 岁以前并不比我国同年龄组选手的成绩高多少，但到 16～17 岁进入专项提高阶段的训练后，运动成绩就开始突飞猛进。如果教练员急于求成，拔苗助长，为 12～15 岁的少年儿童制定不切实际的指标，或为了要求过早提高成绩，模仿优秀运动员的训练计划，迫使少年儿童承受过大的训练负荷，其结果虽可能带来运动成绩的一时提高，但却会给他们的多年训练造成严重障碍，甚至导致运动生涯的过早结束。这是我们在制定基础训练阶段的多年训练计划时，一定要特别注意的。

曾于 1983. 6～1984. 6 一年之间 3 次刷新男子跳高世界纪录(2. 37 米～2. 38 米～2. 39 米）的中国运动员朱建华（1963. 3. 29 出生）的教练员胡鸿飞，为朱建华制定了科学的多年训练计划，其基础训练阶段为 10～15 岁共 6 年时间。前三年(10～12 岁)着重

表 10－15　1982 年民主德国少年儿童部分项目各年龄组的最高成绩

年　龄	女 100 米	女 400 米	男跳远	男链球
12	12 秒 5	62 秒 4	5.46 米	32.66 米
13	12 秒 3	58 秒 4	6.33 米	56.58 米
14	12 秒 41	57 秒 41	6.88 米	53.60 米
15	12 秒 37	55 秒 88	－	68.72 米
16/17	11 秒 54	52 秒 93	7.74 米	70.88 米

提高健康水平，发展一般身体素质，学习跳高基本技术；后三年(13~15年)则继续提高身体训练水平，以田径多项为主全面发展身体素质，掌握完整的跳高技术。训练负荷则注意区别对待，循序渐进地逐步增加。在这6年中，朱建华的基本技术掌握得很好，各项一般运动素质也都有相应提高，但专项成绩的提高却不明显(表10-16)。跳越高度超过身高最多只有14厘米。而从16岁(即1979年)起，进入了专项提高阶段的训练后，胡鸿飞为朱建华提出的训练任务是"在继续全面发展的基础上，大幅度提高专项素质和改进跳高技术"。这一阶段的转移，带来了显著的训练效应。朱建华的跳高成绩得到了迅速提高，作为衡量专项技术水平高低的一项重要指标，即跳越超过身高的高度也产生了明显的变化，由14厘米迅速提高到23厘米——32厘米——37厘米(图10-7)。可见，科学地安排好基础训练阶段的区间性多年训练计划，对于在多年训练全过程中其他阶段训练的成功起着重要的基础作用。

奥运会女子游泳冠军杨文意全程性多年训练的基础训练阶

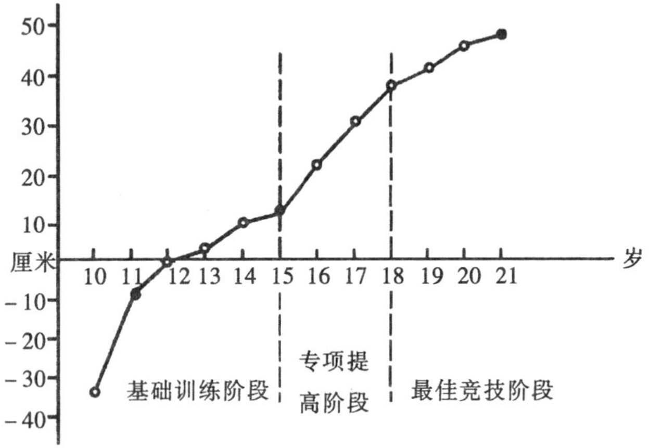

图10-7 朱建华不同年龄时跳越超过身高的高度

表 10-16 朱建华 1973~1984 年训练若干指标测定的参数

年度	年龄	30 米行进跑	30 米起跑	立定跳远(厘米)	起跳摸高(厘米)	负重深蹲(公斤)	助跑摸高(厘米)	身高(厘米)	跳高(厘米)
1973	10	5 秒 2	-	168	39.5	-	-	147	110
1974	11	4 秒 7	-	200	39.0	-	-	154	135
1975	12	4 秒 46	-	238	42.0	-	-	155	155
1976	13	4 秒 27	-	256	50.0	-	-	163	166
1977	14	3 秒 9	-	263	64.0	70	-	172	183
1978	15	3 秒 54	-	278	73.0	80	-	181	195
1979	16	3 秒 2	-	282	92.0	85	-	190	213
1980	17	3 秒 1	-	292		95	340	192	225
1981	28	3 秒 0	-	298		110	354	193	230
1982	19		-				356		233
1983	20		3 秒 56				367		238
1984	21		3 秒 51				369		239

（依胡鸿飞 1981 年及其他材料编制）

段与专项提高阶段的训练实践，清晰地表明循序渐进安排训练负荷对其多年训练过程的成功组织有着重要意义(表 10-17)。

二、专项提高阶段和最佳竞技阶段的区间性多年训练计划

1. 两个阶段的基本特征与训练任务

运动员在成功地接受了 3~5 年的基础训练之后，“少年”项目运动员通常从 10~12 岁起，“成人”项目运动员从 14~16 岁起，便进入了专项提高阶段，致力专项竞技能力的提高。这一阶段通常延续 4~6 年。一般情况下，系统的 4~6 年的专项训练，已经可以使运动员的体能得到较充分的发展，熟练地掌握专项

表 10-17 杨文意多年训练周负荷量 出生:1972.1

年度	年龄(岁)	周平均		游量(公里)
		课次	课时	
1979	7	4	4	
1980	8	4	5	
1981	9	6	9	
1982	10	7	11	
1983	11	7	11	
1984	12	7	11	
1985	13	9		35
1986	14	10~12		48
1987	15	12~14		52
1988	16	12~16		56

(依严伟莉、聂宜英、周明等材料综合编制)

运动技术，并培养出参加艰苦的训练与激烈比赛所必需的心理品质，也就是说，运动员在各方面都臻于成熟，竞技能力接近或达到高峰，进入了最佳竞技阶段。

运动员在最佳竞技阶段中，仍然要集中进行专项训练，并积极参加运动竞赛，在适宜的比赛条件下创造优异的运动成绩。3届奥运会三级跳远金牌获得者萨涅耶夫(前苏联)，女子200米、400米世界纪界创造者科赫（前民主德国)、两届世界锦标赛男子体操全能冠军科罗廖夫（前苏联)、女子技巧世界冠军柳德米拉(前苏联)、乒乓球世界冠军郭跃华(中国)、网球明星博格(瑞典)等许多著名运动员的训练实践，都表明优秀运动员最佳竞技阶段一般可延续4~8年，有时甚至更长。

运动员在专项提高阶段和最佳竞技阶段中训练任务的内容及其序列都是相同的。首先，努力发展决定专项竞技能力的主导因素，或是体能或是技能。对体能主导类项群，首先发展专项运动素质，同时要不断完善专项运动技术；对技能主导类项群，首先发展技、战术水平，同时要认真增强运动素质。此外，还要加强训练理论的学习，以提高其训练的自觉性。

运动员的专项提高阶段和最佳竞技阶段的训练，通常是以准备和参加一次或一组重大国内国际比赛为单位予以规划和组织实施的。在专项提高阶段，主要参加青年比赛、全国运动会，而在最佳竞技阶段，则主要参加全国运动会和国际比赛。多数重大的全国性及国际比赛的举办均以 4 年为一个周期，因此，区间性多年训练计划也常以 4 年为单位，进而又分成若干个年度训练计划。

2. 两个阶段负荷安排的不同特点

运动员进入专项提高阶段的训练，通常可以比较明显地逐步承受较大的专项训练负荷。根据个人的不同情况，有些运动员的训练负荷可以逐年提高，有些则应波浪式地发展。而当运动员进入最佳竞技阶段之后，由于多年承受高度负荷和高水平激烈竞赛的影响，也常常由于伤病的积累致使许多运动员难以继续承受大负荷的训练。因此，在这一阶段训练中，要特别注意细致地安排负荷。负荷通常呈波浪形，有起有伏，有张有弛，保持明显的节奏，从而保证运动员能以充沛的精力和理想的竞技状态参加激烈的竞争，取得理想的成绩。

前民主德国的列文为专项提高阶段的游泳运动员在 4 年的训练过程中负荷的动态变化，设计了合理的模型(参见图 4－5)。在这个模型中，每一年度的负荷尽管有明显的起伏，但 4 年连起来则可看到，各年的负荷最高点及最低点之间，都保持着有机的联系，呈递增趋势。在保持负荷逐年递增总趋势的同时，还要注意把负荷控制在适度的范围之内。纳巴特尼柯娃等(1982)根据少年运动员的发育特点和对负荷的可承受性，提出了处于专项提高阶段训练的若干项目的少年运动员负荷量和比赛次数的适宜范围。这对于有效地控制训练过程，顺利进入最佳竞技阶段的训练是十分重要的。

许多优秀运动员的训练经历告诉我们，运动员在专项提高阶段和最佳竞技阶段中根据自己的具体情况，确定适宜的多年负荷节奏是具有战略意义的重要问题。一般来说，波浪式地增加训练负荷是适宜的。当然，在一定的条件下，在专项提高阶段也可以采用逐年增加负荷的安排。

世界著名长跑家芬兰选手维伦在1968～1972年的专项提高阶段，负荷逐年增加，运动成绩也相应地得到提高。但在高度紧张的奥林匹克年(1972年)的训练和比赛之后，他必须进行必要的调整，以使机体从生理和心理两个方面得到恢复，并积极治疗由于多年艰苦训练和激烈竞赛所带来的难以避免的运动创伤。在1973～1976年这个奥林匹克周期中，为了能在疲劳、伤病的情况下仍然积极地参加训练和竞赛，维伦的教练安排了波浪式的年度负荷节奏。这样安排的结果，使维伦成功地在1976年的奥运会上再次获得了5000米和10000米两枚金质奖章(图10－8)。

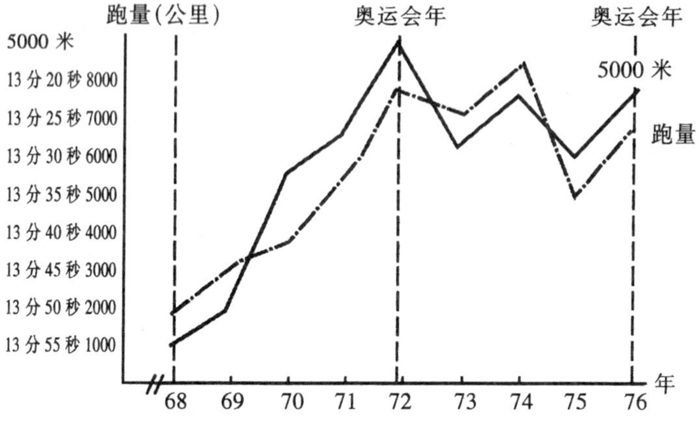

图10－8　维伦在专项提高阶段(1969～1972年)及最佳竞技阶段(1973～1976年)负荷安排的不同特点

(引自田麦久《负荷原则与训练过程》,1986)

需要指出的是，并不是所有的运动员都能经历个人的最佳竞技阶段。过小或过度的负荷，训练内容的选择及其程序安排的不当，都会影响运动员竞技能力的顺利发展，使运动员的竞技潜力得不到充分的挖掘和发挥，从而也就不可能在最佳竞技年龄区间表现出个人最高的竞技水平，这样的运动员一般不能完整地经历多年训练的全过程。

在专项提高阶段与最佳竞技阶段之间，并没有绝对的分界线。它们各有自己独立的训练任务，有自己适用的训练方法，有自己明显的负荷特点，彼此间又有着紧密的联系。

著名男子体操选手、世界冠军李月久自由体操技术的发展过程，即显示了专项提高阶段与最佳竞技阶段训练的紧密联系(表 10 – 18)。李月久自 1974 年世界中学生体操比赛中取得自由体操第 1 名到登上 1981 年世界体操锦标赛冠军的奖台，经历了 7 年不懈的努力。他所完成的自由体操自选动作的难度逐年都有发展和更新，而每一个新的发展、每一次更新，又都是以已经掌握的动作为基础的。正是这样，使他在 1977 ~ 1981 年间始终保持在世界自由体操发展潮流的前列。

3. 优秀运动员训练过程中的高原现象

优秀运动员的多年训练过程，常常在专项提高阶段的训练中达到较高水平之后，会出现竞技水平停滞不前，甚至略有下降的现象，运动训练学将其命名为“高原现象”(邬向明、田麦久，1988)。如第 23 届奥运会男子举重冠军陈伟强、男子步枪射击世界纪录创造者林波，他们在多年训练过程中都曾出现过“高原现象”(图 10 – 9)。

表 10－18　李月久自由体操自选动作难度历年发展表

年	出场动作	第二串跟头	结束动作	库存动作	比赛成绩
1974	团身后空翻两周	前空翻接后空翻	直体后空翻 720°	屈体后空翻两周	世界中学生运动会第 1 名
1975	屈体后空翻两周	↓	↓	团身后空翻 360°旋	亚洲青年锦标赛第 2 名
1976	团身后空翻 360°旋	↓	↓	屈体后空翻 360°旋	
1977	屈体后空翻 360°旋	屈体前空翻一周半接前滚翻	直体后空翻 1080°	直体后空翻两周	全国冠军世界大学生运动会第 2 名
1978	直体后空翻两周	↓	团身后空翻两周	直体后空翻一周半转体 540°前滚翻	亚运会第 1 名
1979	直体后空翻 540°接向前一周半前滚翻	直体后空翻两周	↓	团身后空翻 720°旋	世界锦标赛第 6 名
1980	团身后空翻 720°旋	屈体侧空翻一周半转体 90°前滚翻	↓	团身后空翻 360°旋（结束）	世界杯第二名
1981	↓	↓	团身后空翻 360°旋	↓	世界锦标赛第 1 名

（引自高健《李月久自由体操自选高难度动作的设计和训练》，1982）

邬向明等对 136 位我国体能主导类项目（田径、游泳、举重）优秀选手的研究揭示，“高原现象”的发生概率达 69. 3%，通常在从训后 6～8 年时出现；出现“高原现象”时运动员的年龄为 20 岁左右；“高原现象期”持续 2. 0±0. 5 年。

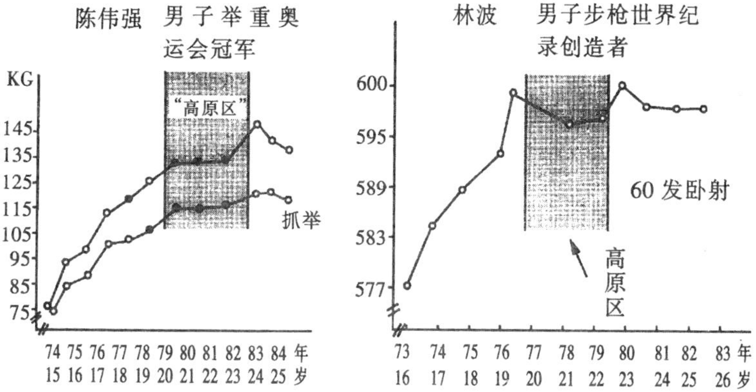

图 10－9 陈伟强、林波多年训练过程中竞技水平的变化
(依邬向明、田麦久,1989)

导致"高原现象"出现的主要原因有:

(1) 随着运动员进入青年期,各生理系统发育日臻完善,遗传效应减慢或停滞。这是不依人们主观意志而转移的自然规律。

(2) 由于多年由同一教练按同一思路训练,对所采用的习惯性训练方法和手段高度适应,难以引起积极的适应性反应,训练的效应自然减弱。

(3) 训练不当(包括过度负荷、局部损伤等)及环境的不良影响。

(4) 运动员由于训练以及经济、人际关系、自我发展等各方面的原因导致主观努力的下降(表 10－19)。

高原现象并非不可避免或不能克服。针对上述致因采取相应的对策和有效措施是训练管理干部、教练员和运动员共同的

表 10－19　体能主导类项目优秀选手“高原现象”的年龄特征及主要致因

研究内容	研究结果
发生概率	69.3%
出现时训练年限	6～8
出现时年龄	≈20 年
延续时间	1～2 年
主要致因	1. 遗传效应减慢或停滞 2. 训练效应的自然减弱 3. 训练不当及环境的不良影响 4. 主观努力的下降

（依郧向明、田麦久，1989）

任务。应注意随着运动员专项竞技水平的不断提高，不断加大训练负荷；根据运动员竞技能力结构特征的动态变化，随时调节训练负荷的内容以及训练的方法与手段；对处于青春发育期高峰而出现内分泌紊乱、协调性下降、体重增加的青少年选手，特别是女运动员，应及时调整其阶段性训练目标，及时改变负荷的安排及要求；对于已出现明显的过度训练及严重运动伤病的选手，应采取果断措施，保证其健康状况的充分恢复；对因受外界不良环境的消极影响，或放松自我要求而主观努力下降的运动员，应加强爱国主义的教育，激发他们强烈的训练动机和成功期望。

许多优秀选手都走过这段艰难的路程。我们的调查分析表明，我国 72% 的优秀运动员在度过高原期后的第 1 年至第 3 年之间创造出了个人的最高成绩，进入了他们多年训练过程中最令人向往、最为辉煌的最佳竞技阶段。

4. 集体项目运动队的结构调整与集团竞技能力的保持和提高

同所有事物的发展过程一样，集体项目运动队集团竞技能力的发展也必然经历着提高→成熟→衰退的过程，尹洪满等的研究描述了这一过程的阶段特征(表 10－20、图 10－10)。

多年训练过程中，保持不同阶段训练连续性的重要意义，也突出地反映在集体项目运动队的组建和调整中。与单项运动

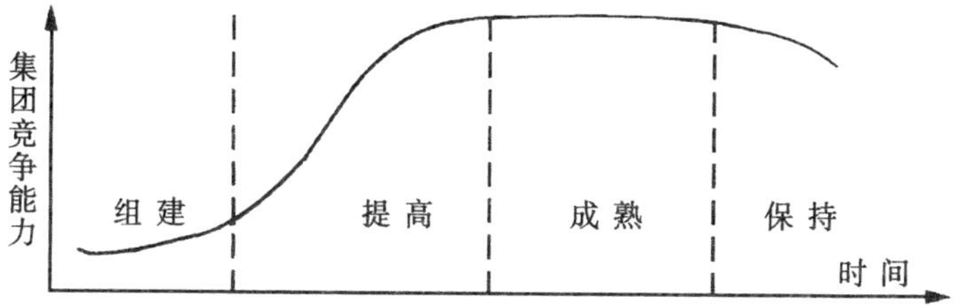

图 10－10 球队集团竞技能力的发展过程

(依尹洪满、田麦久，1991)

表 10－20 我国篮、排、足球国家队 1976～1990 年集团竞技能力发展周期模型(年)

阶段	篮球	排球	足球
组建阶段	0.7±0.3	0.5±0.3	0.8±0.4
提高阶段	3.2±0.8	2.3±0.3	2.5±0.8
成熟阶段	3.3±0.6	2.9±0.3	3.0±0.7
保持阶段	1.2±0.3	1.3±0.3	1.2±0.3
合计	8.4	7.0	7.5

(依尹洪满、田麦久，1991)

队不同的是，一个球队要求保持其成员年龄的相对集中，以利于在同样的基础上发展他们的竞技能力，并力求使他们在最佳年龄区中同步达到最高的竞技水平。但是，由于运动员各方面条件的不同，在多年训练过程中，必然会出现运动竞技水平发展不平衡的状况，因此，集体运动队的部分调整是需要经常进行的。这种局部调整和更新，主要应利用两次重大比赛的间隙组织实施。这就要求运动队的领导者及早规划，做好准备，在一次大赛后及时调整、补充新的队员，以便争取时间，使新补充的队员能尽快地融入球队的团体之中，以更强的完整的集团战斗力投入新的大赛。

例如，中国女排在1982年利马世界锦标赛之后，果断地决定孙晋芳、曹慧英、陈亚琼等5名屡建战功的主力队员退役，组成了包括杨锡兰、姜英、郑美珠等年轻“新血”在内的新老结合的主力阵容。这一阵容经历了香港超级世界杯赛的险胜，亚洲锦标赛的失利及访欧访美的磨砺，终于及时地成熟了起来，在1984年第23届奥运会上夺得了金牌，完成了三连冠的宏伟业绩。自从1981年首次夺得世界冠军称号之后，中国女排虽然多次局部调整，但始终保持了强有力的整体阵容。在1981～1986年间，主力队员的平均年龄始终保持在最佳竞技年龄区间（23～35岁）之内，这为她们连续多次夺取世界杯、世界锦标赛和奥运会的冠军创造了良好的条件。

通过改善球队成员的组合特征，提高球队集团竞技能力应注意以下四点：

（1）保持处于不同竞技能力发展阶段的球员之间的适宜比例

运动员多年训练的全过程，包含着基础训练阶段、专项提高阶段、最佳竞技阶段以及竞技保持阶段这样四个阶段。毫无疑问,在同一个时期,若所有球员都正处于个人多年训练过程中的最佳竞技阶段,当然有利于最佳集团竞技能力的组成,但为了要在球员阶段性更新的过程中始终保持高水平的集团竞技能力,就有必要吸收部分尚处于专项提高阶段的选手;同时,为了保持球队作风、技战术等方面特点的连续性,也还应该保留个别已经度过个人竞技能力高峰而进入竞技保持阶段的"老"队员。

这里,随之而来的一个问题即在于,在一个集体项目运动队中,个体竞技能力处于不同训练阶段的三类选手的人数保持什么样的比例为宜呢?首先,我们确认,国家女排夺取五连冠的全盛时期,其队伍的组合特征具有典型的示范价值。经统计表明,国家女排在1976~1990年15年中,每年入选者共计180人次。其中,处于最佳竞技阶段的选手占62.2%,处于专项提高阶段的选手占26.1%,处于竞技保持阶段的选手占11.7%。89人次主力选手中三类阶段比例为69.7%、15.7%与14.6%,91人次替补选手中三类阶段比例为54.9%、36.3%与8.8%。

这一比例关系明显地优于同时期其他集体球类项目国家队的结构。对上述数据进行适度的模糊处理,三类选手的结构比即分别为:全队6:3:1;主力7:1.5:1.5;替补5:4:1,提供了一组合理的结构模型。需要说明的是,这是15年累积数据统计的结果,具体到一个特定时间一个队中不易操作,但所反映出来的组合特征是具有规律性的。

(2)保持适宜的平均累积配合训练年限

协调的战术配合是集体项目参赛取胜的生命,是取得超过球员个人竞技能力算术和的更高的系统效应的重要条件。为此,球员之间必须有足够的共同训练的经历。全队各个队员在该队中的训练年限的均值,可作为平均累积配合训练年限的指标。若这一年限过短,球员之间还来不及进行高质量的"磨合";而若这一年限过长,又必然会影响后备力量的培养。全盛时期的国家女排该指标值为 3.2±1.9 年,同期男足、男排及男女篮国家队则都在 2.1~2.6 年之间,明显地短于女排(表 10-21)。我们各个

表 10-21　我国篮、排、足球队平均累积配合训练年限 *

(1976~1987 年)

队别	全队	主力	替补
女排	3.2±1.9	4.0±2.0	2.0±1.1
男排	2.6±1.7	3.5±1.8	1.8±1.0
女篮	2.4±1.7	3.1±2.0	1.7±1.0
男篮	2.2±1.5	2.7±1.8	1.6±0.8
男足	2.1±1.5	2.5±1.7	1.3±0.7

* 全队队员在国家队训练年限的平均数(依尹洪满、田麦久,1991)

项目的国家队,应将这一指标保持在 3 年以上。

(3)采用全国选拔式组建国家队

在我国几十年的竞技体育史上,集体球类项目国家队的组建,或采用全国选拔式,或采用冠军主体式。当一个地方队拥有多名优秀选手、其水平远远高于其他地方队时(如解放军男篮,广东、辽宁男足等),可采用冠军主体式。考虑到我国运动训练体制的基本特点,考虑到我国国家队与地方队训练条件的明显差异,考虑到调动更多地方队球员的积极性,特别是力求组织起具有最高集团竞技水平的代表队的需要,应该说,当前我国足篮排等队伍的组建方式仍应以全国选拔式为宜。

(4)选用适宜的队伍更新方式

为了使球队能够持续地拥有旺盛的战斗力,必须阶段性地更新部分球员。依更新比例的大小可将更新方式区分为重建式、改建式及微调式三种。在 1976~1987 年间,国家女排在 12 次队

表 10-22 1976~1987 年间国家篮、排、足球队不同更新方式运用次数

队别	女排	男排	女篮	男篮	男足
微调式(次)	7	6	4	2	1
改建式(次)	3	4	5	7	7
重建式(次)	2	2	3	3	4
微调式占(%)	58	50	33	17	8
改/重建式占(%)	42	50	67	83	92

(依尹洪满、田麦久,1991)

伍的调整中,微调 7 次,占 58%;改建 3 次、重建 2 次,合占 42%;而男排为 50% 比 50%;女篮为 33% 比 67%;男篮为 17% 比 83%;男足为 8% 比 92%(表 10-22)。

以微调式为主的国家女排的队员在国家队的平均效力年限为 4.0±2.8 年,男排为 3.5±2.1 年,女篮、男篮、男足则分别为 2.9 年、2.5 年和 2.1 年。显然,过多地改建和重建,会导致国手平均效力年限过短,不利于运动员之间良好的"磨合"。可见,当球队的集团竞技能力保持在最佳成绩或较高水平时,部分球员的更新应采用微调式;当然,如果球队的集团竞技能力明显处于低谷,不做结构上的巨大调整又不可能导致根本性变化的产生,则应认真考虑改建甚至重建。

三、竞技保持阶段的区间性多年训练计划

运动员度过自己的最佳竞技年龄区间之后,其自然发育过程中会逐步出现体能下降的趋向,长时间的紧张训练和激烈比赛,也会使得运动员产生心理上的饱和和疲劳,对连续参加竞技、创造优异成绩及获得荣誉的激情下降,甚至产生冷漠感,加之年轻对手的出现,训练伤病的积累,长期从事竞技运动之后产

生的对安逸生活的渴求，以及某些社会因素的影响，使运动员会产生退出竞技舞台的愿望。而实际上，此时这些运动员通过多年艰苦的训练所达到的竞技水平仍然是相当高的，仍然应该而且能够继续发挥其应有的社会效益，继续为国家或本地区在相应的比赛中争得荣誉，激发和帮助年轻运动员尽快地成长。而且，大量的实例都已说明，许多似乎已经度过了竞技高峰的运动员，在适宜的条件下仍然有可能达到新的更高的竞技水平。如男子跳水世界冠军李孔政（中国），女子 800 米世界纪录创造者克拉托赫维洛娃（捷克），1986 年连创 5000 米、10000 米世界纪录的 30 岁的挪威女长跑家克里斯蒂安森，中国女排的优秀队长曹慧英，超女子手枪慢射世界纪录的中国女射击手李英子等。

在 1997 年世界田径锦标赛上，大龄选手们表现出了旺盛的斗志和高超的竞技水平，显示了科学安排多年训练的杰出成果。在 21 个男子项目 63 名获奖者中，在 17 个女子项目 51 名获奖者中，28 岁以上的运动员占了一半左右（男子 31 名，49. 2%；女子 26 名，51. 0%），其中 30 岁以上的选手男女分别占 30. 2% 与 25. 5%（表 10－23），并有 6 名男子、4 名女子 30 多岁的运动员获得了世锦赛的金质奖章。他们是约翰逊（30 岁，美国，男子 400 米），安东（35 岁，西班牙，男子马拉松），布勃卡（34 岁，乌克兰，男子撑竿跳高），里德尔（30 岁，德国，男子铁饼），韦斯（34 岁，德国，男子链球），克罗特（34 岁，古巴，女子 800 米），恩奎斯特（33 岁，瑞典，女子 100 米栏），浩格兰（30 岁，挪威，女子跳高）和海特斯塔德（31 岁，挪威，女子标枪）。可以看到，在短跑、跨栏跑、长跑、投掷及跳跃所有类别的项目中，都有 30 岁以上的大龄选手获得冠军。

在现代竞技体育领域中，各国体育界人士日益重视竞技保持阶段的组织和训练。在这一阶段，首先要努力保持和提高运动

表 10 – 23　1997 年世界田径锦标赛中大龄选手的获奖情况

性别	男	%	女	%
项数	21		17	
前 3 名人次	63	100.0	51	100.0
28～29 岁人次	12	19.0	13	25.5
30 岁以上人次	19	30.2	13	25.5

（依张英波,1999）

员的心理稳定性,激励他们继续参加训练、比赛和力求创造优异成绩的进取动机,并应根据专项竞技的需要,安排相应的素质训练和技术训练,延缓运动员竞技能力的消退,并力求获得局部的提高。同时还应该加强训练理论的学习,充分利用自己丰富的实践经验和所学的理论知识,有效地参加运动训练和竞赛,延长自己的竞技寿命。

在竞技保持阶段，运动员训练的负荷通常低于专项提高阶段和最佳竞技阶段。运动员更多地按照自我感觉掌握并控制训练过程。

运动员区间性多年训练计划的制定，必须服从于全程性多年训练计划的总体要求，同时要注意到各个阶段之间的有机衔接。

第十一章 运动员年度训练的计划与组织

田麦久

年度训练计划是教练员和运动员组织运动训练过程的重要文件。由于适宜竞赛条件的出现具有明显的年度周期性特点，因此，人们通常以年度训练作为组织系统运动训练过程的基本单位。制定年度训练计划，是从事系统训练活动的教练员和运动员不可缺少的一项重要工作。

第一节 年度训练中的周期安排

一、运动训练周期性安排的生物学依据

运动训练过程的阶段性特征，是通过许许多多连绵不断的大小周期循环往复而表现出来的。包括运动员竞技状态的形成、保持和消失三个阶段的一个完整的训练过程,称为一个训练的大周期。训练的大周期是以参加重要比赛获得满意成绩为目标，以运动员竞技状态发展过程的阶段性特征为依据而确定和划分的。

运动员的机体对适度训练负荷会产生生物适应现象，从而使得机体的能力不断提高。运用专门的训练方法及训练手段，可使运动员在心理和生理两方面都逐渐进入积极动员机体潜力并高度协调工作的状态。在这种高度动员状态下工作一定时

间，机体的心理潜能和生理潜能均被大量消耗，机体的保护性机制便会发挥作用，首先是提示性地要求，而后是强制性地命令机体不再承受大负荷的训练和高强度的竞赛。运动员的竞技状态下降或消失，经过一段时间的调整和恢复，才能够再度投入紧张的训练。在机体的适应性机制、动员性机制以及保护性机制的交替作用下，通过训练、比赛和恢复三个阶段周期性地运行，使得运动员的竞技水平不断地得到提高。与运动员竞技状态的形成、保持和消失三个阶段相对应，分别组织准备时期（或称训练期）、比赛时期和恢复时期（或称过渡期）的训练，并把这一循环称之为一个训练的大周期（表 11－1）。

表 11－1　竞技状态的阶段性发展与周期划分

竞技状态发展过程	生物学基础	训练任务	训练时期
形成	适应性机制：机体对外界刺激的适应性现象	提高竞技能力，促进竞技状态的形成	准备时期
保持	动员性机制：心理/生理能力被释放动员，各系统高度协调	发展稳定的竞技状态，参加比赛创造好成绩	比赛时期
消失	保护性机制：机体自动停止积极的应激反应	积极恢复，消除心理与生理疲劳	恢复时期

（引自田麦久等《运动训练科学化探索》，1988）

二、不同数量大周期的安排特点

年度训练过程所包含的大周期数，是反映年度训练过程结构特征的主要内容。通常有单周期（包括单周期双高峰）、双周期和多周期等不同类型。不同的结构类型有着不同的总体规划、不同的比赛系列和不同的训练安排，分别适用于不同的运动专项。

(一)单周期

全年训练按一个完整的大周期组织实施，称为单周期安排。随着人们训练活动的效率不断提高，在现代高水平竞技体育活动中，单周期安排已经越来越少采用了。采用全年单周期安排的运动项目不多，主要适用于具有以下特点的运动项目：

——需要长达4～6个月的时间才能做好充分准备或取得显著训练效应的项目。如马拉松跑、十项全能和现代五项等。

——受气候条件的限制，每年只能在集中的几个月份内参加比赛的项目。如越野滑雪、跳台滑雪及速度滑冰等室外冬季项目。

马特维也夫于1965年提出了单周期训练过程的基本模型(图11－1)。在这一模型中，三个时期的时间分别是6个月、4个

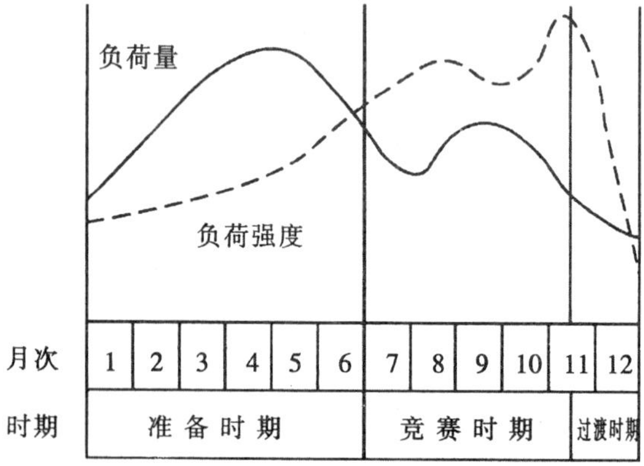

图11－1　全年训练中负荷量、负荷强度的变化(马特维也夫，1965)

半月和1个半月。

技能主导类表现难美性项目，如花样游泳、艺术体操等，为了准备重大国际比赛，常常需要用较长的时间去创编新的动作和套路，使得一个训练大周期的时间延长，这时全年便只能安排一个大的训练周期。世界最优秀的保加利亚艺术体操选手，1984年准备洛杉矶奥运会比赛的训练计划便是这样制定的。尽管由于政治原因，使得保加利亚选手最终未能参加洛杉矶奥运会的竞赛，但这份训练计划却不失为值得参考的宝贵资料（表11－2）。

由于在单周期年度训练过程中，准备时期和比赛时期延续的时间较长，容易出现生理负荷与心理负荷的过度累积，导致运动员竞技能力的下降，所以在训练实践中，人们常常把每个时期又分成几个阶段，并常常在长比赛时期的中间加一个短时间的调整时期，这种安排就被称为单周期双高峰安排。我国优秀三级跳远运动员邹振先，1980年为准备参加8～9月在欧洲举行的重大国际比赛而制定了单周期双峰的年度训练计划，并获得了理想的训练效果。三级跳远成绩由17.02米提高到17.34米，列1980年世界第二位。

欧洲各国足球联赛几乎是全年进行的，比赛期长达八九个月。因此，一般也采用双高峰的单周期安排（图11－2）。

（二）双周期

全年训练按两个完整的大周期组织实施，称为双周期安排，它包含两个准备时期，两个比赛时期和两个过渡时期。在现代竞技训练中，双周期安排仍是一种常用的年度安排模式。许多项目的运动员可用两三个月的时间做准备，使总体竞技能力或竞技能力的某一个方面（某一特定的素质，或技术或战术）发生明显

表 11－2　保加利亚艺术体操运动员准备洛杉矶奥运会全年训练的框架安排

<table>
<tr><td>时期</td><td colspan="2">过渡</td><td colspan="17">准备时期</td><td colspan="14">比赛时期</td></tr>
<tr><td>阶段</td><td colspan="2">休整</td><td colspan="3">创作</td><td colspan="4">编排成套</td><td colspan="10">完善成套动作
1/4 套　1/2 套　全套</td><td colspan="7">准备性比赛阶段</td><td colspan="4">赛前准备阶级</td><td colspan="3">奥运会</td></tr>
<tr><td>任务</td><td colspan="2">恢复</td><td colspan="17">1. 创编掌握及完善新的比赛组合
2. 发展素质及基本技术</td><td colspan="7">熟练成套练习
进行检查
积累比赛经验</td><td colspan="4">修改细节
熟练全套
心理调节</td><td colspan="3">参加比赛夺取金牌</td></tr>
<tr><td>比赛安排</td><td></td><td></td><td></td><td></td><td></td><td></td><td></td><td></td><td></td><td></td><td></td><td></td><td></td><td></td><td></td><td></td><td></td><td>实战</td><td>实战</td><td>小比赛</td><td>实战</td><td>对抗赛</td><td>实战</td><td>对抗赛</td><td>实战</td><td>双边赛</td><td></td><td></td><td></td><td></td><td>实战</td><td>实战</td><td>奥运会</td></tr>
<tr><td>负荷变化</td><td colspan="33">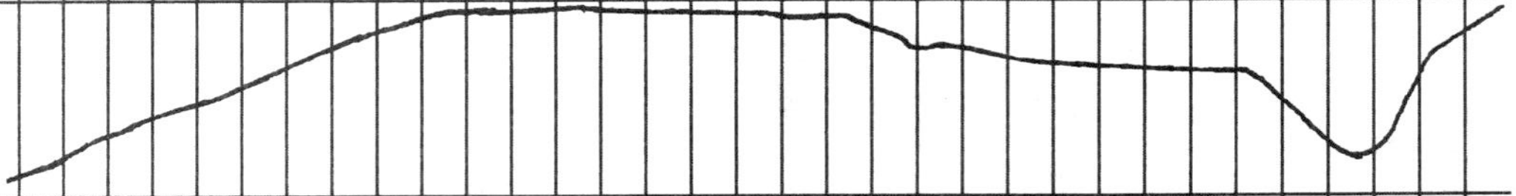</td></tr>
<tr><td>周次</td><td>1</td><td>2</td><td>3</td><td>4</td><td>5</td><td>6</td><td>7</td><td>8</td><td>9</td><td>10</td><td>11</td><td>12</td><td>13</td><td>14</td><td>15</td><td>16</td><td>17</td><td>18</td><td>19</td><td>20</td><td>21</td><td>22</td><td>23</td><td>24</td><td>25</td><td>26</td><td>27</td><td>28</td><td>29</td><td>30</td><td>31</td><td>32</td><td>33</td></tr>
<tr><td>周课次安排</td><td colspan="2"></td><td colspan="4">周日休息，周四 1 次，其他两次，共 11 次</td><td colspan="3">训练 11 次，周三 1 次，周日休息，其他两次</td><td colspan="8">训练 11 次，周四 1 次，周日休息，余两次</td><td colspan="2">训练 11 次，周一 1 次，周四休息，余两次</td><td colspan="7">比赛周一、二、四两次，周三休息，周五 1 次，周六、日比赛</td><td colspan="7"></td></tr>
</table>

（引自[保]西斯科娃在华讲学材料，1983）

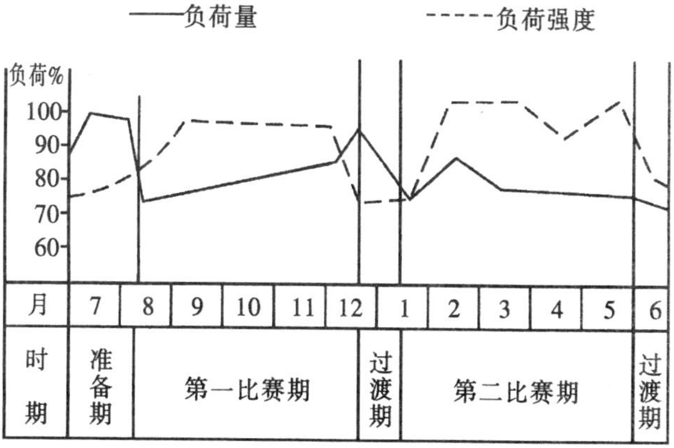

图 11－2 联邦德国巴伐利亚慕尼黑足球队全年训练单周期双高峰安排(依 BAUER,转引自 GROSSER 1982)

的改变;并在一个半月至两个月的时间内,参加一系列的比赛,把所获得的竞技能力集中到专项需要的方向上去,逐步从心理、生理,从技能、体能等方面培养最佳的竞技状态,在适宜的主客观条件下,把已具有的竞技能力充分地表现出来;再加上半个月至 个月的恢复时期,总共大约 5～7 个月的时间完成一个大周期的训练过程。因此,一年便可安排两个训练大周期。

体能主导类的速度力量性项群及耐力性项群中的大多数项目(首先是中等时间的,即运动时间在 8 分钟以下的耐力项目),以及许多技能主导类项群的单人项目的优秀运动员都采用双周期安排。

世界第一流的中国体操、羽毛球项目的选手,以及跻身世界强队之林的中国女篮等运动员的训练实践,都曾经成功地运用了双周期训练安排。

中国男子体操队 1991 年年度训练计划,可以作为技能类表现难美性项群中具有指导意义的范例(表 11-3),对优秀体操运动员的训练安排,有很高的参考价值。

表 11-3　中国男子体操队 1991 年训练计划
(指导性部分)概要

<table>
<tr><td>月份</td><td>12</td><td>1</td><td>2</td><td>3</td><td>4</td><td>5</td><td>6</td><td>7</td><td>8</td><td>9</td><td>10</td><td>11</td></tr>
<tr><td>周期</td><td colspan="6">第一周期</td><td colspan="6">第二周期</td></tr>
<tr><td>时期</td><td colspan="3">冬季训练期</td><td colspan="2">比赛期</td><td>调整期</td><td colspan="2">夏季训练期</td><td colspan="2">比赛期</td><td colspan="2">调整期</td></tr>
<tr><td>周数</td><td colspan="3">15.5</td><td colspan="2">9.5</td><td>1</td><td colspan="2">6</td><td colspan="2">15</td><td colspan="2">3</td></tr>
<tr><td>主要训练任务</td><td colspan="3">1. 提高规定的动作质量
2. 发展自选高难动作
3. 抓好落后项目(跳马)提高整体实力
4. 抓力量,抓下法</td><td colspan="2">1. 组织实战测验,检查难新动作掌握情况
2. 参加比赛</td><td>调整、恢复</td><td colspan="2">1. 熟练成套动作
2. 提高高难动作质量
3. 提高落地站稳率</td><td colspan="2">参加世锦赛,力争冠军</td><td colspan="2">1. 消除生理心理疲劳
2. 总结全年训练</td></tr>
<tr><td>比赛测验安排</td><td colspan="3">队内测验或组合比赛共 6 次</td><td colspan="2">1. 队内测验 2 次
2. 全国锦标赛
3. 2~3 次国际比赛</td><td></td><td colspan="2">2~3 次队内测验</td><td colspan="2">1. 全国冠军赛
2. 3~4 次国际比赛
3. 世界锦标赛</td><td colspan="2"></td></tr>
</table>

(引自高健《国家体操男队 1991 年训练计划》,1990)

中国优秀女子篮球运动员全年训练，也采用双周期安排。按这种结构组织训练过程，是她们成功地参加许多重大国际比赛的基础之一。图 11－3 所示是她们年度训练计划的直观图示，可以帮助人们一目了然地抓住训练的重点和各种内容的比例，便于人们对全年的训练安排进行宏观的分析和比较。

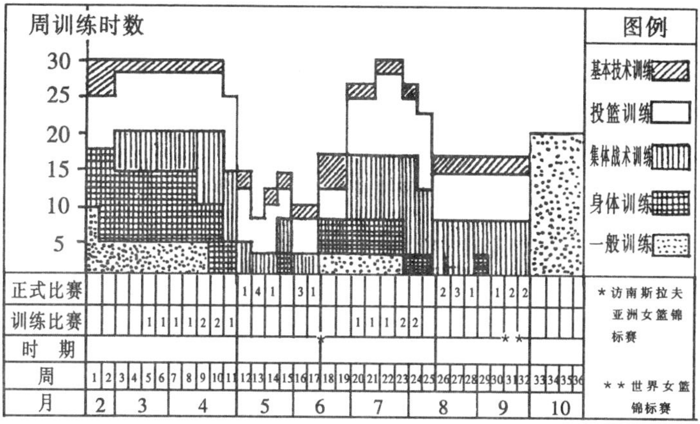

图 11－3 优秀女子篮球运动员全年训练计划概图

（依宋晓波，1986）

技能主导类表现准确性项群运动员的竞技能力，特别是在比赛中的发挥情况，在很大程度上受着心理因素的影响。其竞技状态高峰的出现，也与心理准备的程度密切相关。射击、射箭运动员的全年训练也采用双周期或三周期安排。中国射击队 1984 年的训练，采用双周期安排取得了成功，在第 23 届奥运会上获得了 3 枚金牌和 3 枚铜牌。

对于少年儿童课外训练的组织实施，更要考虑到他们的心理和生理特点。在心理上，少年儿童渴望较快地看到他们的训练效果，而对于长时间的训练则感到枯燥和难以忍受；在生理上，少年儿童的机体对训练负荷的承受能力较低，自我调节的能力也较差，训练中常常很快地感到疲劳。因此，时间过长的持续训练（特别是准备时期中），既易使少年儿童的机体难以承受，又会造成其心理上的过度负荷而失去继续训练的兴趣。同时，在组织少年儿童的课外训练时，必须妥善处理训练与文化学习的关系，要把运动训练与学校的学习、假日安排协调起来。根据 1983 ~ 1984 年对北京、南京、大连少年夏季运动项目训练竞赛安排所进行调查的结果，而设计的中小学生全年训练分期的适宜模式如图 11 – 4 所示。

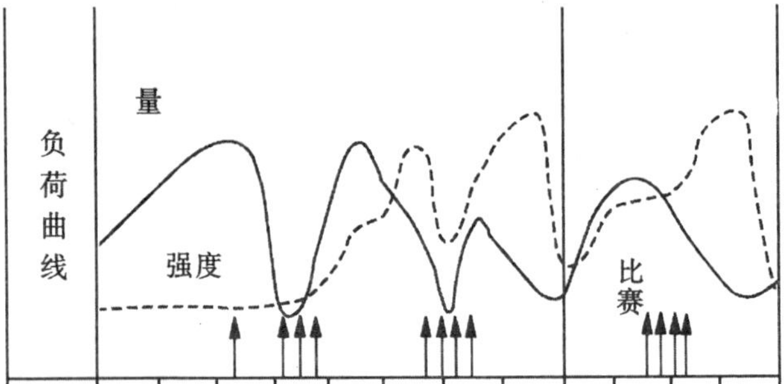

月	11	12	1	2	3	4	5	6	7	8	9	10

周期	第一周期							第二周期		
时期	准备期			比赛期			过	准	比	过
阶段	冬训	调整	春训	春比	调整	夏比	调整	夏训	秋比	调整
时间	2.5 月	20 天	1 ~ 1.5 月	1 月	10/25 天	1.5 月	15/20 天	1.5 月	1 ~ 1.5 月	20 天
学校活动	学期	期末考	寒假	学期	期中考	学期	期末考	暑假	学期	期中考

图 11 – 4　中小学生全年训练分期图示（以夏季运动项目为例）

（依田麦久，1985）

按这一模式组织训练的特点是：

——第一周期自秋冬学期的期中考试之后起，至春夏学期的期末考试之后止(11月至7月初)，共约8个月。第二周期自暑假开始，至秋冬学期期中考试止(7月中至10月)，共3个半月。两个周期中以第一周期为主。

——全年最重要的比赛在春季，区、市学生运动会应安排在春夏学期期中考试后3周左右举行(5月底至6月初)。此外，要安排好学期中(3～4月)的一系列比赛，并力争在秋季期中考试2～3周前，即9月中旬左右，组织1～3次校内或校际的比赛。

——全年负荷量的高潮在寒假之中。暑假训练中，学生亦可承受较大的总体负荷(负荷量与强度均为中上)。

——全年4次考试之前均应分别安排2～3周的过渡或调整阶段训练。有可能组织集中训练时，训练内容与手段应以游戏、多项练习及各种一般性练习为主。无法组织集中训练时，可安排学生自己完成少量的训练作业：每日20～40分钟自我训练，以轻快的越野跑及各种球类活动为主，既能使学生保持体能水平，又能对复习迎考起到调节及恢复作用。

(三)多周期

按3个以上大周期组织全年训练的过程，称为多周期训练安排。实施多周期安排的基本条件是，运动员能在3～4个月左右的时间内，有效地提高竞技能力，并在比赛中充分地表现出来，把提高了的竞技能力转化为运动成绩。这就要求有更为科学的训练方法，更为有效的恢复手段以及更为理想的比赛条件，否则就会如同农作物的培植，在条件不足的情况下片面追求多季种植，使总产量反而低于单季或双季种植一样，得不到理想的总体效应。

近年来，部分项目优秀运动员进行了多周期安排的探索与尝试。

中国射击队在准备第11届亚运会的训练年度(1990年)制定了双周期与三周期安排两种方案，虽然最终还是选择了双周期方案,但已显示了探讨多周期安排的意向。

中国游泳队则在1988年参加汉城奥运会的训练年度中,安排了三个训练大周期，在奥运会激烈的争夺中取得了3块银牌1块铜牌的优异成绩(表11－4)。

认真的比较得知，与常规的第一周期相比，中国游泳队1988年第二、三个大周期更多地是准备参加比赛的一种专门的安排,我们将其命名为微缩大周期。

常规大周期与微缩大周期是两种不同的训练大周期。前者通常需要不短于14周的时间,要求运动员分别提高不同的竞技能力,进而综合起来,表现为高度的专项竞技能力;而后者则主要安排于准备参加重大比赛的2～3个月的训练之中,在较短的时间内,运动员集中精力于恢复或提高综合的竞技表现能力。现代运动竞赛制度的发展要求我们将两种大周期有机地结合起来,根据重要比赛的时间,安排好常规大周期与微缩大周期的合

表11－4　国家游泳队1988年三周期的划分

周期	时　间	周数	主要比赛
一	1987.12.21 1988.4.12	16.5	第3届亚锦赛
二	1988.4.13 1988.7.10	12.5	可耐杯游泳赛
三	1988.7.11 1988.9.20	10.5	第24届奥运会

(依于仙贵、穆祥豪、杨雪雄,1991)

理组合。

这里，我们提供4种把常规大周期和微缩大周期合理结合在一起的组合方案，供教练员制定训练计划时选用（表11-5）。

表11-5　两种大周期的多种组合方案

方　案	常规大周期		微缩大周期		总周数
	N	周数	N	周数	
A(1+2)	1	16~24	2	12,12	40~48
B(1+3)	1	16~20	3	10,10,10	46~50
C(2+1)	2	16~20,16~20	1	10	44~50
D(2+2)	2	16,16	2	10,10	52

（依田麦久,1998）

第二节　大周期训练计划的基本构成模式

一、训练大周期时间的确定

训练大周期是以成功地参加1~2次重大比赛为目标而设计的。其时间的确定通常采用体现目标控制思想的“倒数时”充填式方法，以主要比赛日期为标定点，向回程方向依次确定主要比赛阶段和比赛时期，以及完整的训练大周期（图11-5）。这里，我们以总计14~32周的常规大周期为例，简述确定训练大周期日程的工作步骤。

(一)确定主要比赛日期

这是由竞赛日程予以确定的。重大国际比赛如奥运会常常在比赛前一年就确定了竞赛日程，以便于运动员有计划地组织训练过程。

(二)确定主要比赛阶段

围绕着主要比赛日确定主要比赛阶段。在常规大周期中，主

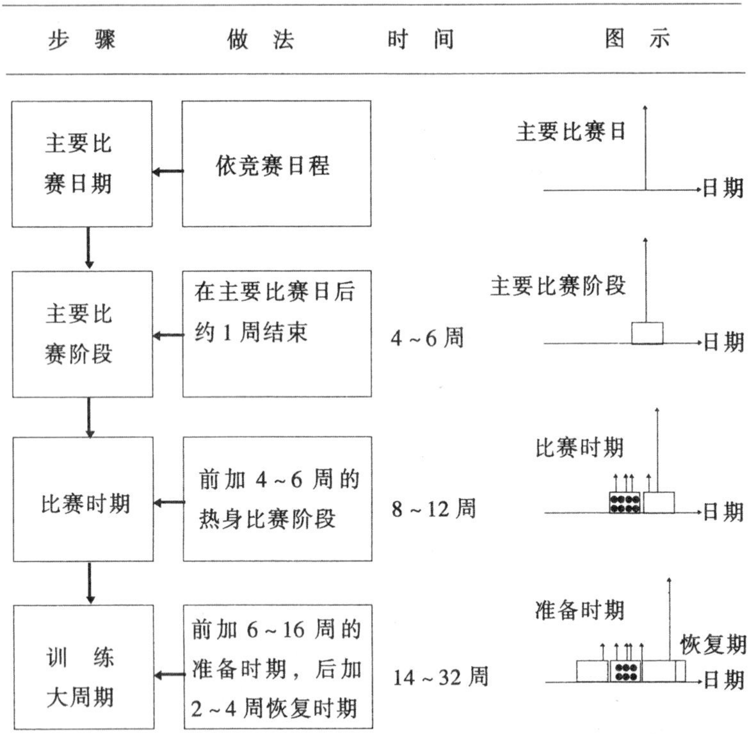

图 11-5　确定训练大周期日程的倒数时充填式工作程序

要比赛阶段持续4～6周,在主要比赛日后约一周结束。将主要比赛日安排在主要比赛阶段的结尾是不正确的，这是因为训练控制稍有不慎,极易出现参加主要比赛时,运动员的最佳竞技状态已然过去的现象。

(三)确定比赛时期

在主要比赛阶段前面加上一个历时4～6周的热身比赛阶段,两个阶段合起来就组成了比赛时期,总时间为8～12周,其间要注意安排必要的热身赛。

(四)确定整个训练大周期

在比赛时期前面加上6～12周的准备时期,后面加2～4周的恢复时期,即构成了一个总时间为14～32周、3.5～7.5个月的训练大周期。

二、大周期训练计划要点

尽管不同项目的运动员在不同训练阶段的年度训练计划有着鲜明的个体特点,但从训练计划的总体上看,又都具有许多共同的基本特征。这里,我们以双周期训练安排中的一个半年训练大周期为例，概括地归纳了一个完整大周期中的时期和阶段的划分、各阶段的主要任务、比赛及负荷的总体规划、采用的方法与手段、恢复及检查评定的要点等基本内容和要求（表11－6）。

(一)准备时期的训练计划

1. 训练任务和时间

与运动员竞技状态发展过程的第一阶段相对应，准备时期

表 11-6　历时半年的训练大周期中各时期阶段的训练学特征

<table>
<tr><td colspan="2">时　期</td><td colspan="2">准备期</td><td colspan="2">比赛期</td><td>恢复期</td></tr>
<tr><td colspan="2">阶段</td><td>一般准备</td><td>专门准备</td><td>赛前训练</td><td>集中比赛</td><td></td></tr>
<tr><td colspan="2" rowspan="2">时间</td><td colspan="2">3个月</td><td colspan="2" rowspan="2">2~2.5个月</td><td rowspan="2">0.5~1个月</td></tr>
<tr><td>1.5~2个月</td><td>1~1.5个月</td></tr>
<tr><td colspan="2" rowspan="2">任务</td><td colspan="2">增进健康,发展素质,学习或改进基本技术,学习掌握新战术,增强意志品质</td><td colspan="2">发展专门素质,熟练完善完整技术,提高战术技巧,发展稳定的竞技状态、创造好成绩</td><td rowspan="2">积极恢复,消除生理和心理疲劳。总结经验,制定新计划</td></tr>
<tr><td>提高一般训练水平,改进技术环节,提高个人战术能力</td><td>提高专项技术水平,逐步过渡到完整技术,改进多人或全队战术配合</td><td>发展专项素质,发展竞技状态,参加热身比赛</td><td>保持最高竞技状态,参加重要比赛,创造优异成绩</td></tr>
<tr><td colspan="2">比　赛</td><td>没有或少</td><td>少</td><td>中</td><td>多</td><td></td></tr>
<tr><td rowspan="2">负荷</td><td>量</td><td colspan="5">中——→最大或大——→中——→中或小——→小或中</td></tr>
<tr><td>强度</td><td colspan="5">小——→小或中——→中或大——→大或最大——→最小</td></tr>
<tr><td rowspan="2">方法</td><td>发展素质</td><td>以持续法、间歇法为主</td><td>以间歇法、重复法为主</td><td>以重复法、间歇法为主</td><td>以比赛法、重复法为主</td><td>以游戏法、持续法、变换法为主</td></tr>
<tr><td>改进技术</td><td>以分解法为主</td><td>分解法、完整法</td><td>以完整法为主</td><td>以完整法为主</td><td>—</td></tr>
<tr><td colspan="2">手段</td><td>以多种多样的一般练习为主,辅助少量专项练习</td><td>以专项身体练习为主,练习手段相对集中</td><td>以与专项形式相近的练习为主,仍保持一定专项的身体练习</td><td>比赛,一般性积极恢复练习</td><td>改变环境及练习形式,增加一般身体练习比重</td></tr>
</table>

续表 11－6

时　期	准备期	比赛期	恢复期
恢复	注意负荷节奏 各种积极的与自然的恢复措施	注重负荷节奏 采用各种积极的与自然的恢复措施	减少负荷，变换负荷的形式、地点与组合
检查评定	负荷及机体适应情况	负荷及机体适应情况 技术、战术水平	心理及生理恢复状况

（引自田麦久《论运动训练过程》，1988）

训练的基本任务就是要提高运动员的竞技能力，并培养和促进竞技状态的形成。

运动员的竞技能力能否获得有意义的提高，是准备时期训练成功与否的第一个衡量标准。通过有计划的训练，可以对运动员的技能、体能、战术能力、心理能力和运动智能的发展产生良好的影响。

由于运动员专项竞技能力的结构表现着层次性的特点，它的发展和提高必须由低到高、由一般到专项、由局部到整体逐步实现。因此在准备时期，运动员应着重发展基础性的能力，以便为比赛时期创造优异成绩准备良好条件。

在体能方面，要努力增进健康水平，发展运动素质，并有效地发展身体主要生理系统的功能。如耐力性项目，在准备时期主要改善心血管系统和呼吸系统的功能，发展一般耐力和长翼项耐力。

在技能方面，单一动作结构项目的运动员，应力求改进基本技术，特别是重要的技术环节，如跳高运动员改变助跑距离、射箭运动员缩短撒放时间等。同时,也有充分的时间允许运动员打破旧的动力定型,去改进某些技术细节,如中长跑选手纠正八字脚、跨栏运动员过栏架时控制臂不过分横摆等等。多元动作结构项目的运动员，在准备时期应在进一步熟练和完善基本技术的基础上力求发展新的技术,其中,体操、艺术体操、跳水和技巧等表现难美性的项目对技术创新的要求更高。因此,这些项目的教练员和运动员，在准备时期的开始常常把主要精力放在技术动作的创新上。对于格斗对抗性和隔网对抗性项目来说,技术的改进、新技术的掌握和熟练,都对比赛的胜负起着重要作用。因此,这些项目的运动员通常在准备时期非常重视发展新技术，如乒乓球的发球技术等。同场对抗性的集体球队,在准备时期的技能和战术能力的训练中，首先要着眼于熟练掌握新战术配合所需要的技术基础，然后由个人技术训练逐步过渡到二三人的配合战术训练,再逐步过渡到全队的整体战术训练。

准备时期的时间,在一个大周期中通常是最长的。为了更好地组织训练过程，人们一般把准备时期进一步划分为两个或更多的训练阶段。在单周期训练安排中，由于准备期长达五六个月,这一划分就更有必要。而在这个过程中,训练的特点也从一般向专项、从局部向整体逐渐地转移。越接近准备时期的结束,训练的专项化程度越高,训练的整体性也就越强。

准备时期训练的第二个任务，是逐渐培养和发展运动员的竞技状态。至准备时期结束时，运动员的竞技状态应已初步形成，主要表现在准备时期前期所提高的基础竞技能力开始向专项需要的方向转化和集中。此时可参加少量比赛,以促进竞技状态的进一步发展。

一般来说,为了实现上述两项任务,准备时期的时间不应少于 1.5 ~ 2 个月。全年单周期的准备时期可长达 5 ~ 6 个月。双周期安排中，每个大训练周期的准备时期又不同，在我国通常第一个大周期，即冬春大周期的准备期较长，可达4~5个月，第二个大周期，即夏秋大周期的准备期常常只有一个半月左右。

过长的准备时期，会加大运动员的心理负荷。经过长时间的单调、枯燥的训练而见不到训练的成效，会减低运动员训练的兴趣；运动员在训练中所获得的基础竞技能力又不能及时转化为专项竞技能力，影响获得更高的“训练效益”。但如果准备时期的时间过短，训练负荷给予运动员机体的刺激则不足以引起有效的变化，进入比赛时期后，即使能在适宜的比赛条件下充分表现出已经具有的竞技能力，也只是保持原有的水平而已。

2. 训练方法、手段和负荷特点

准备时期的素质训练，以持续训练法和间歇训练法为主，这两种训练方法的特点是负荷的量较大，强度相对较小。这对于重点发展耐力类运动素质、重点发展有氧代谢的能力是特别有益的（表11-7）。

准备时期的技、战术训练，均以分解法为主，由于拥有较充裕的时间，在破坏了旧的技术动力定型之后，还有时间重新建立起新的技术动力定型，因此，允许运动员对自己的技术动作进行较大的“改造”。运动员首先着力于改进或完善技术中主要存在问题的部分，然后在这一基础上逐步向完善技术过渡。

在战术训练中也是这样。为了掌握和发展新的战术配合，运动员要安排相应的时间进行个人技术训练，以便为配合战术训练作好准备。从战术活动的整体来看，这种预先进行的个人技术训练，也是一种分解练习。这种分解练习主要安排在准备时期进行。

表 11－7　发展素质的不同方法的基本负荷特征

方　法		持续训练法	间歇训练法		重复训练法
			小强度	大强度	
图　示		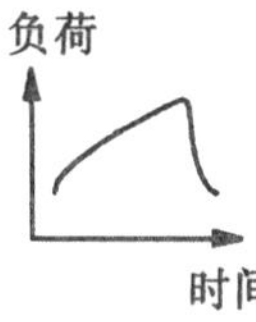	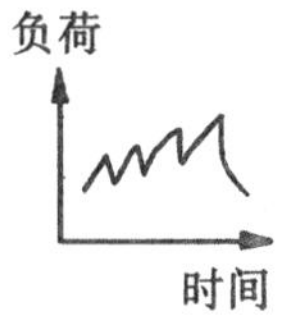		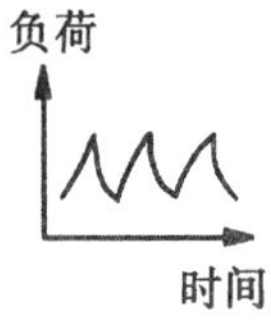
负荷	量	大	中大	中小	小
	强度	小	中小	中大	大
	间歇	无	不充分休息		相对充分休息
主要发展素质		一般耐力 力量耐力	一般耐力 力量耐力 专项耐力 速度耐力		最大力量 快速力量 速度耐力 最大速度

(二)比赛时期的训练计划

1. 训练任务和时间

比赛时期的训练任务包括发展运动员的专项竞技能力和使运动员在比赛中充分表现自己已具有的竞技能力这样两个方面。

在准备时期训练的基础上，进入比赛时期后运动员应努力发展专项的竞技能力。各项目的运动员此时此刻都应把对自己竞技能力影响最大、表现最集中的方面置于训练的首位，把最主要的精力用于发展这些能力上去。如中长跑运动员的专项耐力，手球队的集体战术配合，乒乓球运动员在实战中发挥技术特长的能力，体操运动员完整套路练习的一次成功率等等。

比赛时期训练的第二个任务，也是最重要的任务，就是作好充分准备，参加比赛，最大限度地发挥自己的已有水平，创造优异的运动成绩，达到全年预定的训练目标。

为了保证训练任务的完成，比赛时期的时间一般也不应短于一个半月。运动员要在准备时期训练的基础上进一步发展专项竞技能力，特别是要在比赛中创造优异的成绩，则必须经历一定数量的比赛，才有可能抓住主客观条件都处于适宜状态的机遇，充分发挥自己的竞技水平。而主客观条件的状态受着许许多多可控的、半可控的和不可控的因素的影响，因此，即使运动员的训练状况十分理想，希望在一次比赛中就提高成绩或打破纪录，成功的概率一般也是不高的。

当然，为了准备重大比赛，特别是奥运会、世界锦标赛和世界杯这三大比赛，运动员比赛的成败有着重要的社会意义和深远的影响，因此，教练员和运动员都全力以赴，尽最大的努力取得比赛的成功。从计划的安排上要注意做到：

①安排好负荷的节奏，使运动员的体能变化在比赛时处于超量恢复阶段。

②技术、战术的掌握达到高度熟练和自动化，但又不因过多的专项技、战术练习导致中枢神经系统对专项技术动作的超限抑制和重复泛化。

③通过适当的热身赛和其他适应性比赛，激发运动员强烈的竞赛欲望，而又不因过多的比赛引起运动员的厌烦，甚至对比赛的恐惧。

④采取各种措施（包括训练的、社会的、宣传的等等）激励运动员的进取动机，但又不能造成过高的激活状态。应使运动员保持适宜的兴奋性水平，以求既能最大限度地动员机体的潜力，高

水平地参加比赛，又能保持高度的自控能力，有效地排除内外消极因素的干扰。

2. 训练方法、手段和负荷特点

为了与准备时期训练方法的特点相联系，比赛时期训练发展体能主要采用重复法，发展技能主要采用完整法，并较多地采用比赛法，以便综合地发展与竞赛密切相关的体能、技能、战术能力、运动智能和心理能力。当然，与此同时，仍要根据需要适当地运用间歇训练法及分解训练法。

在比赛时期，运动员在连续参加了大量比赛的情况下，要特别注意组织好赛间训练。体能主导类运动项目赛间训练的主要任务，在于对运动员的竞技状态进行积极的调节，使运动员从上一组比赛或上一次比赛的疲劳状态下恢复过来，重新聚集力量，以理想的体能状态投入新的比赛。同时，对上一次或上一组比赛中所发现的问题进行分析，利用短暂的赛间间歇，力求在某些短时间内能有效改善的方面，获得新的训练效应。

比赛时期负荷强度大而负荷的量较小。负荷的变化主要表现在：

①对于可客观测量的体能主导类项群(田径、游泳、举重、速滑等)，训练的速度、高度、远度、负重量增加，而重复次数、训练的时间则明显减少。

②将多种动作组成固定的套路去参加比赛，并力求获得较高评分的技能主导类表现性项群(体操、武术套路、跳水、花样游泳、艺术体操、技巧、绷床等)，成套练习的比例增加，而单个动作的练习数量则大大减少。

③以对手身体为攻击目标的一对一格斗性项群实战练习的比例增加，而无对手的个人练习的比例减少。

④在个人能力的基础上依靠密切配合而表现出来的集团竞

技能力决定胜负的集体球类项目(篮球、排球、足球、冰球、曲棍球、手球)训练中,两三人的配合训练、全队配合训练和实战训练的比重增加,个人技术的练习比重减少。

⑤心理稳定性对比赛有重要影响的技能主导类表现准确性项群(射击、射箭等)训练中,实射的比例增加,对运动员造成巨大心理负荷的训练和比赛增多,而各种空枪预习、白靶射击则大大减少。

(三)恢复时期的训练计划

1. 训练任务和时间

运动员在几个月的紧张训练和比赛中,无论心理还是生理上都长期处于高度动员状态,而这种状态是不可能无休止地持续下去的。有机体的保护性机制会提出进行休整调节的强烈要求。训练大周期的恢复时期或称过渡时期,就是为满足这一要求而组织实施的训练阶段。

恢复手段可分为自然恢复和积极恢复两种。恢复时期所要求的不是单纯的休息或睡眠式的自然恢复,而是保持一定训练活动的积极恢复。通过负荷内容、量度、组织形式及训练环境的改变,达到从心理上和生理上消除疲劳的目的。

恢复时期的另一项重要任务,是认真总结全年训练的经验与教训,并制定下一年度的训练计划。

恢复时期的时间与训练大周期的长短有着密切的联系。单周期训练安排中的恢复时期,应持续1~1.5个月。双周期训练安排的每一个周期的恢复时期,应持续2~3周。

2. 训练方法、手段和负荷特点

为了达到恢复的目的,在恢复时期宜以游戏法、变换法为主进行训练。这些练习能大大提高运动员的兴趣,运动员在新的环境以新的组织形式完成新的内容和练习，中枢神经系统会得到良好的调节，同时，又能保持一定的体能水平。

恢复时期训练负荷的突出特点是要降低练习强度，可以根据运动员的具体情况保持一定的量。为此，在训练中多采用持续训练法，如慢速越野跑、较长时间的球类运动、自行车远行及划船等等。

三、常规大周期与微缩大周期

常规大周期与微缩大周期是两种不同的训练大周期（表11－8）。前者需持续不短于14周的时间，要求运动员分别提高不同的竞技能力，进而综合起来，表现为高度的专项竞技能力；而后者通常安排于2～3个月的准备参加重大比赛的训练之中，在较短的时间之内，运动员集中精力于恢复或提高综合的竞技能力。中国游泳队1988年奥运会前的历时10周大周期安排即表现了这一点（表11－9）。微缩大周期包含了构成一个训练大周期的基本要素，但各个阶段的训练都不够充分，在时间不足但又具备相应条件的时候，通过一个微缩大周期的训练，运动员可以在原有基础上作好参赛准备，在重要比赛中发挥自己的竞技水平。应该指出的是，此类参赛个别时候也可能会略有提高，但却难以使运动员在这么短的时间内使体能明显地提高或技术上取得重要实质性的改进。

训练安排中，若只采用常规大周期，常常与比赛不断增多的现实产生尖锐的矛盾；而若只采用微缩大周期，又会阻碍运动员的竞技能力得到实质性的提高。因此，正确的做法是将两种大周期有机地结合起来，根据重要比赛的时间，安排好常规大周期与微缩大周期的合理组合参见表11–5。

表 11－8 两种大周期的比较

	常规大周期	微缩大周期
周数	14～32	8～12
训练比赛任务	●逐一提高各类竞技能力 ●提高综合的竞技能力 ●比赛中充分表现竞技能力	●重点提高个别竞技能力 ●恢复／提高综合竞技能力 ●参赛表现竞技能力
训练内容	一般→专项	一般→专项
专项化程度	较高→高	
负荷量	大→中→小	中→小
负荷强度	中→小→大	中→大

（依田麦久，1994）

表 11－9 中国游泳队 10 周大周期的具体安排

阶段	周数	主要训练内容
一	2 周	以全面身体训练和力量训练为主 水上：技术、速度及有氧训练为主
二	2 周	以有氧代谢为主 一定比重的混合代谢训练 保持力量训练
三	3 周 （高原训练）	以无氧训练为主 一定比重的混合代谢训练与有氧训练 保持力量训练
四	3 周	减量参加比赛 保持少量力量训练

（综合陈运鹏 1990、于仙贵、穆祥豪 1991 的材料编制）

第三节 年度训练过程中比赛系列及负荷的动态变化

一、比赛系列的安排

比赛是训练的杠杆，只有通过比赛，运动训练的成果才能得到社会的公认。比赛对运动员所处的状态有着特定的要求，在大多数情况下，运动员应怀着强烈的进取欲，以充沛的体力投入到预定的比赛中去。因此，比赛的安排对于训练活动的组织有着重要的影响。此外，人们还常常以某些比赛为特定的训练手段，发展重大比赛所需要的某些专门品质和能力，或通过准备性比赛及适应性比赛检查训练效果，检验新的技术是否稳定、新的战术是否具有预期的威力。因此，在年度计划中必须高度重视比赛系列的安排，在划分好训练阶段，并确定了各阶段训练任务之后，就应着手安排比赛(包括测验)的次数、时间和主次，以此为规划负荷的动态变化提供重要的依据。

(一)比赛次数

年度训练过程中比赛的次数依项目的不同和运动员水平的不同而异。在基础训练阶段，运动员比赛的次数较少，但比赛项目的范围较广，而在专项提高阶段和最佳竞技阶段，比赛次数较多而且项目渐趋集中。

不同项目比赛的负荷之间有着很大的差异。美国著名选手刘易斯在1992年第25届奥运会上，以一次跳跃就获得了跳远金牌，费时不过十几秒钟，而马拉松运动员要不停地跑两个小时以上，足球运动员为夺取奥运会金牌仅在决赛阶段就要参加7

场 90 分钟的角逐,更不要说预赛阶段的时间了。因此,比赛时间较短、运动员生理消耗不大且心理负荷又相对较低的运动项目,如跳远、跳高、铅球、标枪和乒乓球等在一年中比赛的次数可以多一些,而生理、心理负荷都很大的项目的比赛次数,则应保持在一定限度内,如十项全能、马拉松跑和冰球等。

随着运动竞技水平的提高,现代优秀运动员参加比赛的次数比从前大大地增加了。对比马特维耶夫于 1964 年所发表的优秀田径运动员年度比赛统计数字和奥卓林于 1982 年所提供的数字,可以清楚地看出这一趋势(表 11－10)。

表 11－10　田径运动员年度比赛次数比较

项目	60 年代初＊	80 年代初＊＊
短跑	22±4	－
跳跃	23±5	28～50
投掷	23±3	－
中跑	17±5	33～50
长跑	19±3	19～26

＊依马特维也夫《运动训练分期问题》,1964

＊＊依奥卓林《苏联田径运动员教科书》,1982

比赛次数的增加,反映出现代运动训练和竞赛强度的明显提高,但是人体却不能承受过量的比赛,在一次全力以赴的比赛后,运动员必须调整休息,使他们在精力高度集中、机体潜力被充分动员之后,在生理上和心理上得到必要的恢复。因此,比赛次数绝不是越多越好,而应根据每名运动员的具体情况,确定适宜的数量。对于一些综合性的运动项目,首先是田径和游泳,运动员不仅要参加主项的比赛,而且应适当安排副项的比赛。这样做,不仅对少年运动员,而且对优秀运动员都是必要的。

(二)比赛的分类及安排

按主要目的可将比赛分为竞技性比赛、训练性比赛、检查性比赛和适应性比赛四种基本类型(表11-11)。

表11-11 比赛的分类及其训练学特征

类别	主要任务	安排
竞技性比赛	创造理想的成绩,实现训练目标	每个大周期1~2次主要比赛
训练性比赛	在比赛条件下,培养和发展运动员专项所需要的某种能力或综合能力	多用于准备时期后期及比赛时期前期
检查性比赛	检查技术掌握的熟练程度与稳定性水平,专项素质发展情况,阵容安排的适宜度,战术设计的价值和配合的熟练程度	多用于重大比赛前
适应性比赛	提高运动员对重要比赛的场地、气候、对手、观众及裁判等各方面条件的适应能力	多用于重大比赛前

1. 竞技性比赛(主要比赛)

这是全年训练最重要的比赛活动,一般全年以2~4次为宜。在一个训练的大周期内,安排主要比赛最多两次,时间亦以相对集中为好,以便于合理设计训练计划,使运动员在预定的一段时间内处于理想的竞技状态,能连续参加一系列比赛,创造优异成绩。

2. 训练性比赛

有经验的教练员常常将某些比赛作为一种基本手段进行实战训练，以便在比赛条件下培养运动员专项所需的综合能力或提高训练强度，这些比赛通常称为训练性比赛。训练性比赛在准备时期就可适当安排。随着训练阶段的推移，训练强度逐步提高，训练性比赛的次数可以增加。比赛前期有些比赛也具有训练比赛的性质，如我国优秀女子篮球运动员，全年 10 个月的训练中预计共比赛 37 场，其中 16 场作为训练性比赛，分别安排在两个准备期的后半段，每周 1～2 场(参见图 6－3)。

3. 检查性比赛

①检查运动技术掌握的熟练程度和稳定水平。如艺术体操选手在掌握了全套动作之后进行的检查性测验。

②检查特定运动素质的发展情况。如 1500 米跑运动员在冬训第一阶段后参加 10 公里越野赛，检查一般耐力的发展情况。

③检查阵容安排的适宜度。集体球队在进行调整、组织新的阵容之后，通常要在一些特定的比赛中，对阵容组成的各种方案进行评定和比较，以选择确定最佳主力阵容，并对各种情况下的后备阵容进行演练。

④检查战术设计的应用价值和战术配合的熟练程度。

4. 适应性比赛

为了能使运动员对重大比赛作好准备，常在主要的比赛之前安排一系列适应性比赛，亦称热身赛。通过这些比赛，提高运动员对未来参赛的场地、气候、对手、观众及裁判等各方面条件的适应能力。例如，在 1986 年第 23 届世界杯足球赛之前，前联邦德国队为了适应比赛地点——墨西哥的高原地理条件，提前去墨西哥进行适应性训练和适应性比赛。巴西队组成后，为了摸清主要对手欧洲诸强的特点，特地远征欧洲，进行适应性比赛。意大利队为了适应分在同一组的韩国队的打法，特地邀请与韩国队打法相似的中国队赴意访问比赛等等。适应性比赛安排的时间不应与主要比赛相隔过远，而且应连续进行，以求获得理想的适应效果。

（三）比赛阶段的划分

计划参加的全部比赛，不应该平均分布在整个比赛时期中，而应该在一个比赛时期中安排 2～3 个比赛阶段。每个阶段的持续时间以 3～6 周为限，各个比赛阶段之间应有一定的时间间隔。

近年来，国际体育组织纷纷举办系列大奖赛，大奖赛的日程安排同样考虑到这一特点而分成几个阶段组织实施。

1986 年羽毛球大奖赛共 16 站。第 1～10 站是第一个大的比赛时期。7 月 20 日雅加达公开赛之后，经短暂调整，进入两个多月的准备时期训练。然后参加 10 月 19 日～12 月 21 日的第二比赛时期。

第一比赛时期中的 10 次比赛，又可划分为 4 个比赛阶段，考虑到定于 4 月 22 日～5 月 4 日举行的汤姆斯杯、尤伯杯决赛，可以说共有 5 个比赛阶段(表 11－12)。每个阶段延续 1～2 周，比赛 2～3 次。每两个比赛阶段之间为 3～6 周的赛间训练阶段。

1999 年国际田联田径系列比赛也作出了类似的安排，从 2 月底至 9 月初，共安排了 28 场比赛，集中在 5 个比赛阶段之中(表 11－13)。

分阶段集中比赛的优点，可以概括为以下几个方面：

——能为运动员提供更多的比赛机会；

表 11－12　1986 年国际羽毛球大奖赛
第一比赛时期日程及阶段划分

站序	日　期	赛　　名	阶　段	日数	赛次	间隔（日）
1 2 3	1.19 1.26 2.9	台北公开赛 尤尼克斯杯赛 荷兰公开赛	第一比赛阶段	12	3	22
4 5 6	3.2 3.9 3.16	联邦德国公开赛 斯堪的纳维亚公开赛 全英锦标赛	第二比赛阶段	15	3	36
*.	4.22～5.4	汤姆斯杯、尤伯杯决赛	第三比赛阶段	14	1	21
7 8	5.25 6.1	香港公开赛 中国公开赛	第四比赛阶段	7	2	42
9 10	7.13 7.20	马来西亚公开赛 印度尼西亚公开赛	第五比赛阶段	8	2	

* 汤姆斯杯、尤伯杯赛不属大奖赛系列

——在每一个阶段中，可使运动员持续发展自己的竞技状态，逐步引导至最佳状态；

——运动员可利用比赛阶段之间的间隔，组织实施必要的赛间训练。

（四）优秀选手比赛次数的控制

必要数量的比赛，是运动员充分表现其竞技水平、创造优异

表 11－13　1999 年国际田联田径系列比赛的阶段划分

阶段	场序	日期	赛　　名	日数	赛次	间隔日数
Ⅰ	1	2.25	墨尔本跑道赛	22	2	36
	2	3.19	罗德波特夏季大奖赛			
Ⅱ	3	4.25	里约热内卢大奖赛	62	9	11
	4	5.8	大阪大奖赛			
	5	5.18	多哈大奖赛			
	6	5.22	圣路易斯大奖赛			
	7	5.28	塞维拉田径赛			
	8	5.30	汉格罗田径赛			
	9	6.8	布拉迪斯拉发黄金赛			
	10	6.10	赫尔辛基艾里克松田径赛			
	11	6.16	雅典大奖赛			
Ⅲ	12	6.27	格特沙德英国田径大奖赛	10	5	10
	13	6.30	奥斯陆田径赛			
	14	7.2	洛桑艾斯勒蒂西玛田径赛			
	15	7.3	圣戴尼斯法国田径赛			
	16	7.7	罗马黄金大赛			
Ⅳ	17	7.17	尼斯’99 尼凯亚田径赛	31	8	26
	18	7.21	巴黎田径赛			
	19	7.21	林兹法国田径赛			
	20	7.30	斯德哥尔摩田径赛			
	21	8.4	摩纳哥田径赛			
	22	8.7	伦敦田径赛			
	23	8.8	科隆世界级田径赛			
	24	8.11	苏黎世世界级田径赛			
Ⅴ	25	9.3	布鲁塞尔范达姆纪念赛	8	4	
	26	9.5	里蒂田径赛			
	27	9.7	柏林田径赛			
	28	9.11	慕尼黑国际田联大奖赛总决赛			

成绩必不可少的重要条件。但过多的比赛也会导致运动员心理上和生理上过于疲劳。优秀选手在安排比赛时应注意有所选择、有所取舍,既保证必要的比赛次数,更要确保在重大比赛中处于最佳的竞技状态。

男子体操世界冠军李宁,在 1987 年的比赛中有节制地参加次要比赛,并逐渐培养良好的竞技状态,于 7 月成功地参加世界大学生运动会,夺得团体全能、个人全能和吊环 3 枚银牌以及自由体操、跳马和双杠 3 枚铜牌(表 11 – 14)。

表 11 – 14 李宁 1987 年 3 ~ 7 月参赛次数及强度的控制

时间	比赛	参赛安排	比赛名次
1987.3	昆明邀请赛	3 项规定、2 项自选	吊、鞍 2 项第一
1987.5	全运会预赛	团体 个人全能 一个单项决赛	未参加 个人全能第一 自由体操第二
1987.6	沈阳国际邀请赛	个人全能	第一
1987.7	世界大学生运动会	团体 个人全能 单项决赛	第二 第二 吊环第二,自、跳、双第三

二、年度训练过程中负荷量度的动态变化

(一)年度训练过程中负荷量度安排的训练学要点

负荷的量度与负荷的内容一起构成了训练负荷，施加于运动员之身,产生相应的训练效果。负荷量度包括负荷量与负荷强度,在全年训练过程中根据实现训练目标的需要,科学地规划并

有效地调控负荷量和负荷强度的变化，是保证训练成功的重要条件。

在全年训练过程的不同阶段，运动员体、技、战、心、智等不同竞技能力的状况是在不断变化的，不同阶段训练的具体任务和目标也各不相同，因此，对各阶段训练的负荷量度必须作出相应的安排。

在年度训练计划中，应该设计好负荷量度变化的基本趋势，确定最大负荷量与最大负荷强度、中等或较小负荷量与负荷强度及它们各自所处的训练时期，确定二者之间在不同阶段中的适宜搭配。安排中应注意以下要点：

1. 全年训练负荷的量度是不断变化的，安排时力求在重要竞技性比赛时，运动员机体处于能表现出最高强度(包括最大速度、最大重量、最大距离、最高质量等)的状态。

2. 全年训练负荷量度的确定与安排，应与运动员机体状态的周期性变化相适应。

3. 遵循由量变到质变的规律，无论发展体能、技能还是战术能力，都应首先加大负荷量，在此基础上，逐渐提高负荷强度。一般情况下，应避免同时加大负荷量和提高负荷强度。

4. 应高度重视负荷后的恢复，使训练负荷带给机体的疲劳及时得到消除，并出现超量恢复，以获得更大的训练效益。

(二)不同项群年度训练过程中负荷量度安排的不同特点

不同的项群各种竞技能力的权重不同，对训练负荷量度的要求也不相同，因此，在年度训练过程中，不同项群负荷量度的安排亦各有自己的特色。

1. 不同项群年度训练负荷量度安排主要着眼点不同。

对于体能主导类项目来说，运动员体能状况的好坏对于成功地参加比赛，通常具有头等重要的意义。因此，在制定年度训练计划时，就应特别重视安排好全年训练负荷的节奏、负荷量和强度的组合以及变化，所有安排都服务于力求在比赛时能够表现出最高的体能和运动强度。而技能主导类项群中，技、战术在运动员整体竞技能力中所占的权重越大，训练安排中就越把运动员技能状态及个人或集体战术能力状态的变化情况放在关注的首位，安排训练负荷的量度时也是这样。

2. 体能主导类项群的训练负荷，与其比赛结果可准确测量的特点相对应，通常也便于准确地表达。因而，负荷量度的计划也比较具体和明确。结合训练计划实施性部分中主要训练手段的选择，可以更具体地对各种不同手段负荷量度不同的变化作出统一的规范。前苏联男子铁饼奥运会选手年度训练主要手段的负荷量计划表可供我们参考(表 11 – 15)。

而技能主导类项群运动员的训练计划中对各种手段的练习量常常不作非常严格的规定，而需视技术或战术掌握的情况而定。

第四节　赛前中短期集训的训练安排

赛前的中短期集训包含着不同层次和不同水平的训练活动。国家级优秀选手参加世界大赛前，要组织集训；小学生代表队参加地区比赛，也要组织集训。但它们的特点不同，时间长短不一，水平高低不一，具体情况各异。因此，作为一名集训队教练员，既要掌握中短期集训的一般要点，又要根据集训队员的具体情况区别对待。

表 11－15　前苏联男子铁饼选手奥运会周期第三、第四年主要训练手段负荷量分配表

基本手段	各月训练负荷量												年度
	10	11	12	1	2	3	4	5	6	7	8	9	总量
比赛(次)	－	－	－	2	4	－	－	2	4	4	4	9	24
休息日(天)	10	10	10	10	10	10	10	10	10	10	10	4	120
训练日(天)	20	20	10	20	16	20	20	20	16	16	16	10	220
课次(次)	40	40	20	20	16	40	20	20	16	16	16	16	280
轻器械投(次)	1000	1000	－	－	－	－	100	100	100	100	100	16	2400
标准器械投(次)	－	－	200	200	100	1000	200	200	200	200	200	100	2800
重器械投(次)	－	－	－	100	90	－	－	－	100	100	100	200	600
力量练习(吨)	－	40	200	160	200	－	200	160	60	60	60	100	1000
组数(次)	－	100	400	200	100	－	200	100	100	100	100	60	1500
重复次数(次)	－	1000	4000	1500	60	－	1600	600	600	600	600	100	10000
短跑(公里)	10	10	5	3	－	10	5	0.5	0.5	0.5	0.5	600	40
跳跃(次)	1000	1000	400	200	200	1000	400	200	100	100	100	0.5	4800
越野、滑雪(公里)	10	－	－	5	5	10	－	6	6	6	6	6	60
球类(小时)	10	10	－	－	－	10	5	－	－	－	5	－	40

（依［苏］格里加卡，1982）

一、中短期阶段集训计划的结构及负荷特点

在大多数情况下，可将中短期阶段集训看做是若干个周训练的组合。这些周训练过程，既有各自明显的特点，又彼此联接，共同组成一个统一的阶段训练过程。各周训练负荷的组合有许多不同的形式，这里我们以持续 6 周的阶段训练计划为例，分别列举几种不同的负荷结构。

图 11－6 中，a 型连续 6 周安排中等负荷，负荷的调节主要在各周内部安排。b 型先逐周增加负荷至最大，然后再下降调节，这种安排会使运动员感到较深的疲劳，需要接着安排必要的

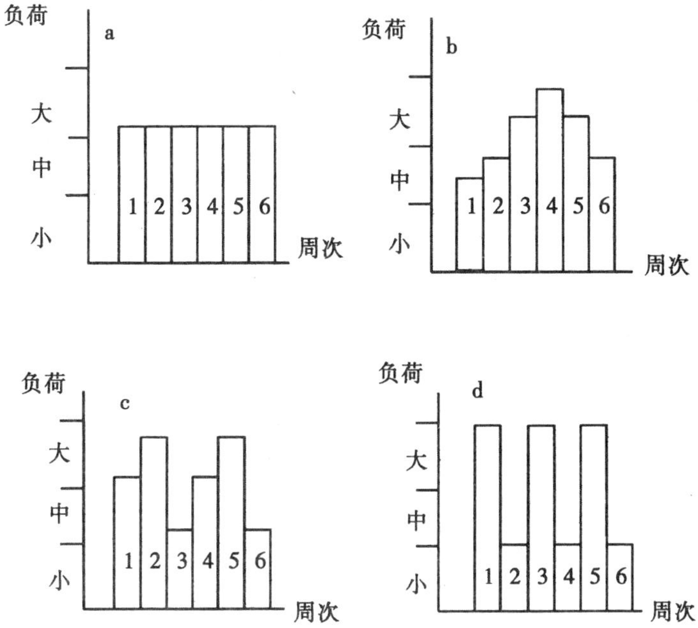

图 11－6　阶段训练计划周训练负荷的几种组合(以 6 周为例)
(引自田麦久《负荷原则与训练过程》,1986)

调整和过渡。c、d 型周负荷的节奏比较明显,运动员的机体可及时获得必要的恢复,因而也为许多运动员所采用。

各周负荷的内部结构,即负荷的量与强度变化的特点,则需视阶段训练计划的主要任务而定。在中短期阶段集训中,如果时间许可,常常为完成某一特定的训练任务,制定连续几周的专门训练计划。如加量的阶段训练计划,加强度的阶段训练计划,发展最大力量的阶段训练计划,连续比赛的阶段训练计划等等。不同的训练任务对负荷量和强度的变化有着不同的要求，图 11－7 显示了不同类型阶段训练计划负荷变化的特点。在加量的阶段训练计划中，负荷量呈阶梯形上升，而负荷强度基本上保持不变，或略有起伏。在加强度的阶段训练计划中，负荷强度呈阶梯形上升，同时负荷量相应地呈阶梯形下降。在连续比赛的阶段训练计划中，每个周末比赛日负荷的强度都是最高的，负荷量只是根据比赛的需要而定。在一周中的其他训练日，也就是赛间训练日，则应减低负荷强度，保持必要的负荷量，这样既能使运动员

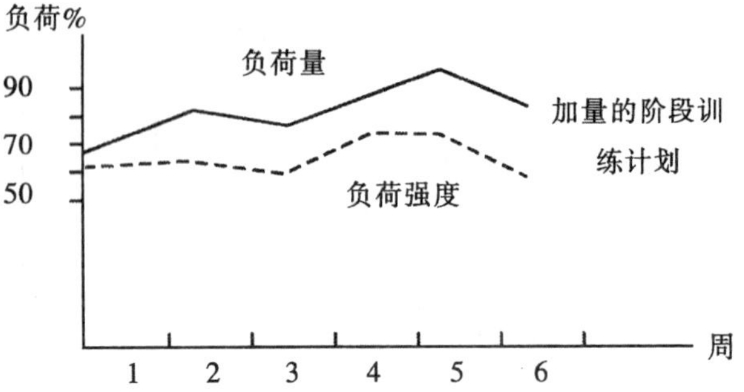

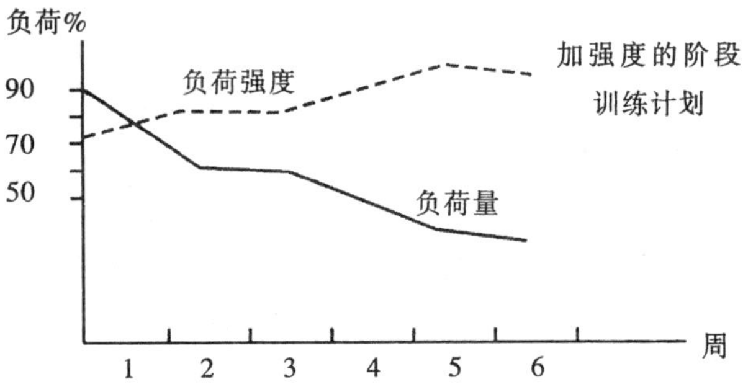

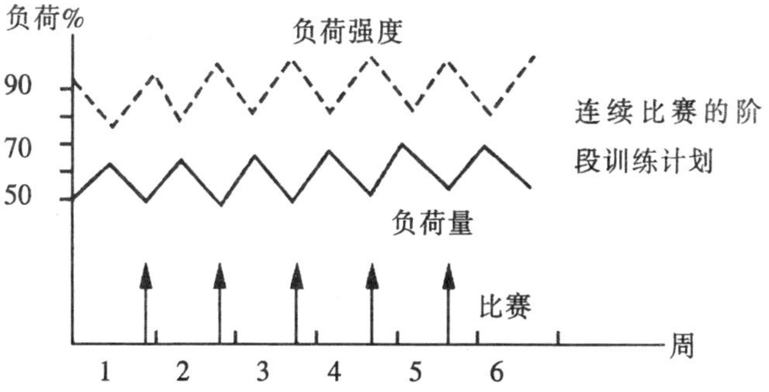

图 11－7　不同类型阶段训练计划负荷变化的趋向性特征

（引自田麦久《负荷原则与训练过程》，1986）

的中枢神经系统和肌肉运动系统得到休整，又能很好地保持连续比赛所需要的体能。

中小学及少年儿童运动员参加区市运动会或加入市队参加更高一级的比赛之前，常常要组织一个月左右的集训。在根据运动员起始状态和所拟定的目标制定这种短期集训计划时，一项重要的工作就是要安排好一个月中 4～5 周之间的合理结构，确定各周训练的主要任务。这里提供 5 周集训的两种周型结构作为示例（图 11－8）。

二、赛前中短期集训中的区别对待

在赛前的中短期集训中，由于临时性集训的运动员往往来自不同的训练单位，情况各异，因而在制定计划及实施过程中，都应特别注意贯彻区别对待的原则。

（一）对不同类型集训队员的区别对待

对在集训前一直坚持系统训练的运动员，中短期集训应被

周次	方案甲	方案乙
1	基本训练周	基本训练周
	+	+
2	基本训练周	恢复周△
	+	+
3	恢复周△	基本训练周
	+	+
4	赛前诱导周	恢复周△
	+	+
5	比　赛　周	比　赛　周

（△周末安排测验）

图 11－8　未经系统训练的运动员 5 周集训方案示例

看做是系统的全年训练的一个组成部分。他们在集训期间的训练计划应力求保持与原年度训练计划的一致性和连续性。对于集训教练员本人一直指导的运动员来说，这一点是不难做到的。而个人项目集训教练员在为临时由自己指导的集训队员制定计划时，则首先应认真研究运动员原有的训练计划，听取原任教练员的设想和意见，在一般情况下，特别是当集训时间很短时，应尽可能继续执行原定训练计划。当然，如果发现原定计划存在明显的不足，作为集训队教练员，为了更好地完成集训任务，在科学地分析了运动员具体情况的基础上，亦应果断修改原有计划,甚至完全重新制定。

在青少年集训队中，有时会碰到一些没有经过系统训练的运动员被选了进来。这是由于他们自身具有从事某一项目竞赛的较好的先天条件,随着年龄的增长使其遗传效应在特定的时间里集中地表现了出来。而且,他们常常在心理上善于自我激励,在需要的时候能够充分地、甚至“超限”地动员和发挥自己的体能。因此，有时会出人意料地在比赛中超过某些系统训练的同伴而取胜。但是,他们在比赛结束之后,机体的反应大都十分强烈,头晕、恶心，或肌肉明显酸痛，这又表明，他们承受训练负荷的能力很差。因此,在组织他们参加赛前短期集训时,绝不能认为只要让他们多练就一定会使他们提高得更快。那样做的结果，十个中有九个这样的新手会被练得疲惫不堪,以致在集训后参加比赛的成绩反而不如集训前偶尔比赛一次的成绩好。因此,在为这种类型的运动员安排中短期集训计划时，应充分考虑上述特点，以中等程度的运动负荷为主。只有在能够保证有足够的时间得到必要恢复的条件下,才可以安排带有强化性质的训练负荷。

在中短期临时集训的队伍中，有时也会遇到一些长期间断训练的老运动员。他们曾亲身经历过艰苦的训练和激烈的竞赛,在退出竞技舞台之后,由于某种机遇或需要,又来参加集训和比赛。经过长时间的间断，这些老运动员的体能大多有明显的下降。一方面在竞技环境中，从他们的中枢神经系统仍然可以发出高强度的神经冲动;但另一方面,他们的肌肉、韧带等运动装置却难以承受这样大强度的刺激，因而在训练和比赛中经常会出现韧带或肌肉拉伤的现象。在这种情况下，对这样的老运动员应以适应性及诱导性的训练为主。注意负荷安排的循序渐进,使其机体首先是运动器官尽快地适应一定强度的刺激。采用诱导性的练习则能够“唤醒”运动员机体中由于过去通过系统训练和比赛所培养起来的潜能和高度的协调，又可以较好地避免运动创伤的发生，使运动员得以顺利地参加集训和比赛。

(二)对不同项目集训队员的区别对待

中短期集训时间有限，因此，应抓住短期内较有把握收到成效、且对比赛成绩有较大影响的方面集中加以训练。这样，不同运动项目的中短期集训自然就有着不同的重点。

对体能主导类竞技项目如田径、游泳和举重等来说，中短期集训首先要注意训练负荷节奏的安排，以便保证运动员的体能在比赛时处于最佳的状态。在强化训练之后要注意调整和恢复，在连续的热身赛之间要注意保持一定的赛间训练，而且应根据比赛的需要，在赛前一定时间内达到较高的专项强度。在技术训练方面，则应抓好主要技术环节的熟练和完善；而对于改进技术动作，则应采取慎重态度，只有那些在短期内能够有效地予以改进的技术部分，才可安排在赛前的中短期集训中进行。应避免出现破坏了运动员旧的动力定型，又来不及建立和巩固新的动力定型，反而造成运动员技术概念混乱、动作不稳定的不良结果。

对于要求在比赛中高质量地演示固定组合的技能主导类表现性的运动项目，如体操、跳水及花样滑冰等，在赛前的中短期集训中应着重熟练成套动作，提高成套练习的成功率，而不宜再去过多地抠个别技术细节，一般来说，也不要临时改变成套的组合。

对于在比赛中要求以不断变化的技术组合去战胜对手的个人对抗性项目来说，在赛前的中短期集训中，应重点抓好技术绝招的训练，以及通过各种配对练习提高实战能力。

对于集体对抗性项目，则应在此时主要抓好集体的协调配合，力求用集体配合的综合威力来提高全队的集团战斗力，并通过集体配合去弥补单个选手在某些方面的不足，努力创造大于各单个队员个人竞技能力简单算术和的集团竞技能力。根据来自不同的原训练单位的各个队员的特点，选择、掌握和熟练一些简易而又实用的战术组合，往往是此类项目中短期集训取得成功的重要途径之一。

第五节　年度训练计划的规范化用表

一、规范化用表的用途

训练计划的制定尽管因项而异、因人而异、因时而异，但正如前文所述，任何一份训练计划都必须包括应有的基本内容。训练计划的规范化有助于教练员遵循运动训练活动的一般规律，系统地思考训练工作，有序地设计训练进程。

训练计划可用文字叙述，亦可用图表表述。用文字叙述利于自由地充分地表达教练员对训练工作的认识和设想，便于体现和反映教练员独有的风格；用图表表述则简洁明晰，便于纵向和横向比较。为便于广大教练员应用，我们特设计了《年度训练计划要点规范化用表》。其中包括：

——上一年度比赛成绩及本年度参赛指标；

——上一年度竞技能力状态诊断及本年度竞技能力指标；

——实现参赛目标的可行性分析；

——实现参赛指标需解决的主要问题及拟采取的措施；

——上一年度训练负荷量度的基本统计及本年度负荷量度指标；

——年度训练的周期、阶段划分及各项计划内容要点；

——周训练计划的基本模式；

——年度训练过程中的检查评定安排。

二、年度训练计划的规范化用表示例

(以北京体育大学竞技选手 1997 年年度计划为例)

基本情况　　　　　　　　**1997 年度训练计划**

项　目			教练员			制表时间	
运动员姓名		性别		民族		出生年月	
代表省市		始训年月		入队年月		运动等级	

1.1996年比赛成绩及1997年参赛指标

1996年比赛成绩				
序号★	时间	比赛名称	比赛名次	竞技水平★★
1				
2				
3				
4				
5				
6				
7				

1997年比赛指标

序号★	时间	比赛名称	比赛名次	竞技水平★★
1				
2				
3				
4				
5				
6				

注:★1996年需依时间顺序填写3~5次主要比赛情况

1997年需依时间顺序填写2~3次主要比赛指标

★★依不同项目可分别填写重量、远度、高度、时间、得分或教练员的等级评价

2.1996 年竞技能力状态诊断及 1997 年竞技能力指标

类别	测试内容及项目★		1996 年	1997 年	
			全年最高	3~6 月	9~10 月
形态	身高(厘米)				
	体重(千克)				
	体重×1000/身高(克/厘米)				
机能	安静心率(次/分)				
	血色素(常值区间 X 克)				
	最大乳酸值(Mmol)				
	个体乳酸阈(Mmol)				
素质	一般素质				
	专项素质				
技术	合理性				
	稳定性				
战术	自我发挥				
	对抗能力				
心理	参赛情绪	动员能力			
		控制能力			
	竞技意志	自觉性			
		顽强性			

★表中空栏内教练员根据本专项特点选定测试项目填写

3. 实现参赛目标的可行性分析

分析项目		分析内容
运动员竞技潜力	发育潜力	
	训练潜力	
主要对手状态分析	1996 年状况	
	1997 年发展预测	
比赛结果预测及必要条件	竞技水平	
	比赛名次	

4. 实现参赛指标需解决的主要问题及拟采取的措施

序号	需解决的主要问题	拟采取的主要措施
1		
2		
3		
4		
5		
6		
7		
8		
9		

5.1996年训练负荷量度的基本统计及1997年负荷量度指标

统计内容		1996年		1997年	
		全　年	周平均	全　年	周平均
总体统计	1. 训练年度总日数				
	2. 训练年度总周数				
	3. 训练日数				
	4. 训练课次				
	5. 训练时数				
	6. 比赛次数				
	7. 比赛场次(赛次)				
★主要负荷内容	1.				
	2.				
	3.				
	4.				
	5.				
	6.				
	7.				
	8.				
	9.				
	10.				
	11.				

★由教练员选择有代表性的统计内容填入栏内

6. 年度训练的周期、阶段划分及各项计划内容要点

周期及阶段划分★																																																					
主要任务																																																					
月★																																																					
周次		1	2	3	4	5	6	7	8	9	10	11	12	13	14	15	16	17	18	19	20	21	22	23	24	25	26	27	28	29	30	31	32	33	34	35	36	37	38	39	40	41	42	43	44	45	46	47	48	49	50	51	52
比赛/测验★★																																																						
负荷	量																																																				
	强度																																																				
负荷变化强度 负荷量 负荷强度																																																					
主要恢复措施																																																					
备注																																																					

★由教练员按训练实际情况注明月份，并画好纵线

★★在方格内标上相应符号：比赛▲、专项测验△、素质测验●、机能测试○、心理测试×

7. 周训练计划的基本模式

(1)准备时期训练周(以大负课为准),空格内填写训练内容、要求、负荷量度

	早/上午	下午/晚
星期一		
星期二		
星期三		
星期四		
星期五		
星期六		
星期日		

(2)比赛时期训练周(表格同上)

(3)重要比赛周(表格同上)

第十二章 周课训练的计划与组织

延烽、田麦久

第一节 训练周的计划与组织

像人类社会的各种活动一样，“星期”在运动训练中，也是一个基本的时间单位。一星期包括7天，是月亮围绕地球运行一周所用时间的四分之一。在人类文明的发展史上，曾经有过3天的、4天的星期，也有过5天的、6天的甚至8天的星期，但只有7天的星期保存了下来，这很可能是因为7天的星期最接近于人类有机体自身运动的节奏所致。例如，作为有机体内许多生化过程重要调节器的肾上腺皮质激素的分泌水平，在7天的节奏中就有着精确的周期性的变化[引自(苏)弗·阿·多斯金等著《生命的节奏》、延烽译，1980]。

人们把周训练作为组织训练活动极为重要的基本单位。周期学说中的小周期也基本上持续一周时间，但是，为了比周训练周期更为灵活，时间可在4~10天之间，或表示为7±3天。

在训练实践中，人们根据自己训练的需要组织小周期训练过程，并从不同的角度出发将训练的小周期分为不同的类型。这些分类实际上也就是周训练过程的分类。鲍艾尔斯费尔特和施勒特划分为准备小周期、基础负荷小周期、提高成绩小周期和积极性休息小周期；安东诺夫和阿罗塞耶夫划分成基础小周期和调整小周期；马特维也夫划分成基础小周期和补充小周期，然后进一步把前者又分为训练小周期和竞赛小周期，把后者分为竞赛准备小周期和恢复小周期(图 12－1)。

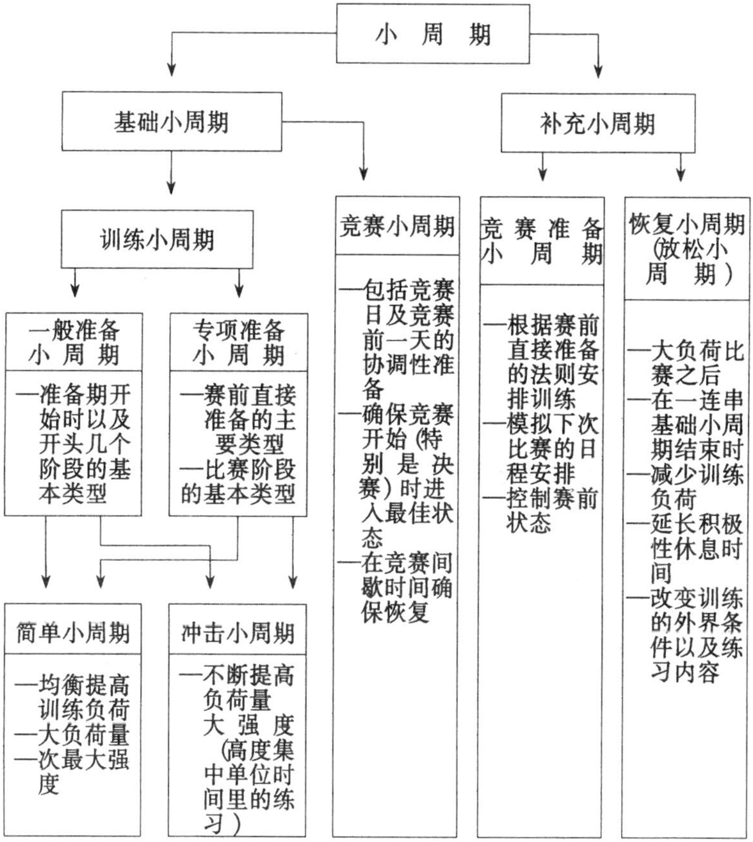

图 12－1　小周期的类型及其特征（依马特维也夫）

参照上述小周期的各种分类体系，根据训练任务及内容的不同，可把周的训练分为基本训练周、赛前训练周、比赛周以及恢复周这样四种基本类型（表 12－1）。为适应不同任务而制定

表 12－1　不同训练周型及其主要任务

周　　型	主要训练任务
基本训练周	通过特定的程序和反复练习使运动员掌握和熟练专项技、战术,以及通过负荷的改变引起新的生物适应现象,提高运动员的多种竞技能力。
赛前训练周	使运动员的机体适应比赛的要求和条件,把各种竞技能力集中到专项竞技中去。
比　赛　周	为运动员在各方面培养理想的竞技状态作直接的准备和最后的调整,并参加比赛,力求实现预期的目标。
恢　复　周	消除运动员生理上和心理上的疲劳,促进超量恢复的出现,激发强烈的训练动机,准备投入新的训练。

(引自田麦久等《运动训练科学化探索》,1988)

的各种相应的周训练计划，也表现出明显不同的负荷变化特点。

一、基本训练周的计划与组织

1. 基本训练周计划的主要任务

基本训练周的任务，是通过特定的程序和反复练习使运动员掌握和熟练专项技、战术,以及通过负荷的改变引起新的生物适应现象,以获得多种竞技能力的提高。体能主导类项目基本训练周又分为加量周和加强度周。技能主导类项目基本训练周则又分为基本技术训练周和完整技、战术训练周。在需要给运动员机体以强烈刺激时,还可组织实施不同特点的强化训练周。

在全年训练中,基本训练周被采用得最多。在准备时期,基本训练周是最主要的周型。在比赛时期中的赛前阶段和赛间阶段也主要按基本训练周的模式组织训练。

2. 基本训练周训练内容的结构特点

决定周训练计划内容结构的主要依据，是实现训练目标的需要和不同负荷后机体的反应及恢复状况。前者决定着应该把哪些内容列入训练计划之中，后者则决定着这些内容应该怎样组合在一起。

人们所熟悉的“超量恢复”原理告诉我们，在一次负荷后的超量恢复阶段再次施予负荷，可以获得最为理想的训练效果。而有关研究表明，在一次大负荷之后，需经过 48 ~ 72 小时才能出现体能的超量恢复（考依尔，1978；马丁，1980；普拉托诺夫，1980）。但是，在优秀运动员的训练实践中，并没有人在一次大负荷训练之后去完全休息两三天再进行下一次训练，而是每天坚持训练。大多数优秀运动员常常每日训练两次，并取得了出色的训练成果。这主要应归功于周训练过程中不同内容及不同负荷的交替安排。

(1)周训练计划中不同内容交替安排的理论基础

由于各种训练内容对机体不同生理系统和心理过程提出的要求不同，因此，在接受了某一内容的负荷之后，机体不同的生理系统及心理过程的反应是不同的，其所需要的恢复时间也不相同(普拉托诺夫，1984；贝尔格/米诺夫，1984)。也就是说，在一次训练后，人体有些系统会产生深度的疲劳，而另一些系统则只产生中度的或轻度的疲劳。各个系统的恢复过程也呈现出异时性的特征，因此，我们有必要，也有可能在一周中的不同训练日交替安排不同的训练内容。

负荷情况下肌肉收缩时人体三个供能系统的参与是非同步的。人体运动时依赖无氧磷酸原供能、无氧糖酵解供能和有氧供能这样三个系统分别提供完成肌肉工作所需要的能量。瑞典的奥马特森（1982）论述道：“这三个系统可以释放所需的大量能量。然而，在大多数情况下，只有一个或两个系统同时发生作用。”“至于要以哪一个系统供给的能量为主来还原 ATP，则取决于练习的强度及其持续时间。”研究表明，不同的训练内容要求不同的供能系统参与运动，在各种运动中，三个供能系统参与工作的水平也是不同的。例如耐力性练习以有氧供能为主。前苏联科罗鲍夫等（1983）测定，在10000米跑中有氧供能达97.6%。而速度性练习却恰恰相反，在100米跑中无氧代谢供能占95.8%。速度耐力性的练习则对无氧糖酵解供能的依赖性较大，在200米和400米跑中分别占60.1%和54.8%（表12－2）。在其他耐力性项目不同距离的竞速运动中，也表现出相似的特点（图12－2）。再如，20世纪80年代我国男子甲级队篮球运动员在40分钟比赛中，运动强度的变化基本上可用（1.9秒高强度工作＋18.1秒中低强度工作）×120这一数学模型予以表述，与此相应的则主要是以高能磷酸盐代谢及有氧代谢为其主要供能方式（周犇，1984）。

表12－2　不同距离跑中三种供能形式的比例

距离（米）	总耗能量	有氧供能		磷酸盐无氧供能		糖酵解无氧供能	
	卡/公斤	卡/公斤	%	卡/公斤	%	卡/公斤	%
100	256.6	9.5	3.7	91.6	35.2	155.5	60.6
200	258.3	30.5	8.5	112.5	31.4	215.3	60.1
400	591.3	113.0	19.1	154.2	26.1	324.1	54.8
800	833.9	364.5	43.7	152.0	18.2	317.4	38.1
1000	1404.3	1029.5	73.3	155.0	15.1	215.8	11.6
3000	2979.6	2693.0	90.4	160.1	5.0	126.5	4.7
5000	4455.3	4186.0	93.9	147.2	3.3	122.1	2.8
10000	8434.9	8228.5	97.6	142.0	1.7	64.4	0.7

（苏联）安·科罗鲍夫、恩·沃尔科夫著，《影响中距离跑成绩的因素》，载苏联《田径》1983.11、向玉译：《体育译文》1984.3

任何一种负荷，不论是什么性质的，不论其主要供能特点如何，对运动员机体的影响都是全面的。耐力训练对运动员的无氧代谢能力会造成一定的影响，典型的速度训练对运动员的有氧代谢能力同样也会产生一定的影响。

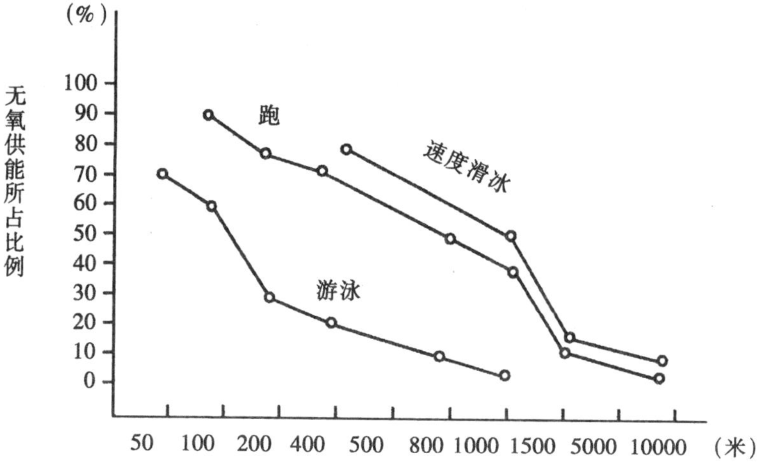

图 12－2 不同耐力性竞速项目不同距离供能特点

普拉托诺夫的研究(《现代运动训练》,1980)表明，运动员在从事不同性质的训练中，三个供能系统都不同程度地参与工作，并出现不同程度的疲劳。如图 12－3 所示，运动员在完成速度性负荷时，机体的磷酸盐供能系统消耗最大，恢复最慢，无氧能力(无氧乳酸供能系统)次之，有氧能力(有氧供能系统)消耗最少，恢复也最快。而在完成无氧负荷时，无氧糖酵解供能系统最大；同样，在完成有氧负荷时，则有氧供能系统的负荷最大，恢复最慢(表 12－3)。显然，运动员与三种供能系统相对应的三种运动能力，在负荷后恢复的过程是非同步的。与负荷的主要性质相应的运动能力恢复得最慢，需要 2～3 天时间才能获得充分恢复；

但其他运动能力，则可以在短得多的时间内获得充分的恢复。这就使得我们可以在一次负荷的次日，接着安排另一种性质的负荷。而 2～3 天之后，当运动员与前一次主要负荷相应的运动能力处于超量恢复阶段时，则可以再次安排同一性质的负荷。如图 12－3 之Ⅰ，则可在负荷之后 6～12 小时安排有氧负荷，或在 24 小时之后安排无氧糖酵解供能负荷。

不同的训练内容，对人体各生理系统的要求也不同，如技

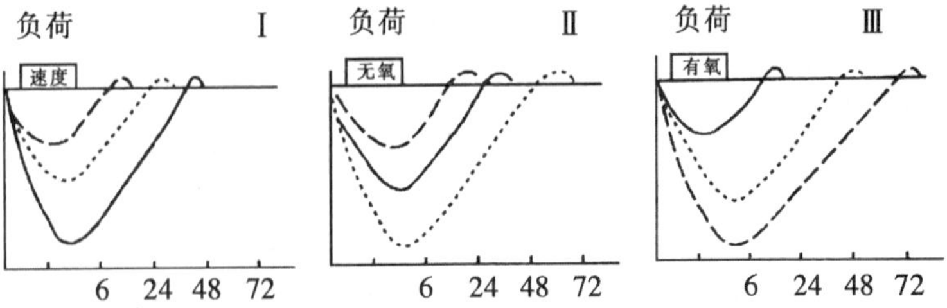

图 12－3　不同代谢特点的大负荷课后，三个供能系统的恢复时间

——速度能力　　－－－无氧能力　　— —有氧能力

（依普拉托诺夫，1980）

表 12－3　不同性质大负荷训练后各种能力超量恢复所需时间（小时）

负荷的主要性质	无氧磷酸原供能能力	无氧糖酵解供能能力	有氧氧化供能能力
无氧磷酸原供能负荷	48	24	6～12
无氧糖酵解供能负荷	24	48～72	6～12
有氧氧化供能负荷	6	24～48	72

（依普拉托诺夫，1980）

术训练要求中枢神经系统与骨骼肌肉系统的高度协调性，耐力训练则要求呼吸与心血管系统承受高度的负荷。

不同的训练内容要求不同的肌群或肌群相同但以不同的工作方式提供运动的主要动力。如跑、跳等主要由下肢伸肌群完成，卧推、引体向上等主要由上肢诸肌群完成。伸腿肌群在跑跳时以远侧支撑完成收缩工作，骑自行车时则是以近侧支撑完成收缩工作。

不同的训练内容对运动员施予不同的心理负荷。如技术训练时要求运动员全神贯注、高度集中，而郊外的轻松越野跑则可使运动员思想放松。

不同目的的训练对运动员机能状况的要求不同，以发展素质、技术及战术等不同竞技能力为目的的训练，对运动员机体状态的要求就不同。例如，运动员只有在神经系统处于适度兴奋状态、肌肉感觉良好的情况下，才能有效地学会和掌握精细、准确的运动技巧。运动员必须体力充沛，才能有效地发展最大力量和最大速度等运动素质。而对于发展耐力素质及培养运动员顽强拼搏精神和在疲劳情况下仍能较好地发挥技术水平的能力，则在运动员略感疲劳的情况下仍然可以取得理想的训练效果。在周训练计划中合理安排不同训练内容之间的顺序时，必须考虑这些特点。表 12－4 列举了与不同机能状态相适应的训练任务。

因此，在周训练计划中交替安排不同的训练内容，既能够使运动员所需要的各种竞技能力得到全面综合的发展，又可避免负荷过于集中而导致过度训练的产生。

(2)周训练计划中训练内容交替安排的项群特点

不同项群的训练内容有着各自鲜明的特点，同样也反映在周训练计划中不同内容的交替安排上。

表 12－4　与不同机能状态相适应的训练任务

竞技能力类型	机能状态		
	充分恢复后	局部疲劳时	非常疲劳时
素　　质	最大速度 最大力量 快速力量	速度耐力 一般耐力 力量耐力	一般耐力 力量耐力
协　　调	协调能力	—	—
技　　术	精细技巧	辅助技术	—
战　　术	战术配合	战术配合	—
心理品质	判　　断 反　　应	自控能力	顽强拼搏的 意志品质

体能主导类项群不同内容的交替，主要体现在各种素质和技术训练的安排中。表 12－5 中所列举的女子 1500 米速度滑冰世界冠军王秀丽 1987 年 12 月基本训练周的训练计划，是体能主导类竞速项目训练中不同内容交替安排的一个实例。

在技能主导类表现性项群运动员的训练中，技术训练占有突出的地位，几乎每天要安排技术训练。这时要注意根据不同技术训练的负荷特点，予以适当的交替安排。1984 年获得全国少年体操比赛男子团体冠军的北京体院竞技体校体操队，在周训练计划的安排中，考虑到了以下肢负荷为主的项目和以上肢负荷为主的项目的交替，以及以悬垂为主的项目和以支撑为主的项目的交替，大多数训练日的训练内容，都是由两个支撑项目、一个悬垂项目和一个下肢项目组成。这样安排，使每个项目在一周内都保证了 3 次以上的训练，而又避免了局部负荷过密过重的现象(表 12－6)。田径等全能项目运动员的训练安排，也有类

表 12－5 女子速滑世界冠军王秀丽 1987 年基本训练周训练内容的交替安排

星 期	上 午	下 午
星期一	冰上:有氧耐力,共 45 圈 弯道技术	一般性练习 60 分钟轻跑及伸展体操
星期二	冰上:专项耐力＋速度 变速滑:共 14 圈快滑 14 圈慢滑	力量耐力:循环练习 40 分钟 快跑能力:共 1200 米
星期三	一般性练习 60 分钟 轻跑及伸展体操	休息
星期四	冰上:技术,弯道节奏滑 8 次 直线加力蹬 9 次 专项耐力滑 3 组共 20 圈	下肢爆发力:跳跃练习
星期五	冰上:技术滑 25 圈 一般耐力:跑步 20～30 分钟	休息
星期六	冰上:专项能力滑,共 30 圈 弯道技术:5 次	一般性练习 60 分钟 轻跑及伸展体操
星期日	早:一般性练习 60 分钟 轻跑及伸展性练习	休息

（摘自袭砚芳《训练计划》,1987）

似的特点。

技能主导类对抗性项群的教练员则将技术、战术训练的不同内容交替安排在一周的训练之中。粗略地看来,几乎天天都是技、战术训练,但每次课训练的内容却在不断地变化,从而使运动员在心理上和生理上都能在持续不断地紧张训练中得到必要的调节和恢复。北京女子篮球队的训练计划,也给我们提供了可资借鉴的实例。在一周的训练中,天天有不同的技术、战术训练内容,其中包括两次快攻战术、两次紧逼防守及两次教学比赛,

表 12-6　男子少年体操选手周训练计划中的多项交替安排

星　期	负　荷	下肢类		支撑类		悬垂类	
		自由体操	跳马	双杠	鞍马	单杠	吊环
一	中	①★		④	②		③
二	大		③	①	④	②	
三	小	③		②	①		
四	中	①		④	②		③
五	大		③	①	④	②	
六	小		③		①	②	
日	中	③		①			②

★圈中数字为训练课中的练习序号

（依刘泰来 1984.6.25~7.1 训练计划）

同时，每日还坚持投篮基本技术训练(表 12-7)。

3. 基本训练周负荷的结构特点

(1)基本训练周的课次安排

不同水平运动员的训练日数及课次有很大的区别。儿童在基本训练阶段初期，每周 2~3 次，至多 4 次训练就已经足够了。随着运动员年龄的增长及竞技水平的提高，对训练的要求及对负荷的承受能力也都大大地提高了，就应该相应地逐渐增加训练课次。

课次的增加，起初总是从增加训练的日数开始的，由每周两三个训练日增加到六七个，每天一次训练。以后再将一周中某些训练日的训练次数增为两次，使周训练课次达到 8~10 次，最后基本上做到每日两次训练（包括早晨的训练课），即每周训练 12~14 次。个别运动员，如耐力跑运动员，在特定阶段也可以每日训练 3 次，周的总训练次数可达 18~20 次。目前已知周训练

表 12－7　北京女篮基本训练周(1984.12.8～10.13)任务及内容的交替安排

星　期	单　元	主要任务及训练内容
一	上	技、战术:快攻、投篮、全场区域紧逼防守
	下	大力量
二	早	速度、小力量、投篮基本技术
	下	技、战术:全场紧逼,半场5对5
三	早	速度耐力:投篮基本技术
四	上	技、战术:快攻,分组赛
五	上	专项身体训练
	下	教学比赛
六	上	技术:个人攻防
	下	大力量:投篮基本技术

(摘编自张卫平《训练计划》,1984)

最高次数是1978年美国游泳运动员在世界锦标赛前,每日训练3～5次,周训练25次。最长的课时为2～3小时,最短的课时为45分钟。

每日安排两次课时,通常以一次为基本课,另一次为补充课。基本课一般安排提高专项所需要的竞技能力,而补充课则可安排比较广泛的训练内容。基本课的训练内容通常比较稳定,教练员在组织训练过程中总是尽力保证这次课预定任务的完成,而补充课则比较机动灵活,常根据主要课训练实施的情况予以必要的调节。基本课的负荷量度一般为大或中，而补充课的负荷量度则为中或小。普拉托诺夫(1981)的比赛时间为45秒~4分的竞速项目（游泳100~400米、跑400~15000米、速度滑冰500~3000米等）设计了一天两次课时的基本课与补充课合理结合的方案(表12-8)。当然，在训练实践中，由于项目特点的不同及教练员训练方法的不同，有时根据需要也会一天两次都

表12-8 在一天内基本课和补充课合理结合的方案

种类	内容和负荷	基本课	补充课
1	训练内容	提高速度能力，改善速度技术	提高有氧能力(用定时、长距离作手段)
	负荷大小	大或较大	中、小、较大
2	训练内容	提高无氧能力或发展短、中距离专项耐力	提高有氧能力(用定时跑、长距离作手段)
	负荷大小	大或较大	中、小
3	训练内容	发展有氧能力或长距离专项耐力	提高速度能力，改善滑行技术
	负荷大小	大或较大	较大、中、小
4	训练内容	综合性训练——依次进行速度、无氧、有氧能力的训练	1. 综合性训练 2. 提高有氧能力(用定时、长距离的手段)
	负荷大小	大或较大	小、中
5	训练内容	综合性训练——同时提高有氧、无氧能力	提高速度能力，完善比赛技术
	负荷大小	大或较大	中、小
6	训练内容	综合性训练——同时提高速度、无氧能力	提高有氧能力(用定时、长距离的手段)
	负荷大小	大或较大	较大、中、小

（依［苏联］，普拉托诺夫，1981）

安排基本课,或在上一天大负荷的基本训练课之后,安排两次补充课。

在一周的训练中，合理地分配各类负荷的课次是一个重要问题。首先应确定大负荷的次数。在一周训练中，如果只安排1～2次大负荷课，对运动员的刺激难以达到必要的深度，也不可能产生相应的超量恢复；而在一周中安排3～5次大负荷课，则可对运动员机体产生深刻的影响,而且在合理安排的前提下，可以使运动员在适当的休息之后产生超量恢复。如前所述，这3～5次大负荷课应分别安排两种或三种不同任务的训练，使不同训练内容合理的交替。

一周内的小负荷训练课，即以恢复性训练课为主的课次的安排与周训练的总课次有密切的关系。一般来说,恢复性训练课应占周总课次的四分之一左右。在5～6次训练课中可安排1～2次,在9～10次训练课中可安排2～3次等等(表12－9)。

(2)基本训练周负荷的变化

由于大多数训练负荷的充分恢复都需要24～72小时，即1～3天的时间。所以,在训练实践中,有经验的教练员常常把一周的训练分为两半。上半周的训练之后,在一周的中间(即星期三或星期四）安排较小的负荷或其他形式的积极性休息作为调

表12－9　周课次中不同负荷分配参数

周课次	大负荷课次	中负荷课次	小负荷课次
3～4	1～2	1～2	0～1
5～6	2	2～3	1～2
7～8	2～3	2～4	2
9～10	3～4	3～5	2～3
11～12	4～5	4～5	3～4

(引自田麦久《运动训练科学化探索》,1988)

整。在下半周的训练中,从负荷的内容及程度上,常常与上半周的某些方面是相似的。这样一种结构,可以叫做周训练计划的两段结构。

图 12-4 列举了一组分属于不同类型的运动项目周训练计划两段结构的负荷曲线。这里包括属于技能主导类隔网对抗项群的羽毛球、技能主导类表现难美性项群的技巧、体能主导类耐力性项群的自行车以及技能主导类同场对抗性项群的曲棍球。这些项目的我国优秀运动员和他们的教练员在自己准备参加奥运会、世界锦标赛、亚洲杯赛以及全运会的训练实践中,都制定了具有两段结构特征的周训练计划,而且根据各个项目的特点,采取了不同的指标反映负荷的大小。

许多项目的世界优秀选手,也采用两段结构安排周训练负荷。1984 年,保加利亚举重教练毕科夫在中国主持青年举重运动员的训练时,周训练负荷的变化也明显地表现出这一特点(图 12-5)。

周运动负荷的加大,是基本训练周负荷变化的主要特点。只有加大负荷,才能引起机体更深刻的变化,产生新的生物适应。加大负荷的途径有三条:

——增加负荷量,同时负荷强度保持不变或相应地下降;

——提高负荷强度,负荷量保持不变或相应地减少;

——负荷量和负荷强度都保持不变,通过负荷的累加效应给机体以更深的刺激。

二、赛前训练周的计划与组织

1. 赛前训练周的主要训练任务

赛前训练周的任务是力求使运动员的机体适应比赛的要求和条件,把长期训练过程中所获得的各个方面的竞技能力,集中

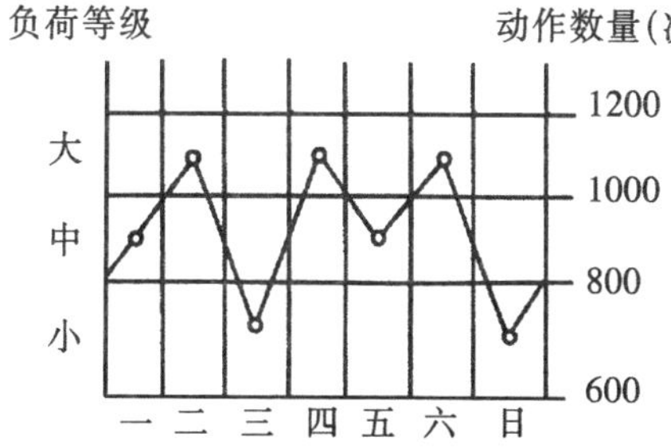

a. 安徽技巧队男四尖子队员第6届世界锦标赛前夏训周训练节奏(1984.6～9)
(摘自聂先继:《世锦赛前夏训计划》)

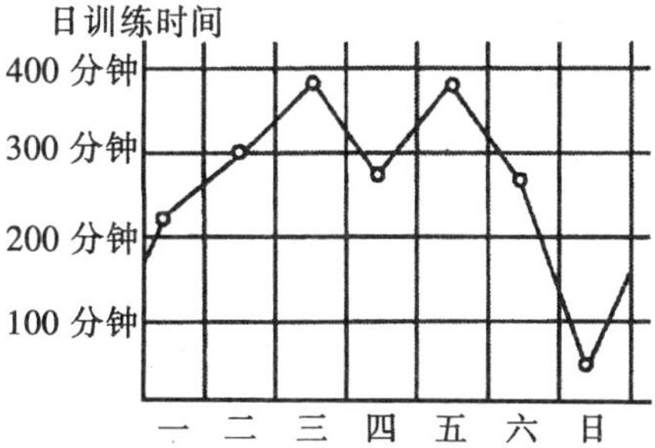

b. 北京女子羽毛球队第五届全运会前准备期周训练节奏(1982.12)
(摘自北京羽毛球队《第5届全运会训练计划》)

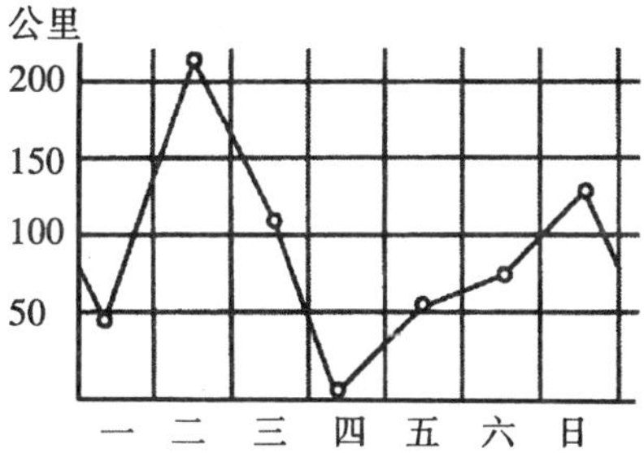

c. 中国自行车队第23届奥运会前比赛期间周训练节奏(1984.5.14～20)
(摘自中国自行车队《奥运会训练计划》)

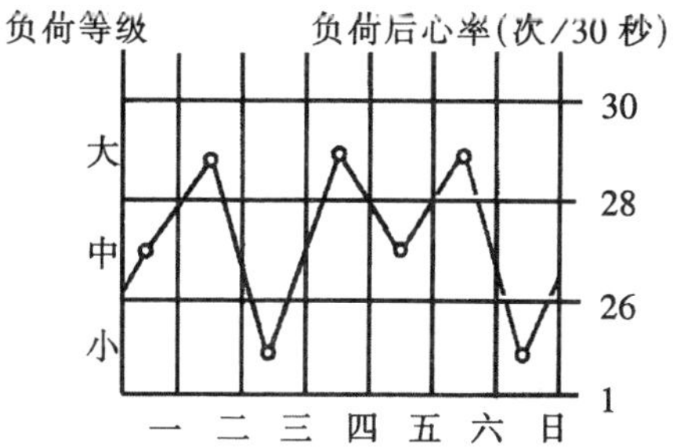

d. 中国曲棍球队亚洲杯前基本训练期周训练节奏(1982.1.11～1.20)
(摘自宋帮新:《训练计划》)

图12－4 周训练计划两段结构的举例

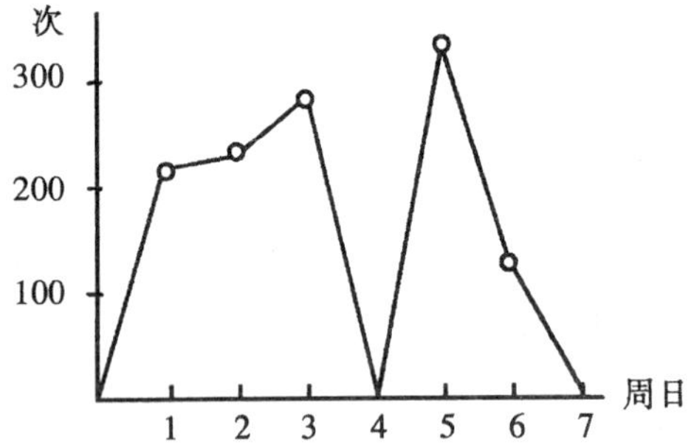

图 12－5　青年举重运动员周训练负荷节奏(保加利亚,毕科夫,转引自张树芳《从保加利亚举重训练中得到的启示》,1984)

到专项竞技所需要的方向中去。

赛前训练周主要用于比赛前的专门训练准备。准备期比赛前一般不作专门准备,只是在正常训练的基础上稍加调整,或安排一两周介于基本训练周和赛前训练周之间的训练。而在比赛时期的比赛周之前,则通常连续安排几个赛前训练周,以便力求能使运动员充分发挥其所获得的竞技能力,创造理想的成绩。

2. 赛前训练周训练内容和负荷结构的特点

赛前训练周训练内容结构的主要特点与基本训练周一样,即通过训练内容的合理交替,使运动员能够保持系统的持续训练,在一周中承受多次负荷,更加有效地发展专项竞技能力。其与基本训练周训练计划内容的主要区别,在于训练的内容更加专项化,采用的练习更加接近专项的运动形式,练习的组织形式更加接近于专项的比赛特点。在素质训练方面,一般运动素质的比例减少,而专项运动素质的比例增加。在技术训练方面,分解练习的比例减少,完整练习的比例增加,并努力提高练习的成功率和稳定性。技能主导类对抗性项目运动员应努力提高运用战术的能力,增加实战训练的比例。对集体项目来说,个人基本技术训练的比例减少，而数人至全队的配合战术训练的比例增加。

赛前训练周负荷变化的基本特点是提高训练强度，与其相应的是负荷的量适当减少。如果原来的量就不大，有时也可以保持原有的负荷量。

必须指出的是，负荷的强度若得不到提高，便起不到赛前诱导的作用。同时，要注意避免负荷的强度和负荷量的同步增加。在大多数情况下，负荷强度与负荷量的同步增加，会导致运动器官局部的过度负荷，造成运动创伤的出现，或者导致运动员机体整体性的过度疲劳。在训练实践中，准备期末期或比赛期前半期常常发生由于同时提高强度和加量而造成运动员过度训练的事例。

训练强度的提高加深了对机体的刺激，就更需要注意安排好训练负荷的节奏。恢复性的小负荷课次，从基本训练周的四分之一增加至三分之一。同时，要注意加强恢复措施，以保证运动员能更好地完成这一阶段的训练任务。

对于体能主导类项目来说，赛前训练周的训练课次，一般略少于基本训练周，但对技能主导类的项目来说，由于训练强度的变化不如体能主导类那么明显，因此，训练课次的变化也不很明显。世界著名女子跳水运动员李巧贤，在赛前集训中仍然每周训练 16 次，除了早晨训练之外，有 3 天是上下午训练（表 12－10）。

三、比赛周的计划与组织

1. 比赛周训练的主要任务

比赛周的任务是为运动员在各方面培养最佳竞技状态作直接的准备和最后的调整，并参加比赛，力求创造优异成绩。

表 12 – 10　优秀女子跳水运动员李巧贤赛前训练周训练计划

星期	早	上　　午	下　　午
一	力量 陆上模仿技术	——	陆上:板,基本技术,弹网,翻腾技术 水上:1 米,3 组 3 米,自选 8×5 组 规定 6×5 组
二	腹背肌力量 陆上模仿技术	陆上:板,基本技术,弹网,基本技术、转体 水上:1 米诱导 60 次 1 米规定 10×2	陆上:板,弹网,基本动作,翻腾技术 水上:1 米诱导 3 米全套(8～10)×4×3
三	跳　跃 陆上模仿技术	——	球类,地空 水上:3 米板规定各 5 次 倒下 2 次
四	腹背肌力　量 陆上模仿技术	陆上:弹网,基本动作,翻腾 水上:1 米诱导 60 次,3 米自选(10～15)×3	陆上:基本动作 水上:3 米板全套×2 规定、自选各 5 次 倒下 20 次
五	力　量 陆上模仿技术	——	陆上:板,弹网,基本动作,翻腾 80×(3+4) 水上:1 米诱导 3 组 3 米自选,自组 8～15
六	垫上模仿技术,快速腹肌	陆上:基本动作 水上:1 米诱导 3 组 3 米全套×2	陆上:网,基本动作 30,翻腾 80,转体 40 水上:1 米诱导 3 组 3 米全套一遍
日	——	球类活动 腹背肌练习 小力量练习,倒立	——

(依钟少珍,1986)

比赛周一般是以比赛日为最后一天、倒计一个星期予以计算的。有些项目一次比赛只延续一两天,如田径、游泳、举重等;也有些项目的比赛会延续三四天，甚至两三周。比赛时间的长短,对比赛前一周的训练当然有着很大的影响,但训练的基本任务都是做好最后的调整,并成功地参加比赛。

在准备时期有时运动员参加一些训练性比赛，完全不要求专门准备,只是在正常的训练过程中安排比赛而已。这种情况下的训练,可不作为比赛周的训练看待。具有检查作用的比赛,特别是力求完成训练目标的比赛,要求运动员全力以赴作好准备,则都需要按比赛周训练的特点予以专门的安排。

2. 比赛周训练内容和负荷结构的特点

(1)超量恢复的集合安排

由于不同内容、不同负荷的训练后,达到超量恢复所需的时间不同，又为了比赛中表现出高度的竞技水平而要求运动员竞技能力处于最佳状态,所以,就必须通过科学的设计,使各方面负荷后的超量恢复阶段都在同一时间内出现。这对于顺利地参加比赛、创造优异的成绩是非常重要的。

例如,根据不同训练负荷后完全恢复所需的时间不同,应把无氧代谢训练、速度训练、力量训练及高强度专项训练等,安排在赛前 3～5 天的训练中,而把恢复性的有氧代谢训练和中低强度的一般性训练安排在赛前 1～3 天进行。使运动员多种竞技能力的变化曲线的最高点交汇于比赛日，无论从生理上还是心理上都处于最佳的竞技状态，使其通过艰苦训练所获得的竞技能力得到充分的发挥和体现。图 12－6 提出了一个比赛周超量恢复集合安排的一般模式。

男子跳远亚洲纪录创造者刘玉煌,在第 23 届奥运会跳远比赛前一周的训练安排，是一个合理实施超量恢复集合安排的实

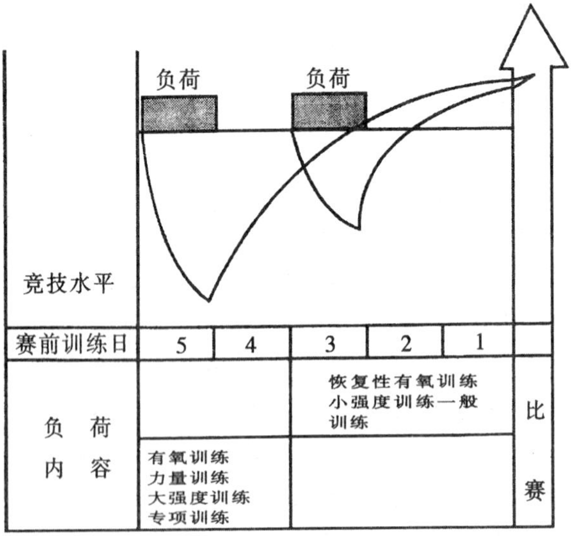

图 12－6 比赛周超量恢复集合安排模式

例(表 12－11)。刘玉煌在比赛前的第 5 天和第 3 天分别安排了较大强度的专项技术训练和速度练习，而赛前两天只做了轻微的准备活动和休息，从而保证了他以充沛的体力和良好的技术状态投入了奥运会跳远的及格赛和预决赛，以 7.99 米的成绩获得了奥运会第 5 名。

我国世界水平的女子体操选手凌洁、许婧在 1999 年 8 月参加全国冠军赛时的比赛周的训练中，赛前第四、第三和第二天，每天均做四个项目的成套练习，分别完成了 8 套、8 套、6 套，赛前一天做单个动作及组合动作，比赛当天上午做 1 小时的一般性活动。在比赛中成功地完成了预定计划(表 12－12)。

某些对抗性项目的运动员，有时安排以比赛性训练准备主要比赛。如巴西足球运动员常常为准备参加周末的比赛，而在一周中安排 4 次分队比赛(表 12－13)。

表 12 - 11 刘玉煌奥运会比赛周的训练

(1984.7.31 ~ 8.6 洛杉矶)

日期		负荷量	负荷强度	训练内容/比赛结果
1984.7.31	星期二	小	大	全程助跑×6,站立式起跑30米×2,40米×2
1984.8.1	星期三	小	小	全身小肌肉力量练习
1984.8.2	星期四	小	中	全程助跑4次,短程完整技术跳远6次
1984.8.3	星期五	小	小	一般活动,轻跳4~6次
1984.8.4	星期六	-	-	休息
1984.8.5	星期日	小	大	奥运会及格赛
1984.8.6	星期一	小	最大	奥运会预决赛,7.99米,第5名

(据齐祖谭训练计划,1984)

(2)连续比赛周安排的特点

在对抗性球类项目的重大比赛中，运动员常常要连续参加多场比赛，这就要求教练员根据比赛日程的安排制定相应的比赛周训练计划。在1986年羽毛球尤伯杯比赛中,蝉联女子世界团体冠军的中国队主力队员之一郑昱鲤的训练计划，提供了一个良好的范例(表12-14)。其安排的基本特点是,每逢晚上有比赛时,便在上午安排适应性的成对训练比赛,而在两场比赛中的间休日，则安排小负荷的以恢复为主而又有利于保持良好体能的身体训练。在这场尤伯杯决赛中,郑昱鲤出色地完成了预定的目标，对瑞典及日本的两场比赛中的第三单打赛都取得了胜利,为中国女队卫冕作出了自己的贡献。

综上所述,比赛周负荷的安排,全部要围绕着使机体在比赛日处于最佳状态来进行。负荷的组合方式也是多种多样的,需依运动项目特点、运动员个人特点及赛前的状态而定。一般来说,

表 12-12 女子体操选手凌洁、许婧比赛周训练计划
(1999 年 8 月 22~28 日)

星期	月日	早　上	下午/晚上
日	8.22	抵比赛城市昆明	17:00~19:00 一般性活动,熟悉器械
一	8.23	9:00~11:30 成套或基本动作练习	3:00~4:30 户外游戏,基本功
二	8.24	9:00~11:30 四项成套,共 8 套	15:00~17:00 联合动作及单个动作, 素质训练
三	8.25	7:00~8:00 跑步、柔韧练习等	11:30~2:30 四项成套,共 8 套, 素质练习
四	8.26	9:00~10:30 一般性活动	19:00~21:00 四项成套,共 6 套
五	8.27	——	14:30~17:30 联合动作,单个动作
六	8.28	9:00~10:00 一般性活动,准备会	19:30~21:30 预赛

(依刘桂成、谢志敏《训练计划》,1999)

表 12-13 巴西足球运动员"以比赛准备比赛"的训练安排

训练日	训　练　内　容
星期二、三、	准备活动 15~20 分钟(体操或田径)
星期四、五	分队比赛(11 对 11 或 13 对 13)
星期六	准备活动
星期日	正式比赛

(转引自苏联卡恰林《战术是决定性环节》,载《体育译文》1983 年第 4 期)

表 12-14　女子羽毛球优秀运动员郑昱鲤连续比赛周训练计划
(1986.4.22～4.28 第 11 届尤伯杯决赛)

星期	上　午	下　午	晚　上
一	10:00～12:00 ①准备活动 ②一场单打 30 分钟 ③轻技术 ④整理活动 15 分钟	4:00～5:00 ①准备活动 10 分钟 ②20 米×4×10 ③轻跑 2000 米 ④整理活动 15 分钟	——
二	10:00～12:00 ①准备活动 ②一场单打 20 分钟 ③整理活动	准备会	与丹麦队比赛 (未出场)
三	小结会	4:00～5:00 ①准备活动 10 分钟 ②步法 1 分钟×10, 小力量训练 ③轻跑 2000 米 ④整理活动 15 分钟	——
四	10:00～12:00 ①准备活动 ②一场单打 20 分钟 ③吊球 15 分钟 ④整理活动 15 分钟	准备会	对瑞典队比赛 (11:1、11:1 胜亨宁)
五	小结会	4:00～5:00 ①准备活动 10 分钟 ②跳绳(双摇)1 分钟×5 ③步法 1 分钟×10, 小力量训练 ④整理活动 15 分钟	——
六	10:00～12:00 ①准备活动 ②一场单打 20 分钟 ③自选 15 分钟 ④整理活动 15 分钟	准备会	对日本队比赛 (11:1、5:11、11:1 胜米仓良子)
日	小结会	4:00～5:00 ①准备活动 10 分钟 ②小力量训练 ③20 米×4×10 ④轻跑 2000 米	——

(依中国羽毛球队丘玉芳,1986)

总的负荷水平不高。在比赛日之前，通常需降低训练强度或保持一定的训练强度。负荷量在大多数情况下亦应减少或保持，只在某些特定的条件下，如间断训练后恢复训练的过程中参加比赛时，才可适当地加量。

四、恢复周的计划与组织

1. 恢复周的主要训练任务

恢复周的任务是通过降低训练负荷量度以及采取各种恢复措施，消除运动员生理上和心理上的疲劳，以求尽快地实现能量物质的再生，促进超量恢复的出现。

恢复周的安排也应根据专项运动及负荷的特点、运动员个人特点和训练的具体情况而定。在连续较长时间的大负荷训练之后，或大量激烈、紧张的比赛之后，应安排恢复周，以便于比较集中、比较充分地使运动员在心理上和生理上都得到恢复。

在许多项目中，较为普遍地采用两个大负荷训练周之后，安排一个恢复周这样的负荷节奏形式。曾训练出福克斯、坎波、菲尔克等多名女子标枪世界纪录创造者的前民主德国著名标枪教练员卡尔·海尔曼，所设计的全年训练过程中周训练负荷节奏，形象地显示了这种“练二调一”式的安排(图 12 - 7)。

2. 恢复周训练内容及负荷结构的特点

为了实现恢复周训练的主要目标，要求其训练内容广泛而灵活。应多选择以下内容：

——一般性的身体练习。如非专项的球类活动、游泳、各种非竞技性的健身体操等；

——带有游戏性的练习等。

恢复周通常大大降低负荷强度和负荷量，或者大幅度地减少，或者适当保持一定的水平。如果比赛周负荷量很小，也可以

表 3

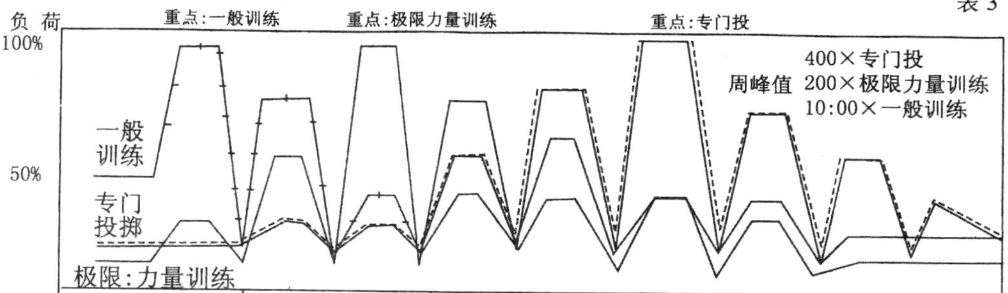

周次	46	47	48	49	50	51	52	53	01	02	03	04	05	06	07	08	09	10	11	12	13	14	15	16	17	18	19	20	21	23
总量 专门投	120	120	120	120	120	120	180	180	120	160	160	120	240	240	120	220	320	120	400	400	120	290	290	120	240	240	120	200	170	180
总量 极限力量训练	50	50	50	80	80	50	120	120	50	200	200	50	150	150	50	130	130	50	100	100	50	80	80	50	80	80	60	60	60	60
总量 一般训练	6:00	6:00	6:00	10:00	10:00	3:00	8:00	8:00	3:00	5:00	5:00	3:00	5:00	5:00	3:00	5:00	5:00	3:00	5:00	5:00	3:00	5:00	5:00	3:00	4:00	4:00	4:00	4:00	4:00	4:00
标准枪	60	60	80	80	80	60	60	60	120	120	120	120	100	100	120	180	180	120	300	300	120	200	200	120	120	120	120	120	170	160
轻枪	-	-	-	-	-	-	-	-	-	-	-	-	-	-	-	-	-	-	-	-	-	90	90	-	120	120	-	80	-	-
重枪	60	60	60	60	60	60	100	100	-	160	160	-	140	140	-	140	140	-	100	100	-	-	-	-	-	-	-	-	-	-
专门投(轻)																														
专门投(重)																														
专门力量训练													120	120																
一般力量训练				120	120																									
一般投掷				300	300								150	150																
跳跃																														
短跑													1.2（中速跑）	1.2（中速跑）											1.0	1.0				
频率跑																														

图 12－7　前民主德国优秀女子标枪选手“练二调一”周节奏

(引自海尔曼,《民主德国标枪训练》,1983)

在恢复周中适当地增加负荷量(见图 12－7)。

第二节 训练课的计划与组织

训练课是运动训练活动最基本的组织形式，教练员制定的任何计划都需要通过一次次训练课的组织予以贯彻实施。运动员的竞技能力的提高正是一次次课的训练效益积累的结果，因此，训练课的质量直接关系到训练过程的进行及运动水平的提高。

训练课的计划包括训练课内容的选择与安排、课的组成结构、训练手段与方法的实施程序、训练负荷的大小及恢复手段等等方面。

一、训练课的不同类型及要求

根据训练课的主要任务和内容，可以把训练课分为不同的类型。构成运动员总体竞技能力的体能、技能、战术能力、运动智能及心理能力等都需要在具体的训练课中培养。大多数训练课都以某一种或两种能力的培养作为重点安排训练，还有一些训练课则综合发展多种竞技能力。要提高训练课的质量，必须根据每种类型的训练课自身的特点和要求进行。

(一)训练课的种类和特点

1. 身体训练课(或称体能训练课)

这类课中主要安排身体素质训练的内容。其主要特点是通过多种多样的训练手段和方法，发展运动员的一般和专项运动素质，提高和保持体能水平。在大多数情况下，这类课的负荷较大。身体训练在大周期中的准备期第一阶段安排得较多。这类训练课除用作提高和巩固运动员体能水平外，其他训练时期内有时也将其作为调节运动员训练负荷节奏的课来预先安排。

2. 技战术训练课

这类课中主要进行各类技术与战术的训练，以及各种为专项技、战术训练服务的辅助性练习。其主要特点是目的明确、内容训练手段与方法较为集中。训练负荷视课的目的及其在训练过程中所处的位置而定。

3. 综合训练课

运动训练过程中这类课亦占有一定的比重。在这类课中，根据运动员发展多种竞技能力的需要，运用包含素质、技术、战术及心理等紧密结合实战需要的综合性训练方法与手段进行训练。

4. 测验、检查和比赛课

这类课的任务是对运动员的训练效果进行检查，或直接参加比赛。课的内容、测试的手段则根据计划中的要求予以安排。课的负荷量可能较小，但一般来说负荷强度较大或者很大。在某些时候，这种负荷对运动员身体的刺激相当强烈。

二、不同任务训练课的要求

1. 身体训练课的要求

身体训练课的主要任务是发展各种运动素质，提高运动员体能。要注意安排好不同素质训练的先后顺序及训练的负荷。

一次课中常常会安排两种以上运动素质的训练。正确安排好练习顺序有助于提高训练的效果。一般来说，快速力量练习和速度练习应安排在课的前半部分进行，以保证练习的质量，保证取得理想的效果，当运动员感到有些疲劳时，可安排发展耐力素质或力量耐力素质的练习。

负荷量度的把握和训练节奏的安排对身体训练课的训练效

果有着重要的影响。随着运动员身体训练水平的提高,应逐步加大训练的负荷,以给运动员机体更为深刻的刺激,引起运动员体能更为明显的适应性变化。但在训练时一定要注意,训练负荷并不是越大越好,超过运动员所能承受的限度,就会引致劣变性反应。因此,要注意把握好负荷的“度”,安排好不同课次训练负荷的节奏。

2. 技、战术训练课的要求

技、战术训练课的基本任务是学习、掌握和熟练专项运动技术和战术,提高技、战术质量,及时纠正技、战术错误,两人及集体项目运动员要加强协调配合,提高集团竞技能力。要注意安排好技、战术训练程序,选择有效的技、战术训练手段。

大量的技、战术教学与训练都将分解法与完整法结合运用。在进行分解教学与训练时,则要注意科学地安排练习的程序,以使得运动员能有序地渐进地掌握比赛所需要的技术和战术。

技、战术训练手段众多。教练员制定课训练计划时,应依据结合实战、效果明显、组织方便及激发兴趣等原则,选择适用于运动员的训练手段。中国乒乓球队即为不同技术类型的运动员设计了不同的技、战术课训练方案(表 12 – 15)。

3. 综合训练课的要求

综合训练课的任务是全面地或综合地发展运动员所需要的专项竞技能力。安排时特别要注意不同训练内容的合理组合。通常在一次训练课中,先进行技、战术训练,后安排运动素质的训练。还要注意负荷的合理分配,以便运动员能依次完成全部训练内容,达到预期的训练目的。

4. 测验、检查和比赛课的要求

训练过程中的测验、检查和比赛是检查训练成果的手段。要注意按训练计划的要求安排相应的测试项目及测试方式,以便准确、客观地反映运动员的训练状态。

表 12－15　中国乒乓球队技、战术训练课安排

课时：130 分钟

技、战术类型	训练内容	时间（分钟）× 组数
攻对攻	对攻	10 × 1
	2/3 台走位攻	15 × 2
	攻防转换	15 × 2
	发球抢攻	15 × 2
	个人计划	15 × 2
攻对削	稳拉稳削	15 × 1
	拉冲吊结合	15 × 1
	发球抢攻	15 × 2
	削中反攻结合	15 × 1
	搓攻	15 × 1
	个人计划（或记分）	15 × 1
削对削	对攻	10 × 1
	稳拉稳削	15 × 2
	搓攻结合	15 × 2
	发球抢攻	15 × 2
	个人计划（或 12 板记时）	15 × 2

（摘引自蔡振华、陆元盛《2000 年封闭训练计划》）

三、训练课的结构

所谓训练课的结构是指训练课的各组成部分及其进行的顺序。一般训练课通常依次由准备部分、基本部分和结束部分组成。

(一)准备部分

准备部分的任务是使运动员调整心理状态,调动各种生理机能,准备承受基本部分训练负荷及完成所安排的训练内容,以获得理想的训练效益。

运动员肌肉开始活动,有机体各种调节系统、植物性系统和执行系统的活动逐渐积极地被动员起来，身体各系统逐步进入运动状态。不同系统动员的速度是不同的,一些指标(心率、呼吸量)达到稳定的水平较快,而另一些(每分血循环量及需氧量)则比较慢。优秀选手的准备活动可以较快地完成动员过程。

准备活动可分为一般性准备活动和专门性的准备活动两个部分。

一般性准备活动的主要任务是全面调动有机体的各种器官系统,提高这些器官系统的活动性。此时,有机体各器官系统从日常生活状态开始逐步活跃起来。通常,一般性准备活动以有氧活动开始,逐步提高工作强度,可使心率达到130~140次/分。一般性准备活动所采用的练习较广泛,所用时间也因人、因基本部分内容而异,通常采用慢跑和徒手操,或其他强度较为和缓的练习。

专门性准备活动可结合基本部分所安排的内容设计，也可采用专项基本练习。专门性准备活动的任务是直接为基本部分的内容服务,使机体适应特定的训练要求,并从技术上作好必要的准备,以保证基本部分主要内容高质量的完成。虽然专门性准备活动仅仅是预备性的，但为了适应将要进行的工作并获得较好的训练效果，工作强度有时可接近于基本部分主要内容的要求。

(二)基本部分

基本部分安排训练课的主要训练内容。基本部分的结构和持续时间依项目不同而异。即使是同一项目的训练,在不同的训练时期内,这种差别有时也是很大的。造成这种现象的主要原因在于,每次训练课都是整个训练过程计划的组成部分,必须使每次课的训练效果能够承上启下,使前次课的效果得以延续,本课的效果得到累积,课的内容、练习手段和负荷等各项指标必须符合训练过程的发展趋势,这就必须根据运动员竞技水平发展的需要而决定本课基本部分的训练安排。

1. 单一内容训练课的基本部分

单一内容训练课基本部分的特点是内容简单、任务明确、时间集中、内容集中,适于完成需时较长的训练任务,如基本技术训练、各种运动素质的训练等,也可施加较大的训练负荷,以促进运动员有机体产生深刻的生物学改造(图 12-8)。

这类课在耐力性项目的训练安排中较为常见,例如,公路自行车运动员的训练课常常就以单一内容进行,一次训练课的总时间最长可达 10 个小时左右。为备战 1990 年北京亚运会,中国自行车队公路组一次训练课的最大骑行量为 284 公里,用时 10 小时多。这样安排,既提高了运动员的专项比赛能力(公路比赛距离可长达 300 公里以上),同时也锻炼了运动员的心理承受能力,符合专项比赛的要求。

在技能类项目中,如一次课中采用单一训练内容,常会出现身体局部疲劳,影响运动员神经系统的兴奋程度。因此,在安排时应采用多种形式、不同的练习密度和间歇,以适时调整运动员的体力状态,保证训练获得良好的效果。如我国优秀乒乓球运动员的技术训练课中,经常根据各个打法不同的选手而改变练习

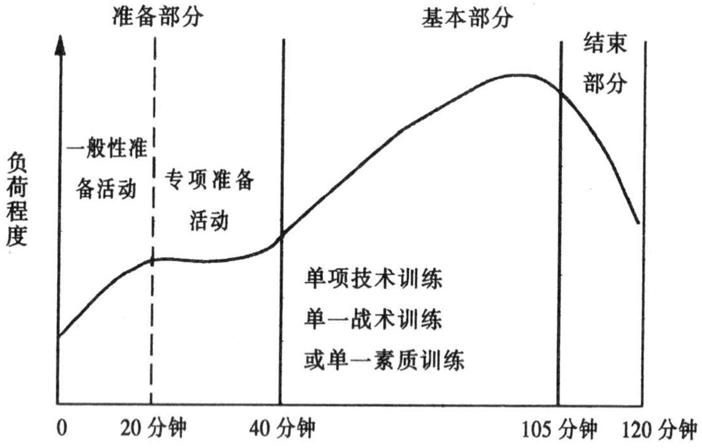

图12-8　单一训练课结构(以120分钟为例)

(引自田麦久《论运动训练过程》,1988)

的方式。如该课安排扣球练习,先采用一对一的对攻,再用多球练习,其后再练习双人对攻等。此时练习内容虽然不变,但由于形式改变,使运动员练习的积极性得到提高,增加了练习的兴趣,缓解了神经系统产生的疲劳程度,也使练习更加符合比赛的要求。

2. 综合内容训练课的基本部分

由于综合内容训练课由多种内容的练习组成,基本部分的变化较为丰富,因此,这类训练课基本部分的安排较为复杂。组织这类课的基本部分时,应考虑以下问题。

(1)各种内容练习之间的顺序

各种训练内容对运动员所产生的刺激都会对运动员的有机体留下相应的痕迹,这种痕迹产生的后效作用对后续训练内容的影响可能是良好的,也可能不是良好的。例如,通常在基本部分开始安排速度练习,后续训练内容安排耐力训练,往往会产生较为良好的作用。反之,则可能产生不良的后果。

一般来说,要求神经系统处于较为兴奋、能量供应充沛的练习应安排在前面，容易产生疲劳或需要产生疲劳的练习应安排在后面；技术性强的练习安排在前面，素质性练习安排在后面；对其他练习产生良好影响的练习放在前面，不产生影响或有不良影响的练习放在后面。

(2)改变训练内容时必须做好适应性的专项准备活动

如在综合内容的训练课基本部分中安排相互联系不紧密的内容,那么,在更换内容时应做一些专项性的准备活动。例如,体操运动员吊环练习结束后换跳马，那就应在跳马练习前活动一下下肢关节,做一些跑跳的练习,并活动一下腕关节,做几次推手练习,然后再进入正式的跳马练习。

(3)注意不同训练内容负荷的累积效应

综合内容的训练课基本部分虽然安排的训练内容不同，但有机体接受的负荷性质却可能是一样的,这时就应考虑:如练习产生的负荷作用于有机体的同一系统，有机体的这一系统可能因负荷的累积而受到较为深刻的刺激。如篮球运动员的训练课中,先安排双人沿边线快速跑动传接球40次,再安排25米×20次冲刺练习,虽然看起来练习的形式不一,但其实都是无氧系统参与工作,这两组练习的负荷效果重叠在一起,就使该系统承受了更大的负荷。

在对负荷性质进行判别的基础上，应考虑产生负荷的练习作用于有机体的何种机能系统。应尽量安排不同的机能系统交替进行工作。

(4)安排作用于同一机能系统的练习时,负荷应有波浪型的

变化

如在基本部分安排作用于同一机能系统的练习时，为使该系统有适时的休整，那就应采用间歇、改变练习密度等方式，使负荷产生波浪型的变化。

综合课的负荷曲线根据内容的多少可能出现几次高峰，在换项的间隙中处于波谷。图 12－9a 是一次 120 分钟的技术加素质综合训练课的结构示例，图 12－9b 是一次 160 分钟的多项技术训练课结构的示例。这种类型的综合课在体操、艺术体操、武术套路及田径全能选手的训练中被广泛应用。

（三）结束部分

训练课结束部分的任务主要是解除训练课基本部分所造成的心理、生理上的紧张状态。现代运动训练把恢复作为训练的组成成分。当然，作为训练课的结束部分并不可能完全消除因紧张训练工作所带来的疲劳，训练课的结束也就意味着运动员有机体全面恢复过程的开始。因此，有组织地进行课的结束部分对恢复过程的积极进行有着重要的作用。

四、训练课的负荷量度

确定训练课负荷的量度是安排组织好课训练过程的重要工作。这里，首先要明确负荷的属性，进而对负荷的量度做出等级划分。

（一）明确负荷属性是度量负荷大小的重要前提

训练过程中安排一定量度的负荷并不是目的，是为了完成某一种训练任务而安排的，因此，安排训练的负荷并不是单纯地追求负荷的数量，而是要为达到某一目的而服务。

a

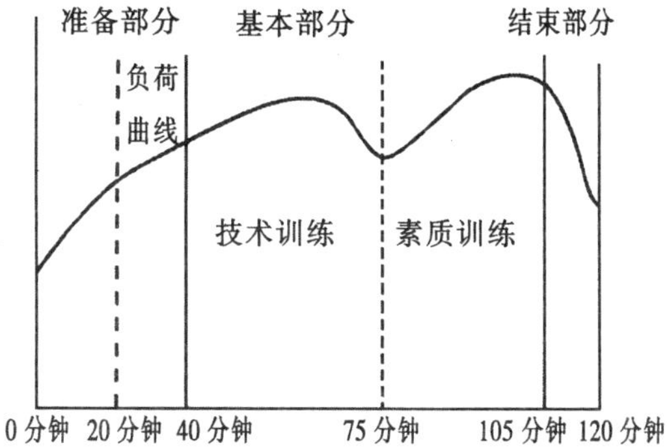

b

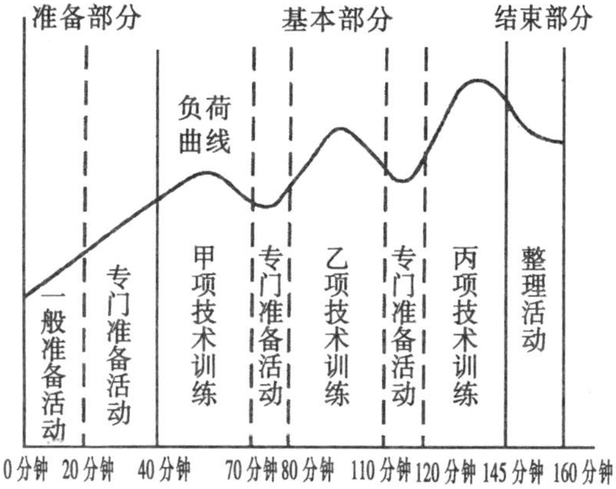

图 12－9　综合训练课结构示例

a——技术＋素质综合课 120 分钟

b——多项技术综合课 160 分钟

（引自田麦久《论运动训练过程》，1988）

不同的训练负荷有着不同的结构属性、机能属性、个体属性和专项属性。

1. 训练负荷的结构属性

训练负荷量度的确定应该服从于训练任务的完成。课的训练任务决定着应该安排何种量度的训练负荷。教练员不应追求负荷量度的高绝对值。能够保证训练任务完成的负荷量度就是适宜的负荷量度。每一堂课在不同时间跨度的训练过程结构中都占有自己适当的位置,明确了训练课及负荷安排的结构属性,合理安排负荷量度就有了明确的依据。

2. 训练负荷的机能属性

任何训练负荷都作用于不同的机能系统,而各个机能系统在一定的时间段内,对于训练负荷具有一定的承受能力,但不可能承受无限度的负荷。某一机能系统在一定时间段内所能承受的最大值,应是我们训练安排中的最大负荷。过度或极度地超越这一最大负荷的界限,必然会产生非正常的生理现象,甚至导致严重的病理变化。

3. 训练负荷的个体属性

对每名运动员适宜的训练负荷量度是各不相同的,这一个体属性是安排训练课负荷量度时必须予以考虑的重要因素。只有针对个体的特点及个体所能承受的能力来安排训练课的负荷,才能使训练过程顺利进行,使运动员健康地参加训练,不断提高其竞技运动水平。

4. 训练负荷的专项属性

每个运动专项都有着自身独特的规律,对于本项目优秀选手所必须承受的训练负荷也都有着不同的要求,在安排运动员训练课负荷量度时必须认真考虑特点:

(1)运动专项的特定需要。

(2)训练课所要完成的任务;

(3)运动员个体所能承受负荷的水平;

(4)完成训练课任务时,运动员有机体的主导机能系统所能承受负荷的水平。

(二)训练课负荷量度等级的划分

1. 依主要训练手段的训练量确定训练课负荷量度的大小等级。

在一次预定时间界限的训练课中，完成主要训练手段的最大训练量可作为大负荷训练课的判定标准，大负荷训练量的50% ~80% 为中等负荷,50% 以下为小负荷。

如在两小时的训练课中,运动员用极限强度跑 100 米,即保证处于磷酸肌酸供能的范围内的 100 米跑，其最大可能只能跑 20 次，那么这 20 次就是这名运动员一堂课中发展速度能力的大负荷。与其相应的 10 ~ 16 次为中负荷;10 次以下为小负荷。

2. 根据训练课后恢复的状态确定训练课负荷量度的大小等级。

运动员有机体在训练负荷刺激下产生疲劳,负荷越大、疲劳越深,需要恢复的时间也就越长。据此,可从恢复时间的长短推断出负荷的大小。恢复时间短,则表明负荷较小;恢复时间越长,则负荷越大。

比较同一时间长度的训练课结束后有机体疲劳后恢复时间的长短,即可判断训练课负荷的大、小等级。普拉托诺夫对周期性项目运动健将的跟踪检测表明,各种性质的大负荷课后,需要经过 2 ~ 3 天的恢复过程。

较大负荷课恢复时间为 1 ~ 1. 5 天;

中等负荷课恢复时间通常在 10 ~ 12 小时以内就可完成;

小负荷课则几十分钟或几个小时就可完成恢复过程。

第十三章 运动队伍的管理

延 烽

运动队是当前我国竞技体育组织系统中重要的基本单元，是组织实施运动训练的基层组织形式。

《中华人民共和国国民经济和社会发展“九五”计划和2010年远景目标纲要》提出，“进一步改革体育管理体制，有条件的运动项目要推行协会制和俱乐部制。形成国家与社会共同兴办体育事业的格局，走社会化、产业化道路”。随着我国政治体制和经济体制改革的深化，竞技体育的管理体制也已发生了巨大的变化。体育事业社会化、产业化的进程促使各竞技项目管理体制、运行机制、比赛制度和经费来源有了重大的改变，因而运动队的组织建设也就呈现出多元化的格局。运动队的隶属关系由原来单一的行政区划组队，发展为以行政区划、企业(集团)、团体及个人等多种隶属关系共存的局面。运动队的服务职能正由单一的对国家、地方利益负责向其他方面延伸。

各竞技体育项目的发展随着社会转型期变革所产生的变化而变化，这一变化不仅使我国竞技体育的发展遇到新的矛盾与问题，更是深刻地影响着参与运动训练各种人员的思想、意识和观念，这就使运动队的管理面临许多较之以往更为复杂的因素。

运动队管理的重要目标是创造优异的运动成绩。管理工作的一切都应围绕着这一目标而进行。

运动队管理的主要内容包括：运动训练目标确定后训练与

比赛的组织与保证工作;教练员和运动员的教育与培养;与训练活动有关的各项事务、各种人员的教育、监督和协调;运动队多种效益的获得与发挥等等。

第一节 我国运动队管理工作的科学基础

竞技体育在我国社会主义精神文明建设中有着特殊的地位,在开展体育运动、振奋民族精神和促进经济发展等方面发挥着综合的社会功能。因此,应该从社会主义事业兴旺发达和民族振兴的高度,充分认识运动队伍管理对发展竞技体育的重要性和紧迫性。

一、运动队管理的思想基础

江泽民同志在中国共产党第十五次代表大会上指出,“在全社会形成共同理想和精神支柱,是有中国特色社会主义文化建设的根本”。运动队管理同样应以此为根本。

运动队管理总的指导思想是邓小平建设具有中国特色社会主义理论。邓小平理论是全社会的共同理想和精神支柱,它渊源于中华民族五千年文明史,又植根于有中国特色社会主义的实践,具有鲜明的时代特征。在运动队的管理中,要始终不渝地用邓小平理论教育运动队的所有人员。

全社会所形成的共同理想和精神支柱具体化就是:要深入持久地开展以为人民服务为核心、集体主义为原则的社会主义道德教育,加强民主法制教育和纪律教育,引导所有人员树立正确的世界观、人生观和价值观;大力弘扬爱国主义、集体主义、社会主义和艰苦创业精神;在提倡共产主义思想道德的同时,把先进性要求和广泛性要求结合起来,鼓励一切有利于国家统一、民族团结、经济发展及社会进步的思想道德。

运动队中的青少年运动员是祖国的未来，是继承和建设社会主义事业的接班人，必须十分重视他们的思想道德教育。

我国处于并将长时期处于社会主义初级阶段，这就决定了竞技体育的发展必须符合我国的国情。作为竞技体育的一个组成部分——运动队，其管理也就必须立足于这一基本点。

我国正在经历着巨大变革，“我们现在所干的事业，是一项新事业”，“没有现成的经验可学，我们只能在干中学，在实践中摸索”。运动队的管理只能一切从社会主义初级阶段的实际出发，而不能从主观愿望出发，不能完全照搬这样那样的外国模式出发。在管理的实际操作中，必须克服那些超越阶段的错误观念和做法，抵制抛弃社会主义基本制度规定的一切错误主张，才能脚踏实地地使运动队健康发展，使运动队走在正确的轨道上。

随着我国竞技体育体制的改革，竞技体育项目管理体制的变化，有些项目的运动队逐渐与市场经济体制的管理方式接轨，通过改革和探索，逐步建立和完善比较成熟的、充满活力的社会主义管理新体制。只有牢固树立建设有中国特色社会主义共同理想，自强不息、锐意进取、艰苦奋斗、勤俭努力，充分利用改革开放带来的机遇，才能使运动队的管理适应我国社会发展的需要，促进竞技运动水平更快地发展。

二、运动队管理的组织保障

现代竞技体育竞争程度空前激烈，攀登世界高峰，面临着多方面的挑战。创造优异的运动成绩是运动队的根本任务，特别是高水平运动队，担负着为国争光的光荣职责，是实施奥运争光计划的主力军。

在由计划经济向市场经济过渡的社会大环境中，运动队必须面对各种传统的落后意识和社会不良倾向、行为造成的影响和冲击，必须抵制形形色色腐朽、没落思想文化的侵蚀，因此，运动队管理必须建立和完善与改革、开放相适应的教育管理制度。

运动队管理工作应围绕着充分调动和发挥教练员及运动员训练比赛的积极性来进行。优异运动成绩的获得取决于教练员与运动员。他们是创造优异成绩诸因素中最积极、最活跃并起决定作用的因素。

运动队面向现代化、面向世界、面向未来，只有培育出有理想、有道德、有文化、有纪律的人才，才可能成功地参与现代竞技体育舞台日新月异的激烈竞争。

在运动队的管理中，物质与精神都是管理的推动力。但是，任何推动力都不是万能的，使用不当都会产生副作用。使用物质动力时，需要使用其他动力作为补充。把精神动力神化，也是形而上学的做法。在我国社会主义条件下，兼顾两者既是必须的也是合理的。同时我们应该考虑到，在社会主义初级阶段，即不发达阶段内，强调人的自觉性和发挥精神力量，依然起着重要的作用。

共产党和共青团组织是我国各项事业中的领导力量和中坚力量，它们同样在运动队中发挥着先锋模范作用。因此，加强党、团组织的建设，是运动队精神文明建设中起保障作用的重要环节。

各级行政组织是我国行政管理中的代表机关，运动队的奋斗目标属于它们关注的业绩，即使在市场经济体制下也不例外。在各级行政组织、机构的关心、支持和指导下，运动队才能健康成长与发展。

三、运动队管理的法规依据

运动队是我国竞技体育队伍中基本的组成单元，运动员是我国的公民，他们与每个公民一样应该履行应尽的责任和义务，没有任何超越各项规章、制度及法律限制的特殊权利。因此，加强运动队法制建设，提高运动员遵纪守法观念，是运动队管理必须做的工作。运动员遵纪守法、遵守内部规定的纪律是理所应当的。

随着改革开放的深入和经济关系的调整，经济和社会生活中的各种矛盾，社会中产生的不少新情况和新变化，必然在运动队有所反映。尤其是涉及运动员及其他人员切身利益的矛盾，很可能会在运动队内部突出地反映出来。针对各种矛盾和利益的冲突，运动队在管理工作中必须制定合理的规章制度，确立符合我国国情的道德规范，并以此约束各种非合理、不正常的行为，抵御各种不良思想意识的侵蚀。运动队在做好思想政治工作的同时，应适时、合理、有针对性地正确运用经济、行政和法律等各种手段及规章制度，实施严格的法制管理。

四、运动队管理的经济基础

我国的竞技体育事业是社会主义现代化建设的组成部分，改革开放的深入形成了国家与社会共同兴办体育事业的格局。随着社会改革开放进程的发展，运动队的经费来源也必然是多渠道和多层次的。政府拨款是重要的财政支持，但运动队不应该、也不可能完全依赖政府的财力支持，而必须从多方面筹集组织运动队训练活动的经费，使运动队具有良好的经济基础。

五、运动队管理的人本原则

创造运动成绩取决于从事运动训练的人，既取决于教练员、也取决于运动员，而更重要的是取决于两者之间的关系。由于运动训练的最终结果——运动成绩是不确定的，因此严格来说，创造运动成绩的训练过程实质上是一个实验过程。这一实验过程不是机械和被动的，需要参与者顺应发展趋势，不断摸索、勇于进取并敢于创新。同时参与者受各种因素的影响与制约，自身在不断产生变化，这就使得教练员与运动员两者之间的关系不可能一成不变，为此，需要在为实现目标而奋斗的大前提下，自始至终牢牢把握住变化的方向与程度。

为了创造优异的运动成绩，需要充分发挥教练员和运动员的主观能动性，发展他们适合于创造优异成绩所需要的鲜明个性。运动队的管理工作必须建立在“以人为本”的信念上，理性地处理影响人的发展的各种因素与关系。

第二节　运动队管理的主要任务与组织实施要求

一、运动队管理的主要任务

（一）设立运动队的训练目标

用科学的预测和决策，制定不同发展时期目标和计划，并且为实现这些目标和计划奠定良好的认识基础。

(二)组织制定并实施训练计划

科学地组织实施计划,保证目标的顺利实现。保证训练计划顺利实施是运动队管理的首要工作。运动成绩目标确定后,由教练员、运动员及科研人员等有关人员提出达到这一目标的训练计划。保证这一计划的顺利实施就是运动队管理的头等大事。实施训练计划过程中,将会遇到许多非训练的问题,需要通过科学的管理逐一解决。

(三)完善内部管理机制

不断完善队伍内部的管理机制,合理地组织、分配和使用人力、财力、物力,充分地发挥它们的作用,协调全队的各项工作,并为完成这些工作提供和创造必要的条件。

(四)调动各方面的积极素质

全面系统地运用管理机制的各种方法、技术和手段,合理有效地发挥每位工作人员的作用,调动一切积极因素,保证各项工作能高效率顺利进行。

激发运动队所有人员的积极性是运动队管理的关键工作。人是创造运动成绩过程中最积极、最活跃并起决定作用的因素。尊重知识、尊重人才、培养人才并正确使用人才,是提高管理效能的根本措施。要完成这一关键工作,必须在管理过程中强调管理对象的自觉性,激发他们自我实现的精神。科学、民主地处理训练过程中所涉及的非训练因素产生的影响,才能有效地实现科学管理,达到良好的效果。

（五）积极运用新的科技成果

积极运用各项科技新成果，使之与运动训练有机地结合起来，为运动员竞技水平的提高提供有力的科技支持。

（六）处理好运动队与外环境的关系

准确处理运动队与外部相关单位的关系。运动队的建设与运动队外部单位有极大的关系，外部的影响往往在运动队内部产生相应的反响，处理不当则将严重影响运动队的正常工作，尤其是在市场经济体制下，这种影响更为强烈。因此，运动队管理工作中必须认真处理好与各方面的联系。

二、运动队管理工作中必须处理好的各种关系

（一）主体与客体的关系

拥有管理权力和责任的领队和教练员，是运动队管理工作中的主体；运动员是执行者，是运动队管理工作中的客体。二者构成了一对矛盾。共同的奋斗目标把领队、教练员和运动员聚集到了一起，领队、教练员要模范遵守运动队中的一切规章制度，运动员也应积极地参与运动队的管理工作。从这个意义上说，主客体呈现一体性。主客体高度协同、双向互补，才能保证运动队管理工作的顺利进行。

（二）政治思想工作与法规管理的关系

运动队的基本任务是在科学选材的基础上，通过科学的训练手段和方法，挖掘运动员的竞技潜力，使之充分发挥，创造优异成绩，整个运动训练过程是促使运动员有机体进行生物学改

造和适应的过程。要使运动员适应训练过程，除了运动训练计划、方法及手段的准确性外，还要要求和引导运动员自觉地进入训练轨道。管理工作要建立在尊重人的基础上，需要优秀运动队的管理者做大量的思想工作，激励运动员内在的积极性，从“被管”转向“自管”、从“练我”转向“我练”，以保证训练工作任务的顺利完成。

思想政治工作和法规建设是优秀运动队管理中重要的两大要素。在针对运动队特点加强思想政治工作的同时，还必须建立起行为约束机制，加强法规和制度管理。使管理对象从不自觉到自觉地适应这种外部制约机制。在这里，思想政治工作和法制管理之间，既对立又统一，互相补充、相得益彰，以保证优秀运动队的管理在良好的环境和气氛中进行。

(三)外部约束机制与自我约束机制的关系

与人们通常的认识相比，现代许多运动员成熟早、反应快、见识广、思想敏捷、自信心强；但认识事物较片面，不满于外界的约束。所以，简单的强制性管理措施在一定程度上会产生逆反心理。这就需要管理者认真研究他们思想活动的特点。运动员的思想情绪中，有相当一部分是社会现象结合自身利益的综合反映。所以，一方面要运用正面教育激励他们建立起自我约束的概念，形成自我强制的意识；另一方面用外部约束机制“迫使”他们自我强制意识完整化，上升为自我约束机制。而自我约束机制的形成和巩固，是自我教育过程的升华，是自身素质提高的标志，也就促使优秀运动队整个管理机制趋向完整。

第三节　教练员与运动员

运动队由不同的人员组合而成,有领队、教练员、运动员,以及队医、科研人员和后勤保障人员等。其中,最重要最基本的成员是教练员与运动员，其他成员依运动队的规模及所具备的条件而设。不同成员有着不同的职责,这里,我们只集中论述涉及教练员和运动员的有关问题。

教练员与运动员是运动队人员构成的主要成分，虽然教练员与运动员生活在同一个集体中,共同的目标是一致的,但是由于两者在运动队中担负着不同的“角色”,各自承担的职责及任务不同。因此,对两者的要求也各有不同。

一、教练员

(一)教练员在运动队管理中的角色定位

1. 教练员是运动队管理工作的重要决策者

运动队管理工作的主要任务和核心工作就是搞好训练，而教练员是训练过程的主要设计者,是训练活动的主要组织者,也是训练管理工作的重要决策者。

教练员对训练工作的发展方向、某一时间阶段内的工作内容和完成总任务的具体对象都应提出方案，并与领队等运动队中的其他成员密切配合，通力合作，带领运动队完成好训练任务。

2. 教练员是运动队管理链中的信息沟通者

教练员在运动队中对训练工作最具发言权,因此,他应该时刻掌握本项目运动训练发展的最新动态和与本运动队有关的其他运动队的信息,并及时向领队和其他管理人员通报信息。

教练员平时与运动员接触时间最长,最了解运动员的身体、生活和思想情况,因此,教练员应及时、全面地向领队等管理人员提供运动员的情况,有助于他们更好地组织全队的管理工作。

3. 教练员是运动队人际关系的协调者

从管理学角度讲,运动队要完成训练工作任务,取得优异的成绩,关键在于调动运动员的积极性。由于种种原因,运动员之间会产生许多矛盾;在执行运动队制定的许多规章制度时,队内的各种成员之间也可能产生一些矛盾和磨擦。教练员应该从维护正常训练工作秩序出发,协助领队做好其他人员,特别是运动员的工作,化解矛盾,协调关系。

教练员与运动员之间产生矛盾是运动队中常见的现象。在这种时候,教练员必须及时主动地调整双方关系,客观地对待自己,尊重运动员的个性,服从真理,决不应把个人的面子和“威信”放在不适当的地位上去处理与运动员之间的分歧和矛盾。尤其是对训练工作中的不同看法,教练员更不宜固执己见,应该多听取运动员的不同意见或设想,因为,运动员对训练的感觉往往更直接、更深刻,体会更深。

(二)教练员的基本素质

影响运动员竞技水平的因素是多方面的,教练员的水平即是其中的一个重要因素。教练员除具备普通人必须具有的基本素质外,还应该具备:

1. 强烈的事业心、奉献精神与高尚的道德情操

教练员的工作是一个艰苦的职业,运动训练活动的规律要求它的参与者教练员和运动员必须多年如一地全神贯注于枯燥

单调的训练工作之中，而同时不得不作出牺牲，放弃正常人生活中的许多享受和欢乐，把自己的全部精力献身于探索人类竞技能力极限的永无尽止的追求中去。因此，一名优秀的教练员必须具有强烈的事业心、无私的奉献精神以及高尚的道德情操。

作为社会主义中国的一名教练员，必须认清自己肩负的重大职责，必须爱祖国、爱人民、坚定不移地走社会主义道路，这是一名合格的教练员必备的素质。

2. 坚实的专业知识与全面的基础理论知识

现代运动训练中，运动员竞技能力的发展和运动成绩的提高都必须依靠各学科广泛的科学知识的介入和支持，才有可能获得成功。因此，教练员必须掌握较为全面的科学知识，才可能不断提高运动训练的科学化水平，培养出高水平的竞技选手。

坚实的专业知识是教练员执教的基础。高水平运动员的专项训练没有固定的模式可循，没有现成的答案可查，需要教练员进行创造性的劳动。科学训练除了必要的科学监测、先进理论的应用外，还应包括教练员对所积累的丰富实践经验的概括与总结。

教练员应掌握的知识包括：一般训练理论与专项训练理论；体育生物学科基础理论知识，如运动解剖学、运动生理学、运动生物化学、运动生物力学和运动医学等；体育人文社会学科基础理论知识，如体育教学法、体育社会学、竞技体育发展史和体育美学等；行为科学管理科学的知识等。

3. 熟练的专项训练操作能力与创新能力

运动训练作为一个实验过程，仅具备理论知识是不够的，需要教练员具有把理论知识运用到实际中去的操作能力。由于训练的对象是运动员，是有生命的活体，因此，在现有理论知识指导的基础下，还需要教练员根据实践中产生的客观情况，准确地予以分析，作出超前于现有理论的判断，并付诸于实践。教练员的创新能力，决定着其训练的最终效益。

4. 适应于运动队生活环境的能力

运动队是一个特殊的群体生活环境。在这个环境中，运动队组成成员的文化背景、竞争对手、训练层次、成绩发展的阶段、人与人之间矛盾冲突等等问题，都对它的参与者、包括教练员不断提出新的问题与挑战。教练员生活在运动队中，必须及时调整自己，这就需要具有必要的适应能力。除业务能力外，主要为细致的观察能力、概括分析能力和人际交往能力。

二、运动员

（一）运动员在运动队管理中的角色定位

1. 运动员是运动队管理工作的主要对象

运动员是运动训练工作中的主体，竞技体育系统中的一切工作的成效最后都集中地表现于运动员的参赛成绩之中，因此，全部管理工作也就都必然地主要围绕着为运动员训练、比赛的成功而组织和展开。运动员作为运动队管理工作的主要对象，应该模范地遵守各项管理规章制度，与各种层次的管理工作人员协调配合，保证训练工作的有序进行和训练目标的顺利实现。

2. 运动员是运动队管理工作的积极参与者

运动员在运动队的管理工作中不仅仅是被管理者，同时还应该是管理工作的积极参与者。运动员应以主人翁的态度，自觉地主动地对运动队的管理工作提出自己的意见，与领队、教练员一起组织有关活动。运动员的积极参与可为运动队的管理工作带来巨大的活力，使得管理工作更加切合运动训练的实际情况，取得更为理想的成效。

(二)运动员的基本素质

1. 高度负责的事业心和强烈的进取精神

竞技体育对它的从业者有着很严格的要求。运动员必须付出艰辛的劳动，作出巨大的牺牲，坚持系统的科学的多年训练，才有可能进入高水平的优秀竞技选手的行列。这就要求有志投身于竞技体育事业的运动员具有高度负责的事业心和强烈的进取精神。

运动员应该深刻理解，他的训练是与国家的建设、民族的振兴及社会的发展紧密联系在一起的重要工作，他的训练成果，寄托着广大民众的热情期盼，创造优异的运动成绩是他义不容辞的神圣职责。

运动员应该树立远大的理想，应该有夺取冠军的强烈愿望。面对这一目标，就必须付出巨大的劳动与努力。进取动机则直接影响着运动员从事训练的决心，运动员要成为运动场上的最强者，必须时时处处把强烈愿望化作激励自己的动力。运动员每次的训练不是简单的重复，必须从多次反复中发挥自己的创造智慧，用创造性的劳动摘取竞技场上光荣的桂冠。

2. 坚韧不拔的顽强意志品质

运动员创造优异的运动成绩需要经过长期艰苦奋斗的过程。现代运动训练最突出的特点在于运动员必须承受很大的训练负荷，甚至需要付出常人难以想象的代价。这不仅是对运动员身体的考验，更是对其意志品质的磨炼。没有坚韧不拔的坚强意志和顽强的拼搏精神是不可能战胜自身的惰性和形形色色的困难的。在艰苦的磨炼中，换来人格的升华，才可以达到运动技术水平的顶峰。

3. 强烈的学习追求与准确的独立分析、判断和理解能力现代高水平的运动成绩是高科技、高技术、多学科知识的结晶与综合，运动员必须在知识、文化和理想方面不断充实和提高自己，才能适应迅速发展的时代要求。因此，在训练过程中，要不断努力学习各种文化知识和专业知识，要尽可能培养自己成为未来社会的栋梁之材。

运动员在训练中必须努力培养自己独立的准确的思维能力，学会分析、判断训练中的各种情况和问题，对教练员布置的各项任务、采用的训练手段与方法，要在理解的基础上自觉地、有创新地完成。通过对自己体会的总结，不断地提高训练水平。

4. 高度的自控能力和抵御不良思想、落后意识的能力

运动员生活在运动队中，但是运动队不是世外桃源，它也是社会的一部分，因此，社会上的一切，包括某些不良的思想、落后的意识也会在运动队中有所反映。运动员年轻，长期生活在思想比较单纯的运动队中，对某些事物的鉴别能力和抵抗力较弱。因此，培养运动员的自控能力和抵御不良因素的能力是很重要的。

从心理学角度讲，运动员在训练和比赛中要经历多变的心理过程和多种情绪的体验，调节心理状态，就取决于自身的控制能力。具有高度自控能力的运动员，将善于保持稳定的心理状态，有助于训练与比赛，有助于创造优异的运动成绩。

主要参考文献

〔苏〕奥卓林:《现代运动训练制度》,刘慧荣译,载《运动训练问题国际科学方法讨论会大会报告》,1~16页,北京,北京体育科学研究所,1962年。

〔苏〕马特维也夫:《运动训练的分期问题》,高大安译,载《运动训练问题国际科学方法讨论会大会报告》, 119~135页, 北京,北京体育科学研究所,1962年。

〔苏〕姆·亚·纳巴特尼科娃:《运动训练的远景规划》,易人译,载《运动训练问题国际科学方法讨论会大会报告》,101~110页,北京,北京体育科学研究所,1962年。

〔罗〕尼·柯兹马等:《现代运动训练中的身体训练问题》,肖天铎译, 载《运动训练问题国际科学方法讨论会大会报告》, 207~212页,北京,北京体育科学研究所,1962年。

〔苏〕斯·甫·卡列金,甫·姆·吉雅契科夫主编:《运动训练问题》,易人等译,北京,人民体育出版社,1962年。

〔苏〕恩·恩·雅科甫列夫等:《运动训练的生理学和生物化学基础》,蒋琳等译,北京,人民体育出版社,1963年。

D. Harre: 《Trainingslehre》, Leipzig, Sportverlag, 1965, 1969年。

D. Martin: 《Grundlagen der Trainingslehre》, Scorndorf, Verlag Karl Hofmann, 1977年。

M. Letzter : 《Trainingsgrundlagen》Hamburg, 1980年。

J. Weineck, Erlangen: 《Optimales Training》, Verlagsgesellschaft mbH, 1980 年。

M. Grosser/ S. Starischka/ G. Zimmermann: 《Konditionstraining》, BLV Verlagsgesellschaft, 1981 年。

M. Grosser/A. Neumaiet: 《Technikrtaining》 BLV Verlagsgesellschaft, 1982 年。

〔德〕葛欧瑟:《运动训练学》,田麦久译,北京,北京体育学院教务处,1983 年。

安朝臣:《人体运动负荷的研究》, 北京, 人民体育出版社, 1983 年。

〔美〕詹姆斯·加德那等:《计算训练法》,金嘉纳等译,北京,人民体育出版社,1983 年。

田麦久、延烽:《训练学专题选讲》, 南京, 江苏体科所, 1983 年。

Roethig (Red): 《Sportwissenschaftliches Lexikon》, 5, neu bearbeitete Auflage, Schorndorf, Verlag Karl – Hofmann, 1983 年。

〔苏〕纳巴特尼科娃:《少年运动员训练控制原理》, 南京, 江苏体科所, 1984 年。

〔苏〕戈托夫采夫:《运动训练的恢复问题》, 南京, 江苏体科学会, 1985 年。

〔民主德国〕迪特里希·哈雷:《训练学》, 蔡俊五译, 北京, 人民体育出版社, 1985 年。

田麦久:《负荷原则与训练过程》, 西宁, 青海省体委, 1985 年。

过家兴等:《运动训练学》, 北京, 北京体育学院出版社, 1986 年。

〔苏〕普拉托诺夫:《运动训练理论与方法》, 武汉, 武汉体育学院,1986 年。

董国珍:《运动训练学》,沈阳,沈阳体育学院教务处,1986 年。

B. H. Платонов:《Подготовка Квалифицированныхспортсменов》,Москва,《ФизкильтуDa и Спорт》,1986 年。

〔德〕马丁·比勒:《现代力量训练法》,北京,北京体育学院出版社,1987 年。

田麦久、武福全等:《运动训练科学化探索》,北京,人民体育出版社,1988 年。

周西宽:《体育学》,成都,四川教育出版社,1988 年。

徐本力:《体育控制论》,成都,四川教育出版社,1988 年。

田麦久:《论运动训练过程》,成都,四川体育出版社,1988 年。

Stephan Starischka:《Trainingsplanung》, Schorndorf, Hofmann – Verlag, 1988 年。

蒲钧宗等:《优秀运动员机能评定手册》,北京,人民体育出版,1989 年。

胡晓风:《大体育观》,成都,四川教育出版社,1989 年。

Rob Sleamaker, MS:《Serious Training for Endurancc Athlefes》, Second Edition, 1989 年。

徐本力:《运动训练学》,济南,山东教育出版社,1990 年。

全国体育学院教材委员会:《运动训练学》,北京,人民体育出版社,1990 年。

刘建和等:《运动竞赛学》,成都,四川教育出版社,1990 年。

冯炜权等:《血乳酸与运动训练应用手册》,北京,人民体育出版社,1990 年。

〔加〕图多·博姆帕:《运动训练理论与方法》,马铁等译,北京,人民体育出版社,1990年。

刘献武等:《运动选材学》, 北京, 人民体育出版社, 1991年。

胡亦海:《竞技运动训练理论与方法》,武汉,湖北省训练学专业委员会,1991年。

Л. П. Матвеев:《Теория и Методика физическои Кулъту-ры 》Москова, цздательство《Физкульту Ра ц спорт》, 1991 年。

董国珍:《运动训练与选材》, 沈阳, 辽宁大学出版社, 1992年。

曾凡辉等:《运动员科学选材》,北京,人民体育出版社,1992年。

张博夫:《运动训练理论与方法》, 台北, 盈泰出版社, 1992年。

谢亚龙等:《中国优势竞技项目制胜规律》, 北京, 人民体育出版社,1992年。

李诚志等:《教练员训练指南》,北京,人民体育出版社,1992年。

D. Martin:《Handbuch Trainingslehre》, 2. Auflage, Schorndorf, Hofmann – Verlag, 1993 年。

〔苏〕马特维也夫:《体育理论与方法》, 北京, 北京体育大学出版社,1994年。

茅鹏:《运动训练新思路》, 北京, 人民体育出版社, 1994年。

钟添发、田麦久等:《运动员竞技能力模型与选材标准》, 北京,人民体育出版社,1994年。

马启伟、陈小蓉等:《竞技体育创新原理》,北京,北京体育大学出版社,1994年。

Scott Tinley:《Winning Guide to Sports Endurance》, U. S. A, 1994年。

Bernd Pampus:《Schncllkraft Training》, Meyer & Meycr Verlag, 1995年。

姚家新:《竞赛心理咨询与心理训练》,北京,人民体育出版社,1995年。

Rob Sleamaker, MS:《Serious Training for Serious Athletes》, Champaign llinois U. S. A,《Leisure press》, 1996年。

中国运动训练学专业委员会:《中国运动训练理论与实践研究》,北京,高等教育出版社,1996年。

卢元镇:《体育的社会文化审视》, 北京, 高等教育出版社, 1996年。

田麦久:《论运动训练计划》, 台北, 中国文化大学出版社, 1997年。

杨锡让:《实用运动生理学》, 北京, 北京体育大学出版社, 1998年。

田麦久等:《项群训练理论》, 北京, 人民体育出版社, 1998年。

林文弢主编:《运动生物化学》, 北京, 人民体育出版社, 1999年。

Tudor O. Bonba:《Periodization—Theory ang Methodology of Training》, U. S. A,《Human Kinetichs》, 1999年。

田麦久等:《运动训练学词解》,北京,北京体育大学运动训练学教研室,1999年。

图书在版编目（CIP）数据

运动训练学 / 全国体育院校教材委员会审定. -- 北京: 人民体育出版社, 2000 (2025.8重印)
体育院校通用教材
ISBN 978-7-5009-1991-9

Ⅰ. ①运… Ⅱ. ①全… Ⅲ. ①运动训练-高等学校-教材 Ⅳ. ①G808.1

中国版本图书馆CIP数据核字(2000)第31711号

运动训练学

全国体育院校教材委员会　审定
出版发行：人民体育出版社
印　　装：北京润田金辉印刷有限公司

开　本：850×1168　32开本　　印　张：15　　字　数：361千字
版　次：2000年8月第2版　　印　次：2025年8月第47次印刷
书　号：ISBN 978-7-5009-1991-9
印　数：819,011—829,010册
定　价：40.00元

联系电话：（010）67151482
社　　址：北京市东城区体育馆路8号（100061）
网　　址：https://books.sports.cn/